湛庐 CHEERS

与最聪明的人共同进化

HERE COMES EVERYBODY

# 锻炼

[美]
丹尼尔·利伯曼
著
DANIEL E. LIEBERMAN

谭杰 译

# Exercised

天津出版传媒集团
天津科学技术出版社

上架指导：进化 / 人类 / 体育


Jacket image based on gerasimov_foto_174 /Shutterstock Jacket design by Linda Huang



天津市版权登记号：图字 02-2022-56 号

**图书在版编目(CIP)数据**

锻炼 / (美) 丹尼尔 · 利伯曼著 ; 谭杰译 . -- 天津 : 天津科学技术出版社 , 2022.7 （2022.9重印）

书名原文 : Exercised(formerly Endurance)

ISBN 978-7-5742-0200-9

Ⅰ . ①锻… Ⅱ . ①丹… ②谭… Ⅲ . ①体育锻炼 Ⅳ . ① G806

中国版本图书馆 CIP 数据核字 (2022) 第 103336 号

---

锻炼
DUAN LIAN
责任编辑：关　长
责任印制：兰　毅

出　　版：天津出版传媒集团 / 天津科学技术出版社
地　　址：天津市西康路 35 号
邮　　编：300051
电　　话：（022）23332377（编辑部）
网　　址：www.tjkjcbs.com.cn
发　　行：新华书店经销
印　　刷：唐山富达印务有限公司

---

开本 710 × 965　1/16　印张 26.5　字数 404 000
2022年9月第1版第2次印刷
定价：109.90元

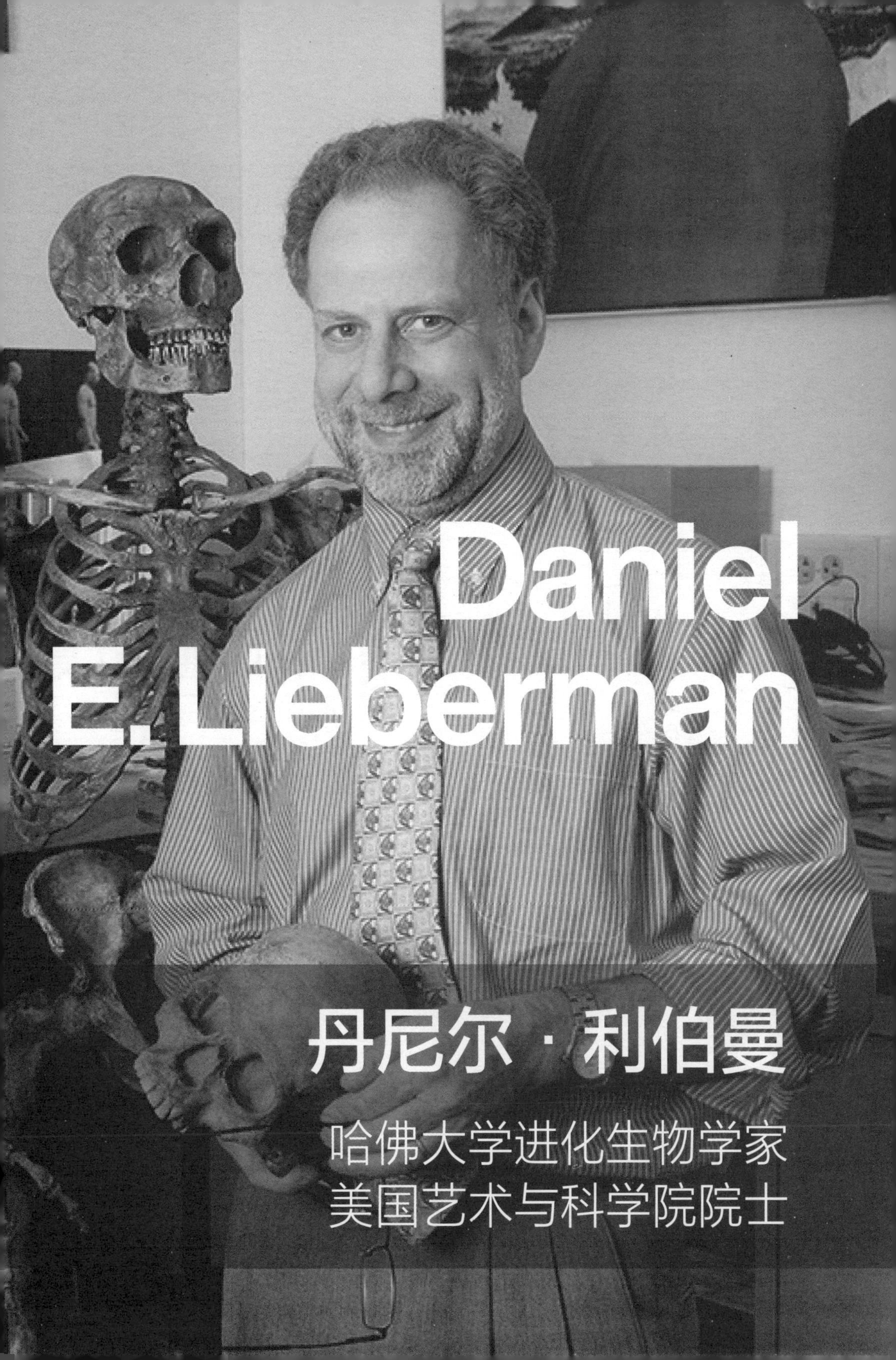
Daniel
E.Lieberman
丹尼尔 · 利伯曼
哈佛大学进化生物学家
美国艺术与科学院院士

## 哈佛大学进化生物学家 美国艺术与科学院院士

1964 年，丹尼尔·利伯曼出生于美国马萨诸塞州。

1993 年，利伯曼获得哈佛大学人类学博士学位；2001 年，被哈佛大学人类学系聘为进化生物学教授，并逐渐成为哈佛大学人类进化生物学的权威，目前担任哈佛大学人类进化生物学系主任、骨骼生物学实验室负责人。同时，利伯曼还是世界上最古老的人类学博物馆之一的“哈佛大学皮博迪考古与人类学博物馆”策展委员会成员。

2009 年，利伯曼因参与研究“孕妇不会摔倒的原因”获得了当年的搞笑诺贝尔物理学奖。同年，他又获得门德尔松卓越导师奖。由于成就突出，利伯曼荣获了 2010 — 2015 年“哈佛学院教授”称号，并于 2020 年当选美国艺术与科学院院士。

## 研究人体进化与人类健康的国际权威

利伯曼从人类进化史入手，研究人体是如何以及为什么会变成现在这个样子的。

利伯曼认为，尽管农业革命和工业革命给人类带来了诸多好处，但众多的文化变化也改变了人类的基因与环境的相互作用，诱发了许多健康问题。最为突出的就是所谓的“失配性疾病”，即人类现有的旧石器时代的身体尚且不能适应或不能充分适应某些现代行为和环境条件所导致的疾病。

利伯曼结合古生物学、解剖学、生理学、实验生物力学等多个学科进行研究，主要研究方向集中在人类活动的进化上，比如人类的头部是如何进化的、古人类是否为两足动物、为什么人类会进化为两足动物等，尤其是关于跑步的进化，比如长距离奔跑的进化，以及运动鞋对人体的损伤等。

利伯曼主要依靠三种方法对这些问题进行研究：在实验室中做实验；在肯尼亚和墨西哥等国家进行实地调查；分析古人类的化石。

## 跑圈赫赫有名的“赤足教授”

2009年，畅销书《天生就会跑》中提到了跑鞋引起损伤的问题，引起人们对“赤足跑”的关注。这本书也点燃了丹尼尔·利伯曼对这个话题的兴趣。

一年后，利伯曼和他的同事在《自然》杂志上发表了关于人类赤足跑的研究报告：通过一种避免冲击的着地方式跑步，人们就可以不需要借助鞋子提供的缓冲进行运动，还可以避免跑鞋引起损伤的问题。这一研究在美国引起了巨大反响。

利伯曼认为，赤足跑者的着地方式与典型的穿鞋跑者有很大不同。跑鞋往往都有着宽厚的鞋跟，目的是使脚跟着地时不会出现疼痛，所以一般穿鞋跑者是脚跟先着地，然后才是整个脚掌着地。当脚跟先着地时，身体会经历骤停，这一瞬间会产生一股巨大的冲击力，就如同有人用一个锤子以跑者两至三倍体重的力量击打他的脚跟。而赤足跑者总是前脚掌先着地，脚跟后着地，这种方式实际上改变了冲击力的方向，从而避免骤停时，来自腿部的巨大冲击力全部作用在脚部。

利伯曼不仅研究赤足跑，他还是一位马拉松跑者，并且采用的是赤足跑方式，这为他赢得了“赤足教授”（Barefoot Professor）的雅号。

测一测

# 你真的锻炼对了吗?

扫码鉴别正版图书
获取您的专属福利

扫码获取全部测试题及答案，
测一测你真的锻炼对了吗

- 跑步机最初是为了锻炼身体而设计的吗？（ ）

  A. 是

  B. 否

- 从自然选择的角度看，生物避免不必要的身体活动，所节省下来的能量是为了：（ ）

  A. 繁衍

  B. 打斗

  C. 养育后代

  D. 长寿

- 如果用最快速度进行比较，那么男子 100 米奥运冠军尤塞恩·博尔特比以下哪种动物的速度快？（ ）

  A. 河马

  B. 长颈鹿

  C. 野山羊

  D. 棕熊

扫描左侧二维码查看本书更多测试题

## 三个重要的名词解释

【**physical activity**】身体活动：任何由骨骼肌驱动的、消耗能量的身体动作。

【**exercise**】锻炼（名词）：为了保持健康或变得强壮而自愿进行的有计划、有体系、重复的身体活动。

【**exercised**】烦恼、焦虑、担心、厌烦（形容词）。

献给埃莉诺

# 译者序

## 我可以热爱体育但是讨厌锻炼吗

谭杰　高级记者·中国体育报业总社

我可以热爱体育但是讨厌锻炼吗？如果你终于鼓足勇气提出了这样的疑问，那么后半部分问题的答案是——你当然应该本能地讨厌锻炼。

本书作者、哈佛大学进化生物学教授丹尼尔·利伯曼非常坚定地认为，人类从未进化出锻炼的本能。他还认为，休息、犯懒、节约能量、储存脂肪在人类数百万年的进化史中是常态。而锻炼，是最近几千年才出现的“不可理喻的古怪行为”。

至于“热爱体育”，你应该完全义无反顾地热爱体育，因为体育最终给予你的，远比健康的身体和强健的体魄更为美好、更为宝贵。

两种状况叠加到一起，热爱体育但是讨厌锻炼？是的，可以。你完全可以热爱体育但讨厌锻炼，这并不矛盾，你甚至可以在锻炼的同时讨厌锻炼。

因为，体育与锻炼根本就是两种东西。

## 这本书为什么叫《锻炼》

丹尼尔·利伯曼教授是一个严谨的人，他在书中一上来就给出了几个极为关键的名词解释，我把它们列在下面，再加上我的一点点补充，也许有助于你理解体育与锻炼的关系，以及本书的中文书名。

physical activity　身体活动：任何由骨骼肌驱动的、消耗能量的身体动作。

sports　体育：在对手之间进行的、以获胜为目的、按照完善的规则和标准进行的对抗性身体活动。体育的核心是竞争，以及胜利和合作所带来的精神愉悦，甚至失败也是一种精神震撼。至于体育是否应该提供健康，那倒真是未必，想想各种比赛中的那些受伤者吧。

physical education　身体教育：一门课程，英文缩写为 PE，中文简称为体育，但是与前述的体育概念并不完全一致。欧美很多学校已经将这门课程扩充为 PHE（physical and health education），也就是身体和健康教育，相当于将我国中学教育中的体育课与生理卫生课结合起来。

exercise　锻炼（名词）：为了保持健康或变得强壮而自愿进行的有计划、有体系、重复的身体活动。

exercised　烦恼、焦虑、担心、厌烦（形容词）：exercised 的形容词意义与 exercise 的锻炼本意并无直接关联，但是在利伯曼教授看来，exercised 包含的这种慌张的负面情绪恰到好处地表现了由于对锻炼（exercise）的认识不充分所导致的混乱局面。

本书英文版的封面上还有一段话作为副题——Why Something We Never Evolved to Do Is Healthy and Rewarding，锻炼如此有益健康且回报丰厚，为什么我们却从未进化出锻炼的本能？因为在人们的认知中，对于锻炼存在着巨大的疑惑，所以利伯曼教授以exercised命名本书，取其双关含义。比较麻烦的是，中文无法找到与exercised类似的词。原本有一个备选的书名是《锻炼的悖论》，但考虑到“悖论”一词的中文概念也不甚普及，索性使用《锻炼》作为中文版书名，也算直截了当吧。

## 为什么要区分体育与锻炼

“体育”一词来自日语，“锻炼”一词源于冶金行业，“体育课”的名称由“身体教育”简化而来。虽然在中文里都没有太悠久的历史，但三个词语的边界还算清晰。只是在使用中又排列组合出“体育锻炼”“体育健身”“锻炼身体”“竞技体育”等，显得有些纷乱。

我在这里略加梳理一下，当有人调侃“数学是体育老师教的”的时候，这里的体育指的是身体教育；当有人喊出“人生能有几回搏”的时候，他说的则是真正意义上的体育，人们通常也会称之为竞技体育。

当毛泽东主席于1952年写下“发展体育运动，增强人民体质”，以及更早之前写下“欲文明其精神，先自野蛮其体魄”的时候，所指的都是锻炼。不要以为主席不知道锻炼一词，就在这两次关于体育的论述之间，他还曾经在延安期间题词：“锻炼体魄，好打日本”。必须承认，主席对于锻炼的认识极其深刻，他甚至用了“体质”“体魄”等不同的词来描述锻炼行为所针对的对象。

总之，身体教育应该是一门终身教育的课程，它能够教会你掌握身体和健康方面的知识，对自己的身体和健康保持充分关注。

锻炼是人类最近几千年来，尤其是越来越多的工具出现之后，由于体力劳动的减少，而不得不进行的额外的身体活动，其唯一目的是保持身体的健康状态和正常机能。而体育是人类的伟大发明，是一种高级的游戏。在任何一个人类文化中，体育都在某一个阶段被发明了出来，它回馈给人类的，是崇高的仪式感和精神上的高度满足。

好吧，我就是要把体育与锻炼对立起来，因为只有这样，我们每一个人才知道自己要的到底是什么、我们真正热爱的是什么、我们虽然不热爱甚至讨厌但出于理性还要坚持去做的是什么、我们应该为什么而骄傲、我们不必为什么而羞愧。

承认锻炼的反进化反本能的本质，承认锻炼之艰难，但也承认其健康的功用，把锻炼当作一种承诺，愿意以科学的锻炼方法来“惩罚”自己、塑造自己，才更像是一个理性的现代人。

至于体育，这么伟大的东西被发明出来，是为了鼓励人类的进取之心，是为了奖励人类之间的合作，健康只是体育的附属品，我们不应该买椟还珠般向体育索取健康。很长一段时间以来，我们就是近乎功利地过分注重体育与健康之间的关系，结果导致那些自以为已经获得了健康的人没有享受到体育，另外一些所谓“体育不好”的人没有得到健康。

看看《奥林匹克宪章》这部体育的纲领性文件关于奥林匹克主义是怎么说的:“奥林匹克主义所要开创的人生道路，是以奋斗中所体验到的乐趣、优秀榜样的教育价值和对一般伦理的基本原则的尊敬为基础的。”这其中没有关于健康的论述，而是一些比健康更美好、更值得拥有的东西。

我在这里愿意分享中国前百米飞人、当年的“眼镜侠”、现在的清华大学教师胡凯说的一句话:“强身健体其实是体育最末流的功用——大部分人现在却认为它是唯一的、最好的功用。如果只是单纯为了强身健体，而不是深入地参与进来，就永远体会不到体育中最深刻的奥妙。”

锻炼虽然不讨人喜欢，但它并不会害你。我非常希望越来越多的人，从锻炼开始，从主动关注自己的健康开始，从接受科学的身体教育开始，慢慢进入到体育的美好世界，最终超越对强身健体的追求，纯粹地体验并享受体育的精髓，从中获得智慧、勇气、愉悦和友情。

## 关于作者丹尼尔·利伯曼

翻译这本进化生物学和人类学著作对我而言，并不轻松。我之所以在看到摘要之后，完全没有犹豫便接下了翻译工作，最大的驱动力来自对作者的喜爱。丹尼尔·利伯曼教授的前一部著作《人体的故事》实在太过精彩，那是一种醍醐灌顶式的阅读体验。

先睹为快的感觉相当棒，《锻炼》果然又是一本充分满足读者好奇心并略带颠覆性观点的精彩著述，结构工整，文字讲究，推理舒服，逻辑缜密。

他一上来便告诉你，不喜欢锻炼、不锻炼不是什么大逆不道的事情，而是生灵的天性，让你放下所有戒心，听他将人类种种懒惰行为的合理性娓娓道来。他也会从进化和人类学的角度帮你想出很多办法，克服惰性，投入到锻炼中去。总之，他竭尽所能让你认识到锻炼的本质、锻炼的好处、锻炼的必要性。他甚至还批判了那些像江湖医生推销“神奇药丸”一样推销锻炼，效果却适得其反的“锻炼家”。总之你能够感觉到，为了说服那些暂时还未养成锻炼习惯的人们，他煞费苦心，甚至有点“絮絮叨叨”。

利伯曼教授在《人体的故事》里提到自己是一名跑步爱好者，但也并未过多渲染此事。在我的想象中，他应该是一个久坐书房、偶尔锻炼的哈佛学究，直至我翻译到下面这些文字：

> 接下来的 42.195 千米极为可怕。很多时候，迎头风和暴雨实在猛烈，我每前进一步都异常艰难，我的防水鞋每一次落地，听上去都像是大象发出的动静，我身体的每一个部位都感到了极度的寒冷。出发几千米之后，我告诉自己，在这种狂风暴雨和遍地水坑的条件下持续奔跑的唯一原因在于，我只要不停下来，就相当于以最快的速度回家，也是以最有效的方式保暖。我对抵达终点之后最强烈的盼望，就是以最快的速度回到床上取暖，而我就是这么做的。
>
> 之后的几天里，随着我的身体状态和心理状态慢慢恢复，我开始思考，我们这 25 000 名“精神错乱者”为什么要在风暴之中这样奔跑？如果我的目标只是完成一次马拉松，我只需等到第二天就可以享受一个几乎完美的天气。我能给出的唯一解释就是，我是为了社交而跑。我就像一名战争中的战士，我并不是独自战斗，而是作为群体的一分子与大家共同做一件非比寻常的事情。波士顿马拉松自 1897 年起就一直是受人尊敬的传统赛事，而 2013 年的恐怖袭击又赋予了这个赛事更深刻的意义。我觉得我在 2018 年那天的奔跑不仅仅是为了我自己，也是为了其他人，其中就包括那几十万顶着风雨为我们加油的波士顿人。尽管承认下面这一点也许会有些没面子，但我还是要说，我跑下来就是因为我不愿意成为一个懦夫或者逃兵，而在自己的社交圈子中遭人鄙视。来自身边同伴的压力也是一种强大的激励。

那也是我本人所经历过的最艰难的一次马拉松赛事，没有之一。而且利伯曼教授的语言是如此准确，简直就是把我的心理活动也描述了出来，那天我跑得“万分沮丧甚至开始怀疑人生”，是 38 千米处加油助威并给跑者提供补给的波士顿母女俩递过来的一杯热巧克力救了我，让我撑到终点。我也必须承认，我跑下来的唯一理由，也是因为我不愿意成为一个逃兵。

我打开波士顿马拉松的网站，进入 2018 年赛事的成绩查询页面，输入丹尼尔 · 利伯曼的名字，点击查询: 3 小时 42 分 00 秒，7 761 名。

342，多么熟悉的数字啊。我又翻出了波士顿马拉松组委会寄过来的 2018 年度选手成绩册，按照成绩翻到他所在的位置，视线往下移动了几行，果然，我的名字出现了: 3 小时 42 分 13 秒，7 786 名。

要知道，利伯曼教授比我年长整整 5 岁啊。也正因为如此，我们完全应该相信他作为一名知行合一的波士顿马拉松达标参赛者所给出的关于锻炼的灼见。

2021 年波士顿马拉松举办时，我托前往参赛的朋友找到了连续第 10 次站上波马赛道的利伯曼教授，邀请他为《锻炼》中文版作序。

现在，我完成了《锻炼》的翻译，也算完成了对利伯曼教授的致敬。我想，我这个“精神错乱者”也并不是独自一个人，而是作为一群人中的一分子做了一件非比寻常的事情。

2022 年 6 月

# 中文版序

## 锻炼，一种崭新且古怪的行为

我们应该如何使用自己的身体?

我相信，与世界其他地方一样，中国人对于这个问题的态度也正经历着一次巨大的转变。随着机器和技术越来越多地替代人类的劳动力，我们中大多数人的身体活动变得越来越少。也正因如此，我们需要投身于一种崭新且古怪的行为——锻炼（为了保持健康或变得强壮而自愿进行的身体活动），而我们的大多数祖先对于这种行为闻所未闻。

每个人都知道锻炼是一种有益健康的行为，但问题在于，锻炼带来的乐趣实在少之又少，还会耗费宝贵的时间。而且人类有着一个深层而古老的本能，那就是避免非必要且无回报的身体活动。所以，一个意料之中的事实是——大多数人都缺乏锻炼。继而，我们开始对自己不想锻炼的“陋习”深感内疚，对锻炼一事充满焦虑，陷入紧张、羞愧、迷茫的情绪之中。

这本书从进化和人类学的角度探究了身体活动的机制，意在说明人们应该如何通过互相帮助以增加各自的身体活动，并获得更好的健康状况。我在书中还澄清了一些关于锻炼的以讹传讹的谬误。

希望你们喜欢这本书，祝你们健康。

丹尼尔·利伯曼

2022 年 6 月

# 目　录

**译者序**

**我可以热爱体育但是讨厌锻炼吗**

**中文版序**

**锻炼，一种崭新且古怪的行为**

**序　言**

**我们从未进化出锻炼的本能** 001

**第 1 章**

**人类是为休息而生，还是为跑而生**

**以讹传讹的谬误 1：我们进化出了锻炼的本能** 011

为什么有人在不需要跑步的时候跑步 / 015

两个不同却又相似的赛事 / 018

并不成立的“运动原始人”假说 / 020

“正常人”都是沙发土豆吗 / 024

不同年代的身体活动 / 029

“古怪”的锻炼行为 / 031

## 第一部分 静态下的身体活动

### 第2章

**静态的意义，懒惰也很重要**
**以讹传讹的谬误 2：懒惰是不正常的行为** 039

“无所事事”的代价 / 043
休息并不等于身体的静态 / 047
尽可能保持静态，是人类进化的结果 / 051
生而懒惰 / 055
避免非必要的身体活动是人类的正常选择 / 060

### 第3章

**坐着等同于吸烟吗**
**以讹传讹的谬误 3：从本质上讲，久坐是不健康的** 063

我们是怎么坐的以及为什么要坐 / 067
我们每天要坐多久？ / 071
当我坐着的时候，身体正在着火 / 075
久坐如何引发慢性轻度炎症 / 077
有活力地坐着 / 081
我该如何坐，我该坐多久 / 085

第4章

为什么压力会影响休息

以讹传讹的谬误4：每晚需要睡够8小时 089

睡个好觉是为了身体还是大脑 / 094

8小时睡眠理论并不存在 / 098

不同的睡眠文化 / 103

睡眠所带来的压力 / 108

为什么要“克扣”自己的睡眠时间 / 112

第二部分

和速度、力量与能量有关的身体活动

第5章

速度：既非乌龟，也非野兔

以讹传讹的谬误5：普通人无法做到速度和耐力俱佳 117

博尔特的速度究竟有多慢 / 121

双腿直立行走，让人类成为行动缓慢的物种 / 125

快还是远 / 127

你想要红肉基因，还是白肉基因 / 133

先天遗传还是后天培养 / 136

我们也可以跑得又快又远 / 138

## 第6章

**力量：从肌肉发达到骨瘦如柴**
**以讹传讹的谬误 6：进化的目标就是把自己变得无比强壮** 143

不同时代的力量 / 149
强壮的类人猿和尼安德特人 / 153
冲破身体的阻力 / 158
肌肉的衰老 / 162
过多的肌肉也是身体的负担 / 165

## 第7章

**打斗与体育：从尖牙到足球**
**以讹传讹的谬误 7：体育等于锻炼** 167

人类天生具有攻击性吗 / 171
站起来，然后开战 / 176
人类进化成为更好的天使 / 180
武器出现之前的打斗 / 184
利用武器对战 / 187
以体育代替打斗 / 192

## 第三部分 与耐力有关的身体活动

第 8 章

步行：人类的日常
以讹传讹的谬误 8：仅靠步行，无法减肥 201

我们是如何行走的 / 206
人类如何进化到直立行走 / 211
运输的负担 / 215
能依靠步行减掉多余的体重吗 / 220
为什么大多数人不愿意步行 / 226

第 9 章

跑步与舞蹈：从一条腿跳到另一条腿
以讹传讹的谬误 9：跑步损伤膝盖 231

人可以跑赢马 / 235
我们是如何跑步的 / 239
超能寻肉法与耐力打猎法 / 246
跑步是进化出来的能力，为什么还会受伤 / 250
舞蹈也是耐力型身体活动 / 258

**第 10 章**

**耐力与衰老：身体活动对衰老的影响**
**以讹传讹的谬误 10：随着年龄增长，不爱动是正常的** 263

当衰老之后 / 268
衰老的本质 / 274
规律性的身体活动是延缓衰老和延长寿命的最佳方式 / 278
身体活动并不是绝对的不老泉 / 284

**第四部分**
**现代世界的锻炼**

**第 11 章**

**动还是不动：如何开始锻炼**
**以讹传讹的谬误 11：想锻炼就只管大胆去做** 295

强制性的“体育一小时”/ 299
人们总是在逃避锻炼 / 303
如何让锻炼变得更有趣 / 308
如何让锻炼成为必需品 / 314
在年轻人中推广锻炼 / 319

第 12 章

如何选择运动量与锻炼项目
以讹传讹的谬误 12：某个锻炼项目和某种运动量最适合你 323

每周锻炼 150 分钟 / 327
真的存在过度锻炼吗 / 333
如何将各种锻炼方法整合起来 / 339
高强度有氧运动 / 342

第 13 章

锻炼与疾病的关系 347

肥胖 / 352
代谢综合征和 2 型糖尿病 / 356
心血管疾病 / 359
呼吸道感染和其他传染病 / 365
慢性肌肉骨骼疾病 / 371
癌症 / 375
阿尔茨海默病 / 378
心理健康：抑郁与焦虑 / 382

后 记 387

致 谢 391

# 序　言

## 我们从未进化出锻炼的本能

2017年6月，我开始写这本书，当时我刚刚飞到肯尼亚，买了一台跑步机，把它装进一辆“陆地巡洋舰”越野车，准备送到肯尼亚西部一个名叫彭雅（Pemja）的遥远地方。那里的山冈和山谷起起伏伏，巨型花岗岩岩石点缀其间，而海拔超过2 100米的彭雅就位于这片广阔山地区域的边缘。在彭雅，小块的田地和简易的房屋散落各处，这些房屋通常就是那种由泥巴和牛粪垒起来、用茅草和马口铁做顶、只有一个房间的房屋。彭雅景色优美，但即使以肯尼亚的标准衡量，那里也属于贫穷之地，而且地处偏远。从距离最近的城市埃尔多雷特（Eldoret）前往彭雅，虽然只有80千米路程，但是开车要花上将近一天的时间，而且离彭雅越近，路况就越差。我们沿着陡峭蜿蜒的土路行驶，不时会遇到沟壑，里面有巨石和各种各样的障碍，这还是天气好的时候，如果赶上下雨，路面将变成火山灰浆，泥泞而且黏稠。

尽管这条道路令人生畏，但过去十年我几乎每年都会与我的学生以及肯尼亚同行一起来到这里，目的是研究当世界处于高速现代化的进程中，彭雅当地人的身体发生了怎样的变化。他们都是农民，依靠种地勉强维持生计。他们的生活方式与祖辈们的生活方式几乎一样：没有公路、电和自来水。绝大多数彭雅人没有什么途径购买鞋、床垫、药品、椅子以及那些在我们看来很平常的东西。为了生存，为了改善生活尤其是孩子们的生活，他们极其辛苦地劳作，不借助任何机器。当我观察到这些，我被深深触动了。通过对比彭雅人和同属卡伦金（Kalenjin）族群但生活在埃尔多雷特的人，也就是把那些需要从事日常体力劳动、赤足、蹲坐在地上的人，与那些大部分时间坐在办公室里的人进行对比，我们可以研究人体发生的变化。

至于那台跑步机，我们本来计划通过它来研究彭雅女人头上顶着水、食物、柴火等重物时能走多快，结果却完全没有派上用场。当然，这台跑步机后来也给了我巨大的启发。我们邀请彭雅女人站在跑步机上，当皮带开始转动时，她们的脚步变得不自然、犹豫和笨拙。其实，每个人第一次站到跑步机上，被这个怪诞、会发出噪声的家伙逼着向前走却哪儿也到不了的时候，我们的步伐同样奇怪。虽然经过练习之后，彭雅女人在跑步机上的行走技能略有提升，但我们也发现，如果想要研究她们在负重和不负重情况下的行走方式，就必须放弃跑步机，让她们在坚实的地面上行走。

为了把这台跑步机运到彭雅，我们花费了大量金钱、时间和体力，现在看来，全都白费了。就在我为此抱怨的时候，我突然意识到，这台跑步机正好概括了我想写的这本书的主题：**我们从未进化出锻炼的本能。**

我想表达什么意思呢？好吧，我慢慢说。今天，锻炼公认的定义是为了保持健康或变得强壮而自愿进行的身体活动。但是，锻炼只是人类进化过程中近期才出现的现象。在不算太遥远的过去，我们那些狩猎采集者、农耕者祖先，为了获得足够的食物，每天需要进行数小时的身体活动，当然他们偶尔也会为了娱乐或者社交而做游戏或者跳舞，但没人会为了健康而奔跑或者行走几千米。“锻炼”这个词也是近来才包含了“有益健康”这层意思。英语 exercise 一词源于拉丁语动词 exerceo，原意为工作、训练或者练习，第一次出现在中世纪的英语中指的是重体力劳动，比如犁地。[1] 后来一直到现在，锻炼是指为了提高技巧或者健康状况而进行的练习或者训练。exercise 的分词形式 exercised 则是指被某事困扰、为某事烦恼或者为某事担心。

“锻炼”一词到了现代才与健康发生关联，同样，利用跑步机锻炼身体也是近期才被发掘出来的功能，它在刚刚出现时与健康和强壮一点关系也没有。与跑步机类似的装置最早是罗马人用来转动绞车以提升重物的，后来在 1818 年由维多利亚时期的发明家威廉·卡比特（William Cubbit）改进之后，用来惩罚罪犯，防止他们偷懒。在 100 多年的时间里，英国政府惩罚囚犯的手段就包括让他们每天在台阶型的巨大跑步机上艰难行走数小时，奥斯卡·王尔德就受到过这样的惩罚。[2]

至于跑步机现在是否仍为一种“刑具”，人们莫衷一是。但是在这个现代化、工业化的时代，这种众说纷纭的局面也恰好体现出了锻炼的荒诞性质。如果不想被看作疯子或者傻瓜，那么我该如何向彭雅的狩猎采集者和农耕者，或者我的高祖父母解释我的古怪行为：我每天绝大部分时间都坐在椅子上，然后为了弥补自己的懒惰对身体造成的不良影响，我需要花钱到健身房逼着自己在一台机器上竭尽所能原地奔跑，最终把自己弄得汗流浃背、筋疲力尽、浑身难受。

除了跑步机自身的荒诞性质之外，我们的祖先也一定不能理解锻炼的商业化与工业化，他们最不能理解的应该是锻炼的医疗化。虽然我们有时也会为了获得愉悦而进行锻炼，但是今天数以亿计的人花钱锻炼的目的是控制体重、预防疾病、延缓衰老和死亡。锻炼变成了一门大生意。走路、慢跑以及很多其他形式的锻炼，本来都应该是免费的，但是在那些超级跨国公司的“引诱”下，我们为了锻炼还需要花钱购置专门的服装、器材，前往健身俱乐部这类专门的场所。我们还会花钱看别人锻炼，有些人甚至会花钱获得“受虐”的资格，去参加马拉松、超级马拉松、铁人三项赛以及其他极端、严酷或者存在危险的体育项目。有人甚至为了获得跑步 150 英里①横穿撒哈拉沙漠的资格而花掉几千美元。[3] 但最重要的是，锻炼引发了锻炼者的焦虑和困惑，原因在于，虽然所有人都知道锻炼有益健康，但是很多人却因为运动量不够、锻炼过程不安全或枯燥无趣而发愁。我们被锻炼困扰了。

所以，锻炼成了一个悖论：有益健康却畸形扭曲，本该免费却高度商品化，本是快乐健康之源却带来了不适、自责，甚至招致别人的责难。接下来我想说说，为什么这些感悟会促使我撰写本书，以及为什么你会愿意阅读本书。

## 与锻炼有关的悖论

在我人生的大部分时间里，我同样被锻炼困扰着。与很多人一样，我在成长过程中一直认为自己缺乏运动能力，对积极锻炼也缺乏信心。下面这段经历我讲过很多次了。我身材瘦小，看起来像个书呆子，每每在学校遇到分队比赛，我总是被最后选走的那一个。虽然我也梦想着能够变得更健壮、运动能力更强，但是平庸的运动天赋让我无法实现这个梦想，我为此感到尴尬，越发不愿意参与体育运动。高中一年级时，我曾经在上体育课的时候躲了起来。对我而言，锻炼这个词现在仍然可以唤起我被体育老师羞辱时不安的回忆，当我处于不安之中，为自己的身体感到耻辱的时候，他却在冲我大喊大叫，催促我

① 1 英里 ≈ 1.61 千米，1 磅 ≈ 0.45 千克。为了确保实验结论的准确性，本书中保留部分英制单位。——编者注

跟上那些比我更快、更强壮、更有运动天赋的同学。直到现在我仍然可以听到 B 先生的咆哮，“利伯曼，爬绳子！”其实我在学校的时候并不是沙发土豆（Couch Potato）[①]，二三十岁时我偶尔也慢跑和徒步，但我确实算不上一个有锻炼习惯的人，主要是因为我对于选择哪些运动进行锻炼、锻炼的频次、锻炼的强度以及如何在锻炼中提高身体素质等知识既无知又渴望。

尽管我的运动能力不佳，但我在大学时开始对人类学和进化生物学产生了浓厚的兴趣，并且选择了人体作为研究课题，探究人体究竟是为何以及如何变成现在这个样子的。在职业生涯的起步阶段，我关注的是头骨，但是阴差阳错，我开始对人类奔跑的进化过程产生了兴趣。这些研究也开始引领我去探寻人类其他身体活动的进化过程，比如行走、投掷、工具制作、挖掘和搬运。过去 15 年，我有机会横跨地球去观察那些辛苦劳作的狩猎采集者、自给自足型农耕者等人群是如何使用自己的身体的。我热衷于野外探险，所以一旦有机会便会参与这种活动。除了一般性的经历之外，我曾经在肯尼亚尝试用头顶着水罐奔跑，在格陵兰岛和坦桑尼亚与土生土长的猎人们一起追逐麝牛和非洲大羚羊，在墨西哥的星光下参加美洲土著部落历史悠久的越野跑比赛，在印度乡村参加赤足板球比赛，在亚利桑那的群山中奔跑着与马竞逐。然后，我再回到哈佛大学的实验室，与学生们一起开展实验，对我参与的上述活动中所包含的解剖学、生物力学和生理学要素进行研究。

依据个人经历和学术研究，我逐渐得出了一些结论，比如锻炼，这个现代且健康的行为包含着一些自相矛盾的内容，但是像美国这样的工业化社会并没有认识到锻炼的复杂程度，从而导致了人们对于锻炼的理解和态度充满了以讹传讹的谬误（myth）[②]。需要明确的是，我的意思并不是锻炼无益或者“你们读到的关于锻炼的一切都是错的”，只有傻瓜才会那么说。我想表达的是，正是

① 指非常喜欢坐在沙发上看电视的人。——编者注

② 我使用 myth 一词是想表达那种人们普遍相信但不够准确、言过其实的说法。

因为我们在讨论身体活动的时候无视或者曲解了进化和人类学的研究视角，才导致当下流行的、工业化的锻炼方法受到了多种因素的负面影响，其中包括错误的概念、夸大其词、错误的逻辑、偶尔出现的误导，以及不可原谅的责难。

在诸多有关锻炼的谬误中，首当其冲的便是“主动锻炼是人类的本能”（We are supposed to want to exercise）这种观点。有那么一类人——我把他们定义为“锻炼家”，他们总是会夸大锻炼的效果，且不停地提醒我们，锻炼是一种药，是那种可以延缓衰老和死亡的神奇药丸。你们每个人身边都会有这种人。按照锻炼家的说法，人类生来就拥有锻炼的本能，因为在数百万年中，我们的狩猎采集者祖先就是凭借行走、奔跑、攀爬和各种身体活动生存下来的。即使是那些不相信进化学说的锻炼家也认为，锻炼是人类命中注定的事情。上帝将亚当和夏娃逐出伊甸园时，惩罚他们终生在土地上辛苦劳作：“你必汗流满面才得糊口，直至你归了土。”我们因此被唠叨着进行锻炼，因为这不仅对我们有益，更是人类生存的基本条件。那些锻炼不足的人，会被认为是懒惰的。甚至将“无疼痛，无收获”（no pain，no gain）认为是美德。

关于锻炼的其他一些谬误是以夸大其词的形态出现的。如果锻炼真的如我们被告知的那样是真正的“神奇药丸”，可以治愈和预防大多数疾病，那为什么古代人的运动量远远超过我们这些现代人，而平均寿命却远远低于我们呢？人类从本质上说，是属于缓慢而羸弱的生物吗？如果耐力增加，力量就会减少，这是真的吗？久坐会害死我们吗？锻炼对于减肥没有帮助吗？随着年龄增加，人的身体活动能力就会下降，这是正常的吗？喝一杯红酒与在体育馆健身一小时带来的好处是一样的吗？[4]

关于锻炼的一些不准确、草率和相互矛盾的理论，不仅对我们造成了损伤，还会传播混乱，引发疑惑。一方面，有人建议我们每天应该走一万步，避免久坐，不要乘坐电梯；另一方面，我们也会听到，锻炼并不能帮助锻炼者减掉多余的体重。有人鼓励我们在身体活动方面投入更多的时间，告诫我们保持体态，不要驼背，但马上又有人建议我们要增加睡眠时间，要选用那种对腰部有支撑功能的椅子。专家们似乎在推荐我们每周进行 150 分钟锻炼的问题上达成了共识，但我们也能读到那种宣称每天只需几分钟的高强度锻炼便能保持良好状态的文章。一些健身专家推荐举哑铃、杠铃等自由重量训练，另外一些专家则推荐固定器械训练，还有一些专家则批评我们有氧运动不足。一些机构建议我们慢跑，另外一些则警告我们跑步损伤膝盖且容易引发关节炎。这周我们读到的是过度锻炼会造成心脏损伤，以及我们需要舒适的运动鞋，而到了下周，我们读到的却是，过度锻炼几乎不可能发生，极简运动鞋才是最佳选择。

除了传播混乱和错误观点之外，关于锻炼的种种谬误，尤其是那句“锻炼是自然而然的行为”，造成的最有害后果是：一方面这个社会并没有成功地教会人们如何锻炼，另一方面却不公平地羞辱和指责人们不锻炼。每个人都知道自己应该锻炼，但是当人们被催促着开始锻炼之后，马上就会遇到更让人抓狂的问题，练多少？怎么练？鼓励人们“只管去练”就相当于告诉一个瘾君子“只需说不”，这样做没什么意义。如果锻炼像某些人说的那样，是与生俱来的自然行为，那为什么经过这么多年的努力，我们仍然没有找到一种有效的方法，帮助人类充分开发这一根深蒂固的自然本能，而不是像现在这样听任自己对锻炼持可有可无的态度呢？2018 年，针对数百万美国人的一项调查显示，其中大约一半的成年人和近 3/4 的青少年称自己无法达到每周 150 分钟身体活动的时间标准，而利用闲暇时间进行锻炼的人不足 1/3。[5]用任何一个客观标准衡量，我们在 21 世纪对锻炼的推广工作都算得上糟糕透顶，这在很大程度上是因为我们对于身体活动和身体静态的理解，处于一种混乱的状态。

好吧，抱怨到此为止。接下去我想说的是，我们如何才能做得更好？以及我希望你们能够从本书中收获哪些东西。

## 为什么我们进行的是博物学研究

本书的前提是，进化和人类学的视角能够帮助我们更好地理解锻炼的矛盾性：为什么如此有益健康的行为，我们却没有进化出来？我希望这些视角能够帮助那些对锻炼感到焦虑、困惑和纠结的人，让他们重新把锻炼放在重要的位置上。而且，本书不仅仅是为那些受锻炼困扰、犹豫不决的人而写，也为热衷于锻炼的人而写。

我要先说明一下在讨论这个话题时我为什么会摒弃一些常用的研究方法。如果你已经通过网站、文章和书籍读到过关于锻炼的内容，你会很快发现绝大多数知识和结论是通过观察美国、英国、瑞典和日本等现代工业化国家中的人群得到的。上述这些知识和结论是针对流行病学的研究得到的，也就是说，研究人员从大量的个体样本中寻找健康与身体活动之间的关系。比如，针对心脏疾病、锻炼习惯与年龄、性别、收入等因素之间相关性的研究就达到了数百项，但是这些分析呈现的只是这些要素之间的相关性，而不是因果关系。为了测量具体某个变量对某个结果的影响，研究人员倒是设计了一些实验。他们把参与实验的人（通常是大学生）或者实验用小白鼠随机分为实验组和对照组，让实验组成员运动较短的时间，对照组什么也不做，然后收集数据进行对照分析。有数百项类似的研究针对的都是锻炼时运动量的变化对血压或者胆固醇水平的影响。

上述这类研究方法从本质上说并没有什么错，而且接下去你们也会看到，我在本书中会引用一些他们得出的结论。但是，他们看待锻炼的视角过于狭窄。这些新入门的研究人员几乎都会选择当代的西方人或者运动精英作为研究对象。这样做当然也没错，但是你得知道，北美和欧洲的西方人只约占世界总人口的 12%，而且在整个人类进化史上，他们不具有代表性。针对运动精英的研究得到的人体生物学数据更加片面。有几个人能在 4 分钟内跑完 1 500 米，或者仰卧推举超过 200 千克的重量？而且，你的生物学特征与小老鼠能有多少相似之处？重要的是，这些研究人员没能有效地回答几个关键的“为什么”，所以他们的研究无法体现锻炼的特殊性。大规模流行病学调查和严格设计的实验室实验也许可以阐释锻炼对身体的影响，从而证明锻炼的益处，还可以统计出到底有多少瑞典人和加拿大人对锻炼没兴趣，或者对锻炼感到困惑，但是无法解答你对于以下几个“为什么”的疑惑：为什么锻炼可以对身体产生影响？为什么有很多人对锻炼的态度充满了矛盾？为什么缺乏身体活动会导致我们衰老得更快，还会增加患病的可能性？

为了弥补上述研究的不足，我们需要在针对西方人和运动精英的标准之上再加入进化和人类学的视角。为此，我们将远离美国等工业化国家的大学校园和医院，前往人类生活中的各个场景，观察发生在那里的更丰富的人类劳作、休息和锻炼等行为。我们将在不同大洲不同环境下研究狩猎采集者、自给自足型农耕者。我们也会研究考古和化石记录，从而更好地理解人类身体活动的历史和进化过程，并将人类与其他动物尤其是“近亲”类人猿进行对比。最终，我们会将不同人群的生物学证据链和行为证据链整合到生态和文化图谱中的相应位置。为了对比美国大学生、非洲狩猎采集者和尼泊尔挑夫们的行走、奔跑、搬运方式，以及这些身体活动对他们的健康的影响，我们还需要了解他们不同的生理学特征和文化背景。简而言之，为了真正理解锻炼，我们进行的其实是关于人类身体活动和身体静态的博物学研究。

因此，本书将采用进化和人类学的视角，对身体静态、身体活动和锻炼行为的十几个以讹传讹的谬误进行研究和重新思考。我们生来就会锻炼吗？久坐相当于吸烟吗？驼背有害健康吗？你需要睡足 8 小时吗？人类是否属于行动缓慢、羸弱的物种？走路减肥是不是效率太低？跑步伤膝盖吗？说服人们进行锻炼的最佳方法是什么？是否存在某种最理想的锻炼项目和最合适的运动量？锻炼能在多大程度上降低你患癌症或者传染病的风险？本书的“咒语”是，**唯有在进化知识之光的照耀下，锻炼的生物学研究才有意义；唯有在人类学知识之光的照耀下，锻炼的行为学研究才有意义。**[6]

对于那些已经养成锻炼习惯的人，我会努力用全新视角阐释以下问题：不同种类的身体静态和身体活动会对身体造成哪些影响，原因是什么？为什么锻炼并非神奇药丸却可以改善你的健康？为什么所谓的最佳锻炼项目和最佳运动量并不存在？如果你正在纠结是否应该锻炼，我会让你明白你的想法是正常的，我会帮助你动起来，我还会帮助你评估各种锻炼项目的优缺点。但这不是一本关于如何锻炼的自助书，我也不会兜售“七步轻松获得健康”或者诱惑你爬楼梯、跑马拉松或者横渡英吉利海峡。我的目标是以怀疑的态度和平实的语言去探寻和描述充满魅力的人体科学：运动和休息时，我们的身体是如何工作的？锻炼会对健康造成哪些影响，为什么？我们如何互相帮助，开始动起来？

本书正是一本博物学著作，共分为四个部分。第 1 章为总述，接下来三个部分大致讲述了人类身体活动和身体静态的进化故事，其中的每一章都重点讨论一种有关锻炼的以讹传讹的谬误。如果不能理解身体的静态，我们就无法理解身体的动态，所以第一部分的内容就是关于身体的静态——当我们身心放松的时候，比如静坐或者睡觉时，我们的身体在做什么？第二部探讨那些需要速度、力量和能量的身体活动，如全速跑、负重和格斗。第三部分分析徒步、跑步和舞蹈等耐力型身体活动，以及这些身体活动对衰老的影响。第四部分虽然排在最后但同样重要，在这部分中，我们会从进化和人类学的视角出发，重新审视以下问题：在当下的世界，人类如何更好地锻炼？我们如何更加有效地管理自己的锻炼方式，有哪些可以选择的方式？不同的运动项目和不同的运动量在多大程度上可以帮助我们预防或者治疗那些危害健康和生命的重病？这种效果是如何实现的？原因是什么？

但是，在最终得出任何结论之前，我们还有很长的路要走。如果我没有猜错的话，当你读到这些文字的时候，你现在的状态很可能是静态，那么就让我们从这种状态开始，去深入探究所有谬误中最大的那一个：锻炼是自然而然的行为。

Exercised

# 第 1 章

## 人类是为休息而生，还是为跑而生

### 以讹传讹的谬误 1：我们进化出了锻炼的本能

努力工作不会导致死亡，但我没必要冒这个险。

罗纳德·里根

我不是出类拔萃的运动员，也不想成为那类人，无论如何，我从没想过要去完成环曼哈顿岛游泳、骑车穿越美国、攀登珠穆朗玛峰、仰卧推举数百千克重的杠铃或者撑竿跳过障碍之类的事情。在诸多挑战极限力量或者极限耐力的项目中，我一定不会尝试完整的铁人三项，我完全做不到。但是，我对于这种严苛的竞技挑战充满好奇。2012 年 10 月，我收到了一份梦寐以求的邀请，欣然前往夏威夷观摩著名的铁人三项世界锦标赛，并出席了赛前的体育医学会议。

令人费解的是，这项以极端艰苦而“恶名远扬”的耐力赛的举办地点却是夏威夷一处天堂般的所在——以风景怡人而著称的小镇科纳。在赛前的日子里，每一个来到科纳的人都尽情享受快乐。人们在如画的海岸边游泳、潜水、冲浪，一边品尝着果汁鸡尾酒一边看日落，或者在小镇中漫步，吃冰激凌，买一些纪念品和运动装备。在镇上的酒吧和俱乐部里，派对一直持续到深夜。如果你想找一处热带旅游胜地充分放松和享受，没有比科纳更合适的地方了。

然后，时间来到了比赛当天早上 7 点整，比赛开始了。朝阳从赫然耸立的火山的蓝色剪影后面冉冉升起，晨曦将天空染成玫瑰色，大约 2 500 名超级健壮的选手从码头跃入太平洋，开启了赛事的第一个项目——横跨海湾再折返的 2.4 英里游泳项目。如果你对这个距离没什么概念，那我告诉你 2.4 英里相当于 77 个奥运会标准泳池连在一起的长度。很多等待发令枪的选手看上去忧心忡忡，但是他们的情绪很快便被夏威夷成群结队的鼓手、数千名欢呼的观众，以及从汽车大小的音箱中发出的足以激发肾上腺素的超燃音乐带动起来。选手们纷纷入水，在水面掀起了波澜，那场面像极了疯狂捕食的鲨鱼群。

大约一小时后，领先的选手回到岸边。他们从海里钻出来，湿漉漉地冲进帐篷换上空气动力学头盔等高科技骑行装备，跳上价值上万美元的超轻自行车，消失在人们的视野中。跨越熔岩地带、全程 180 千米的第二个项目开始了。考虑到最好的车手也要花上 4.5 小时才能完成这段距离，我走回酒店享用早餐，这种“幸灾乐祸”让我感觉更加愉悦。是的，当我想到那两千多名选手要在岛上顶着烈日全速骑行 180 千米，而且还得给最后一个严酷的项目—— 全程马拉松留出足够的体力，我瞬间觉得煎蛋和咖啡的味道更好了。

小憩之后，我神清气爽地回到换项区域等着看精英选手们跳下自行车，系紧跑鞋的鞋带，然后顺着海岸开启 42.195 千米的跑步之旅。当选手们顶着 32℃高温在极度潮湿的环境中艰难跑完马拉松的时候，我悠闲地用完了午餐还小睡了一会儿。下午两点过后，我慢步走回终点观看冲刺，那是我所见证过的最激动人心的场景之一。当领先的选手出现在小镇的主街上时，立刻就被挤进了狭窄的冲刺通道之中，两侧都是他们的朋友和粉丝，这些选手被高亢、震撼的音乐煽动着陷入某种癫狂的状态。终点线上，一个充满活力的声音向每一个完赛者（无论男女）发出祝贺，而贺词就是那句历经岁月考验的“你是铁人”（YOU ARE AN IRONMAN）！话音未落，所有人的热情都被点燃。那些大约 8 小时完赛的精英选手冲过终点时表情冷漠，就像是机器人。晚些时候，业余选手们陆续抵达终点，完成磨难之旅。我观察着他们的表情，希望了解这种成就对他们意味着什么。很多人喜极而泣，有人跪下亲吻地面，有人捶击自己的胸膛，发出暴风雨般的咆哮，还有一小部分人看上去极度虚弱，他们马上被送进了医疗帐篷。

最富有戏剧性的终点景象发生在临近午夜的时候，也就是经过了 17 小时，比赛即将结束的时候。这些勇敢的人绝望地支撑着身体，克服着剧烈的疼痛和疲惫，他们的大脑逼迫着双腿努力再往前多迈一步。当他们踉跄着进入小镇，有些人看上去就像在一步步靠近死亡之门。但是，近在咫尺的终点线，以及冲刺通道两边亲朋好友、粉丝观众的欢呼声所激发出的情感能量，将他们拽到归家之路上。他们先是一瘸一拐蹒跚跛行，然后开始双腿交替有节奏地挪动，最终突然爆发，全力冲过终点线。过线瞬间，他们倒在地上，欣喜若狂。午夜时分，看到此情此景，人们终于真正明白了铁人赛事的格言“凡事皆有可能”的含义。

## 为什么有人在不需要跑步的时候跑步

见证业余铁人们在接近午夜时分完赛，固然令人激动，但我再一次坚定了自己对此事的态度—— 无论给我多少钱我都不会心动，我并不想去完成一场完整的铁人三项赛。而且，我不由自主地想，我所看到的景象不仅是非正常的，更是令人担忧的。究竟是什么在驱动着这些人年复一年地每天投入数小时，历经磨难，只是为了身体力行地证明“凡事皆有可能”。完整的铁人三项赛需要选手们投入极度的热情和大量资金。如果把机票、酒店和装备的费用都计算进去，很多铁人三项选手每年要在这项运动上花费数万美元。虽然铁人三项吸引了癌症幸存者、修女、退休人士等不同群体的选手，但绝大部分选手都是富有、事业有成的 A 型人格[①]人士，他们在锻炼一事上的狂热付出与他们之前对于事业的投入如出一辙。我在深深崇敬他们的同时，也会产生同样程度的疑问，他们这样做会对自己的身体造成伤害吗？有资格入围的选手中，有多少人因为受重伤而退赛，无法成为一名真正的铁人？对于一名准备完成完整铁人三项的选手而言，他所必须完成的训练对于朋友、家庭和婚姻会造成哪些负面影响？

带着这些疑问，几周之后我收拾行囊前往一个没有现代社会痕迹的地方，墨西哥谢拉（Sierra）地区的塔拉乌马拉（Tarahumara）——有时也被称作

① 指有进取心、侵略性、自信心的人。——编者注

铜峡谷。我在那里见到了与科纳的铁人三项选手极为不同的另外一些选手，也见到了与铁人三项赛极为不同的另外一项比赛，这一经历对我的触动只能用“震撼”来形容。在我遇到的所有人中，对我冲击最大的是一位名叫欧内斯托（Ernesto，这不是他的真名）的老者。我是在一个海拔 2 100 多米的平顶小山上遇见他的，那里离当地人的居住地很远。

我前往谢拉是为了研究塔拉乌马拉的美洲土著人，他们因为擅长长距离奔跑而闻名。20 世纪，数十名人类学家都写书介绍过塔拉乌马拉，但在 2009 年，由于一本名为《天生就会跑》（*Born to Run*）① 的畅销书，他们在世界范围内的知名度得到了进一步提升。该书将他们描述为赤足、超级健康、运动能力超强的“隐秘部落”，随随便便就能跑完一段不可思议的超长距离。[1] 我被他们的故事迷住了，同时也希望收集一些数据，看看他们是如何在没有现代缓震跑鞋的情况下奔跑的，于是我带着一名向导、一名翻译以及一些可以测量他们的脚部和跑步时的生物力学数据的科学器材，在危险丛生、沟壑纵横、起伏超过 1.2 千米的之字形道路上跋涉，前往他们的住地。在遇到欧内斯托之前，我已经访谈过数十名塔拉乌马拉的男人和女人，并测量了他们的脚部。我开始对之前读到的几乎所有关于他们跑步的故事产生了疑问。尽管他们拥有非凡跑者的美誉，但是我从未见过任何一个塔拉乌马拉人在任何场合跑步，更不要说赤足跑步了。但我确实观察到他们是重体力劳动者以及不知疲倦的步行者。在我访谈过的绝大多数人中，他们要么不跑步，即使跑也就是每年参加一次比赛。而且，并不是所有的塔拉乌马拉人都拥有资深跑者的外形，他们很多人都有大肚子，或者体重超重。

但是，欧内斯托显然不在此列，他很瘦，70 多岁，看上去比实际年龄要年

① 该书作者克里斯托弗·麦克杜格尔（Christopher McDougall）在新作《天生就会跑 2.0》中深入诠释了跑的真谛——原来人天生就会跑。通过阅读这本书，你将爱上跑，懂得跑。该书已由湛庐策划，浙江教育出版社出版。——编者注

轻二三十岁。在我为他测量身高、体重、腿长、脚长，并用高速摄像机在我修建的一条小型跑道上为他拍摄奔跑视频从而进行生物力学研究的时候，欧内斯托起初沉默寡言。在我的带动下他逐渐变得健谈起来，通过翻译开始愉快地讲述旧时岁月里的故事，那些他赤足追逐奔跑的鹿直至把它们累垮的故事，以及在庆典或仪式上数日舞蹈的故事。欧内斯托告诉我，他年轻时是跑步冠军，而且直到现在每年仍然要参加几次比赛。但是当我问他如何训练的时候，他完全不能理解我的问题。当我向他解释像我这样的美国人如何保持身体状态，如何为了准备比赛每周都要进行几次训练时，他一脸疑惑。我又问了他更多问题，然后他非常明确地表达了他的想法——在没必要跑步的时候跑步是荒谬的。他满脸疑惑地问我:“为什么有人在不需要跑步的时候跑步？”

我当时刚刚见证了铁人三项赛选手们的运动强度，他们的训练计划以超高强度著称，而欧内斯托的问题让我发笑，但也引发了我的思考。在欧内斯托看来，包括我在内的西方人的锻炼完全是在做无用功。如果你是一位像欧内斯托那样所有食物都靠自己种植、不借助任何机器、自给自足型农耕者，你为什么要消耗宝贵的时间和能量进行锻炼，只是为了保持身体状态或者为了证明“凡事皆有可能”呢？我之前在观看铁人三项赛时，对铁人们的行为产生过的一个想法是“怪异”，这种想法在欧内斯托那里得到了强化。而由于我当时正在为准备马拉松比赛而进行训练，他甚至让我对自己头脑的清醒程度产生了怀疑。欧内斯托的讲述并没有让塔拉乌马拉人的跑步变得更加真实，反而越发虚幻，这加重了我对他们的好奇心。虽然欧内斯托从不训练，而且我也从未见过任何一个塔拉乌马拉人跑步，但我听说过也看到过大量的文字，得知塔拉乌马拉的男人和女人有他们各自的类似于铁人三项赛的比赛。女子比赛项目名叫阿里韦特（ariwete）：由少女和年轻女人组成的队伍会追着一个用布做成的圆环奔跑 40 千米。男子比赛项目名叫拉拉吉帕里（rarájipari），比赛时，他们会分成两支队伍，踢着一个橘子大小的木球跑上大约 130 千米。如果塔拉乌马拉人认为进行没有必要的锻炼是一种愚蠢的行为，那为什么他们会像铁人一样疯狂地进行长距离奔跑呢？重要的是，为什么他们不训练，也能完成这种挑战呢？

## 两个不同却又相似的赛事

在与欧内斯托见面后不久，我极为荣幸地见证了塔拉乌马拉人举办的一场传统拉拉吉帕里比赛，从而为上述问题找到了一些答案。比赛是在塔拉乌马拉一个规模不大的村落附近的山顶进行的，从那里走到最近的镇子也要两天。在那次比赛中，选手分为两队，每队 8 人。欧内斯托这一队的队长阿努弗·奎梅尔（Arnulfo Quimare）是塔拉乌马拉的冠军跑者，《天生就会跑》中对他进行了重点描写。另一队的队长名叫希尔维诺·库比萨里（Silvino Cubesare），是阿努弗的表弟，同样是冠军跑者。他们商定，在相距 4 千米的两个点上各摆放一个石堆，哪个队先绕这两个石堆跑完 15 圈，或者套另外一个队一圈（换句话说，领先 8 千米）即为获胜。

这一天是从一场盛宴开始的。除了参赛者之外，大约有 200 名塔拉乌马拉人从周围或远或近的村镇赶来观战。这是他们的社交场合，大家也因此能够暂时告别辛苦的劳作，得到歇息和放松。参赛者的早餐是炖鸡，天还没亮，他们已经吃得底儿朝天了，我们其他人则狼吞虎咽地享用了新鲜的玉米饼、辣椒以及用废旧汽油桶煮的一桶桶的汤。汤的主料是牛肉，辅料是玉米、南瓜和土豆。在享用美食的同时，人们开始用比索[①]、衣物、山羊、玉米，以及其他各种日杂用品，为自己看好的那一队下注。在度过了轻松而热闹的几小时之后，大约上午 11 点，现场没有人敲响锣鼓，也没人吹响号角，参赛者就这样出发了。参赛者穿的就是他们平时穿的衣服，比如身穿亮色短袍，把布条系在腰上，把从轮胎上割下来的胶皮用皮绳绑在脚下，当作鞋（见图 1-1 下图）。每支队伍都有专属的手工削制的木球，参赛者用脚把球踢得越远越好，然后追上去找到球再踢远，整个过程禁止用手。比赛过程中，两队中途不会休息，一些观战者，其中也包括我，偶尔会加入，陪他们跑上一两圈，为他们加油的时候会高喊“埃委瑞嘎！埃委瑞嘎！”[②] 参赛者渴了的时候，他们的朋友会送上皮诺里（pinole）[③]。

① 曾在西班牙殖民地国家使用的一种货币，但在一些国家已经弃用。——编者注

② Iwériga，这个词包含了“呼吸”和“灵魂”两重含义。

③ 一种将玉米粉溶于水制成的饮料，类似于佳得乐。

（上）

（下）

**图 1-1　两个完全不同的赛事景象**

注：上图，铁人三项世界锦标赛，比赛地点为夏威夷科纳。下图，拉拉吉帕里跑步比赛，比赛地点为墨西哥谢拉地区的塔拉乌马拉。塔拉乌马拉人阿努弗·奎梅尔正追着一个他刚刚用脚踢出去的木球。

资料来源：Daniel E. Lieberman.

在比赛过程中的前 6 个多小时，我们根本看不出来哪一方能够获胜。阿努弗和希尔维诺的队伍以每小时约 10 千米的稳定速度在赛道上来回奔跑。当 12 月温暖的白昼变成清冷的黑夜时，参赛者举着松枝火把照明，仍然不停地奔跑。我加入了阿努弗的队伍中，我永远也不会忘记在璀璨的星空下，跟着塔拉乌马拉人奔跑的那种神奇感觉，我举着火把，看着阿努弗和他的朋友们将全部注意力都放在那颗至高无上的小球上，他们踢开它、追寻它，他们不停地奔跑，奔跑，奔跑。最终，还是有参赛者因为抽筋开始掉队了。子夜时，阿努弗队套了希尔维诺队一圈，在参赛者最终跑了大约 112 千米后比赛终于结束了。与在科纳举行的比赛不同，此时没有掌声、没有主持人、没有音乐来庆祝比赛结束。人们只是围坐在一堆巨大的篝火旁，开始享用装在葫芦里的自酿玉米啤酒。

从表面上看，拉拉吉帕里跑步比赛简直就是铁人三项赛的对立面，完全没有商业痕迹，是纯粹的群体活动，作为古老传统的一部分甚至可追溯至数千年前。[2] 这项比赛无计时系统，无报名费，无人穿戴特殊装备。但是，从另外一些角度看，这两个赛事也不无相似之处。虽然拉拉吉帕里比赛不会为获胜队伍颁发奖杯或奖金，但这却是一场真正的竞赛，而且获胜队伍可以赢得全部的赌注，也算是得到了一笔小财。虽然没有运动饮料佳得乐，但有玉米饮料皮诺里。与铁人三项赛一样，塔拉乌马拉的参赛者也会经历严重的伤痛，也要忍受呕吐、抽筋和极度疲劳。而最重要的相似点在于，这两个赛事绝大多数的参与者是观众，而不是参赛选手。在拉拉吉帕里比赛中，虽然有些观众偶尔也会进入赛道跑上几圈，但只有极少数塔拉乌马拉人是真正的参赛者，绝大多数人只要当观众就心满意足了，而不是参与竞技。

## 并不成立的“运动原始人”假说

我在科纳和塔拉乌马拉看到的这两场比赛激动人心，但同时我也感到困惑。从进化的视角看，我们这个时代的哪些参赛选手更正常呢：是将自己的身体推向极限去完成那些没有意义的身体活动的人，还是倾向于避免无意义行为的人？为什么很多塔拉乌马拉人根本不用训练也能持续奔跑数个马拉松的距离，而那些铁人则需要着了魔似的练习和准备数年的时间才能够完成类似强度的耐力挑战？

找寻这些问题的答案，就相当于全方位对比探讨“与生俱来的先天论”和“培养教育的后天论”。这场正式辩论中的一方认为，对运动的喜爱程度和运动能力都是天生的。就像基因决定了我们中的一部分人长得更高或者皮肤更黑一样，一定有一些基因能够从生物学层面影响我们的运动能力，以及从心理学层面影响我们成为运动精英的愿望。如果先天比后天更重要，那么要想成为高水平运动员的前提是，你的父母要拥有与超高运动天赋相对应的基因。过去几十年的研究已经确认，在体育和锻炼的很多方面，基因都起着关键作用，其中包括让我们最初开始锻炼的驱动力。[3] 在分析选手运动能力的差异时，包括解释肯尼亚和埃塞俄比亚选手目前称霸中长跑项目的原因时，通常会用到上述基因理论，但是，各种深入的研究并没有发现这些特殊的基因。[4] 而且，针对那些挑战耐力极限的职业选手的研究表明，他们需要突破的障碍不仅包括高效生成肌肉力量、高效自我供能、控制体温等生理方面的挑战，心理层面的挑战才是更难克服的。为了保持进步，伟大的选手必须学会应对伤痛，还要有策略意识，而最重要的是他们要相信自己一定能够做到。[5] 所以，是时候关注“先天论”对“后天论”的辩论中支持“后天论”一方的观点了，我们应该考虑环境因素以及更重要的文化方面的因素对人的运动能力和运动意愿的影响。

关于后天培养对运动能力的影响，流传最为广泛、给人的直觉感受也颇为合理的一种说法来自“自然人”（natural human）理论。这一理论由 18 世纪的哲学家卢梭提出。他认为，生活在“原始”自然状态下的人，表现出人类真实、与生俱来、未受文明“腐蚀”的自我。这一理论以多种形态出现，包括一种被称为“高贵原始人”的假说。这一假说认为，未受西方文化影响的人，其思想亦未受文明社会的社会罪恶和道德罪恶所污染，表现出自然的美好和高贵。虽然这一假说遭到广泛的质疑，但其生命力却颇为持久，而且在被应用于锻炼这一主题之后，又焕发出新的活力，我将其命名为“运动原始人”假说。这一假说的核心前提是，像塔拉乌马拉人这样的群体，其身体未被颓废的现代生活方式“腐蚀”，都是与生俱来的超级运动者，他们不仅有能力完成神奇的身体挑战，而且不知何为懒惰。这一假说还声称，那些塔拉乌马拉的男人之所以不用训练便可以奔跑 112 千米，是因为他们天生具备这种能力。并且暗示，从进化的视角看，像你我这样既无能力也无愿望完成此壮举的人之所以如此“异常”，是因为我们被现代文明塑造成了孱弱的懦夫。

你大概已经猜到了，我并不认同这种“运动原始人”假说。其中一个原因是，这一假说采用模式化和非人性化的视角看待塔拉乌马拉人这样的群体。自从我与欧内斯托交谈之后，我在谢拉又与数百名塔拉乌马拉人进行了交流，我可以肯定地说，没有任何一个塔拉乌马拉人会在早晨醒来之后产生这样的想法:“今天天气太棒了，为了快乐，我觉得我应该跑上 80 千米。”他们甚至不会无缘无故地去跑 8 千米。当我问塔拉乌马拉人，他们在什么情况下会去跑步时，绝大多数人的回答都是“追山羊的时候”。

我也越来越敬佩塔拉乌马拉人了，他们是那种极度辛勤、身体素质极佳的农耕者，他们做任何事情都不会半途而废，他们的文化极度推崇奔跑。一些塔拉乌马拉人之所以会在极偶然的情况下奔跑 80 千米甚至更远的距离，其实与铁人们的参赛动机大同小异：他们都认为这是一件值得去做的事情。略有不同的是，铁人们完成完整的铁人三项赛是为了挑战极限（凡事皆有可能），而塔拉乌马拉人参赛是因为他们将拉拉吉帕里比赛视为一次虔诚的心灵仪式，而奔跑则是最有力的祈祷方式。[6] 很多塔拉乌马拉人都告诉我，边踢球边奔跑能让他们觉得更接近上帝。对于他们来说，追逐那不可预料的木球的漫长过程就像是生命历程的一个神圣隐喻，这个过程可以引导他们进入某种精神恍惚的状态。同时这还是一个可以让参赛者赢得金钱和荣誉的重要群体活动。此外，我认为拉拉吉帕里跑步比赛曾经具有重要的现实意义，当我观看阿努弗和他的队伍一次又一次努力找到那只已经脏成土色的木球然后再踢远，我突然意识到，这个游戏是最好的追杀训练——塔拉乌马拉人徒步猎鹿的最重要技能。

“运动原始人”假说错误地认为，只要人类不被文明“腐蚀”，我们就可以轻松地跑完超级马拉松、翻越一座又一座山峰，以及完成在其他人看来只有超人才能完成的壮举，而且这些成就都可以在不进行训练的前提下实现。没错，我虽然不能说塔拉乌马拉人和其他一些未受工业化影响的群体从未训练过，但他们确实极少像我们这样为了提升状态或者为了准备某项比赛而实施有计划的锻炼。当我来到谢拉这样的地方工作时，我是唯一一个会在清晨进行明显无意义慢跑的人，当地人会因此看我的热闹。但是，这些狩猎采集者和自给自足型农耕者几乎每一天都会投入数小时，从事繁重的体力劳动。由于没有汽车、机器等可以节省体力的设备，他们每天都需要在崎岖的土地上行走数千米，除此之外，他们还要用双手完成犁地、挖掘、搬运等力气活。我的同事阿伦·巴吉什博士（Dr. Aaron Baggish）为 20 多个塔拉乌马拉男人配备了小型计步器，结果显示他们平均每天要走 16 千米。换句话说，他们日常劳作对应的运动量，已经超过了那些为备战背靠背马拉松①而进行训练的选手的运动量。

“运动原始人”假说认为，与西方人相比，塔拉乌马拉人和其他原住民不怎么费力就能跑完一次超级马拉松或者达成一项其他的运动成就，但是这种说法是错误的。这种说法加重了种族歧视，就像那些对非洲人极具伤害的杜撰之词，说他们因为在雨林或者奴隶制环境下长大，所以痛苦的感觉不会像欧洲人那样强烈。[7] 而且，这种说法还强化了某种误解，认为只要你我在一个不被糖和椅子“腐蚀”的完全正确的生活环境下长大，再按照这种生活环境的要求进行大量自然的活动，我们就可以成为超级健康的超级选手，跑一场马拉松就像

① 指在很短的时间间隔内，比如一天、两天或者一周之内，连续跑两场马拉松。——译者注

玩儿一样轻松。“运动原始人”假说不仅是一种自欺欺人的假说，虽然貌似正确但其实只是因为我们希望它正确，而且还抹杀了包括塔拉乌马拉人在内的所有选手在生理和心理上所承受的挑战。我观看了几场塔拉乌马拉人的男子和女子跑步比赛，目睹了塔拉乌马拉的选手们忍受着抽筋、恶心、脚趾磨出血泡和各种各样的肉体疼痛，艰难地前进。就像科纳的铁人们一样，塔拉乌马拉的选手在精神上也同样需要承受折磨，就像其他地区和比赛项目的选手一样，他们也能够从旁边观众的助威声中获得力量。

只要不是在被节省体力的机器和其他现代舒适条件包围的环境下长大的人，就能拥有超强的身体素质和高尚的品德，这种流传已久、深入人心的陈词滥调是时候被彻底丢弃了。但是，推翻这种假说并没有回答最基本的问题：对于一个“正常人”来说，以何种强度进行哪项身体活动，才是最正常的?

## “正常人”都是沙发土豆吗

现在假设你要完成一个科学课题，对“正常人”的运动量、锻炼时间和锻炼原因开展研究。我们通常会认为自己和身边的群体都是正常的，所以你也许会向你我这样的人收集关于锻炼习惯的数据。在很多调查领域，这一方法都是常规操作。比如，由于绝大多数心理学家都生活和工作在美国和欧洲，所以大约 96% 的心理学研究课题也都是在美国和欧洲进行的。[8] 如果我们确实只想将当代西方人作为研究对象，那么上述方法虽然视角偏窄，却还算合适，但我们也必须知道，对于全球另外 88% 的人来说，西方工业化国家的人群并不具有代表性。而且，今天的世界与过去相比已经发生巨大变化，所以，按照历史或者进化的标准，得出我们自己是“正常人”的结论，说服力似乎并不那么强。想象一下，你如何向你的曾曾曾祖父母解释手机和 Facebook。如果真的希望了解普通人对于锻炼的所想所为，我们需要观察不同文化背景中人们的日常生活，而不是只把当代的美国人和欧洲人作为研究对象，相对而言，他们是“怪人”①。[9]

如果我们把目光放得再长远一点，距今数百代之前，所有人类都是狩猎采集者，距今 8 万年前，我们共同的祖先还生活在非洲。所以，如果真的想知道在人类进化过程中“正常人”的锻炼习惯，我们就应该去研究狩猎采集者，尤其是那些生活在非洲贫瘠热带地区的狩猎采集者。

但是，研究狩猎采集者，说起来容易，做起来难，因为这种生活方式几乎绝迹了。只有屈指可数的几个狩猎采集部落还顽强地存在于地球上最偏远的角落。而且，这些部落并没有完全与现代文明隔绝，也不会仅靠狩猎和采集到的野生食物果腹。所有这些部落都会与周边的农民交换物品，有的狩猎采集者学会了抽烟草，他们曾经原始的生活方式也正处于巨变之中，大约几十年之后，他们也将不再是狩猎采集者。[10] 这些部落的生活方式终将不可避免地消失，因此，在那一天到来之前，人类学家和其他领域的科学家正全力以赴对他们进行研究。

在所有这些部落中，被研究得最深入的当属生活在坦桑尼亚干燥高温林区的哈扎（Hadza）部落，而非洲正是人类的发源地。实际上，哈扎已经成为去那里进行科研工作的人类学家的“工作坊”。过去十年，学者们对哈扎部落进行了透彻的研究，只要是你能想到的研究方向，他们都已经做过了。你可以从书籍和文章中了解哈扎人如何吃饭、狩猎、睡觉、采蜜、交友、蹲、走、跑，消化方式如何，以及用什么方式评价彼此的魅力等。[11] 你甚至可以读到研究哈扎人的粪便的作品。[12] 与此同时，哈扎部落对于这些来访的科学家也更加适应，

① 作者将美国人和欧洲人形容为西方的 Western、受过教育的 Educated、工业化的 Industrialized、富有的 Rich、民主的 Democratic，将这 5 个单词的首字母放在一起便构成了 WEIRD，意为“怪人”。——译者注

接待这些前来研究的学者也成为部落增加收入的一种方式。但很可惜，那些一门心思希望研究真正的狩猎采集者的科学家，却忽视了这样一个问题：随着哈扎部落与外界的接触越来越多，他们生活方式的变化也越来越大。这些论文极少提及有多少哈扎部落的孩子已经进入公立学校，以及哈扎部落是如何与周边的农民和牧民共享领地的。哈扎部落会与这些农民和牧民交换物品，而前者养的牛也会进入哈扎部落的领域。在我写作本书的时候，虽然哈扎人还没有手机，但是他们已经完全不像以前那样与世隔绝了。

尽管发生了诸多变化，但是哈扎部落仍然有很多值得研究的地方，我本人也非常幸运得以数次造访他们。前往哈扎并不容易。坦桑尼亚西北部是一片酷热、干旱、被太阳烘烤得几乎无法耕种的土地，那里有一个被小山环绕的季节性咸水湖，哈扎人的家就坐落在这些不适宜人类居住的小山之上。[13] 这一地区的路况是全世界最差的。在大约 1 200 名哈扎人中，只有约 400 人仍然将狩猎和采集作为主要生活方式。要想找到这些为数不多的更加传统的哈扎人，你需要一辆坚固的越野车、一名有经验的导游和大量的生存技能，才能穿越危机四伏的领地。一场暴风雨之后，30 千米的路程可以花掉几乎一整天的时间。

2013 年一个燥热晴朗的上午，我第一次走进哈扎人的营地，当时的很多事情都令我大为惊讶，我至今仍然记得，最触动我的是，所有人看起来都无所事事。哈扎人的营地其实就是一些临时搭建的茅草房，与周围的灌木丛非常协调。我起初都没有意识到自己已经走进了他们的营地，直到我看到周围大约 15 名哈扎部落的男人、女人和孩子，他们当时正坐在地上（见图 1–2）。女人和孩子自在地坐在一边，男人们坐在另外一边。一个小伙子正在修理弓箭，几个孩子蹒跚学步，但是没有人在干什么重活。我再强调一下我所见到的情景：哈扎人没有蜷在沙发上，没有看电视，没有吃大量的薯片，没有喝苏打水，但是他们正在做一件健康专家提醒我们绝对要避免的事情：坐着。

**图 1-2 正坐在地上的哈扎人**

资料来源：Daniel E. Lieberman.

根据我那天之后的观察，并参考了公开发表的对于哈扎人运动量级别的研究，我证实了自己最初的印象：哈扎部落的男人和女人们待在营地的时候，总是随意坐在地上，大多数情况下会做一些轻松的杂活，或者就是聊聊天、照顾孩子，如果不做这些，就无所事事地闲逛。当然，他们几乎每天都会到灌木林中打猎或者找寻食物。女人们通常会在早上离开营地，步行数千米前往能够挖到植物块茎的地方。挖掘是一项轻松的任务，而且具有社交属性。女人们经常成群结队地坐在灌木林的树荫下，用棍棒把能吃的块茎和根挖出来。她们会边挖边吃掉自己的劳动所得，同时还要照顾婴儿和学步的幼童。在前往挖掘地的路上和返回途中，她们经常停下来采集浆果、坚果和其他能吃的东西。我曾经同哈扎部落的男人们一起打过几次猎，我们走了大约 11 千米至 16 千米。哈扎部落的男人追踪猎物时，奔跑速度会加快，但不会快到我跟不上的程度，而且他们也经常会停下来休息，并观察周边的情况。遇到蜂巢的时候，他们便会停下来，点一把火，把蜜蜂熏出来，然后狼吞虎咽地享用新鲜的蜂蜜。

在诸多对于哈扎部落的研究中，曾经有一项研究要求 46 名哈扎成年人佩戴轻型心率检测设备长达数日。[14] 这些传感器提供的数据显示，哈扎成年人平均每天的轻体力活动时间为 3 小时 40 分，中等强度活动或者高强度活动时间为 2 小时 14 分钟。虽然整日忙忙碌碌已经使他们的活动时间达到了美国人和欧洲人平均值的 12 倍，但无论如何，也没人会认为哈扎人的工作强度达到了繁重的地步。平均算下来，女人们每天走大约 8 千米，再从事数小时挖掘工作，而男人们每天步行 11 千米至 16 千米。[15] 在不需要辛苦劳作的日子里，他们就会休息，或者做一些轻活。

其实，哈扎部落只是全球众多狩猎采集部落的一个代表，人类学家已经针对这些部落人群的身体活动量级别开展过众多研究。1979 年，人类学家理查德·李（Richard B. Lee）公布了他所记录的卡拉哈里（Kalahari）地区狩猎采集部落桑人（San）的活动数据，桑人每天只花费两到三小时寻找食物的情况令世人震惊。[16] 理查德·李也许低估了桑人部落的运动量，但是近期针对其他狩猎采集部落的研究也显示这些部落成员运动量并不算大，这与我观察到的哈扎部落成员的情况相似。[17] 位于亚马孙雨林，以捕鱼、打猎外加一点点耕种为生的提斯曼（Tsimane）部落是一个被研究得格外深入的部落，该部落的成年人每天的身体活动时间为 4 ～ 7 小时，男人们需要进行打猎等高强度身体活动，但每天花在这上面的时间也只有约 72 分钟，女人们几乎完全不用进行高强度身体活动，她们绝大多数情况下只需完成照顾孩子和处理食物等轻体力劳动。[18]

总之，我们先假设，从进化的视角讲，狩猎采集者的行为才是“正常的”。之后，我们又对非洲、亚洲和美洲的现代狩猎采集部落进行了大量研究，结果表明，具有代表性的人类工作时间为每天 7 小时，其中绝大部分时间用于完成轻体力劳动，而用于完成重体力劳动的时间最多为 1 小时。[19] 当然，这些数据会因部落和季节的不同而略有差异。而且，他们既没有假期，也没有退休一说，但是绝大多数狩猎采集者的身体劳动强度不高，很多工作基本上坐着就能完成。至此可以看出，上述这些“正常人”，与你我这样的后工业时代的群体多么不同。而像塔拉乌马拉人那样的农耕者与工厂工人等被文明异化的人之间，存在更大的差距。

## 不同年代的身体活动

1945 年，第二次世界大战结束之后，为了消除饥饿、食品不安全和营养缺乏等问题，联合国成立了联合国粮食及农业组织。但是，当该组织的科学家和官员开始着手计算全世界的食品需求量时，却发现无从下手，其中部分原因是他们完全不知道人类为了维持身体活动需要多少能量。当然，一个体形较大的人每天摄入的热量一定会比身材矮小的人多，但是工厂工人、矿工、农民或者程序员等从事不同职业的人，每天分别需要多少食物呢？而且这些需求与性别、年龄和怀孕与否有什么关系？

联合国粮食及农业组织的科学家决定使用最简单可行的标准对人体的能量消耗进行衡量，他们称之为“身体活动水平”（Physical Activity Level, PAL）。[20]PAL 的计算方法是：用一个人正常工作和生活 24 小时消耗的能量除以完全不离开床的情况下所消耗的能量。这一数值的优势在于，它不受个体体形大小的影响。从理论上讲，如果一个高大的人和一个瘦小的人做同样的身体活动，那么他们的 PAL 值就是相同的。

有了 PAL 值这一标准之后，科学家测量了不同年龄、不同地域的数千人的 PAL 值。如果你是一位办公室白领，每天除了正常上下班之外不进行任何锻炼，那么你的 PAL 值为 1.4 ～ 1.6。如果你从事中等强度的工作、每天锻炼一小时或者你是重体力劳动者，比如建筑工人，那么你的 PAL 值为 1.7 ～ 2.0。如果你的 PAL 值在 2.0 以上，那说明你每天会进行数小时的高强度活动。

虽然存在差异，但是一般来说，男性狩猎采集者的 PAL 值为 1.9，女性的 PAL 值为 1.8，略低于自给自足型农耕者男性 2.1、女性 1.9 的水平。[21] 如果把这些数据放在一起，你就会发现狩猎采集者的 PAL 值与现代社会的工厂工人和农民的 PAL 值（1.8）相当，比现代社会办公室白领的 PAL 值（1.6）大约高 15%。换句话说，典型狩猎采集者的身体活动量与每天健身一小时的欧美人相当。为了满足你的好奇心，我还可以告诉你，大多数野生哺乳动物的 PAL 值为 3.3 甚至更高，大约是狩猎采集者的两倍。[22] 所以，在比较之后我们可以得出以下结论：那些必须通过狩猎和采集才能得到全部食物、一切均靠双手创造的人群，从活动能力上说，要远远低于野生哺乳动物的平均水平。

还有一种意想不到的数据解读方式，如果你是极少锻炼的普通人，那么你每天只需步行一两小时，便可以达到与狩猎采集者相当的身体活动水平。但即使是这样，现在的欧美人也极少能达到这样的活动水平。现代社会中成年工业化人口的平均 PAL 值是 1.67，而久坐人群的数据比这个值还要低。[23] 这一下降趋势近期越来越明显，很大程度上反映出我们工作方式的变化，尤其是越来越多的办公室工作把我们“粘”在了椅子上。19 世纪 60 年代，美国大约一半的工作需要轻度的身体活动，但是今天只有不到 20% 的工作需要轻度的身体活动，这相当于每个人每天至少少消耗 100 卡路里。[24] 一年下来，至少能少消耗 2.6 万卡路里，足够跑 10 场马拉松了。而且在工作之外，我们走路越来越少，开车越来越多，使用从购物车到电梯等不可胜数的节约能量的设备，我们的身体活动所消耗的能量，正在一点点地下降。

身体活动可以帮助我们减缓衰老、提升身体机能、改善健康状况，而我们却放弃了这些活动，这才是真正的问题。所以，那些已经不用从事体力劳动来维持生计的人，为了健康和强壮，现在却必须古怪地选择进行一些没必要的身体活动，也就是“锻炼”。

## “古怪”的锻炼行为

现代生物医学研究在很大程度上依赖于成百万上千万的小白鼠，它们短暂的一生完全在动物工厂度过，生活在狭小、透明的塑料笼子里，除了鼠粮什么也吃不到，从未见过阳光。这些不走运的小动物有着群居的自然属性，所以它们通常会被 5 只一组放在一起。由于生性好动，它们的笼子里通常会放一个啮齿类动物专用的轮子，这样它们就可以一圈又一圈地奔跑，就像在跑步机上奔跑的人类一样，而且，它们真的乐此不疲。实验室里常见的啮齿动物都愿意在轮子上奔跑，它们会一口气跑上两三分钟，有时候一晚上能跑将近 5 千米。荷兰神经学家约翰娜·梅耶尔（Johanna Meijer）很好奇野生啮齿动物会不会做同样的事情，于是 2009 年，她在植物茂盛的自家花园角落放置了一个轮子，旁边留下了一些食物作为诱饵，她还安装了夜视摄像机以记录发生的一切，然后便上床睡觉了。第二天早上回看录像的时候，她惊喜地发现，就在自己睡觉的时候，花园中大约有十几种小型野生“居民”使用了那只轮子跑步。在享用了诱饵之后，地里的大小老鼠、鼩鼱、青蛙，甚至还有蛇（对，你没看错）一个个窜上轮子，愉快地奔跑，几分钟之后，心满意足地重新消失在黑夜中。[25]

我们该怎么评价这些小动物的行为呢，锻炼、玩耍或者只是出于本能而奔跑？没有人知道，答案在一定程度上可能取决于我们如何定义“锻炼”和“玩耍”。《约翰逊字典》（*A Dictionary of the English Language*）的编纂者塞缪尔·约翰逊（Samuel Johnson）也许觉得这两个词根本就不配被他的著名作品收录，也就没有为它们提供一席之地，但是之后的辞典编纂者通常会将“锻炼”定义为“为了改善健康、提高身体机能或运动技能而进行的有计划、成体系的身体活动”；“玩耍”则被定义为“没有实际意义的活动”。据我们所知，所有哺乳动物在小时候都会玩耍，这样可以帮助它们习得社会经验和身体技能。人类是为数不多的成年之后仍会玩耍的物种，而且是唯一一个会以体育的形式玩耍的物种，并且人类这种独特的行为在每一种文化中都有体现。但是，不是所有的体育项目都能起到锻炼的作用，比如飞镖和赛车。我的观点是，虽然很多动物受深度的本能驱使，也会进行运动，而且有时这会给它们带来愉悦，但是按照我们对锻炼的定义—— 为了改善健康、提高身体机能或运动技能而进行的有计划、成体系的身体活动，锻炼行为是人类独有的。实际上，我认为用以下两点来概括人类的锻炼行为也许更合情理：第一，玩耍是青少年的本能，体育是人类的普遍行为，而缺乏游戏元素的锻炼行为则极为罕见，是最近几千年才出现的行为；第二，随着技术进步和社会发展，工业化时代，人类的身体活动大幅减少，专家不断发出警告：现代人缺乏锻炼。

我的第一个观点，即成年人的锻炼行为是最近才出现的事物，有很多证据支持。如同我们看到的那样，早期农耕者劳作的辛苦程度即使不高于狩猎采集者，起码也能达到同等水平，而最近几千年来，农耕者通过体育运动进行锻炼主要是为了打斗。古希腊作品《伊利亚特》、古埃及绘画、美索不达米亚的雕刻作品，都有表现人们为了成为武士而进行体育运动的场景，比如他们会摔跤、短跑、投掷标枪以强健体魄，提高角斗技巧。但在古代社会中，不是所有锻炼行为都与角斗相关。如果你足够富有，可以进入雅典某所声名卓著的哲学学校，你将得到忠告，要把锻炼作为全面教育的一部分。柏拉图、苏格拉底和芝诺等哲学家会像布道一样告诉你，若想实现完美人生，你不仅要锻炼头脑，还需锻炼体魄。这不只是西方哲学的理念，孔子和中国其他伟大的哲学家也教育人们，锻炼对于身体健康和精神健康有同样重要的作用，他们还鼓励人们练习体操①和武术。在印度，瑜伽几千年前就得以发明和普及，用于训练人们的身体和头脑。[26]

罗马帝国衰亡之后，如同人类的诸多美好追求一样，锻炼这件事在西方世界中被放在了次要位置，不及其他世俗和精神方面的需求那样受重视，这种局面直到文艺复兴之前，都没有任何改善的迹象。当然，这主要是有特权的上流社会人士遇到的问题，因为农耕者还一如既往地在田地里辛勤地劳作。15 世

① 原文为 gymnastics，应该是指五禽戏之类的传统健身方法。——译者注

纪至 17 世纪的教育家和哲学家约翰·洛克（John Locke）、梅尔库里亚利斯（Mercurialis）、克里斯托巴尔·门德斯（Cristóbal Méndez）、夸美纽斯（John Comenius）、维多里诺（Vittorino da Feltre）向精英人士推荐体操、击剑和骑马等锻炼方式，这些锻炼方式能够提升精力，培养气质，传授价值，丰富头脑。之后的启蒙运动和工业革命时期，中产阶级和上流阶级人数迅速增加，针对这些数量大增的新贵，卢梭、托马斯·杰斐逊和其他伟大的自由主义者热情地赞美身体活动和强健体魄所具有的自然价值。身体文化在 19 世纪迅速传遍欧洲、美国和世界的各个角落，尤其是在中学和大学。锻炼和教育被紧密地联系在一起。

在过去几个世纪中，专家一直为人类的锻炼不足而焦虑。民族主义是造成这种焦虑的一个主要原因。就像古代斯巴达人和古罗马人被逼迫保持强壮的体魄，随时准备像战士那样战斗一样，几百年来，挥舞着旗帜的领袖和教育家越发高声呼吁普通百姓投身体育和其他形式的锻炼，从而为服兵役做准备。在这场运动中有一位极有影响力的倡导者，他就是“体操之父”弗里德里克·扬（Friedrich Jahn）。19 世纪初期，德国军队遭到拿破仑军队的羞辱，在对法战争中连吃败仗，之后弗里德里克·扬呼吁，教育家应承担起重振德国青少年身体素质和精神力量的责任，在青少年中推广健身操、体操、徒步、跑步等运动。[27] 接下来，类似的焦虑气氛又出现在美国，在为第一次世界大战和第二次世界大战征兵的过程中，很多新兵身体素质较差，这种状况颇令人尴尬，而在冷战开始阶段，小学生的身体条件也堪忧。[28] 为了国家的未来举全国之力提升国民的身体素质，这种现象在一些国家仍在发生。

造成这种焦虑的另一个原因，是锻炼太少导致的健康问题。很多人都认为，缺乏身体活动是当今社会的一种流行病，也是一次新的危机，但实际上自从机器开始取代人类的部分工作，这种预警状态就启动了。过去 150 多年中，忧心忡忡的医生、政治家和教育家不断地表达着他们的担心。在他们眼中，相比于上一代，当代年轻人严重缺乏身体活动、不够强壮也不够健康。在我的母校哈佛大学，情况也不例外。19 世纪末至 20 世纪初，开启美国现代体育教育运动的达德利·艾伦·萨金特（Dudley Allen Sargent）① 曾表达这样的担忧，“在人类历史上，从未出现过像今天这样的一个阶段：绝大多数人只需付出一点点时间和体力，就可以获得满足生命最低需求的物质”，以及“如果没有坚定推行的身体教育计划，人们将会发胖，身材走样，最终变得笨重”。[29]120 多年之后，针对哈佛大学和其他大校学生的一项大规模调查表明，只有不到一半的人有锻炼习惯，这是“糟糕的精神健康状况和持续增加的压力”的推手。[30]

所以，我们需要对锻炼进行推广，就像我们将轮子放入实验室小白鼠的笼子里那样。过去 100 年，为了满足人们的健康和健身需求，人类发明了数量惊人的运动方法和运动设备。锻炼顺理成章地被强力包装成为一种美德，被商品化、商业化、工业化。我走出家门，去健身房的角落里使用健身器、跑步机、椭圆机等设备，为此每个月要花掉 70 美元。出门晨跑时，我穿着特殊的跑鞋、防擦伤的短裤、时髦的速干上衣、可洗的帽子，以及一块价格不菲、可以与我头顶上空的卫星连接，从而记录我的速度和距离的手表。奥斯卡·王尔德曾经幽默地说：“我赞同任何一项需要穿上特制服装才能进行的活动。”但我觉得，如果看到“运动休闲装”（athleisure）的流行，他也会感到疑惑。这种适合每天穿的运动服，似乎穿在身上连一滴汗都不用流，就让人显得活力十足。全球范围内，人们每年花在健身和体育装备的钱高达数亿美元。

锻炼同时也被医疗化了。我的意思是，我们会将缺乏身体活动归为一种病态，然后为了帮助人们预防和治疗这种病症，为他们开出特别的运动处方，告诉他们练哪些项目，练多少。美国政府推荐我每周最少进行 150 分钟中等强度或者 75 分钟高强度的锻炼，外加最少两次力量练习。[31] 流行病学家通过计算告诉我，这种强度的身体活动可以将过早死亡的风险降低 50%，将我患心脏病、阿尔茨海默病和一些癌症的可能性降低 30% ～ 50%。[32] 保险公司激励我锻炼，

① 他曾经担任学校的体育场馆总监多年，我后来经常在那里锻炼。

整个行业都行动起来鼓励我将锻炼放在首位，帮助我进行训练，一旦我受伤便会帮我恢复。

锻炼的医疗化、商业化和工业化并没有错，而且这种趋势非常必要。但问题在于，这些举动并没有使锻炼变得更有趣。我认为，最能体现当代锻炼的伟大之处和糟糕之处的事物，就是跑步机了。不可否认，跑步机具有锻炼功能，但是它的噪声很大，价格昂贵，偶尔还会对人体造成伤害，而且我发现使用它们的过程非常乏味。我经常会使用跑步机，在荧光灯下呼吸着污浊的空气，挣扎着迈着步子；前方的景象一成不变，只有闪烁的小灯在提醒我跑了多远、速度是多少、大约燃烧了多少卡路里。为了缓解跑步机的乏味和不适，我唯一能做的就是听音乐或者听播客了。那些狩猎采集者祖先，如果知道我为了获得这种受虐的机会而花费了大量金钱，才得以在这台烦人的机器上进行着无意义的身体活动，而且这台机器也不能带我去任何地方，我也什么都没有得到，他们会做何感想呢？

我毫不怀疑，他们一定会认为，这种锻炼方式是畸形的。但是，哪种身体活动是符合人类进化进程的，以及这些身体活动是如何影响健康的呢？要解决这些问题，我们先来进行一些反直觉的思考，去了解一下当我们处于静态的时候，我们的身体在做些什么。

Exercised

# 第一部分

## 静态下的身体活动

# Exercised

## 第 2 章

## 静态的意义，懒惰也很重要

### 以讹传讹的谬误 2：懒惰是不正常的行为

六日要劳碌做你一切的工，但第七日是向耶和华——你的上帝当守的安息日。这一日，你和你的儿女、仆婢、牛、驴、牲畜，以及你城里寄居的客旅，都不可做任何的工，使你的仆婢可以和你一样休息。

《圣经·旧约》

为什么犹太人的上帝对于每周休息一天、无论如何当天绝对不能工作这件事情如此执着？在诸多解释中，有一种说法是，安息日的这一条戒律写成于铁器时代，而休息一天恰是当时人们的一个明智选择。第一代犹太人是自给自足型农耕者，他们依靠每日辛苦劳作才能生存。在一个没有机器、仅有一点点商业的年代，他们消耗和使用的几乎任何东西都需要用自己的血水、汗水和泪水去生产出来。除了犁地、播种、除草、收割，他们还需要饲养牲畜、制作衣物、制造工具、修建房屋、运送生活用水等。是因为他们的生活方式对于体力的要求过于极端，所以需要偶尔停止工作让身体得到休息，以避免受伤和生病？还是安息日有助于繁衍？

遵守安息日的戒律已经变成了一项神圣的义务，但不管犹太人为何如此严格地遵守这一戒律，对于狩猎采集者而言，每周休息一天都没有任何意义，因为他们没有任何食物储备，所以必须每天到丛林中为自己和家人寻找食物。就如同我们已经知道的那样，在白天，狩猎采集者通常会用不到半天的时间觅食，其余时间只做一些轻活或者休息。那些时常忍饥挨饿的狩猎采集者从不锻炼，却需要时刻保持良好的身体状态，因为他们摄入的每一点热量都需要亲自获取，对于他们而言，安息日不仅完全没有必要，而且会变成饥饿日。

我们可以思考一个问题：如果让类人猿每周享受一天安息日，会发生什么？

我们大多数人都是在动物园或者从纪录片里看到大猩猩和黑猩猩的，如果你愿意花费时间、精力和金钱，长途跋涉前往它们生活的横跨非洲赤道的热带雨林，就有可能在野外看到这些高度濒危物种。在卢旺达和乌干达的高地地区，在那些休眠火山高高的山坡上，生活着一群山地大猩猩，它们是最不为人所知的野生类人猿。为了接近这些动物，你要先徒步穿过一片人工开垦出来的田野，然后进入潮湿的雨林地带，那里植被茂密，首先映入眼帘的是大片大片的大型阔叶林和针状荨麻，接下来是竹林，然后是茂密的非洲红杉和藤类植物，气温也变得凉爽。长途跋涉极其辛苦，这一路地势险恶，茂盛的藤类、新枝、缠绕在一起的蕨类和荆棘覆盖在陡峭湿滑的雨林地面上，可以说根本就没有路。但是，当看到这些大猩猩大部分都坐在那里时，我们觉得为寻找山地大猩猩所付出的艰辛是值得的，当时，我们的内心满是平静。

这群山地大猩猩生活在一个酷似巨型沙拉盆的地方，它们绝大多数时间都是屁股着地，坐在那里吃着随手可得的食物。虽然幼年山地大猩猩会花很多时间玩耍，在树上窜来窜去，但是成年山地大猩猩总是安安静静、懒洋洋地待在灌木丛中，它们坐在那里咀嚼、搔痒、清理身体、打瞌睡。实际上，一个普通的山地大猩猩种群每天的移动距离只有 1.6 千米。[1] 在极少数情况下，当身材高大的雄性山地大猩猩攻击或者威胁种群内其他成员的时候，气氛会变得紧张，这时你就能领教到它们的力气和能量了。我曾经目睹过一只体重 180 多千克、后背的毛色为银色的雄性山地大猩猩被两只雌性山地大猩猩激怒后向它们发起攻击的场面，那是我经历过的最可怕的时刻之一。雄性山地大猩猩两只手奋力捶胸，全速奔跑，追赶着那两只雌性山地大猩猩。它从我身边经过时距我只有几厘米。直到今天，我仍然不知道我当时是如何让自己保持镇定，没有瘫倒在地的。但是不管怎么样，这种火爆的冲突场面极为罕见，绝大多数情况下成年大猩猩比较温和，不大愿意动。

为了观察野生黑猩猩，我还曾经去过几次坦噶尼喀湖周边的森林，说实话，它们并不比大猩猩更爱动。当黑猩猩在森林里行走的时候，如果有人尾随，它们会觉得自己遭到了冒犯，不过好在它们每天绝大多数时间要么在进食，要么在消化。清醒时，黑猩猩通常会花一半以上的时间用来进食高纤维食物以填饱肚子，白天剩余时间它们会休息、消化、互相清理毛皮，外加睡大觉。[2]正常情况下，它们每天在树上大约只爬上爬下几百米，步行三五千米。[3]我想强调的是，黑猩猩是那种高度社会化的动物，它们偶尔也会做一些刺激的事情，比如打架、交配等，但绝大多数时间里，这些与人类关系最近的类人猿，过着懒洋洋的生活，把每天都过成了安息日。

虽然像哈扎人这样的狩猎采集者并不需要极度辛劳地工作，而且他们每天都有很多空闲时间，但是如果与类人猿相比，哈扎人简直就是工作狂了。人类的祖先是与黑猩猩和大猩猩近似的类人猿，之后一路进化成现在的样子。人类现在用于工作和休息的时间与之前相比发生了极大的变化，两相对比，现在的我们看上去极不正常。[4]这一发现也引发出一系列待解问题，其核心就是：为什么工业化形成之前的人类（狩猎采集者和农耕者）看上去身体活动量并不大，但还是明显多于野生类人猿呢？为了解答这个问题，我们首先需要进入实验室去测试一下，处于不活动的静态时，我们的身体在做些什么？我们消耗的能量有多少？

## “无所事事”的代价

你可以想象自己接受邀请来到我的实验室参加一项测试。你一进来就会发现房间正中放着一台巨大的跑步机，这台跑步机上并没有那种常见的控制装置。你可能还会注意到各种各样的摄像机和仪器，但是你此时最应该关注的是一个浅蓝色的硅胶面罩，上面连着一根从天花板上垂下来的可移动的长管子。这根管子连着一个巨大的金属盒子，盒子上有仪表盘、开关和显示器。这个实验的标准操作是，我们将面罩贴合地戴在你的口鼻上，一个泵会将你呼进面罩的所有气体通过管子吸到盒子里，这样就可以测量出你呼出的氧气和二氧化碳的量。面罩会让你感觉很烦，也很难受，尤其是跑起来的时候，但是这次测量会采集到一些宝贵的信息。就像炉子燃烧煤气或者木材一样，你的身体吸入氧气燃烧脂肪和糖，然后释放二氧化碳。通过测量你身体消耗的氧气和释放的二氧化碳，我们就可以精确地计算出你的身体在每个时刻消耗的能量。[5]

虽然我在实验室中做的大多数实验是为了测量步行或者跑步时的能量消耗，但是这一次我们给你戴上面具之后让你做的第一件事情，是安静地站上或者坐上至少 10 分钟，目的是测量你在平静时的氧气消耗量和二氧化碳释放量。这是非常重要的一个步骤，因为在计算你步行或者跑步时的能量消耗时，我们需要减去你的身体在不活动时消耗的能量。我们使用的能量单位是大卡①。[6]

如果你是一个体重处于均值的美国成年男性，也就是 82 千克，那么你安安静静地坐在椅子上时的能量消耗为每小时 70 大卡。这就是你的静息代谢率（resting metabolic rate），当你处于完全静止的状态时，静息代谢包含了你体内发生的所有化学反应。以静息代谢率为基础，可以计算出如果你 24 小时都保持不活动的静止状态，你的身体将消耗大约 1 700 大卡。

1700 大卡其实相当可观了。这说明，即使你坐着，你也不是完全处于休息状态。这些能量一部分用来消化你吃的前一餐，一部分用来维持你的体温，还有一部分用于保持身体的稳定，以免倒在地上。为了完善数据，我们是在你卧床的状态下测量你的能量消耗，测量条件是：黑暗环境、室温 21℃，此时你刚刚从 8 小时的睡眠中醒来，而且距离前一餐的时间为 12 小时。这一测量得到的数据是你的基础代谢率（basal metabolic rate），应该比你的静息代谢率低大约 10%，在我举的这个例子中，基础代谢率为 1 530 大卡。基础代谢率是你为了维持生命、满足最基本的身体需求所需要的能量，可以说你此时接近昏迷状态。

① 食品包装上使用的“卡路里”实际上指的是大卡或者叫千卡，也就是 1 千克水的温度升高 1℃所需要的热量。本书统一使用大卡作为能量单位。

那么你在静息时消耗的能量与你正常情况下消耗的总能量之间是什么关系呢？为了计算这一比例，我们接下来需要测量你的每日能量消耗（daily energy expenditure），也就是在 24 小时内你消耗在身体活动、阅读、打喷嚏、谈话和消化等一切行为上的总能量。之前的做法是，我们通过测量你在完成静坐、吃饭、走路和跑步等任务时的氧气消耗量，对你的每日能量消耗进行估算。我们在知道你做上面这些事情和其他事情所消耗的能量，以及每天花在这些事情上的时间之后，把它们加在一起，就可以估算你的每日能量消耗。你可以想象，那些对人体能量系统感兴趣的、充满好奇的科学家，会形影不离地跟着那些戴着氧气面罩的被试，从而获得后者进行几乎任何活动时所消耗的能量。你能想到的活动都在其中，比如挖掘、缝纫、铺床、在汽车组装线上工作等。[7] 有几项研究甚至尝试测量人类的思考活动会消耗多少能量。[8] 但是，这些测量方法麻烦、不准确，有时不好操作，尤其是需要在遥远之地进行测量的时候，情况更是如此。

好消息是，在测量你的每日能量消耗时，我们不会再让你戴着面具，并一天到晚地跟着你了。我们的做法是测量你的尿液。更准确的说法是，我们会让你喝下一些非常昂贵但是无害的水，这些水含有已知数量的稀有的（相对原子量更重的）氢原子和氧原子，然后在接下来几天收集你的尿液样本。这个古怪的办法听上去令人不寒而栗，但是通过测量这些重原子在尿液中减少的量，我们可以计算出氢原子和氧原子是以何种方式离开人体的，是通过汗液、尿液还是呼吸？由于氢原子只能以水的形式离开人体，而氧原子既能以水的形式离开，也能以二氧化碳的形式离开，所以我们可以根据尿液中这两种元素的浓度差异，准确地计算出被试以呼吸的形式排出了多少二氧化碳，也就知道了他们消耗了多少能量。[9] 已经有数千人通过这种方法测量了新陈代谢，由此也建立起一个数据量相当可观的有关人类能量消耗的数据库。如果你的体重是 82 千克，那么你的每日能量消耗大约是 2700 大卡。由于我们已经测出了你的静息代谢率每天约为 1700 大卡，这意味着你每天消耗近 2/3（63%）的能量用于静息状态下的新陈代谢。谁能想得到，做一个沙发土豆居然需要这么多能量！

哈扎人那样的狩猎采集者在“无所事事”时的静息代谢率，会与美国等工业化社会人群的静息代谢率一样多吗？幸好，赫尔曼·庞泽（Herman Pontzer）和他的同事使用上述方法对哈扎部落的男性和女性进行了测量。考虑到哈扎人身材矮小且瘦弱这一因素对最终结果的准确性会产生影响，实验团队对测量数据进行了修正，还进行了一些估算，然后发布了他们的分析结论—— 哈扎人的基础代谢率与你我相比，没有什么不同。一些基本数据如下：哈扎男性的平均体重为 53.1 千克，基础代谢率为 1300 大卡；哈扎女性的平均体重为 46.7 千克，基础代谢率为 1 060 大卡。[10] 由于脂肪是一种相对惰性的组织，对新陈代谢影响不大，这也就解释了为什么哈扎人的脂肪含量比西方人少 40%，但与后者的基础代谢率大致相同。[11] 在对哈扎人的体重进行修正之后，我们得到了一个明确的数据，为了保持身体功能正常，成年人每千克非脂肪体重每天消耗的能量为 30 大卡，无论他这一天是在纽约盯着电脑屏幕，还是在墨西哥的农村种玉米，还是在坦桑尼亚狩猎和采集，结果都是如此。地球上的人类每天要消耗超过 20 万亿大卡的能量，这些能量中的绝大部分消耗在了休息状态下的身体基本需求上。

总而言之，即使你是一个超级好动之人，你消耗在其他事情上的能量可能也没有消耗在维持生命上的能量多。我知道，这一事实与你的直觉相悖。当我坐在这里写下这些文字的时候，除了每分钟轻微地呼吸 15 ～ 20 次，似乎没有清晰可见的迹象表明我身体的任何一个系统正在努力地运行以支撑我的生命。但实际上，我的心脏正在以每分钟 60 次的频率收缩，把血液泵到我身体的每一个角落；我的肠胃正在消化我吃的上一顿饭；我的肝脏和肾脏正在调控和过滤我的血液；我的指甲正在生长；我的大脑正在处理现在这些字句；我身体每一个组织里的不可胜数的细胞正在繁忙地自我复制、修复损伤、对抗感染，监视着体内发生的事情。

这些功能如此消耗能量吗，难道身体不动都要消耗这么多能量吗？

为了回答这两个问题，我们可以进行一次“压力测试”，观察身体在缺乏足够的能量时如何应对挑战。其实，当你处于节食状态，摄入的热量日复一日、周复一周、月复一月地少于消耗的能量时，你就是在对身体施加压力。有效的节食通常是循序渐进的，通过每天多燃烧一点脂肪帮助你缓慢地减轻体重。如果你要对新陈代谢系统进行更苛刻、效果也更显著的压力测试，那么你应该采取更极端的能量摄入控制手段——饥饿。要知道即使为了科学研究而在实验室对被试实施饥饿实验，也是非人道且非法的。但是，为了研究饥饿效应对于人类新陈代谢的影响，在“二战”即将结束的那几个月里，研究人员还是在明尼苏达州进行了一项精心设计、严格控制的真人实验。

## 休息并不等于身体的静态

据统计,“二战”中死亡的人数为 5 000 万～8 000 万，其中 2000 万是军人，由于战火摧毁了农作物和供给线，至少还有同样数量的平民死于持续饥饿。[12] 随着“二战”进入拉锯状态，战争引发的令人难以置信的人道主义危机愈演愈烈，已经到了世人无法忽视的程度。此时，明尼苏达大学的一位研究人员安塞尔·基斯博士（Dr. Ancel Keys）开始思考如何帮助这些受害者。长期的食物短缺会给人类的身体造成怎样的影响？科学家对此几乎一无所知，基斯也是一样。只有充分了解饥饿者身体的变化，才有可能帮助更多的人。基斯和他的同事还有另外一个担心，战争结束之后，数百万处于饥饿中的人们会更容易被法西斯主义所操控。正是出于人道主义和地缘政治战略双重考虑，美国政府决定资助基斯成立一个科学家小组，招募志愿者，对饥饿和身体康复的效应进行充分研究。基斯编写了一本 11 页的小册子，然后拿着去找那些“有良心的反对者”—— 拒绝服兵役却愿意帮助他人的人充当“小白鼠”。小册子的封面上有三名饿得骨瘦嶙峋、捧着空碗的法国儿童，还用粗体字印了一个问题:“你愿意自己挨饿而让他们吃饱饭吗？”

尽管我研究过“明尼苏达饥饿实验”的各种报告，也阅读过1950年出版的两卷专著里的实验结果和图片，但我还是难以想象，在1944年11月实验开始时成为志愿者的那36名男性需要怎样的勇气。[13]前12周的实验还算可以忍受，在最初的控制阶段，每个人每天可以摄入3 200大卡热量，这是一个相当慷慨的标准。志愿者们每周需要徒步35千米，并进行15小时一般强度的体力劳动，比如洗衣、劈柴等。在此期间，基斯和他的团队会采集他们所能测量的所有数据，包括身高、体重、身体脂肪重量、静息心率、红细胞数量、耐力、力量、听力、心理状态，甚至精子数量。到了1945年2月12日，志愿者的能量摄入一下子降至每天1570大卡，但他们还必须保持之前的身体活动水平，包括每周徒步35千米。基斯之所以如此设计，是因为处于饥饿状态的人不太可能享受“无所事事”的待遇，为了获取食物确保自己生存下去，他们必须出去工作。

虽然每天1570大卡已经非常接近男性的标准静息代谢率，从理论上说足够维持基本的身体功能，但是当饥饿食谱与体力劳动组合在一起，这场实验迅速演变成对身体和精神的极端折磨。除了体重迅速下降并且忍受着持续的极度饥饿感之外，这些吃不饱饭的男人开始变得无精打采、抑郁，并且经常暴怒。很多人都深受噩梦的折磨，还有一个人在劈柴的时候切掉了自己的三根手指，至于这是有意为之、意外事故还是神志昏迷造成的结果，就不得而知了。慢慢地，他们的身体日渐消瘦，力量和耐力双双衰减，大腿开始浮肿，心率开始下降。他们的屁股瘦得皮包骨，甚至坐着都需要承受难以忍受的痛苦。种种变化使得志愿者的身体和精神发生了巨变，而基斯和他的团队仍然持续、认真、全面地测量着饥饿对志愿者身体的破坏程度。最终，在24周之后，当这些被饥饿慢慢折磨的男人减掉原体重的25%时，基斯将他们的每日摄入的热量逐渐增加，又过了12周，他们的体重开始恢复。1945年10月20日，“二战”正式休战将近两个月之后，志愿者们终于解脱了。

从这个极端测试中，我们得到了一些关于饥饿和康复的知识，现在让我们将注意力转向其中静息代谢。正如研究人员预估的那样，饥饿实验志愿者能够活下来，其中一个原因是，他们的身体通过降低体重和减少活动的方式实施了自我保护。随着他们的新陈代谢需求持续超出他们的能量摄入，这些人类小白鼠开始动用体内的脂肪储备。即使是瘦型男性，他的平均体脂率也约为 15%（瘦型女性的平均体脂率为 25%）。这些脂肪有很多功能，而最重要的一点在于，脂肪是巨大的能量存储器，当身体需要能量时，就会燃烧脂肪。在基斯的实验中，那些挨饿的男性身体脂肪重量，在经过 24 周的悲惨生活后骤降 70%，从平均 10 千克降至平均 3 千克。[14] 非常重要的一点是，当志愿者们的体重下降时，他们的情绪变得极为低落，并且把身体活动量降到了最低点。当不需要走路和做杂务的时候，他们就会躺着床上，做尽可能少的事情以保存体力。注意力严重下降，性欲也消失了。

但这还不是全部。这些为了科学甘愿挨饿的“有良心的反对者”能够活下来的另一个原因是，他们的身体生成了一套不易察觉却非常重要的适应——他们的身体即使在休息的时候也会节约能量。在 24 周的饥饿实验之后，志愿者们的静息代谢率和基础代谢率骤降 40%，大大超出体重的下降，这非常出乎预料。根据基斯及其同事的测量数据，志愿者们的平均基础代谢率从每日 1 590 大卡降至 964 大卡，这相当于体重 25 千克的 8 岁儿童的每日基础代谢率。

饥饿状态下被试的静息代谢率会大幅下降，我们从这一事实中得到了一条关键信息——人的静息代谢是可变的。更重要的是，静息代谢是身体为维持生命所“愿意”提供的能量，而不是必须提供的能量。饥饿实验的志愿者减少能量消耗的一个主要方式就是“克扣”维持生命的基本能量。简而言之，他们的新陈代谢将那些耗能的生理活动变缓或者索性砍掉，而这些生理活动的作用是使身体保持一个平衡的状态。他们的心率下降了 1/3，体温从 37℃下降到 35.4℃，所以他们即使在温暖的房间里也经常感觉冷。他们的身体还“削减”了用于更新皮肤细胞和其他器官细胞的能量，使得这些细胞无法像之前那样定期更新。他们的皮肤变得干燥甚至开始脱皮，精子数量下降，血细胞生成数量减少。基斯对志愿者进行的全面测量甚至发现，他们的耳垢量都减少了。

饥饿实验的志愿者节约能量的另外一种方式是把那些耗能器官的尺寸都缩小了，这些器官消耗的能量占据了静息代谢的很大一部分。通过测量流进和流出这些器官的血液量和氧气量，生理学家可以大致估算出身体不同部位消耗的能量。测量结果显示，静息代谢所消耗的能量中，有 2/3 被分配给了 3 个最昂贵的器官和组织——大脑、肝脏和肌肉。大脑和肝脏的能量消耗各占静息代谢所消耗能量的 20%，如果你是那种典型的身体强壮的人，那么你的肌肉消耗的能量占静息代谢所消耗能量的 16% ～ 22%。[15] 心脏、肾脏、肠胃、皮肤和免疫系统等分享剩下的 40%。如果你正坐着读这本书，那么你每呼吸 5 次所消耗的能量，有一次供大脑使用，一次给肝脏，一次给肌肉，另外两次给身体的其他部位。

基斯的数据说明，饥饿实验志愿者的身体节约能量的方式，与大多数人在收入严重下降时的节约金钱的方式非常相似，他们会优先满足大脑等核心器官的能量需求，会彻底砍掉诸如生育之类的“消耗型”支出，会大幅削减保暖、运动能力和维持肌肉强健这类“可节省”的功能。通过将肌肉体积缩小 40%，身体每天可以节省 150 大卡，但这也让被试变得虚弱，而且容易疲劳。他们的心脏大约缩小了 17%，肝脏和肾脏也同样变小了。[16]

明尼苏达饥饿实验的结果经过了 5 年的分析才最终被公布出来，当然也就没能帮上任何一名“二战”的受难者。但是，我们从这些勇敢的志愿者身上得到了一则非常重要的知识——休息并不是一种身体静态。虽然我们看上去什么都没有做，但实际上很多维持生命活力和高能耗的生理活动一直都在进行中，我们的身体时刻为此消耗着能量。同样重要的一点是，因为我们不能把一份能量使用两遍，所以休息就是我们的身体在这场能量交易中采取的重要策略。当你阅读这些文字的时候，你的能量消耗大约是每小时 60 大卡——一只正常大小的橘子所包含的热量，供给大脑、肝脏、肌肉、肾脏、肠胃和其他器官。如果你决定把这本书扔到一边然后去爬山，你就需要从上述基本功能中分出一部分能量供你上山和下山使用。你回到家以后，会通过吃饭和休息将这些额外消耗的能量再补充回来。

如果休息和身体活动都会消耗能量，而这些能量又是有限的，那么我们又是如何在维持身体机能与行走、跑步等身体活动之间进行能量分配的呢？这个问题的答案部分取决于我们的目标，这些目标可能包括对抗感染、减肥、怀孕或者准备一场马拉松比赛。但是总的来说，我们的身体分配能量的方式其实已经被一个更漫长的历程塑造完毕了，那就是基于自然选择的进化过程。根据达尔文的进化论可知，我们的身体之所以用现在这种方式分配能量，正是人类的祖先在数百万年的进化过程中进化出来的结果。

达尔文见解深刻且极具说服力的理论，很好地解释了我们如何在身体活动和基本功能之间对珍贵的能量进行权衡，为了更好地说明他的理论，我们用伟大的英国作家简·奥斯丁的敏锐观察作为例子。

## 尽可能保持静态，是人类进化的结果

在简·奥斯丁的 6 部小说中，《曼斯菲尔德庄园》是我最不喜欢的一部：女主人公芬妮·普赖斯自命不凡，不讨人喜欢；小说的中间部分比较拖沓，多少有些乏味。但是这部小说深刻再现了进化生物学家极为感兴趣的一个经典难题：权衡。小说的梗概是这样的：芬妮的妈妈是命运迥异的三姐妹中的一个。芬妮的其中一个姨妈伯特伦夫人嫁给了曼斯菲尔德庄园富有的托马斯·伯特伦爵士，生下的 4 个孩子从小在奢华的环境中成长。她的另一个姨妈诺里斯夫人嫁给了一位牧师，没有孩子，但是选择帮助照看自己那几个富有的外甥和外甥女。芬妮的妈妈普赖斯夫人年轻时自作主张嫁给了一个身无分文的酒鬼海员，过着贫困潦倒的生活，她艰辛地养育了 10 个儿女，得不到丈夫的半点帮助。①

奥斯丁去世的时候，达尔文只有 8 岁，但是普赖斯夫人和她的姐妹们不同的生育策略，恰好为达尔文自然选择理论提供了一个具有前瞻性的例子，当然，这一理论虽然重要，但有时候人们并不愿意接受它。在人类提出的诸多理论中，自然选择可谓有史以来经过最仔细的核查和检验的理论。我们快速重温一下它的内容：在代与代之间可遗传的特征中，能够帮助物种提高后代生存率的特征会越来越普遍，而那些降低繁殖成功率的特征将会越来越少。[17] 比如，如果长腿能够让你跑得快，而且速度快能够帮助你逃脱捕杀者，或者成为更好的捕杀者，那么自然选择会更偏爱长腿。但是，既然速度具有如此明显的好处，为什么并不是所有的物种都拥有长腿呢？这就要用权衡理论来解释了。因为通常情况下，变异只有为数不多的选项，所有自然选择只能通过权衡成本与收益进行抉择。如果你是长腿、身材高大的人，那么你就不可能是短腿、身材瘦小的人，但二者都有各自的生存优势。在现有生存环境下，自然选择不可避免地倾向于保留那些可以最大限度提高你的繁殖成功率的选项或者某种折中的结果。

这条原则又把我们带回芬妮一家的故事，我们将看到生物体在对有限的能量进行分配时是如何不断权衡的。芬妮的母亲和姨妈们展现了一个在后代的数量和质量之间进行权衡的故事。一种策略是尽可能多生育孩子，但是不在任何一个孩子身上过多投入；另一个策略是控制孩子的数量，对他们进行高投入，以确保他们长大成人，并拥有自己的后代。重要的是，就像简·奥斯丁描写的那样，从自然选择的角度说，最合理的策略取决于当事人的生存环境。如果你像伯特伦夫人那样，能够保护孩子，对他们投入精力，有能力养育他们，那么你尽可以选择提高孩子的质量，而不是孩子的数量。但是，如果你像芬妮的妈妈那样处于贫穷状态，孩子们活下来都成问题，更不用说健康成长了，那么最

① 本般中人名的译法遵照：《曼斯菲尔德庄园》，孙致礼译，译林出版社，2009 年。——编者注

佳策略就是数量优先于质量。如果你像诺里斯姨妈那样没有子女，你的唯一选择就是帮助姐妹照顾孩子，毕竟你的每一个外甥和外甥女都有你 1/4 的基因。当能量有限时，权衡的重要性到底有多大？通过简·奥斯丁关于三姐妹生育策略的故事，我们完全可以弄清楚了。

我希望，没有人会使用自然选择理论来决定自己生多少孩子，或者倡议别人生多少孩子。其实，在我们不知情的情况下，我们的身体时刻都在进行着大量与能量相关的权衡，这种选择已经进行了数百万代。值得一提的是，在这些权衡中，最为重要的一项是，将宝贵的能量分配给静态时的身体，还是分配给动态时的身体。

为了理解在身体静态和身体动态之间的能量权衡，我们有必要再次重申以下事实——一份能量只能被使用一次。实际上，你只能将一份特定的能量用于这 5 个方面：身体生长、生命维持（静息代谢）、能量存储（例如，以脂肪形式存储）、身体活动、繁衍（见图 2-1）。你的身体在这 5 项功能之间所做的分配取决于你的年龄和你所处的能量环境。例如，如果你尚且年幼，处于成长期，你的生殖系统应该不会得到太多的能量，这也就是为什么动物通常会在停止生长之后才开始生育后代。如果你今天要去爬山，你在生命维持、储存脂肪或许还有繁衍方面分配到的能量会减少。如果你正在节食，你在身体活动和繁衍方面的能量会被削减。这样的例子还有很多。但是，请记住，从自然选择的角度看，不是所有权衡都是公平的。就像简·奥斯丁那样理智冷静的小说家一样，自然选择根本就不会在乎我们是否快乐、善良或者富有，它只偏爱那些有利于繁衍后代的可遗传性状，而权衡也是一种可遗传的性状。

我们现在回到身体静态的问题上。从自然选择的角度看，当能量有限时，以下行为会变得更有意义，即减少不必要的身体活动，将这些能量分配到繁衍或者可以将繁衍率最大化的功能上，即使这种权衡会损害健康，甚至缩短寿命。

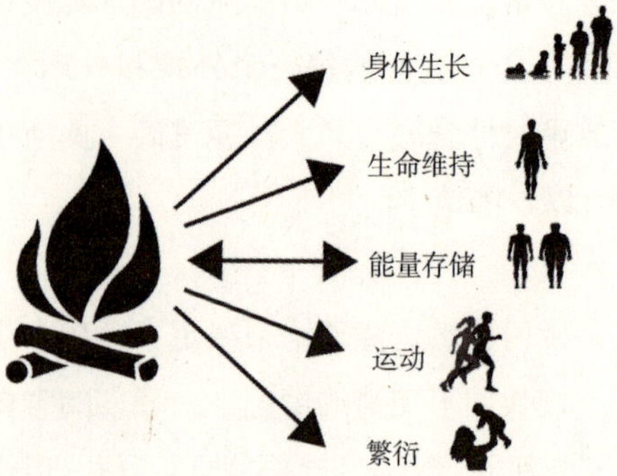


图 2-1　身体从食物中获取能量之后的 5 种分配方式

简而言之，尽可能地保持静态，是人类进化的结果。或者说得更准确一点，在自然选择的作用下，我们的身体会在包括身体活动在内的非繁衍活动中投入适当而不是过量的能量。请注意我说的是“尽可能”保持静态，很显然，如果一个人不动，就无法生存或成长。如果你是一个幼小的狩猎采集者，你需要通过玩耍发展运动技能，增强力量，提高耐力；如果你是一位成年狩猎采集者，你需要外出觅食，做杂务，寻找伴侣，避免被杀掉；你也许还需要参加某项重要的社交仪式，比如跳舞，当然你自己可能也愿意这么做。但是，一旦能量开始短缺——这种情况经常发生，任何不必要的身体活动都会被削减，被减掉的能量恰好等于生存和繁衍所需要的能量。没有任何一个理性的成年狩猎采集者会仅仅出于让自己高兴的目的，而浪费 500 大卡的能量去跑 8 千米。

从权衡的视角观察问题，我们也就明白了明尼苏达饥饿实验中的那些被试脱胎换骨般的身体变化。为了生存，饥饿实验志愿者的身体做了妥协。虽然研究人员要求他们进行一点点锻炼，但是他们会避免那些不必要的身体活动，而且对繁衍活动彻底失去了兴趣。幸好，这些权衡只是在面对短暂、非正常危机时的临时反应。在农业社会到来之前，人类忍受饥饿的情况其实非常少见，因为狩猎采集者每一族群的人口并不多，领地却非常辽阔。他们并不依赖粮食作物，所以也就不受收成下降的影响，当遇到艰难时日他们便会迁移去寻找食物。数十年的研究表明，狩猎采集者有能力规划自己的生活，避免饥饿，而且在全年的时间里保持体重稳定。[18]这并不是说他们从来不会遇到艰难的情况，恰恰相反，他们经常面临困境。实际上，他们经常抱怨吃不饱。而狩猎采集者赖以生存的一种方法，就是不会愚蠢地将稀缺的能量浪费在那些不必要的活动上。

所以，如果你在读这本书时恰好坐在椅子上或者躺在床上，并因自己的懒惰之举产生了负罪感，那么你大可释然了。你该知道，在身体对稀缺的能量进行分配时，你现在这种不动的状态其实自古以来都是非常重要的明智之举。如果抛开年轻或者社交原因而进行的玩耍——我们将在后面的章节中讨论这个问题，那么避免不必要的身体活动其实是一种本能，是人类几百万代以来一直在应用的一种实用的适应。实际上，与其他哺乳动物相比，人类对于锻炼更为抵触，这种逆反心理也许是进化的结果。

## 生而懒惰

我的家位于马萨诸塞州剑桥市，附近有一个散步的绝佳去处——鲜塘（Fresh Pond），鲜塘是我们这个小镇的水库。这处安静之地被树林和一条 3 千米长的小径环绕，居民们全年都可以沿着小径散步、奔跑和骑行。如果狗狗们足够听话，它们就可以不戴狗绳，所以我和妻子会定期带着我们的小狗埃科绕着鲜塘散步。埃科非常喜欢这个地方，每次我们一解开绳子，它会立刻以最快的速度飞奔出去，尽情享受自由，展示它的速度和灵动。我和妻子的动作比埃科缓慢许多，我们只是在它后面悠闲、不紧不慢地散步，而它则蹦蹦跳跳、东奔西跑。但是没多久，埃科就累了，等我们绕着鲜塘走完一圈的时候，它每次都会落在我们后面，看上去筋疲力尽，随时都可以睡着。

我们与埃科之间的对比说明，狗的速度比人快，人的耐力比狗强，但这仍然让我觉得自己像一个懒惰的落伍者。为什么我没有埃科那样的冲动，一解开绳子就冲出去？它不顾一切地在抓住机会冲出去，是因为它觉得只有以最快的速度奔跑才能获得最大的快乐？或者是因为它缺乏节约能量的远见？抑或是因为它需要释放积攒已久的能量？也许这三种解释都成立，但是狗和人类——我必须强调，不包括儿童，环绕水库一周的不同方式，体现了人类在使用能量时的谨慎。我从未见过任何一个成年人在鲜塘边的停车场一跳下车便开始全速冲刺，直到气喘吁吁。而且，绝大多数情况下，每一个做完锻炼的人在回到家时，都显得轻松自如。至于那些不爱锻炼的成年人，与孩子和狗不同，他们往往需要在别人的劝说或者强迫下，才能离开椅子，出去活动一下。

不锻炼的人通常会被贴上懒惰的标签，但是这些逃避锻炼的人的选择难道不是很正常吗？我们刚刚已经了解到，自愿进行的身体活动，也就是锻炼，是一种浪费稀缺能量的行为，而对于这种行为持谨慎态度是很理性的。由于人类权衡能量的方式与动物不同，所以人类似乎比绝大多数动物更抵触锻炼，至于具体原因，非常值得推敲。难道是因为我们在重要的目标上投入了更多能量，所以在那些不重要的活动中就没有什么能量可以投入了？

为了验证这个想法，我们比较了以哈扎人为代表的狩猎采集者、西方人和黑猩猩在活动时的能量消耗（见图 2-2）[19]。上图为每组的活动能量消耗总量，取男性与女性的平均值，对于黑猩猩就是取雄性和雌性的平均值。[20] 我们还可以看到，黑猩猩每天在活动中消耗掉的能量要远远少于任何一个人类组。在这个指标上，与我们的近亲类人猿相比，所有人类都是大功率、“高油耗”生物。图 2-2 上图也许会让你多少有些吃惊，因为西方人的能量消耗居然达到了哈扎人的 80%，而人们通常认为哈扎人的运动量要远远高于西方人。二者在能量消耗数值上的近似，其实与体重和身体构成有关。哈扎人的平均体重只有西方人的 60%，脂肪含量只有后者的 1/3。由于体重较重的个体会消耗更多能量，而维持脂肪的存在几乎不消耗能量①，所以图 2-2 下图显示的“活动能量消耗／非脂肪体重”这一比值也许更能说明问题，因为如果分母使用的是身体总重量，则我们从得出的结果中看不出规律。经过这番看似简单的修正之后，图 2-2 下图显示，哈扎人的每单位非脂肪体重所消耗的能量是黑猩猩的 2 倍，而即使是习惯久坐的美国人，他们在这一指标上的数值也比黑猩猩高出约 1/3。

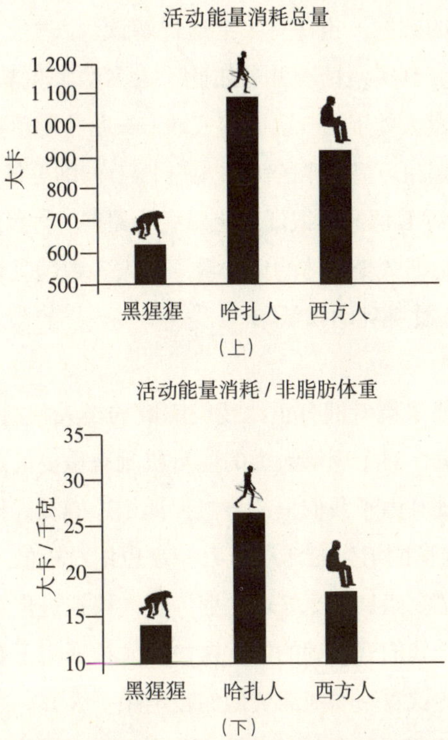


**图 2-2　黑猩猩、哈扎人、西方人的活动与能量消耗数据对比**

资料来源：哈扎人的数据来源：Pontzer，H.，et al. (2012)，Hunter-gatherer energetics and human obesity，*PLOS ONE* 7:e40503. 黑猩猩和西方人的数据来源：Pontzer，H.，et al. (2016)，Metabolic acceleration and the evolution of human brain size and life history，*Nature* 533:390–92.

① 此处是指与保持肌肉和维持身体各系统正常运行所消耗的能量相比，保持脂肪几乎不需要能量。——译者注

所以，虽然我们的亲眼所见可以证明狩猎采集者的工作确实算不上辛苦，但是他们的身体活动量还是远远超过了黑猩猩。实际上，如果以年为单位，一位普通哈扎女性消耗在步行、寻找食物、准备食物、照顾后代等一切活动上的能量，要比类似身材的雌性黑猩猩多出 11.5 万大卡。这些能量足够人类跑将近 2 000 千米，相当于从纽约跑到迈阿密。

对于图 2-2 中的数据，也许有人会这样解读：人类，尤其是狩猎采集者，是超级勤劳的动物。其实，情况并非如此。大多数野生哺乳动物的 PAL 值为 2.0 ～ 4.0，哈扎部落人处于这一区间的底端——哈扎部落女性的平均值为 1.8，男性为 2.3。[21] 黑猩猩和习惯久坐的美国人的 PAL 值则更低，分别为 1.5 和 1.6。其他大型类人猿的 PAL 值同样很低，比如红毛猩猩。[22] 我们换一种说法，类人猿和工业化国家中习惯久坐群体的运动量，比大多数哺乳动物要低很多，而狩猎采集者的运动量仅比哺乳动物低。

通过进化，狩猎采集者拥有了比我们懒散的类人猿祖先更强的活动能力，这一事实的诸多证据，对于理解人类的能量机制有重要的意义，因为进化以之前发生的事情为基础。由于我们是从与黑猩猩相近的类人猿进化而来的（稍后详述），所以我们的早期祖先的活动能力一定也相对较低。实际上，有诸多证据链可以证明，为了在雨林中更好地生存，类人猿在进化过程中特意选择了极低水平的身体活动。我们观察到的情况是，类人猿通常不需要移动太远便可以获得食物，高纤维的饮食习惯则需要他们在两顿“大餐”之间花费大量时间休息和消化。而且，它们对于爬树的适应能力使得它们在行走方面的效率奇低。一只普通黑猩猩步行 1.6 千米所消耗的能量是包括人类在内的大多数哺乳动物的 2 倍多。[23] 由于行走消耗的能量如此之多，自然选择便不可避免地将类人猿塑造成尽可能少地在森林中走动，从而尽可能少地消耗能量的动物，这样它们就可以将更多的能量用于繁衍后代。类人猿才更适合做沙发土豆。

如果人类是从与黑猩猩相近的、喜欢坐着的类人猿进化而来的，那么到底发生了什么使得人类变得更加好动？人类从类人猿那里继承的这份懒惰遗产对其活动能力造成了怎样的影响？我们将在后面的章节中给出答案，简而言之，是气候的变化促使我们的祖先进化出一种非同寻常却极度成功的生活方式——狩猎和采集，当然，这种生活方式需要投入更多的劳动。虽然从身体活动的角度而言，狩猎采集者其实每天只需要投入地工作几小时，但在这些时间里，他们行走的距离也达到了 8 ～ 16 千米。他们还要运送食物、照顾婴儿、挖掘、奔跑以及完成各种各样的工作，才能确保生存。为了合作、沟通和制造工具，我们的祖先在自然选择的作用下进化出了体积更大、更耗能的大脑。总之，人类进化出了超强的活动能力，为自己非凡而奇特的繁衍策略供应能量。

狩猎采集者代价不菲的能量策略，对于理解人类活动能力的进化非常重要，因此我们有必要将人类和黑猩猩的能耗计划进行详细的对比。当一只普通雌性黑猩猩在十二三岁成为母亲开始哺育子女的时候，它每天大约需要消耗 1 450 大卡的能量，这些能量绝大部分是从采集到的生水果中获得的。根据这项能量消耗计划，黑猩猩每五六年生育一个子女。[24] 而一位普通女性狩猎采集者需要大约 18 年才能长大成人。当她成为母亲后，为了维持体能和养育婴儿，她每天需要至少 2 400 大卡能量。为了获得比黑猩猩妈妈更多的能量，人类妈妈会摄入高质量、多样化的食物，包括水果、干果、种子、肉类和植物叶子。这些食物有一些是她自己采集的，还有一些则是她的丈夫、母亲和其他人提供的。而且，将食物制熟后，她可以获取比生吃更多的能量。[25] 由于有了这些额外的能量，她不必等上五六年就可以生下另一个孩子，她会提早给孩子断奶，通常来说每隔两年就可以再生下一个孩子。所以，一般来说，人类妈妈可以同时养育一个以上的未自立儿童。而且，由于人类成熟所需要的时间比大猩猩长 50%，这样一来，人类养育每一个后代所需要的时间和成本都增加了。

人类之所以能够实施这种能量策略，关键在于通过进化我们获得的能量和消耗的能量都远远多于黑猩猩。我们将在后面的章节中看到，通过行走更远的距离、挖掘、经常性的奔跑、对食物进行处理、互相之间的交流分享，人类每天在身体活动中消耗的能量大大超过黑猩猩，但是通过这些努力所获得的能量使人类不仅可以进行这些身体活动，而且繁殖速度几乎达到了黑猩猩的两倍。这些额外的能量还可以使我们拥有更大的大脑、在体内储存更多的脂肪，以及做很多其他事。但是，人类也需要付出代价。我们需要的能量越多，当能量出现短缺时，我们受到的伤害就越大。狩猎采集者的能量策略就是为了提升繁衍的成功率，因此自然选择抵触那些无意义的、浪费能量的身体活动。

当然，这一逻辑适用于所有动物。无论是人类、类人猿、狗或者金鱼，对于那些以降低繁衍率为代价的浪费能量的身体活动，自然选择都不会支持。由此得见，所有动物似乎都是能懒则懒。但是有证据表明，人类比其他动物更不愿意进行那些无意义的身体活动，因为我们是从一个格外低能耗的节约型祖先进化而来的，而我们又进化成为以格外高能耗的方式提高繁衍成功率的物种。如果你过的是高消费的生活，那么你省下的每一分钱都有价值。

## 避免非必要的身体活动是人类的正常选择

我昨天去超市的时候，连想都没想，就直接把车开到了入口，然后等着某辆停在较好车位上的车能够开走，将车位腾出来，这样我可以少走 10 米。等到我推着一辆购物车进行“狩猎采集”时，我开始为自己的懒惰行为而自责。但是，我马上想到，自己是不是已经变成了那种讨人嫌的锻炼家，唠唠叨叨地对别人说应该把车停在停车场的最远端，这样就可以多运动，就像我从本书开篇一直在做的那样。节约能量的正常举动和本能反应，怎么就变成了与懒惰相关的罪恶了呢？

我虽然懒，但头脑非常清醒。懒惰在道德层面被视为罪恶，主要是因为它源自拉丁语中的 acedia 一词，其本意是“无所谓”。按照托马斯·阿基纳斯（Thomas Aquinas）等早期基督教神学家的阐释，懒惰与身体上的不作为完全没有关系，而是一种精神上的冷漠，是对世界失去兴趣的状态。直到后来，懒惰才具有了逃避体力劳动的意思，也许是因为除少数贵族之外，没有人能够逃避正常的体力劳动。懒惰只是一种不愿意动、不愿意付出体力的状态，现在已然成为一种“罪恶”，但其实这种状态不应该背负这种恶名。把车停在最近的车位上只是为了节省一点点能量，绝不代表我会拒绝履行自己应尽的义务。这只是一种本能。

如果你对于人类根深蒂固的节能倾向有所怀疑的话，那么你可以在商场或者机场靠近楼梯的位置站上几分钟，看看有多少人选择走楼梯，而不是乘坐电梯。我曾经抱着好玩的心态，在美国运动医学会的年会上做过这个实验。那是一次专家云集、推广“锻炼即药物”理念的大会。在这项显然不够科学的研究中，我在楼梯底部站了 10 分钟，统计选择搭乘电梯的人和选择走楼梯的人各自的数量。我发现 10 分钟内，151 人中只有 11 人选择走楼梯，约占总数的 7%。显然，研究和推广锻炼的人，与其他人没有太大区别。因为在全球范围内，这一比例约为 5%。[26]

今天很多人的工作只涉及一点点体力劳动，甚至完全不涉及，这就需要我们通过锻炼增加一些身体活动。无论是走楼梯、慢跑还是去健身房，我们都需要战胜“避免不必要的身体活动”这一古老而强大的本能。所以，包括狩猎采集者在内的绝大多数人对于锻炼会有自然而然的抵触，这是再正常不过的事情。直到现在，这些本能确保人类生生不息：我们把自己的孩子养育成人，然后他们继续养育自己的后代。跑步 16 千米消耗的能量，对于养育后代完全没有帮助，因此从进化角度看，这是毫无意义的。也许这也是犹太人必须遵守安息日的原因。每周休息一天的安息日教义除了在精神上和肉体上帮助了早期的犹太人，还帮助他们履行了上帝的另外一项指令——多多繁衍，多子多孙。

所以，那些把休息、放松、闲适或者任何用来形容非身体活动状态的词等同于反常、懒惰、缺乏身体活动的论调可以停止了。避免非必要的身体活动是人类的正常选择，我们应该约束自己不要去污名化做出这种选择的人。2016 年的一项调查显示，每 4 个美国人中有 3 个人认为，肥胖是缺乏意志力造成的，这种意志力负责身体活动和控制食欲。[27] 尽管人们对于无锻炼习惯的人群有着“沙发土豆”的刻板印象，但是不去做那些没必要浪费能量的事情，绝对是意义深远的正常行为。与其鄙视、责怪那些搭乘电梯的人，倒不如认清这样的一个事实：避免没必要的身体活动是人类自远古时代就已形成的本能，而且从进化的视角看，这种本能意义重大。

但问题在于，就在不久之前，只有伟大的国王和王后才有随时随地随心所欲的特权。而时至今日，人类的生存条件发生了奇怪的反转，出于健康目的而自愿进行的身体活动，也就是锻炼，已经变成了特权阶级的特权。除了使用的是各种节省体力的设备，全球数十亿人的工作性质和通勤方式也导致他们远离身体活动，需要在每天的大多数时间里坐着。实际上，当你读到这里的时候，你很有可能也在坐着。你一定听说过这句话，久坐有害健康。为什么像坐姿这种如此古老、普遍和平常的姿势会这么不利于健康呢？

# Exercised

## 第 3 章

## 坐着等同于吸烟吗

### 以讹传讹的谬误 3：从本质上讲，久坐是不健康的

落寞的忒修斯，命中注定要永留于此，被命运固定在他永恒的椅子上。

维吉尔

《埃涅阿斯纪》（*The Aeneid*）

每到春假，在漫长干燥的冬季接近尾声的时候，我的那些有钱有闲的学生和同事便抓住机会逃离，按惯例他们会飞往南方，享受三月的温暖一周。对于这些幸运的家伙来说，经典的春假必然包括在温暖、晴朗的海滩上尽情放松。至于姿势，一定是身体在不动的时候采用的最基本姿势：坐着。

我在那一周，每天也会坐上数小时，只不过我是坐在自家的桌子前工作。终于，2016 年 3 月初，我在格陵兰岛的康克鲁斯瓦格（Kangerlussuaq）下飞机，在北极圈以北几度的地方开启了自己那一年的春假。当时刮着大风，气温是零下 35℃，在这种情况下，人在几分钟之内就会被冻伤。而当我的因纽特向导贾赫纳和朱利叶斯，将未来几天的保命装备交给我的时候，我对这次格陵兰岛极寒内陆之旅更加恐惧了。除了三层的内衣、厚袜子、毛皮靴子之外，他们还借给我一个臭烘烘的海豹皮套装，里面有手套、裤子和一件连帽大衣。当天晚上，狂风在兼作酒店和餐馆的机场候机小楼外面呼啸，我几乎没有睡着，整夜都在思考自己如何能够活着完成这场我犯了傻才会答应下来的旅程。我这次的计划是与丹麦同事克里斯·麦克唐纳（Chris MacDonald）乘坐雪橇顺着冰冻的峡湾进入位于格陵兰岛中部冰川边缘的雪山地区，共同体验格陵兰岛的因纽特人是如何生存的。在贾赫纳和朱利叶斯的带领下，我们还将捕猎麝牛①，捕鱼，以及在刺骨寒冷的户外宿营。这次旅行将作为纪录片的一部分呈现出来，意在探寻生活方式的变化对人类健康的影响。

① 北极地区的一种大型山羊。

虽然我已经充分考虑了此次北极之旅可能面临的各种身体挑战，但我万万没想到自己将面临的难题会是一连数日坐在雪橇上，因此我也完全没有准备。因纽特人的传统雪橇名叫卡穆蒂克（qamutik），是将长约 1.8 米的木板绑在两根弯曲的木制滑轨上制成的。在极寒的早晨，我们将补给用绳子捆在雪橇上，然后朱利叶斯给 13 条发出低吼的雪橇犬套上挽具，就在它们开始拉动雪橇的时候，我们也跳了上去。朱利叶斯坐在前排负责驾驭雪橇犬，而我的任务就是在后排坐着。听起来很简单是吧？而实际情况是，在冰原上行进得越久，我坐在雪橇上感觉越悲惨。想想看，在零下 35℃的大风中保持不动，人会冷得发麻。而更痛苦的是，我是在没有背部支撑的情况下坐了数小时。虽然我自认为称得上"坐神"，但是我平时坐的椅子可都是有靠背的。在极度寒冷的灰色冰原上，雪橇犬坚韧地拉着我们行进，我的后背开始疼痛，然后由于疲劳开始痉挛。朱利叶斯仍然挺拔地坐在雪橇的前排，我在他后面，身体越伏越低，痛苦地扭动，尽我所能一边享受着这段经历，一边控制着自己的姿势，以免冻僵。

虽然我生命中的很长时间都用来坐着，但显然我坐得并不好，而且我还不断地看到"人类坐着的时间太久了"这种说法，这可真够荒谬的。作为一名白领，我在工作的时候别无选择，只能坐着，我在开车、吃饭和看电视的时候，也需要坐着。尽管奥格登 · 纳什（Ogden Nash）通过观察提出了"坐着工作的人比站着工作的人收入更多"的观点，但是那些唠唠叨叨催促我们锻炼的锻炼家将坐着视为现代社会的祸患，并且这种论调越来越普遍。[1] 一位著名的医生甚至宣布，椅子是"故意来找我们麻烦的，会伤害我们，杀了我们"。他还说："坐着等同于吸烟。"[2] 按照他的说法，美国人平均每天坐着的时间高达 13 小时，这令人无法接受。"每坐一小时，我们的寿命就会缩短两小时，而且无可挽回"。这一警告虽然明显有夸张的成分，但是其他正式发布的研究结果表明，全球 4% 的死亡病例，其诱因是每天坐着的时间超过 3 小时；每坐一小时对健康造成的伤害，需要通过 20 分钟的锻炼才能抵消。[3] 还有研究估算，每天只需将 1 ～ 2 小时坐着的时间换成散步等轻量身体活动，就能将死亡率降低 20% ～ 40%。[4] 正因如此，站立式办公桌突然风靡起来，而且很多人都使用可穿戴设备或者利用智能手机监控并限制自己坐着的时间。我们开始对坐着变得焦虑。

在进化过程中，人类既适应了身体的静态，又适应了身体的动态，如果希望理解这一切是怎么发生的，以及这意味着什么，那么我们先要理解坐着本身。最重要的一点是，如果进化使我们避免非必要的身体活动，也就是锻炼，那么为什么坐着会有致命的风险？美国人平均每天真的会坐上 13 小时吗？这与我们祖先的习惯有怎样的关系？在穿越格陵兰岛的旅途中，我的因纽特人同伴朱利叶斯和贾赫纳坐着的时间与我一样长。像哈扎人那样的狩猎采集者每天都会在驻地悠闲地坐上数小时，做一些轻松的杂活儿或者聊天，总之会让双脚彻底休息。坐着的风险源自坐着本身、坐姿，还是因为久坐占用了锻炼的时间？为了解答这些问题，并解读久坐其他潜在的危险，我们使用进化和人类学这两个“镜头”去获取一些视角，从而理解我们为什么要坐着、我们是如何坐着的，以及我们坐着的时间是不是太久了。

如果你现在没有坐着，那么找一把舒适的椅子坐下，再继续阅读……

## 我们是怎么坐的以及为什么要坐

我喜欢埃科的原因有很多，其中一个是，它让我看到了自己的“伪善”。当埃科不追逐松鼠、不冲着邮差吠叫、不陪我们出去散步的时候，它就是一个慵懒、花大把时间休息的小家伙。虽然它有时候会睡在硬地板上，但是它更喜欢赖在地毯、沙发、有坐垫的椅子，以及任何它能够找到的温暖、柔软的地方，包括床上。当我拿它懒洋洋的样子逗它的时候，它会无声地凝视着我，我知道它一定在想:“你跟我有什么区别吗？”是的，我也会在房间里转悠，然后在各种舒适惬意的地方坐下来，尽管我会提醒自己要多站起来走动，但我跟埃科其实没什么区别，都特别喜欢坐着。

从好的方面说，坐着不像站着那么累，而且更容易使身体保持稳定。一项对比站姿与坐姿能量消耗的研究表明，站立比安静地坐在普通的椅子上要多消耗 8% ～ 10% 的能量。[5] 对于一位体重 80 千克的成年人来说，两种姿势对应的能量消耗差别只有每小时 8 大卡——相当于一片苹果的热量。当然，消耗的能量会随时间而累加，一个在工作时需要站着而不是坐着的普通白领，每年要多消耗 16 000 大卡能量。[6] 下面这个事实也许能让你感觉好一点，双足人类的站立效率①显然比双足鸟类和牛、麋鹿等四足动物要高。没错，确实有人测量过麋鹿站立时的能量消耗。[7] 人类的站立效率也比类人猿高，因为我们可以挺直自己的臀部和膝盖，而且我们的脊下部有一个向后的曲度（脊柱前凸），这就可以确保我们的躯干基本保持在臀部的上方，而不是前方。[8] 但即便如此，为了确保我们在站立时既不会前倾过度，也不会发生后仰，则需要脚部、膝盖、臀部和躯干的肌肉相互协调，轮番工作（见图 3-1）。[9]

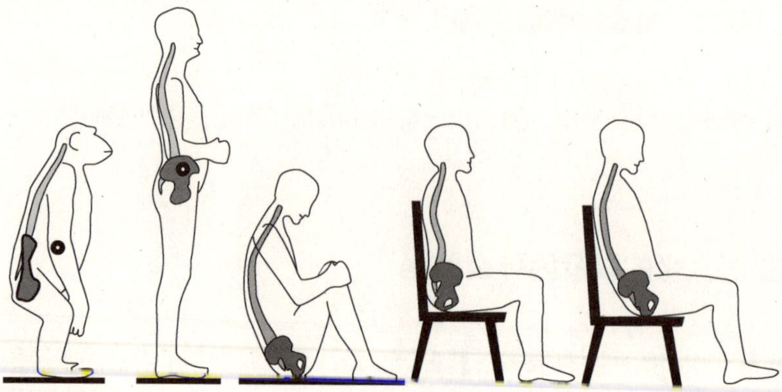

**图 3-1　站立和坐着时的脊柱和骨盆情况**

注：与黑猩猩（左一）相比，人类脊柱的下部（腰部）有一个曲度（脊柱前凸），这一结构可以确保人类在站立时身体的重心（圆圈所示）位于臀部上方。当我们蹲坐在地上（人类采用这一姿势已经数百万年了）或者瘫坐在有靠背的椅子上时，骨盆会向后转动，脊柱的下部趋于平坦，从而减少了脊柱前凸的程度。请注意，我在这里只展示了人类诸多习惯坐姿中的几种。

① 站立效率高是指站立时消耗的能量少。——译者注

无论我们的站立效率有多高，采用坐姿每小时节省的那一点点能量历经漫长的时间所累积起来的优势效应，还是使坐着变成了一种本能，这种习惯无论对于人类还是对于像埃科那样的动物都适用。值得一提的是，不久之前，人类与所有其他生物一样，也没有椅子可坐。狩猎采集者极少制作家具，而在西方世界之外的很多地区，人们仍然习惯坐在地上。[10] 在一项令人愉悦的大规模研究中，人类学家戈登・休斯（Gordon Hewes）对 480 个不同文化的人类族群进行观察，并记录了这些人在无椅子情况下的超过 100 种坐姿。[11] 在没有椅子时，坐在地上的人通常会将双腿伸出、交叉或者放在身体一侧；有时候他们会单腿或者双腿跪地，少数情况下，他们也会蹲踞，也就是弯曲膝盖，让自己的脚跟接触或者尽量接近大腿的后侧。如果你也像我一样极少蹲踞，那只是因为现代西方社会排斥这种奇怪的姿势。蹲踞会使踝骨形成一小块平坦的区域，这个区域叫作蹲踞小面，我们就此可以估算出，包括直立人和尼安德特人在内的人类，在数百万年前就养成了蹲踞习惯。[12] 蹲踞小面的存在也说明，在家具和炉子变得普及之前，也就是直到中世纪结束之前，很多欧洲人都有蹲踞的习惯。[13]

虽然在人类的进化史上，蹲踞比坐在椅子上更常见，但我还是极少蹲着。不久前的一个下午，我笨拙的蹲踞技巧终于在哈扎人的篝火前面暴露无遗。那一次，哈扎部落的男人们带回驻地一只活乌龟，然后交给了女人们，因为哈扎人认为乌龟是女人的食物，男人是禁止吃的。我怀着好奇心坐进了女人堆，看着她们随手把这只可怜的活物扔进了火堆，而她们就坐在那里聊天，完全无视那只垂死的乌龟的无声痛苦。

考虑到我是在场的唯一男性，我觉得自己应该表现得像一个男人，所以我需要假装轻松地蹲着，然后拍一些照片。还有，你们猜猜烤熟一只乌龟需要多长时间？

答案是，比我能保持蹲踞姿势的时间要长。因为我极少蹲着，所以我的小腿肌肉紧绷得厉害，导致我的脚无法平放在地上，随后我的脚部肌肉开始疼痛，然后小腿肌肉和大腿肌肉也开始疼。几分钟之后，我的腿和脚像着了火，之后我的腰也开始疼。这时我需要活动一下，但是我发现自己痉挛的双腿完全无力支撑我站起来。我的右侧是火堆，所以我摆脱困境的唯一方法是向左直接朝离我很近的一位哈扎老太太滚去。我用尽可能真诚的语气大喊一声“萨玛哈尼”（Samahani，对不起），而哈扎老太太和其他所有女人都笑作一团。她们边笑边说持续了很长时间，我完全不知道她们都谈论了我些什么，但是她们充满善意地递给了我一块烤乌龟肉——那口感就像嚼不烂的鸡肉。

在蹲着的时候缺乏力量令我难堪，在雪橇上坐着更让我无法忍受，这充分说明了我对椅子的依赖，尤其是那种有靠背的椅子。每当我坐在地上或者坐在没有靠背的凳子上的时候，我后背和腰腹的肌肉对我的躯体基本上就起不到什么支撑作用了。当我蹲着的时候，我腿部的肌肉，尤其是小腿肌肉，也只是偶尔能起到支撑作用。实际上，这几个动作对肌肉的要求并不高：蹲踞姿势和站立姿势所需要的肌肉能力属于同一级别。[14] 但是，如果经年累月地使用这些肌肉，考验的则是肌肉的耐力，同时也会提升它们的耐力。我和同事埃里克·卡斯蒂略（Eric Castillo）、罗伯特·奥贾姆博（Robert Ojiambo）、保罗·奥库托伊（Paul Okutoyi）的调查发现，相比于经常使用那种最常见的靠背椅的城市青少年，极少使用靠背椅的肯尼亚农村孩子的背部力量要强壮 21% ～ 41%。[15] 我们无法证明肯尼亚农村孩子拥有更强壮的后背完全是因为他们极少使用椅子，但是其他研究表明，椅子靠背降低了人体对肌肉耐力的要求。[16] 就此可以推断，我们这些经常坐靠背椅的人，背部肌肉因为缺乏耐力而变得虚弱，所以当我们长时间坐在地上或者凳子上时，就会非常不舒服。其结果就是椅子依赖症导致的恶性循环。

毫无疑问，人类对于靠背椅的依赖历史并不久远。人类学和历史学的证据都表明，在大多数文化中，靠背椅首次在某个地方出现，主要都是供达官贵人使用的，而农民、奴隶和其他体力劳动者主要还是坐在方凳和长凳上。在古埃及、美索不达米亚、中美洲、中国以及其他地区的艺术品中，坐在舒适的靠背椅上的人物通常是诸神、皇室成员和神职人员。在欧洲，直到 16 世纪晚期，带有支撑靠背的椅子才在逐渐壮大、买得起家具的中产阶级和上层阶段中流行开来。[17] 之后的工业革命时期，德国工匠迈克尔·索耐特（Michael Thonet）发明了一种工艺，可以大规模生产带靠背的曲木椅子，这些椅子轻便、结实、漂亮、舒适，而且价格低廉，普通百姓也买得起。1859 年，索耐特完善了自己的经典咖啡椅设计，这款椅子非常抢手，直到现在仍然被咖啡店广泛使用。随着靠背椅变得不再昂贵，而且越发流行，专家们开始发出谴责。一位医生在 1879 年发出了这样的警告："在文明所催生的所有折磨人类的机器中……没有几样在执行这项刑罚时比椅子更坚决、更广泛、更残暴。"[18]

尽管有这样和那样的警告，椅子的流行程度马上便超出了人们对它的担心，尤其是当人类的工作环境从森林、田野和工厂向办公室转变的时候。一门全新的学科——人体工程学得以创立，帮助我们适应现代工业环境，而椅子便是这一学科重要的研究对象。今天，数十亿人别无选择，每天花很多时间坐在椅子上处理工作，在疲惫地坐了一天之后，他们回到家中还要听从根深蒂固的本能的召唤，为了节省几大卡能量，继续坐着以求放松。那么，我们每天到底坐了多久？

## 我们每天要坐多久？

如果我用谷歌搜索美国人每天坐多少小时，会有几十个网站弹出来，给出 6 ～ 13 小时的不同答案。在这个最大值超过最小值两倍的区间中，哪个才是正确的答案呢？而你我这类普通人的情况又是怎么样的呢？我通常早上 6 点起床，除了遛狗、煮咖啡、出门跑步，我都会在书桌前工作，只在午饭和晚饭的时候短暂地休息两次，晚上 10 点上床休息。由于我的大部分工作需要使用电脑，而且我住在距离办公室只有 800 米的地方，所以我估计在平常的日子里，我每天需要坐 12 小时。虽然大致情况是这样，但是，我在感到烦躁的时候会走一会儿，偶尔也会起身做一些简单的杂事，我还会经常站着吃午饭（我妻子非常不喜欢我这样），我有时候还会使用站立式办公桌。那么，我坐着的时间会因此减少一点点吗?

要想知道人们每天会坐多久，最快速、成本最低的方法就是直接去问他们，就像我刚才那样。很多研究都使用了受访者自己报告的方式进行估算，但是，我们在评价自己的行为时往往过于主观，有失准确，有人自我评定的活动水平甚至达到了真实值的 4 倍。[19] 科学家今天已经可以轻松地使用可穿戴设备采集更客观、更可信的数据，包括心率、步数和其他活动相关数据。出于好奇，我决定佩戴一个小的加速计，测量一下自己每天到底坐多久。这个拇指大小的装置可以时刻记录你的身体向各个方向移动的力度，持续时间可以长达数日或者数周。[20] 加速计会将坐着不动记录为最小幅度的加速，将步行记录为中等程度的加速，将跑步等高强度活动记录为剧烈加速。我的实验室里有几十个加速计，我拿了一个，每天早起戴在腰上，晚上上床时摘掉，共戴了一周。然后我将数据下载下来，这样就可以根据轻微加速、中度加速和剧烈加速数据，对我坐着的时间和活动时间进行量化。

一周自测结果令我大为震惊。我坐着的时间比自己想象中少很多。在每天的非睡眠时间里，我坐着或者不动的时间平均占 53%。我坐着的时间每天变化巨大。在活动最多的那天，我只坐了 3 小时，但在活动最少的那天，我坐了将近 12 小时，平均值是 8.5 小时。这说明，我坐着的时间与活动时间的分配比例，与大多数美国人其实没什么差别。一项有数千位美国人参与的高质量研究显示，美国成年人平均每天坐着的时间占非睡眠时间的 55% ～ 75%。[21] 由于绝大多数美国人的睡眠时间为 7 小时，那么他们平均每天真正不动的时间为 9 ～ 13 小时。需要注意的是，由于数据因人而异、因时而异，这些平均值对应一个宽泛的区间。美国人周末的活动时间明显增加，而随着年龄增长，他们坐着的时间也显著增加。年轻成人每天坐 9 ～ 10 小时，老年人每天坐着的平均时间比 12 小时多一点点。

虽然不是所有的当代美国人都像警世者担心的那样久坐不动，但是我们显然比父辈、祖辈们坐得更久。有数据表明，2009 年美国人坐着的平均时间比 1965 年增加了 43%，也超过了英国等后工业化国家的人。[22] 所以，我每天坐在椅子上的时间要比我的祖辈在我这个年纪时大约多 2 ～ 3 小时。而他们坐着的时间，其实并不比大多数狩猎采集者和自给自足型农耕者更多。研究人员使用了加速计、心率监测器和其他传感设备对坦桑尼亚的狩猎采集者[23]、亚马孙雨林的农耕狩猎者[24]和其他几个非工业化人群[25]的活动指标进行了测量。这些群体每天坐着的时间为 5 ～ 10 小时。以哈扎人为例，他们平常一天大约有 9 小时处于非活动状态，大多数情况下他们两腿伸直坐在地上，有两小时蹲着，一小时跪着。[26] 也就是说，这些非工业化社会人群虽然每天的活动量要超过工业化社会人群和后工业化社会人群的平均水平，但是前者坐着的时间其实也不少。

人们对这些统计数据存在一个质疑，那就是它们对于活动级别的分类过于粗糙，只有坐着和非坐着两个选项。要知道，站立并不等同于锻炼，而坐着也并不是完全不动。如果我坐着是为了拉小提琴或者制作箭头呢？解决这个问题的一种方法是以活动时的心率相对于最高心率的百分比为依据，对活动级别进行分类。按照一般规律，采用坐姿进行活动时的心率，介于静息心率和最高心率的 40% 之间；做饭和慢走等轻量活动，会将心率提升至最高心率的 40% ～ 54%；快走、瑜伽和园艺劳动这样的中等强度活动，会把心率提升至的最高心率的 55% ～ 69%；跑步、开合跳和爬山这样的剧烈活动，会把心率提升至最高心率的 70% 或以上。[27] 在一项针对美国人的调查中，大量被试需要穿戴心率监测器，最终得到的大样本数据显示，普通成年人每天的轻量活动时间大约为 5.5 小时，中等强度活动只有 20 分钟，剧烈活动时间不足 1 分钟。[28] 而一个普通哈扎成年人每天花在轻量活动上的时间接近 4 小时，中等强度活动 2 小时，剧烈活动 20 分钟。[29] 总体而言，21 世纪美国人心率达到中等强度的时间，只有非工业化社会人群的 10% ～ 50%。

虽然与人类的祖先相比，今天的很多人都属于“沙发土豆”，但是，如果与类人猿相比，我们还是可以获得些许安慰的。过去 30 年，理查德 · 兰哈姆（Richard Wrangham）和他的团队一直在乌干达的卡巴莱森林中不辞劳苦地追踪着一群黑猩猩，他们会记录这些动物每天所做的一切，以及做这些事情的时长。任何一天，他们都知道黑猩猩何时醒来、何时睡觉，也知道它们吃饭、出行、梳理毛发、打斗、交配或者做任何事情都需要多长时间。根据这一数据库，我们得知，成年雄性黑猩猩和雌性黑猩猩平均每天花在坐姿活动中的时间占 87%，其中包括休息、梳理毛发、安静地进食、筑巢。在白天的 12 小时里，黑猩猩的静态时间达到了 10.5 小时。即使是在活动最多的日子里，它们白天的休息时间也有将近 8 小时；在活动不那么多的日子里，它们白天的休息时间会达到 11 小时。而无论活动多不多，在大部分时间坐着度过了乏味的白天之后，当太阳落下，它们便开始筑巢，然后再睡上 12 小时，直到太阳升起。[30]

我们发现，即使是那些久坐不动的美国“沙发土豆”，他们的活动量也远远超过了野生黑猩猩。如果无所事事的状态是人类和类人猿在自然选择中获得的正常、适应的表现，那么为什么久坐会影响健康呢，这种影响是如何发生的呢？

人们对于长时间一直保持坐姿主要有三个健康方面的担心。第一，我们是不是因此而错过了做其他事情？在椅子里舒服地休息一小时，就意味着在这一小时里我们没有锻炼，也没有积极地做其他事情。第二，长时间持续不动会导致血糖和血脂的浓度升高，对身体有害。第三，长时间坐着会诱发免疫系统以炎症的方式攻击我们自己的身体，这是最令人担忧的。先不必恐慌，但是，你也得知道，在你舒服地坐着看这本书的时候，你的身体也许正在“着火”。

## 当我坐着的时候，身体正在着火

我很害怕感冒初期的症状，因为我知道，一场“惨剧”即将降临。接下来的几天，我的喉咙会肿起来，鼻子会变成流涕不止的水龙头，我的每一次咳嗽都伴着疼痛，总之我感觉糟糕、疲惫、头疼。更糟糕的是，我知道这些痛苦不是由入侵的病毒造成的，而是我的身体为了对抗病毒而自发产生的炎症反应造成的，这种认知让我对于感冒越发痛恨。从机理上说，发炎是指免疫系统在发现有害病原体、有毒物质和受损组织之后第一时间做出的反应。大多数情况下，炎症出现得迅速而强烈。无论破坏者是病毒、细菌还是过度日晒，免疫系统都会迅速调集大批细胞投入战斗。这些细胞会密集地释放大量化合物，造成血管扩张、渗透性提高，从而让白细胞顺利穿过血管进入受损组织，消灭入侵者。额外增加的血流量为身体提供了重要的免疫细胞和免疫液体，但是血管的膨胀会挤压神经并引发 4 种基本的发炎症状：皮肤发红、发热、肿胀和疼痛，从字面上看就是“着火”了。接下来，如果需要的话，更多的防御功能会被激活，免疫系统会针对特定的病原体产生抗体，然后将其消灭。

一直以来，凡是思维正常的人，都不会将舒舒服服坐在椅子上这件事，与我们体内被微生物或者损伤所点燃的身体免疫之火联系起来。躺在沙发上放松几小时，读一本书或者看看电视，怎么就与保护身体不受感染联系起来了？

近期一项新技术的出现，令这一问题迎刃而解。这项技术可以精确测量细胞泵入血液中的 1000 多种微小蛋白质中每一种蛋白质的含量。其中数十种被称为细胞因子（cytokines）[①] 的蛋白质负责调节炎症。科学家通过研究细胞因子启动炎症和终止炎症的机理，发现有一些细胞因子既可以在面对感染时激发出短暂、强烈和局部的炎症反应，也可以在全身范围内激发出持久、不易被感知的慢性轻度炎症。这种炎症以不易察觉的“文火慢炖”的方式在身体的多个

① 该词源自希腊语，cyto 意为细胞，kine 意为活动。

部位经年累月地存在，而不像人体在对抗感冒时那种突然袭来的炎症，在某个部位上驻留几天或者几周然后消失。慢性轻度炎症就像是得了一场永远无法痊愈的感冒，但它们又极为轻微，你甚至根本感觉不到它们的存在。但是，炎症又的的确确存在于你的体内，因为有大量证据证明它们确实存在，就在你身体的某个部位缓慢地燃烧，悄悄地破坏着你的血管组织、肌肉组织、肝脏组织、大脑组织和其他器官。

慢性轻度炎症及其影响的发现既为治疗疾病创造了新的机会，同时也造成了新的烦恼。过去10年，越来越多的充分证据表明慢性轻度炎症是十几种与衰老相关的非感染性疾病的主要诱因，其中包括心脏病、2型糖尿病和阿尔茨海默病。科学家对这一领域的研究越深入，就越会发现慢性轻度炎症在更多疾病中留下的痕迹，包括结肠癌、红斑狼疮、多发性硬化症，以及各种以“炎”命名的疾病，比如关节炎。[31]

慢性轻度炎症是值得人们特别关注的热门话题，但是我们也需要警惕，避免反应过度。最糟糕的言论是——只要避免摄入谷蛋白和糖等“促炎症”食物，或者大量摄入姜黄根和大蒜等“抗炎症”食物，就能预防或者治愈从孤独症到帕金森病的几乎所有疾病。如果你觉得这些神奇的食谱完美得不可信，那你的感觉没有错。[32]我们不能被这些江湖庸医带偏，不去关注我们真正需要关注的地方。坏消息是，慢性轻度炎症确实在很多严重的疾病中起作用。好消息是，慢性轻度炎症的一大诱因在很大程度上是可以避免、可以预防、可以解决的，这些诱因是吸烟、肥胖、某些促炎症食物的过度摄入，其中最主要的一种食物是红肉；另一大诱因你可能万万没想到，那就是缺乏活动。这一结论再次将我们带回“坐”这一主题——坐在椅子上放松几小时，怎么会造成身体发炎呢？

## 久坐如何引发慢性轻度炎症

久坐是如何引发慢性轻度炎症的呢？最广为接受的一个解释是，久坐造成了肥胖。在解释肥胖引发炎症的原因之前，我们需要为脂肪这一被误解的物质洗清部分“罪责”。[33] 大多数脂肪不仅无害，而且有益健康。包括狩猎采集者在内的健康普通成年男性，脂肪含量大约占体重的 10% ～ 25%，健康成年女性的脂肪含量约占体重的 10% ～ 30%。这些脂肪绝大部分（90% ～ 95%）位于皮下，因此也被称作皮下脂肪。它们储存于数十亿细胞中，而这些细胞则分布在臀部、胸部、脸部、脚部和其他不太容易形容的地方。[34] 这些被脂肪充满的细胞是重要的能量储藏室，可以帮助我们应对长期热量摄入不足的局面，就像我们在明尼苏达饥饿实验中见到的那样。皮下脂肪细胞还有其他功能，尤其重要的是，它们所构成的腺体可以产生调节食欲和生殖功能的激素。还有一类主要的脂肪细胞存在于我们的肚子周围，以及心脏、肝脏和肌肉等器官和组织周围。这类脂肪有很多名称，包括“内脏脂肪”、“腰部脂肪”、“肚子脂肪”和“异常脂肪”，但我更愿意称其为“内脏脂肪”。内脏脂肪细胞是新陈代谢过程积极的参与者，它们一旦被激发，便会迅速向血液中释放脂肪。正常情况下，内脏脂肪约占总体重的 1%，这种比例是合理的。内脏脂肪是有用的短期能量储备库，当我们步行或者长距离慢跑需要身体快速提供大量能量时，这些短期能量就派上了用场。

虽然大多数脂肪都是有益健康的，但是肥胖可以把脂肪从朋友变为制造炎症的敌人。最大的危险在于，当脂肪细胞过度膨胀时，会出现功能障碍。我们的身体有一些脂肪细胞可以像气球那样膨胀，这些脂肪细胞的数量是固定的。如果我们只是储存正常数量的脂肪，那么无论是皮下脂肪细胞还是内脏脂肪细胞都保持合理的尺寸，不会对身体造成损害。但是，如果脂肪细胞过大，它们就会膨胀、功能失调，从而招致白细胞前来，并最终引发炎症，此时的脂肪细胞就像一只充满了气的垃圾袋。[35] 所有膨胀的脂肪细胞都是不健康的，但是膨胀的内脏脂肪细胞通常比膨胀的皮下脂肪细胞危害性更大，因为内脏脂肪细胞在新陈代谢方面更为活跃，与身体供血功能的联系也更为紧密。所以，当内脏脂肪细胞膨胀时，它们会向血液里释放大量可以造成炎症的蛋白质。即细胞因子。皮下脂肪过量的最明显标志是大肚子身材，也叫苹果型身材。有些人虽然没有大肚子，但他们的肌肉、心脏、肝脏的内部和周围存在大量内脏脂肪，他们也因此被称为“瘦型胖子”，这种现象也令人不安。

过多的脂肪，尤其是内脏内部和周围的脂肪会引发慢性轻度炎症。这是久坐引发慢性轻度炎症的第一种方式，这一过程的机理提醒我们，久坐会带来危险，而原因很可能仅仅就是这一行为造成了体重的增加。有一个事实值得反复强调，那就是坐在舒适的椅子上时，肌肉几乎不承受任何压力。而即使是蹲着或者跪着也需要肌肉参与，哪怕只是站着，每小时都会多消耗 8 大卡能量，像把洗好的衣物叠起来这种轻量活动每小时要比坐着多消耗 100 大卡能量。[36] 这些能量累积起来的效应不可低估。对于我而言，每天花 5 小时仅仅从事一些哪怕是非锻炼类的低强度身体活动，所消耗的能量就相当于跑步一小时。所以，如果我坐着而没有活动，那么我午饭摄入的热量就很有可能转化成了脂肪，而不是被燃烧掉。丹麦的研究人员付费招募了一组健康的年轻人，让他们像名副其实的“沙发土豆”那样，每天走动不超过 1 500 步（约 1.6 千米），持续时间为两周。这项实验的结果或许有一些警示作用。研究人员对实验前后被试的腹部进行了扫描，对比结果显示，这些男性被试的内脏脂肪在两周内增加了 7%（见图 3-2 下图）。[37] 更加令人不安的是，这些被试在脂肪增加的同时，还开始表现出慢性轻度炎症的典型症状，其中包括分解餐后血糖的能力降低。需要说明的是，这个实验只是对久坐的间接后果进行研究。当然，这并不是说久坐是造成这些丹麦年轻人变胖的唯一原因。身体长时间不活动外加热量摄入过多，共同造成了过多内脏脂肪的堆积，继而点燃了慢性轻度炎症的“星星之火”。还有一个现象，那就是这些志愿者增加的脂肪大部分是内脏脂肪，这说明他们一直处于压力之下。我们还知道有很多缺乏活动的人其实体重并没有超重，却饱受慢性轻度炎症的困扰。那么，久坐还会通过哪些方式诱发慢性轻度炎症呢？

实验前

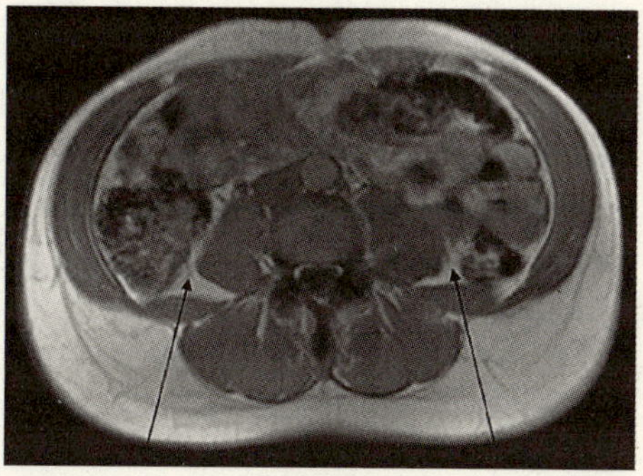

（上）

实验后

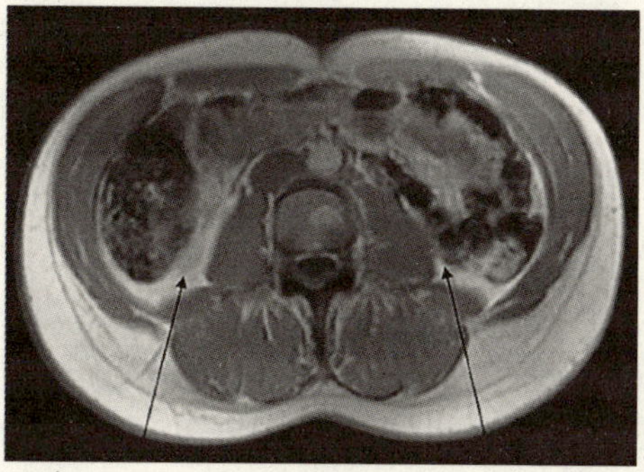

（下）

**图 3-2　男性被试实验前后的腹部磁共振成像扫描对比图**

注：实验前（上图）和经过两周久坐或进行极轻量活动后（下图）。被试的内脏脂肪（箭头所示）在两周内增加了 7%。

资料来源：Olsen，R. H.，et al.（2000），Metabolic responses to reduced daily steps in healthy nonexercising men，*Journal of the American Medical Association* 299:1261-63. Bente Klarlund Pedersen 提供。

久坐会降低身体从血液中吸收脂肪和糖的能力，这是它引发全身慢性轻度炎症的第二种方式。现在回忆一下你上一餐是什么时候吃的。如果时间在 4 小时以内，那你正处于餐后状态，这意味着你的身体正在消化这些食物，并且把食物中的成分比如脂肪和糖输送到血液中。凡是你暂时用不上的脂肪和糖最终都会被转化成脂肪存储起来，但是如果你此时进行一些哪怕是中等强度的运动，你身体的细胞都会加速燃烧这些燃料。只需花一点点时间让自己从久坐的状态中脱身出来，做一些轻量、不连续的活动，或者哪怕只是蹲一会儿或者跪一会儿这类简单的肌肉动作，都有助于降低血液中的脂肪和糖的浓度水平，总之都比干坐着好。[38]虽然脂肪和糖是人体的重要燃料，但是当它们在血液中浓度过高时，就会诱发炎症，所以做一些中等强度的活动非常有益健康。[39]简而言之，有规律的活动，哪怕只是隔一段时间站起来一会儿，都可以降低餐后血脂和血糖水平，从而避免出现慢性轻度炎症。

久坐引发慢性轻度炎症的第三种方式令人担忧，那就是心理压力。我希望你在读到现在这段文字的时候正愉悦地待在沙滩上或者其他让你心旷神怡的地方，而不是正在为膨胀的脂肪细胞和炎症等乱七八糟的事情而焦虑。我必须遗憾地指出，坐着并不总是让人放松。由于长时间通勤、折磨人的案头工作、生病或者身体残障以及因为其他原因被限制在椅子上，都会创造一种充满压力的环境，从而提升皮质醇的水平。这个经常被误解的激素实际上并不会对人造成压力，它是在人处于压力状态下被激发出来的。这种激素之所以被进化出来，是为了帮助我们在面对危险环境时产生足够的能量。皮质醇会将糖和脂肪送进血液，使得我们对高糖和高脂肪食物产生渴望，我们的身体在这种情况下会更多地储存内脏脂肪，而不是皮下脂肪。皮质醇的快速分泌是自然且正常的反应，但是慢性而少量的皮质醇分泌是有害的，会造成肥胖和慢性轻度炎症。因此，长时间通勤时、紧张状态下的久坐或者高度压力的办公室工作，会对人造成双重打击。

此外，还有一点可能也是最重要的：超长时间坐着会造成肌肉僵化，从而诱发慢性轻度炎症。肌肉除了能够使身体活动，还具有类似于腺体的功能，可以合成和释放十多种起着重要作用的蛋白质，这种蛋白质名为肌细胞因子（myokines）。这些肌细胞因子有诸多功效，除了对新陈代谢、循环系统和骨骼起作用之外，还能够帮助抑制炎症。实际上，当研究人员第一次试图对肌细胞因子进行研究时，他们震惊地发现，在进行中等强度活动和剧烈活动的过程中，肌肉可以对炎症进行调节。这种调节方式就像免疫系统在面对一次感染或者一个伤口时产生的炎症反应。[40]

无须阅读详细内容，我也知道人体首先会对中等强度或高强度身体活动主动启动炎症反应，从而防止或修复由于锻炼对身体造成的损伤。紧接着，人体会启动更大规模的抗炎反应，将体内的炎症消除。[41] 由于身体活动的抗炎效应几乎总是比促炎效应更强、更持久，而且肌肉的重量约占人体体重的 1/3，活跃的肌肉可以促进抗炎效应。就算是中等强度的身体活动，也可以降低慢性轻度炎症水平，对于肥胖人士，情况也是如此。[42]

动一动肌肉就能够抑制炎症，研究人员的这一发现再一次为“久坐导致慢性疾病”提供了有力的解释。[43] 如果长时间一动不动，那么我们的身体就没有机会彻底扑灭那团微弱的炎症之火，它就在体内慢慢地燃烧着。膨胀的脂肪细胞、血液中过多的脂肪和糖、压力和疲软的肌肉等身体状态确实造成了身体的炎症，但是以上这些没有一样是由久坐直接造成的。造成这些身体状态的原因是缺乏足够的身体活动，而不爱动的人通常都有久坐的习惯，这就是其中的逻辑关系。久坐，无论过去还是现在，都是完全正常的行为。既然如此，有没有更好的方式坐着，即不会造成炎症的方式呢?

## 有活力地坐着

德语中有一个非常有用的词 Sitzfleisch，英语里没有直接与之对应的单词。这个词的字面意思是“屁股上的肉”，用来比喻那种为了完成某个具有挑战性的目标，长时间坐定，耐得住寂寞的能力。其隐含的意思是指毅力和耐力，赢得一盘国际象棋、解决一道数学问题或者写一本书都需要这种毅力和耐力。总体而言，这个德语单词是个褒义词，它提醒人们注意一个非常重要的原则，那就是剂量与次数的关系——当你要完成某些事情的时候，你多久做一次和什么时候做，与你每次做多少同样重要。如果将 4 杯咖啡一饮而尽，我一定会心悸头疼。但是如果我把喝咖啡的时间拉长到一天，就不会有任何不适。这样化整为零的方式也适用于久坐吗？还有，每天一次刻苦锻炼是否可以抵消当日其他时间久坐造成的伤害？

考虑到身体活动与久坐之间存在着错综复杂的关系，因此人们的自主锻炼对身体的影响与久坐造成的影响不一定可以相互抵消。你可能想不到，有着训练习惯的马拉松选手坐着的时间，与那些较少进行身体活动的人没有什么差别。[44] 实际上，由于这些狂热的选手经常会练到筋疲力尽，他们坐着的时间有可能更长。你我也许坐的时间一样长，但是坐的方式不一样，久坐前后做的事情也不同，所以我们需要考虑不同类型的坐——持续坐着与间断坐着，对慢性轻度炎症的潜在影响。比如，那种上班时需要坐着工作但是每天都会去健身房锻炼一小时的办公室白领，以及那种每天大部分时间都坐着但是会经常站起来短暂离开座椅的人。

如前文所述，坐有不同的类型，会产生不同的效应，针对这些效应进行的研究绝大多数是流行病学研究。也就是说，从时间上回溯，在健康状况、坐着的时间、站起来的次数、不坐着时的活动量等因素中寻找相互之间的关联性。这些研究无法在各种因素之间建立因果关系，但是可以帮助评估风险，形成假说。这些研究也带来了坏消息，如果你认为在健身房锻炼一小时可以抵消一天陷在椅子中的久坐风险，那么你要失望了。一项大规模的研究搜集了 900 名男性 10 年来的数据，包括坐的时间、体能状况和其他一些变量。[45] 和我们预料的一样，与体能状况不好且有久坐习惯的被试相比，体能状况更好、参与更多运动的被试患心脏病、2 型糖尿病和其他慢性疾病的可能性更低。但是在健康状况良好的人群中，坐姿时间最长者与最短者相比，前者患 2 型糖尿病等炎症相关疾病的风险要比后者高出 65%。一项更大规模的研究以 24 万美国人的相关数据为基础，该研究显示，投入时间进行中等强度运动和剧烈运动的锻炼者，虽然可以降低与久坐相关的死亡风险，但是并不能完全消除这种风险。[46] 即使是那些每周进行 7 小时以上中等强度运动或者剧烈运动的锻炼者，如果他们同时有久坐习惯，那么他们死于心血管疾病的风险也要比没有久坐习惯的锻炼者高出 50%。总之，各种各样的研究都在提醒我们，即使我们有运动习惯且健康状况良好，坐着的时间越久，你患与炎症相关的慢性病的风险越高，包括一些癌症。[47] 如果上述结论是正确的，那么仅靠锻炼无法抵消久坐带来的负面影响。

我感受到了这些数据的骇人气息。但是慢着，在扔掉自己的桌椅之前，我想起来还有一种说法，“有活力地坐着”，即起起坐坐，比连续的久坐对人的损害要稍微小一些。那么我是否需要每 10 分钟站起来做几个开合跳？谢天谢地，果然有几则令人鼓舞的消息。一项针对近 5000 名美国人持续多年的研究发现，在久坐期间频繁起身的人，即使只是短暂起身，出现炎症的可能性也比坐着的总时间相同但是几乎不起身的人低 25%。[48] 还有一项更为夸张的研究：研究人员让背景多样的 8000 名 45 岁以上的美国人佩戴加速计一周的时间，4 年之后对被试中的死亡案例——约占总人数的 5% 进行分析。[49] 结果不出所料，更愿意坐着的人死亡率更高，那些极少长时间久坐不动的人死亡率更低。更详细的数据是，那些极少连续坐着超过 12 分钟的人，有着较低的死亡率，而那些连续坐 30 分钟或者更长时间不起身的人，有着极高的死亡率。当然，这项研究也存在一个缺陷，因为被试中的体弱多病者本来就不太具备经常起身和活动的能力，但是研究结果也指出，坐着的总时间越久，死亡的风险越高，无论总时间是由大段时间累加而成的，还是由小段时间累加而成的。

无论出于本能还是出于专业，我都算得上是一个怀疑论者，但是由于我读到类似的骇人统计数据越来越多，我也不得不改变习惯。我会更频繁地起身溜达一会儿，与我的狗玩耍一会儿。我会尽量多使用站式桌子。但是，流行病学研究并不会对因果关系进行验证。而且，有些因素会干扰健康与久坐之间的关系，但是流行病学研究并没有对这些因素进行修正。比如，在时间相等的情况下，在家里坐着看电视，显然比坐着工作对健康的影响更大。[50] 富人看电视的时间确实更少，但是他们的健康风险之所以低，还因为他们能够享受更好的医疗服务，吃更健康的食物。在真正说服我放弃坐在椅子上的舒适感之前，我需要知道“有活力地坐着”为什么会比持续坐着好。我需要了解的是机制、机理，而不只是统计学上的相关性。

我们已经谈论过，一种可能的解释是，短暂的活动唤醒了我们的肌肉，因此也降低了我的血糖和血脂水平。当我们蹲着、每隔一段时间起来站一会儿或者做一些诸如抱孩子、扫地之类的轻量身体活动，我们全身的肌肉都会收缩，相当于启动了肌肉的细胞机器。这些轻微动作就像把一辆汽车打着了火但没有开走，我们的肌肉得到激发，开始消耗能量，基因库被打开然后再关闭，身体的一些其他功能也开始发挥作用。以下事实值得我反复强调，与坐着什么都不干相比，洗碗或者做一些杂务每小时会多消耗约 100 大卡能量。为了给这些低强度的活动提供能量，肌肉需要收缩，继而燃烧血液中的糖和脂肪。[51] 这些活动算不上真正的锻炼，但实验表明，当被试被要求打破久坐状态，哪怕只是很短的时间，比如每半小时起身 100 秒，他们血液中的血糖、血脂和所谓的坏胆固醇的浓度也会降低。[52] 相应地，循环系统中较低的血糖和血脂水平可以预防炎症和肥胖。而且，轻量和偶尔进行的活动可以对肌肉形成刺激，起到消除炎症和减轻心理压力的作用。[53] 此外，肌肉，尤其是小腿肌肉能够起到泵的作用，预防血液和其他体液在腿部形成栓塞，不仅可以预防血管栓塞，还能够预防淋巴系统栓塞。由此可见，小腿肌肉就像肠道，其功能都是将废弃物排出体外。保持这些体液流动畅通对于身体极有好处。久坐不动会提高肿胀（浮肿）风险，会形成静脉血栓。[54] 正因如此，蹲踞和增加了一点肌肉间歇运动的坐，由于能够促进腿部的血液循环，所以比单纯坐在椅子上要健康一些。

“有活力的坐”还有一种形式，那就是“动来动去”（fidget），用研究人员使用的专业术语来说，就是“无意识的身体活动”。作为一个习惯动来动去的人，我对于那些可以连续几小时一动不动地坐在那里而不抓狂的人深感惊讶。“动来动去”也许部分源于遗传，这种习惯的影响显然是巨大的。在 1986 年的一项著名实验中，埃里克·拉乌辛（Eric Ravussin）及其同事要求 177 名被试依次单独在一个长 3.7 米、宽 3 米的封闭房间里待 24 小时，然后对他们消耗的能量进行精确的测量。研究人员没有想到，“坐不住”的被试比那些安静坐着的被试每天多消耗 100 ～ 800 大卡能量。[55] 其他研究发现，坐着的时候仅靠身体的小动作每小时就能多消耗 20 大卡能量，对身体更为有利的是，这些小动作还有助于血液加快流向不停活动的四肢。[56] 一项研究在对身体活动、吸烟、节食和饮酒等影响死亡率的因素进行校正之后甚至发现，坐不住的习惯能够将全因死亡率降低 30%。[57]

归根结底，“屁股上的肉”也许可以提升繁衍率，却对健康无益。而且在后工业化时代，越来越多的工作需要我们连续数小时盯着屏幕。那么我们需要一窝蜂地前去购买站立式办公桌吗？

## 我该如何坐，我该坐多久

在诸多关于坐姿的夸张批评中，也许最极端的一条是“坐着等同于吸烟”。香烟是一种易成瘾、昂贵、有特殊气味、有毒的健康头号杀手，但也只是新近才出现的事物，而坐姿的历史，简直就是与高山和自然万物一样悠久。更接近事实的说法是，问题并不是出在坐姿本身，而是出在长时间不动的坐姿外加几乎没有任何锻炼上。我们数代之前的祖先与今天的狩猎采集者和农耕者的行为习惯没有太大区别，也都是每天坐上 5 ～ 10 小时，这一数据跟相当一部分现代美国人和欧洲人差不多。[58] 但是，我们的祖先在没有坐着的时候会做大量的身体活动，而且当这些完全不知道椅子为何物的人们沉下身来的时候，他们也不是坐在带有靠背的、有支撑作用的椅子上休息。他们蹲着、跪着或者坐在地上的时候，身体会动来动去，他们的大腿、小腿和背部肌肉此时的身体活动强度与站立时基本相当。当哈扎人坐着、蹲着或者跪着的时候，他们通常每种姿势只持续 15 分钟。[59] 而且，我们的祖先与今天的狩猎采集者和农耕者一样，即使坐着也不会闲着，他们会同时做一些杂务、照看孩子，还会时不时地站起来。总之，他们的坐姿不是完全的静止状态，不会持续过久，也不会因为坐着而放弃每天数小时的身体活动。

由于很多案头工作在可预见的未来仍然会长期存在，所以站立式办公桌开始成为降低久坐不动带来的危险的灵丹妙药，得到了广泛推广。这些略带欺骗性的市场策略让人们错误地认为，只要不是坐着，身体就处于活动状态。但其实，站立并不是锻炼，而且迄今为止还没有设计完善、周密细致的研究可以证明站立式桌子有益于健康。需要指出的是，虽然数量众多的流行病学研究都发现，每天久坐 12 小时甚至更长时间的人，其死亡率要高于坐着的时间较短的人，但是还没有哪项研究可以证明在工作中长时间坐着（职业性久坐）会提升死亡率。一项长达 15 年、针对超过 1 万名丹麦人的大规模研究，并未发现工作中坐着的时长与心脏病之间的关系。[60] 一项规模更大的针对 66000 名日本中年办公室员工的研究，得出了同样的结论。[61] 实际上，工作之余在休闲状态下坐着的情况更能预测死亡率，这说明，与一个人在工作日坐在办公室的时间长短相比，社会经济状况以及清晨、晚上和周末的锻炼习惯对健康的影响更大。[62]

既然说到了误解，那我就再讲一个关于坐姿的过度夸张的说法。你先回忆一下，大约每隔多久就会有人提醒你要坐直了，不要驼背也不要瘫着。这种陈词滥调的始作俑者是 19 世纪后期的德国整形外科医生弗朗兹·斯塔费尔（Franz Staffel）。[63] 随着工业革命的到来，越来越多的人需要坐着完成工作，斯塔费尔开始为这些每天要坐着工作长达数小时的人担忧。他认为人坐着的时候如果屁股向前滑，会使腰部曲线变直，从而对人体结构造成损伤。斯塔费尔颇有警世意味地提出，人在坐着的时候，脊柱应该像正常站立时一样保持人类标志性的双 S 曲线，他还提出，椅子应该对人的腰部起支撑作用，这样可以强制我们坐直（见图 3-1 右二）。几十年之后，斯塔费尔的观点得到了瑞典人体工程学先驱本特·阿克布洛姆（Bengt Åkerblom）及其学生的数据支撑，他们为坐在椅子上的人做了 X 线检测，还对他们的肌肉活动进行了测量。[64] 之后，包括大多数健康专家在内的很多西方人都认定，只要在坐着的时候腰部保持自然曲线、背部保持挺直，我们就可以避免背部疼痛。[65]

但是，科学的证据颠覆了这个现代文化的不成文规范。一个很重要的逻辑是，虽然人们坐在无腰部支撑的靠背椅上确实更容易弯腰驼背，但是全世界的人在没有椅子可坐的时候难道不都是会自然而然地选择最为舒服的瘫坐姿势——腰部放平、背部弯曲（见图 3-1 右一）吗？[66] 事实证明，很多观点从生物力学的角度对瘫坐进行的批判，都是错误的。[67] 但是，对质疑“腰部保持挺直”说法的人们来说，最有说服力的材料，是数十篇严谨的荟萃分析（meta-analyses）和系统综述（systematic reviews），这些文章对公开发表的坐姿与背痛之间关系的研究论文进行了梳理，并且给予了缜密的评估。当我坐下来阅读这些文章①的时候，我无比震惊：这个课题中几乎所有的高水平研究，其实都没能在习惯性的放松式坐姿（或者说瘫坐）与背痛之间找到有说服力的因果关系。[68] 同样让我吃惊的是，这些文章居然没有提供充分的证据，证明坐着的时间与发生背痛的可能性呈正相关[69]，研究中也没有提到通过选用特殊的椅子或者经常起身，就可以降低背痛的发生。[70] 据我所知，对于避免背部疼痛最好的建议是增强腰部肌肉，因为肌肉可以抵抗疲劳；反过来，有着强壮的腰部肌肉、可以抵抗疲劳的人，就更有可能拥有更好的姿态。[71] 换句话说，人们一直把因果关系弄反了。就像背部疼痛方面的专家基兰·奥沙利文（Kieran O’Sullivan）博士告诉我的那样：“在很大程度上，好的体态是环境、习惯和精神状态的体现，而不是背部疼痛的克星。”

所以，如果你对于自己此时此刻的瘫坐姿态感到担心或者有负罪感，也请你务必记住，你的运动能力是进化的结果，你的坐姿同样是进化的结果。与其诋毁椅子、抱怨自己的瘫坐姿势、责怪自己不会蹲踞，你更应该努力让自己“有活力地坐着”，而不是长时间坐着不动，要动来动去，不要让坐着的时间占

① 指荟萃分析和系统综述，作者此处阅读的是对坐姿与背痛之间关系的全部研究论文进行分析和综述的文章，而不是论文的原文。

用你锻炼的时间或者做其他身体活动的时间。这些习惯可以预防或者减轻慢性轻度炎症，从而避免引发健康问题。我需要再次重复以下观点，我们读到的关于坐姿的那些可怕数据，主要是从非工作时间坐着的时长得出的。

在超长时间的身体静态，例如坐着的过程中，加入一些低强度的身体活动非常有益，我对这种益处的认识越深入，就越会受到一个问题的困扰：如果长时间不动的状态会慢慢损害我们的健康，那么为什么研究人员一边警告人们不要久坐，一边又建议人们增加睡眠时间？要知道，我们这是把自己置于每天 8 小时、总时长接近我们生命 1/3 的“半昏迷”状态。

# Exercised

## 第 4 章

## 为什么压力会影响休息

### 以讹传讹的谬误 4：每晚需要睡够 8 小时

可是他（小熊维尼）再也睡不着了。越想睡，越睡不着。他试着数羊，但这个有时很灵验的催眠法也不管用了。他又换成数长鼻怪，结果更糟！他脑子里数到的每一只长鼻怪，都会径直朝蜂蜜走去，把它吃个干净。阿噗伤心地干躺在床上，直到数到第 587 只长鼻怪，看它满意地舔着下巴，说着“这蜂蜜真好！是我吃过的最香的蜂蜜”，小熊维尼忍无可忍了。

A. A. 米尔恩（A. A. Milne）

《小熊维尼的故事》（*Winnie the Pooh*）

与坐姿一样，睡眠也是一种典型的静态。虽然很多人都特别喜欢坐着，但他们并不觉得睡眠这种生理需求是一种享受。如果人类进化出的一种能力是尽可能地休息，为什么会有那么多人“克扣”自己的睡眠时间呢？

我在大学时代的睡眠状况完全可以用自虐型睡眠剥夺来形容。就像很多 20 多岁的年轻人一样，我也喜欢熬到凌晨。当我最终爬上床，便开始辗转反侧。即使睡眠终于降临，我却极少睡够。每到黎明时分，我的脑子里某个令人讨厌的部分都会持续地将我唤醒。无论我每天睡得多晚，我都会在早上 6 点到 7 点之间醒来。睡眠不足引发了恶性循环。因为担心睡眠不足，我焦虑得无法入睡，而无法入睡又给了我更大的压力。我尝试购买帮助睡眠的处方药，但没什么用。最终，由于压力实在太大了，我只好去寻求专业人士的帮助。

我永远也不会忘记给我帮助的那位充满同情心的医生，我相信她一定已经与数百名与我处于同样困境的学生交流过。但是，当我倾诉着自己对于失眠，对于学校以及对于几乎所有问题的焦虑时，她仍然怀着共情之心倾听着。我把自己的情况事无巨细地讲给她听，因为我迫切希望她能给我开一剂灵丹妙药，将我拯救出来。然而，她耐心地用苏格拉底法[①]让我意识到，我入睡的能力其实比我自认为的要强出太多。你上课的时候会睡着吗？会。你在图书馆学习的时候会睡着吗？会。学校放假的时候你在家的睡眠状况会比在校时好一些吗？会。在追问有了效果之后，她开始向我解释激素水平——尤其是皮质醇，是如

① 苏格拉底与人讨论问题时，常用诘问法，这种方法被称为“苏格拉底法”。——编者注

何在一天当中起伏变化从而对人体的警觉程度进行调节的，而且她告诉我，无论我是否愿意，都需要接受自己终生都将早早醒来这一事实。至于如何解决失眠问题，那天我们根本就没有谈到锻炼的事情，但她确实给出了一条我从未想到过的根本性建议：为什么不能早点睡呢？

这可不是我想要的建议。对于我这样的大学生而言，深夜是一天当中最美好的时光。我经常会学习到深夜，而且虽然我的社交生活并不丰富，但为数不多的几次基本上要到晚上 9 点甚至 10 点才会开始。睡够 8 小时固然有利健康，但是值得我为此而放弃一天当中最美好的时光吗？

大学生睡眠剥夺的状况充分说明，睡眠不仅仅是一种重要的休息方式，他们必定会做出权衡。能量可以失而复得，但光阴之箭开弓无回。因为你永远无法让生命中珍贵的时刻重新来过，所以用英国女作家弗吉尼亚·伍尔夫（Virginia Woolf）的话说，花在睡觉上的时间就是被浪费的时间，“生命的快乐被可悲地缩减了”。[1] 或者像英国前首相撒切尔夫人那样鄙视地宣称：“睡眠是为懦夫准备的。”新生儿的父母、上夜班的人以及所有受慢性压力困扰的人因为被误导，所以都觉得自己需要睡眠，但是人们当前普遍的认知是，伍尔夫和撒切尔夫人的观点越来越成为当代世界的常态。按照这条思维的逻辑线，人类自石器时代学会用火以来，便幻想着通过技术缩短睡眠时间，这样即使在太阳落山之后仍然可以寻欢作乐。爱迪生甚至骄傲地将自己实验室的工程师称呼为“失眠小分队”。

从表面上看，我们似乎存在着危机。专家们达成的共识是，人类睡眠时间与身体的活动量共同表现出下降趋势。在工业革命之前，人们习惯于更长的睡眠时间，每天可以达到 9 ～ 10 小时，但是现代世界对待睡眠的粗暴方式将人们的每日平均睡眠时间降至 7 小时，5% 的人每天睡眠时间不足 5 小时。[2] 其结果是，睡眠剥夺现象以“流行病”的方式传播。据估计，在全世界的工业化国家里，每三个人中就有一个受睡眠不足折磨。[3] 你可能也听说过睡眠不足的负面影响：导致肥胖，缩短寿命，超过 20% 的交通事故由此而起，还间接引发了切尔诺贝利核泄漏事故、“埃克森 · 瓦尔迪兹”号油轮泄漏事故，困乏的医生出现致命错误。[4] 就像有人劝告我们要去锻炼一样，同样有人劝告我们不要缩短睡眠时间，为此，数百万人花费了数十亿美元购买舒适的床垫、可以降低噪音的耳塞、可以将卧室变暗的厚窗帘、助眠的机器，当然也少不了帮助我们入睡的药物。

那么，我们得到了正确的信息和建议了吗？而且，人类的本能实际上是逃避锻炼和睡眠，我们得到的忠告与我们的本能之间存在对立，该如何解释这种对立呢？如果说，是本能让我们避免不必要的身体活动，而且因为这种本能过分强大，我们不得不被强制离开椅子、被迫进行身体活动，那么为什么我们对于舒适的睡眠也会产生同样强烈的抗拒呢？

充足的睡眠对于健康具有极其重要的作用，对于那些因为主观原因或者客观原因无法获得充足睡眠的人，对于他们承受的真实而严重的问题，我完全没有轻视的意思，我只是在想，我们治疗睡眠问题的方法是不是由于缺乏进化和人类学的视角而受到了某种局限，这种视角我们曾经在讨论坐姿问题时使用过。作为人类的一员，我希望获得充足的睡眠；作为一名进化生物学家，我想更多地了解各种形式睡眠的成因、代价和益处；作为一名人类学家，我想知道如果我们只站在当代西方人的睡眠习惯的角度去看待睡眠问题，我们会遗漏什么。总之，我想知道，一个“正常人”的“正常”睡眠应该是怎么样的？最后但同样重要的是，我经常读到一些文章抱怨电灯、电视、智能手机和各种新奇的发明抢夺走了我们必需的 8 小时睡眠时间，但是我更关心的是睡眠时的身体静态会对健康产生怎样的影响。每个人都知道锻炼能使人快速入睡，并且睡一个好觉，那么缺乏身体活动对睡眠会有多大影响呢？

为了回答上述问题，我们先来评估一下睡眠到底是什么，以及我们为什么需要它。

## 睡个好觉是为了身体还是大脑

当我写下现在这些文字的时候，我的小狗埃科正在我旁边的沙发上打着呼噜。至少我觉得它是在睡觉。它蜷缩成一个球，眼睛闭着，呼吸缓慢且有规律，不受外界的影响。当我喊出我们之间的暗号"出去玩"或者"饼干"时，它也完全没有反应。考虑到埃科慵懒、全无压力的生存状态，以及它把近一半的白天时间和大部分的夜晚时间都用来睡觉的生活习惯，我不觉得它睡觉是为了让自己疲惫的骨头休息一下，当然更不是为了解开"万千愁绪"①。但即使是这样，我也完全理解它为何如此嗜睡。如果我今晚睡得糟糕，明天就会深受其害，我会反应迟缓、昏昏欲睡，而且我的注意力会下降，我会忘事，判断力变差，感觉变得迟钝，总之跟平时不太一样。如果我连续几天几夜不睡觉——当然上帝不允许我这么做，我的认知功能将出现断崖式下降。我无法想象超过一夜忍住不睡会怎么样，更不要说挑战连续不睡觉时长的世界纪录了②。但令人震惊的是，此类受虐狂仍然存在，他们的尝试引发了可怕的后果，比如认知功能失调、妄想症和幻觉。[5]

任何拥有大脑的生物都能进入某种形式的睡眠状态，这种状态无论从行为上还是从心理上都能被识别出来。从行为上说，无论对于鱼、青蛙、鲸，还是对于人类而言，睡眠都是一种身体活动能力和感官意识快速下降的状态，而且通常会呈现休息的姿势，当然，这种状态是可逆的。唤醒沉睡中的动物，需要响亮的声音、强烈的光或者用力推动。而从心理上说，睡眠更为复杂和多样，尤其体现在大脑活动方面。对脑电波的测量显示了睡眠的两种基本形态（见图 4-1）。开始时，我们会经历几个渐进的"非快速眼动"（non-rapid eye movement）阶段。每经历一个阶段，我们都会逐渐进入无意识状态，新陈

---

① 原文为 knit up the ravell'd sleave of care，是《麦克白》中的台词。莎士比亚以此来形容睡眠的作用。——译者注

② 吉尼斯世界纪录组织方出于安全考虑，已经不再认可这一所谓的成就了。

代谢变缓，体温下降。在非快速眼动阶段，我们的脑电波信号大多数时间呈现频率降低、电压升高的状态，我们的眼球在眼皮后面保持静止或者缓慢转动。最终，我们会进入一个与之前不同的睡眠阶段，也就是更活跃的“快速眼动”（rapid eye movement）阶段。在快速眼动睡眠期，我们通常处于梦境之中，脑电波呈现频率升高、电压降低的状态，我们的眼球此时快速转动。快速眼动睡眠期的其他特点包括心率和呼吸频率降低，短暂进入失能状态。在一个正常的整夜睡眠期间，我们总是先经历非快速眼动，后经历快速眼动，这样的完整循环会重复 4 ～ 5 次，而快速眼动的强度和持续时间会越来越长。如果一切正常的话，随着曙光来临，我们的梦会变得更密集。

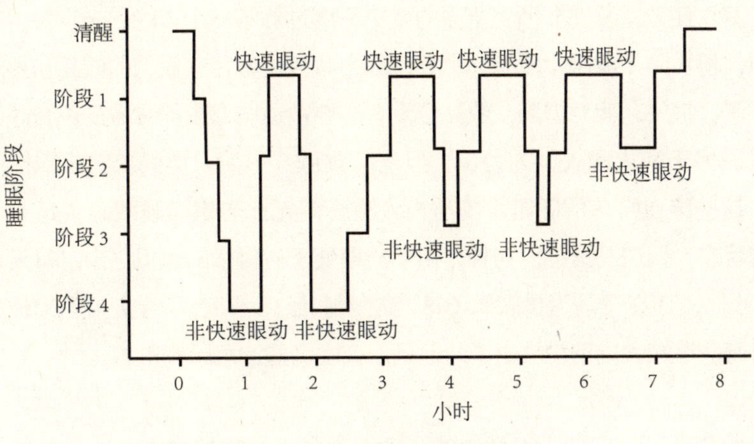


**图 4-1　一个正常睡眠过程的眼动**

注：在此过程中，非快速眼动与快速眼动交替出现。

睡眠显然对于大脑有着重要的作用，但是睡眠也意味着身体活动的逐渐减少。包括细菌在内的所有生物都有内置的生物钟，以大约 24 小时为一个循环，形成各自的生理节奏。它们在一天的不同时刻有时会放慢节奏，有时会加快节奏。这些普遍存在的生物钟引出了如下概念：睡眠之所以被进化出来，就是为了帮助动物们储存能量。在睡眠状态下，活动自然而然会减少，能量被用于修复身体和生长。如果我今天爬了山或者跑了一场马拉松，那我今晚一定会睡得更久、睡得更沉，如果我没有睡好，明天我就会非常难受。睡眠期间，我们的新陈代谢率会下降 10% ～ 15%，大约 80% 的身体生长都是在非快速眼动睡眠阶段下完成的。[6]

睡眠当然很舒适，但是我对以下说法存疑—— 睡眠是以休息为目的而进化出来的一种适应。睡眠期间，新陈代谢减慢也许只是因为各器官在不活跃状态下能够更有效地节约能量。但是，其实我们并不需要依靠睡眠来节约能量、修复组织、恢复状态，我们坐着的时候也能做这些事情。而且，进入睡眠状态其实也面临巨大的代价和危险。无论何时，只要睡着了，我们就无法完成自然选择交给我们的十分重要的任务了，比如寻觅伴侣、寻找食物，以及避免成为其他动物的食物这一基本任务。我在非洲大草原的星空下度过的第一个夜晚，一直努力在篝火旁入睡，但实际上我根本没有休息好，因为我被远方传来鬣狗的喘息和狮子的低吼吓坏了。最终，我意识到，我完全没有必要被这些黑夜捕食者的声音吓倒，它们毕竟忌惮于篝火和人类的力量。但是，数百万年前人类尚未熟练掌控火种之时，在这些嗜血野兽的嘶吼声中努力入睡一定无比恐惧。睡眠确实是一种易受攻击的状态，像斑马这样的物种，由于长期处于对狮子的恐惧之中，每天只能睡 3 ～ 4 小时，而以斑马为食的狮子每天能够睡上 13 小时。[7] 今天，已经极少有人担心日落之后被食肉动物攻击了，但是，夜晚仍然被危险笼罩着。

其实我们不需要动太多脑筋就可以想象出来，睡眠与大脑的关系最大。过去几十年中，为了证明睡眠对人类神经系统的益处超越了人体为此付出的代价，研究人员度过了大量的不眠之夜。其中一个明显的益处是认知方面的，睡眠帮助我们记住重要的事情，再帮助我们对这些事情进行梳理整合、融会贯通。这听上去很神奇，但是睡觉的时候，我们的大脑确实在对信息进行保存和分析。当我夜不能寐，对复杂信息进行处理时，比如思考睡眠对大脑的影响，我经常能够体验到这个过程。随着夜越来越深，我的大脑也越发混乱，最终我决定放弃思考，上床睡觉。但是，当清晨降临，无比神奇的是，所有信息在我的大脑中变得清清楚楚。那么，在我睡着的时候到底发生了什么？

要想理解睡眠是如何帮助我们思考的，可以先试着考虑下面这个事实：从进化的视角看，记忆的唯一好处就是帮助我们应对未来。[8] 如果斑马目睹了自己的姐姐被人类猎手开枪射杀，那么下一次当看到携带枪支的人类时，它便会想起姐姐的悲剧，然后迅速逃离，那段痛苦的记忆帮助它逃过了一劫。有效的认知需要机体对每天生成的全部记忆进行分类梳理，过滤掉那些无关紧要的信息，将重要的信息储存起来，以便加以利用。[9] 在一些设计巧妙的实验中，研究人员利用传感器在睡觉之前、睡眠过程中和睡觉之后或者在睡眠剥夺之后，对大脑信号进行采集，最终发现，有效的认知大多发生在睡眠过程中。[10] 我们将记忆日复一日地存储在大脑中一个名为海马的区域，它的功能很像 U 盘那样的短期存储中心。之后，在非快速眼动睡眠阶段，大脑对这些记忆按照重要程度分级，过滤大量无用信息，比如地铁上坐在我旁边的那位男士袜子的颜色，将重要信息送到大脑表层附近的长期记忆储存中心。显然，大脑会为记忆贴标签和分类，识别出那些对我们也许有用的记忆，并进行强化。而且，更有意思的是，大脑也许还能在快速眼动睡眠阶段对特定的记忆进行分析、整合，并建立不同的记忆类型。但当我们处于清醒状态和警觉状态的时候，大脑执行多任务的能力反而受限，而且无法高效地实施筛选、组织和分析等功能，这真够荒谬的。[11]

大脑在睡眠时承担的另外一个更重要的功能是管理。人体内数以万亿计的化学反应一方面维持着生命的存在，另一方面也不可避免地产生着废料，这些被称为代谢产物的物质具有很高的活性，而且有害。[12] 作为“耗能大户”的大脑要消耗人体 1/5 的能量，同时也产生大量高度浓缩的代谢产物。其中一些被代谢的小分子如 $\beta$- 淀粉蛋白会对神经细胞造成堵塞。[13] 腺苷等其他代谢产物大量聚集时，会造成困乏（这种效应可以被咖啡因抵消）。[14] 处理掉这些废弃物确实是一项挑战。虽然肝脏和肌肉组织会将代谢产物直接排进血液，但大脑与循环系统之间的联系被血脑屏障严格封锁，从而确保血液不会直接与脑细胞发生接触。[15] 为了处理掉自己产生的代谢物，大脑进化出一个与睡眠密切相关的新的管道系统。在非快速眼动睡眠阶段，遍布大脑的一种特殊细胞会在神经细胞之间发生高达 60% 的膨胀，这样一来，脑脊液就相当于给大脑洗了个澡，将废物冲走。[16] 酶在这些被撑开的空间中还可以发挥作用，对受损细胞进行修复，帮助大脑中神经传递素的受体恢复活力。[17] 唯一的不利因素是，大脑中的缝隙通路很像只有单行道的桥，每次只能允许一个方向的车辆通行。我们显然无法在大脑进行大扫除的时候思考。所以，在清理白天的经历留下的蜘蛛网时，我们必须睡觉。

因此，改善大脑功能需要以时间为代价，而睡眠就是必须做出的权衡。我们清醒时每小时储存的记忆和产生的废料，大约需要 15 分钟的睡眠进行处理和清理。但是这一比例存在很大的变化，比如老年人需要的睡眠较少，儿童则需要更多睡眠。就像每位父母都知道的，哪怕只是少打一次瞌睡都可能把一个最乖的孩子变成“小魔王”。幸好，睡眠不足的成年人通常不会像孩子那样制造麻烦，但最终，我们都不可避免地需要对用于睡眠的时间和保持清醒的时间进行权衡，所有人都是如此。因为熬夜和早起所失去的睡眠，也许可以带来快乐或好处，但是我们终会付出代价，有时需要付出记忆丢失、情绪失控和长期健康受损这种惨痛的代价。[18]

所以，你昨晚睡够了人体所需的 8 小时了吗?

## 8 小时睡眠理论并不存在

在现代社会中，有一种现象非常有意思，那就是人们非常愿意用医学的方式处理问题，像开处方一样为某些特定的行为开出相应剂量的“药物”。人们普通推荐的药方和剂量包括每周最少进行 150 分钟的身体活动、每天摄入 25 克纤维、每晚睡足 8 小时。没有人能准确地说出这 8 小时睡眠的药方源于何时何地，但是在 19 世纪末罢工工人的游行中，他们边穿过城市的街道边高喊：“8 小时工作，8 小时休息，另外 8 小时留给我们自己！”美国开国元勋之一本杰明·富兰克林也曾带着优越感倡议道：“早睡早起使人健康、富有、明智。”我本人在大多数情况下，都要求自己每晚睡够 8 小时，而且我偶尔也会毫不掩饰自己作为一个早起者的骄傲。尽管这些观念得到普遍认同，但世界人口如此之丰富，尤其是像我的学生那类人，他们习惯晚睡，通常自愿将睡眠时间压缩到远远少于 8 小时，而且居然成功地活了下来。在我们所处的这个快节奏、电子化、现代化的世界里，他们是非正常的存在吗？人类的睡眠时间与其他动物相比，又有什么异同呢？

即使是匆匆环视一番，你也会发现，在睡眠这件事情上，人类和其他哺乳动物完全不拘泥于某种单一的形式。驴每天只睡两小时，但是犰狳最多可以睡 20 小时。有些动物，比如长颈鹿，抽空就能打个盹儿，但是还有很多其他动物会睡整觉。一小部分大型动物，比如大象，可以站着睡觉，而最神奇的是，海豚和鲸等海洋哺乳动物进化出了一种能力，在游泳过程中两边大脑轮番入睡，一半睡觉，一半工作。[19]

将生命中 1/3 甚至更多的时间牺牲掉，用来换取睡眠，绝对是一种无与伦比的权衡，如此看来，丰富得令人叹为观止的睡眠类型和睡眠标准被自然选择的过程激发出来，也就不足为奇了。对睡眠的各种形式进行分析，只发现了它们之间存在的一些弱相关性。最显著的关联是，易受攻击的被捕食动物的睡眠时间往往比捕食它们的食肉动物的睡眠时间要短。[20] 虽然《圣经》中提到“豺狼必与绵羊羔同居，豹子与山羊羔同卧”，但是牧场动物在食肉动物的陪伴下似乎也不太可能睡得长久。另外，大型动物需要花更多的时间寻找食物，所以往往也睡不太久。除了这种解释，似乎也没有太多的理由能说明为什么某些动物比另一些动物睡得更多或者更少。而无论以何种因素来解释动物令人困惑的睡眠多样性，大多数哺乳动物每天的睡眠时间都为 8 ～ 12 小时，大多数灵长类动物每天的睡眠时间为 9 ～ 13 小时。人类的近亲黑猩猩每晚平均睡 11 ～ 12 小时。[21]

那么人类呢？你们应该已经想到了，关于人类睡眠类型的信息大多都来自美国和欧洲，大多数成年人自己报告每晚睡眠时间为 7 ～ 7.5 小时，有 1/3 的人称自己每晚的睡眠时间经常不足 7 小时。[22] 但是，接受调查者自己报告的估算的睡眠时间，可信度低到离谱。[23] 通过新型传感器技术对睡眠进行纯客观监控，结果显示，美国、德国、意大利和澳大利亚的普通成年人，在温暖、白天较长的夏季往往会睡 6～6.5 小时，而在寒冷、夜间较长的冬季会睡 7～7.5 小时。[24] 综合以上数据，尽管存在一些差异，但我们可以确认，大多数西方成年人每晚平均睡眠时间为 7 小时，比我们认为合理的 8 小时恰好少 1 小时（13%）。

那么 7 小时的数据算正常吗？如圣杯般可望而不可即的 8 小时睡眠的说法到底来自哪里？[25] 本书的一个主要观点是，包括我在内的来自现代西方社会的大多数人，无法代表生活在工业革命之前的人类。要知道，我的睡眠模式已经遭到了闹钟、灯光、智能手机和包括职业、培训计划和晚间新闻在内的睡眠敌人的严重损害。

幸好，研究人员及时发现了这些问题，将新的技术应用于非工业化社会人群，从而在针对他们的睡眠研究中获得高质量数据。到目前为止，电子化程度最高的研究是由加州大学洛杉矶分校的睡眠专家杰尔姆·西格尔（Jerome Siegel）及其同事开展的，他们让以下人群佩戴可穿戴传感器，其中包括 10 名坦桑尼亚哈扎部落的狩猎采集者、30 名博茨瓦纳卡拉哈里沙漠的桑人食物采集农耕者和 45 名玻利维亚亚马孙热带雨林的狩猎农耕者。这些群体都不使用电灯，当然就更不用说手表和互联网了。但是西格尔没有想到，这些人的睡眠时间比工业化社会的人还要少。在温暖的月份，食物采集农耕者平均每天睡 5.7～6.5 小时，在寒冷的月份，他们每天要睡 6.6～7.1 小时。而且，他们极少打盹。阿米什（Amish）农民①刻意远离电力，针对他们的观察也显示，他们的平均睡眠时间为 6.5～7 小时，海地农村的非工业化社会人群和马达加斯加的自给自足型农耕者的睡眠时间数据几乎相同。[26] 因此，与我们以往了解的

① 居住在美国和加拿大的一些由于宗教信仰而拒绝现代科技的人。——译者注

情况恰好相反，没有证据表明非工业化社会人群的睡眠时间比工业化社会人群和后工业化社会人群的睡眠时间要长。[27] 如果你再仔细看看，就会发现，极少有实验数据可以证明，过去 50 年工业化社会人群的平均睡眠时间有减少的趋势。[28] 我们研究得越深入，就越会发现，所谓 8 小时睡眠理论并不存在。[29]

如果你带着批判精神阅读这段文字——你应该如此，你也许会质疑，非工业化社会的食物采集者和农耕者通常的睡眠时间不足 8 小时，也并不能说明他们的这一习惯有利于健康，而且很多狩猎采集者还有抽烟的习惯。然而到了 2002 年，一项大规模研究的结果震惊了睡眠研究界，丹尼尔·克里普克（Daniel Kripke）及其同事研究了超过 100 万名美国人的健康记录和睡眠模式。[30] 数据显示，与每晚睡眠时间为 6.5 ～ 7.5 小时的美国人相比，睡眠时间达到 8 小时的美国人的死亡率要高出 12%，自报睡眠时间超过 8.5 小时的睡眠时间较长者和少于 4 小时的睡眠时间较短者，其死亡率要高出 15%。批评者指出了这一研究的漏洞：第一，这些睡眠数据是自己报告的；第二，睡觉多的人可能已经患病了；第三，相关性并不等同于因果关系。从那之后，更多研究开始使用更合理的数据，一些成熟的研究方法也开始将年龄、疾病状况和收入等因素纳入考虑，对结果进行修正，这些研究得出的结论是：每天睡眠时间在 7 小时左右的人，比那些多于 7 小时或者少于 7 小时的人寿命更长。[31] 没有任何一项研究表明 8 小时是最理想的睡眠时间，在大多数研究中，睡眠超过 7 小时的人寿命要短于睡眠不足 7 小时的人。这又带来了一个新的未解之题：睡眠时间较长者如果减少睡眠时间的话，对健康是否有好处？

8 小时的睡眠标准也许是一种认识上的误区，但是睡眠模式呢？你我也许睡眠时间一样，但是具体模式不同。有些人是早睡早起的“百灵鸟”模式，有些人是晚睡晚起的“猫头鹰”模式。这两种完全不同的习惯明显与遗传有关，很难改变。[32] 而且随着年龄的增长，我们的睡眠时间减少，早起显得更容易一些。此外多数人都会睡整夜的觉，但也有不少人醒来之后过一两小时再睡个回笼觉。至于这些睡眠模式中哪些才是正常状态，人类学家卡罗尔·沃瑟姆

（Carol Worthman）和历史学家罗杰·埃克里希（Roger Ekirch）联手开启了一场辩论。[33] 两位学者认为，人们在半夜醒来，一个多小时之后继续睡觉，这在工业革命之前属于常态。在“第一觉”和“第二觉”之间，人们聊天、工作、做爱或者祷告。他们表示，也许是电灯和其他工业发明改变了我们的睡眠模式。但是，根据传感设备获得的数据，针对非工业化社会人群的研究，则展示了一幅更为复杂的图景。大多数坦桑尼亚、博茨瓦纳和玻利维亚的食物采集者都会整宿睡觉，而马达加斯加的自给自足型农民经常把自己的睡眠分成前后两段。[34]

实话实说，大多数生物学现象都有很强的变化性，睡眠也不例外。由于不同人群生理节奏不同，以及他们各自的身体对清醒状态和昏睡状态的调整方式不同，所以人类在睡眠时间的安排上也呈现多样性，其丰富程度与其他动物种群的情况差不多。[35] 只有在纽约、东京等灯火通明的不夜城，或者在没有电力供应的非洲大草原、亚马孙热带雨林，由于夜晚条件极端单一，那些人群有可能会缺失某种睡眠模式。人类学家戴维·萨姆森（David Samson）曾经在哈扎部落的一个营地住了 20 天，考察他们的睡眠行为，他通过记录 22 名哈扎部落的狩猎采集者的睡眠时段，发现了各种各样的模式。他得出的结论是：整晚除了 18 分钟以外的所有时间里，都至少有一个人醒着。[36] 从进化的视角看，这一模式很有可能是适应的一种表现，毕竟人类在危险的夜晚最容易受到攻击。设置至少一名处于警觉状态的哨兵—— 通常是一位年纪较大的人，将降低睡眠的危险，毕竟这个世界到处都是豹子、狮子和其他想害我们的人。[37]

所以，如果你时常在半夜醒来，或者每晚只睡 7 小时而不是 8 小时，大可放轻松。实际上，与包括黑猩猩在内的我们的类人猿近亲相比，人类更适应时间相对短一点的睡眠。睡眠时间的减少作为人类进化出来的一种特征，大约发生于距今 200 万年前。我们的祖先当时显然刚刚失去了很多与爬树相关的能力，虽然爬树可以帮助我们在非洲的野外找到安全的睡觉地点。作为行动缓慢、站立不稳而且需要在危险的地面上睡觉的两足动物，人类在学会用火之前，必然很容易就被豹子、狮子和剑齿虎轻松捕获。在这种环境下，我们易受攻击的祖先如果不能做到轻睡、少睡、轮流入睡以确保群体中时刻有人醒着发出警报，那么人类也许早就灭绝了。

无论过去还是现在，不睡太多的另一个好处是把白天的时间用于社交。就像我们的祖先会在天色渐黑之时围着火堆聊天、唱歌、跳舞以及进行其他互动一样，我们今天同样喜欢在夜晚聚在酒吧或者其他明亮的地方同进晚餐。但是最终，对睡眠的渴望超越了所有其他想法，我们大多数人回到黑暗宁静的房间，蜷缩在柔软温暖的床上，枕着毛茸茸的枕头，投入睡梦之神的怀抱。从这个过程来说，睡眠与以往相比，确实变得完全不同了。

## 不同的睡眠文化

2012 年 12 月，我和我的同事在墨西哥北部山中跋涉时，没有选择常规线路，而是走了野径，直到夜深，我们才抵达当晚宿营的土坯房。星星出来了，天气寒冷，我已筋疲力尽，迫不及待地想要睡去。当我做好睡觉前的一切准备时，我的 4 名同伴已经挤在了小土坯房中唯一一张床上。这张床比单人床大不了多少、床垫薄得像纸。他们心满意足地打着呼噜，而且床上也实在没有空间了，我只好裹上几层毯子，睡在了坚硬的地上。实际上，没有跟那几个几天没洗澡的小伙子挤在那张过度拥挤、杂乱不堪的床上，我略感欣慰，那一晚，我睡得像一条狗，虽然蜷在地上，但是还算舒服，当然我也想有一张舒服的床和干净的床单和枕头。而且，我更希望能够自己睡一个房间或者与妻子共眠。从文化的角度说，这点小私心其实也是再正常不过的想法了。

人类学家长久以来一直在研究人们的睡眠方式，从世界各地搜集到各种睡觉的习俗和对睡觉的态度，形成了一个关于睡眠的丰富信息库。如果想要从中概括出一条结论的话，那就是人们睡觉的习惯因文化的不同而表现出巨大的差异，而且没有任何一个地方的人仅仅把睡觉视为缓解困意的手段。在很多文化中，睡觉被视为社交活动。比如，新西兰的毛利人曾经集体睡在公共的长屋里，直到今天仍然会在葬礼上保留这一习俗，他们会睡在亲朋的遗体旁，陪伴其走完从现世到另外一个世界的最后旅程。[38] 新几内亚的阿萨巴诺人从来不会让陌生的客人单独睡觉，因为担心客人会在夜晚遭遇巫术的侵害；澳大利亚中部的瓦尔皮瑞人会严格按照族群的规定，按顺序排成排睡在星空下。[39] 在很多文化中，在熟睡的邻居旁边说话或做爱被视作正常的事情，只有在现代的西方家庭中，才出现了母亲与新生儿分床睡的情况。[40] 与他人共眠被认为是一种极好的保暖方式。

如果这些集体入睡的形式略带情色意味，那么就请想象一下，在工业革命把床变得不那么昂贵之前，美国人和欧洲人实际上不仅会与家庭成员和家中访客睡在一张床上，而且还会在旅行时与陌生人同床，这在当时是很正常的事情。[41] 在赫尔曼·麦尔维尔（Herman Melville）的《白鲸》（*Moby Dick*）开头，叙述者伊希米尔（Ishmael）第一次见到水手季奎格（Queequeg）就是在新贝德福德小旅店的一张床上。开始时，伊希米尔想到要睡在这么一个凶神恶煞并且还有文身的食人族成员旁边，便吓坏了，但他转念一想，觉得“睡在清醒的食人族旁边也比睡在喝醉的基督徒旁边好”。而到了清晨时分，伊希米尔醒来时发现，季奎格的臂膀正以“最富爱意和深情的姿态”搂着自己。

工业化时代的睡眠不仅仅变得更加私密，而且更加舒服。19 世纪 80 年代，在弹簧床垫尚未发明之前，只有欧洲和美国的富人才买得起填充了羽毛和毛发的舒服床垫。普通床垫大多单薄、粗糙，填充的是稻草之类的东西。现在人们普遍使用的床单和松软的枕头在当时都属于奢侈品，只有特权阶层才能使用。数百万年来在世界上的大多数地方，几乎所有人睡觉的时候都没有枕头，只能枕在坚硬、不能压缩的硬物上，然后在上面垫一些草、麦秆、动物毛皮、树皮、树叶之类的东西让自己尽量舒服一点（见图 4-2）。虽然这种铺垫看上去不那么舒服，但我可以向你保证，你不用费太大力气就可以适应睡在地上的感觉。而且，传统形式的一次性卧具比稻草填充的床垫更加卫生，后者简直就是虱子、跳蚤、臭虫的理想之家。[42] 在中世纪，人们集体睡在稻草床垫上的习惯助长了鼠疫等传染性疾病的传播。

（上）

（中）

（下）

**图 4-2　非工业化社会人群的睡眠场景**

注：上图，埃塞俄比亚哈莫（Hamer）部落睡觉的男人。中图，埃塞俄比亚哈莫部落睡觉的女人。下图，卡拉哈里沙漠地区睡觉的桑人孩童。

资料来源：上图和中图：Daniel E. Lieberman 拍摄。下图：作为礼物拍摄的照片，Laurence K. Marshall and Lorna J. Marshall © President and Fellows of Harvard College, Peabody Museum of Archaeology and Ethnology, PM2001.29.14879。

随着睡觉越来越奢侈和私密，睡眠的环境也变得越来越静、越来越暗。你生命中 1/3 的时间可能都躺在了以往的帝王都没有享受过的舒适的床上，你的卧室被设计成遮光、降噪、阻挡一切干扰的场所，也许你还可以将卧室内的温度调节到最理想的状态。但是，如果是生活在现代工业化社会之外的世界里，想要获得这种感官绝缘的入睡环境并不容易。食物采集者通常会选择嘈杂环境的边缘入睡。他们通常会集体睡在篝火旁的一个相对纷乱的环境中，并且不会对噪音或者光线做任何阻挡。当他们中的某些人入睡时，营地里的其他人也许会继续聊天、照顾孩子、嬉戏或者做杂务，还会安排一个人留意远处的动物。我认为在非洲的夜晚，最让人害怕的不是人类或者鬣狗这类闯入者，而是树蹄兔。那是一种体形像猫、住在树上的有蹄类动物，是大象的近亲，在夜晚会发出令人毛骨悚然的声音，像极了人类被锁住喉咙之后发出的尖叫。尽管在夜晚，树蹄兔之类的危险因素一直存在，但是由于文化方面的影响，现代人睡觉时还是更喜欢黑暗安静的环境。如果你入睡时需要安静和黑暗，说明你在进化方面是“不正常的”。

如果以现代人的敏感度为标准，那么石器时代睡眠环境之嘈杂，简直就是对在夜晚“睡一个好觉”的彻底颠覆。但是人类学家卡罗尔·沃瑟姆不这么看，他认为也许真相恰恰相反。[43] 当我们度过睡眠的初始阶段——非快速眼动阶段之后，我们逐渐变得不那么容易受环境影响了。这一渐进的忽略外部环境的过程也许是人类进化出来的一种适应，当我们准备入睡的时候，大脑会对周边世界进行监控，以判断此时睡觉是否存在危险，然后，附近朋友和家人的交谈声、篝火的噼啪声、婴儿的啼哭声都慢慢地从我们的知觉中消退，再加上鬣狗已经远离我们，所有这些都在向大脑传递安全信号，是时候进入下一个更深层、更加无意识的睡眠阶段了。如果有效地将这些并不令人难受的刺激信号过滤干净，我们在睡觉时也许反倒会变得更有压力，这可真荒谬。

让孩子与父母分床睡或分房间睡，是现代社会出现的一种奇怪的睡眠文化，我想不出比这更奇怪的了。这种做法以让孩子们承担压力为代价去保护父母的隐私。在任何一种文化中，直到不算太久之前，婴儿都是与自己的妈妈一起睡的。在很多文化中，如果父母不让孩子与自己一起睡，会被视作虐待孩子。[44] 当我和我妻子第一次为人父母的时候，很多书籍和陌生人都教导我们不要与自己的女儿一起睡。我们天真地听从了理查德·费伯博士（Dr. Richard Ferber）的建议，在他那毁誉参半的费伯入睡法的指导下，我们将自己的女儿放在婴儿房里带栏杆的小床上，任由她在想念我们的时候哭得撕心裂肺。[45] 按照费伯博士的方法，我们去看望自己由于惊慌而啼哭的女儿的间隔应该逐渐拉长，直到她入睡，这样她就可以学会自我抚慰。那可真是一场巨大的灾难。女儿和我们自己备受折磨地度过了悲惨的一周，之后我们决定遵从人类一直以来的做法，让女儿和我们同床睡。同床睡的做法不仅能让妈妈和婴儿睡得更好，还能帮助妈妈和婴儿协调睡觉和喂食的节奏，在他们之间形成积极、有助于婴儿成长的丰富互动。[46] 虽然父母一方有吸烟、喝酒或者吸毒习惯时，同床睡的做法会对婴儿造成危险，特别是可能引发婴儿猝死综合征，但很多父母不敢与婴儿同床睡，主要是因为信息方面的误导。[47]

抛开我对于同睡的想法不谈，我不可避免地会受到社会文化的影响，因为我就是在这种文化的熏陶下出生和成长的，所以我从来不将睡眠视为社交活动。我愿意睡在一个安静、黑暗的房间里，躺在一张有舒适床垫的床上，我的妻子就在旁边，我们的爱犬就在床边。也许我的祖先也都喜欢这样的环境吧。终于有一天，我意识到自己的睡眠喜好是被我身处的文化所塑造的，从那之后，我开始颇为欣慰地探寻我所能接受的边界，比如说尝试在不那么理想的条件下入睡。到目前为止，最差的入睡体验是在飞机上。我努力摆脱安全带的束缚，躺进狭窄的座椅，在我的旁边，发动机在轰鸣、乘客在聊天、马桶在排水、孩子们在哭闹。我提醒自己，在吵闹嘈杂的场所，在大庭广众之下睡觉，是人类进化出来的能力，虽然我也知道，这种能力其实不包括躺在 1 万米高空中的一个金属管里、以 800 千米时速飞行的情况下入睡。这一过程的最关键之处是如何避开睡眠最危险的敌人——压力。入睡，本是人类与生俱来、自然而然的行为，为什么今天会有那么多人对此感到有压力呢？身体活动能缓解压力吗？

## 睡眠所带来的压力

如果想为研究睡眠极度缺乏产生的影响找一个理想实验室的话，那么就去大学校园好了。当代大学生睡眠剥夺的情形，似乎并不比我像他们那么大的时候少。去年，一个学习极其认真努力的本科生来到我的办公室，跟我聊了几小时，起因是她的一次考试成绩非常差。当我们讨论她的考试内容时，她对于知识的牢牢掌握给我留下了相当深刻的印象，但我也很快发现了她发挥失常的原因—— 睡眠不足。她说她长年每天只睡 4 小时，即使考试前夜也是如此。当我问她为什么睡得如此少时，她的回答与我当年如出一辙。她通常凌晨两三点钟上床，却迟迟无法睡着，然后还没有睡够又早早起床。整个白天，她在上课的时候强忍着不打瞌睡，由于白天长时间地泡在图书馆里，靠咖啡因提神，所以到了晚上，她又辗转反侧，难以入眠。

大学生是一个特殊的人类群体，部分原因在于，他们中的很多人开始第一次享受长大的感觉，却还没有学会承担成年人的责任。在我那些睡眠剥夺的学生中，大多数人的睡眠问题，只有等到他们离开象牙塔之后才能解决，睡眠时间才会增加，但也会有一些人继续饱受睡眠剥夺之苦。有研究表明，美国大约 10% 的成年人被诊断患有失眠症，也就是说，半小时以上才能入睡的情况重复出现，或者持续出现彻夜无法入睡的现象，还有 1/3 的人认为自己睡眠不足。[48] 在其他地区，失眠症也同样普遍。[49] 我们可以猜到，上述患者中有很多人都需要服用安眠药物，这部分人的数量相当于美国总人口的 5%。[50] 为什么会有那么多人白天休息过度，而到了晚上却又休息得不够呢？

为了回答这个问题，我们需要先了解一下两个主要的生理过程，它们在大脑中相互作用，对清醒状态和睡眠状态进行调整。[51] 当这两个过程运转顺利时，我们在早上醒来时会感觉精力充沛，全天的大多数时间都处于头脑清醒的状态，然后到了晚上能够安然入睡。当这两个过程被打乱之后，我们会在课堂上或者会议上不合时宜地打瞌睡，到了晚上会痛苦地辗转反侧，很久才能入睡，然后没过多久便早早醒来，或者忍受着糟糕的头痛，备受煎熬地躺在床上几小时仍然毫无困意。

第一个系统是以大约 24 小时为一个循环的人体生理节律，由一组位于大脑中下丘脑部位的特殊细胞负责调节。[52] 这些诱导睡眠的细胞叫作视交叉上核。这些细胞会在早上叫醒我们，它们向位于肾脏上方的腺体发出信号，随后腺体分泌皮质醇，这是一种可以刺激人体输出能量的重要激素。当夜晚来临，下丘脑又开始指挥大脑中的另一个组织——松果体分泌褪黑素，这个又名“吸血鬼激素”的物质帮助诱发睡眠。生理节律系统就像钟表，每天通过光线水平和其他个人经历进行校准。几乎每个倒过时差的人都知道，生理节律的节奏是可以通过光线水平和其他来自环境的线索被缓慢重置的，大约每天调整 1 小时。

如果我们的身体只依靠生物钟去调节睡眠，那也会造成很大的麻烦。想想看，当你经历了数日的睡眠剥夺已经不想再晚睡时，想早睡却睡不着，或者你在精力充沛的情况下想晚睡时却不能如愿。因此，我们的睡眠 —清醒状态还会被第二套系统所调节，这套系统与我们的身体活动相关。这套自我平衡系统的功能就像一个沙漏，它会记录我们醒着的时间，慢慢形成一种催促我们睡觉的动力。我们醒着的时间越长，大脑消耗的能量越多，导致腺苷等分子的浓度越来越高。睡觉时，我们就相当于重置了沙漏，这种重置主要是在非快速眼动睡眠阶段实现的。总之，这套自我平衡系统是在帮助我们平衡醒着的时间与睡眠时间的比例，如果醒着的时间过长，自我平衡系统就会“否决”生理节律系统，帮助我们补回缺失的睡眠时间。

在正常环境下，生理节律系统和自我平衡系统会同心协力，确保正常的睡眠—清醒循环。但是，生活并不总是一成不变。比如，如果你的房子着火了，如果一群饥饿的鬣狗从动物园逃了出来，进入了你的社区，如果你的岳母宣布要搬来与你们同住……面对诸如此类的危机时，你的“战斗或逃跑”系统会被激活，你的身体进入“过度觉醒”（hyperarousal）状态。几乎就在一瞬间，你的身体释放包括肾上腺素和皮质醇在内的大量激素，在激素作用下，你心跳加速，体内的糖大量进入血液，你的消化系统暂停运行，你的警觉等级提升。显然，你体内打算进入睡眠的流程也会被这些激素破坏，这是人体为了时刻保持警惕所进化出的一种重要的适应。[53] 今天晚上，你一直都在处理这些紧急情况，整夜都没合眼。接下来，如果顺利的话，火会被扑灭、鬣狗会被捕获、你的岳母也会离开，你的情绪就会慢慢恢复平静，你到了偿还欠下的睡眠"债务"的时候，当天晚上，你睡得像石头一样沉。

"战斗或逃跑"系统由交感神经系统控制，在睡眠方面的效应可以解释锻炼对于睡眠为什么会产生如此重要和广为人知的效果，以及这种效果是如何实现的。如果你在上床睡觉之前全速跑完了 1500 米或者进行了力量训练，那么你很有可能会入睡困难，因为剧烈的身体活动开启了你的交感神经系统，刺激你兴奋起来。相反，如果你是在白天开启适量的身体活动模式，比如踢一场足球、花一两小时打理花园或者走了很长一段路，那么你会更容易睡着。这些活动增加了睡眠的压力，刺激身体对原先的"战斗或逃跑"反应做出抵抗，代之以深度的"休息和消化"反应（由副交感神经系统控制）。锻炼之后的恢复过程会给人体带来诸多好处，其中包括逐渐降低基础皮质醇水平和基础肾上腺素水平、降低体温，甚至帮助身体调整生物钟。[54] 虽然身体活动不会预防或者治愈所有睡眠问题，但是大量研究证明，即使是单次锻炼，只要不是在临睡前进行，也有助于入睡，有规律的锻炼则效果更加明显。[55] 研究人员针对 2 600 名各年龄段的美国人展开了一项调查，对他们的体重、年龄、身体状况、吸烟习惯和抑郁状况等因素进行汇总和分析。该调查发现，那些每周有规律地进行 150 分钟中等强度运动或剧烈运动的人，其中有 65% 不仅报告称自己的睡眠质量得到了改善，而且在白天犯困的次数也越来越少。[56] 反过来，充足的睡眠还能使身体获得足够的时间进行休息和自我修复，从而使人变得更有活力，运动表现也更好。[57] 相比于睡眠时间为 8 小时及以上的年轻人，睡眠时间不足 6 小时的年轻人受伤概率是前者的两倍。[58] 总之，那些常年不进行身体活动的成年人更容易受失眠症困扰。[59]

失眠症是指一种长期状态，如果为了应对紧急状态而出现一两天失眠的情况，算不上失眠症。失眠症的格外残酷之处还在于，它经常会引发恶性循环。上下班通勤时间过长、社交冲突或者无休止的繁重家庭作业，都会造成潜在的慢性压力，当这些压力积攒到一定程度，将皮质醇等压力激素提高到超过正常水平时，我们就会在夜间本该进入昏睡状态时仍格外清醒，或者只经历了一两个非快速眼动和快速眼动睡眠循环之后醒来。[60]之后，由于进入了慢性睡眠剥夺状态，我们的身体在夜晚尤其会分泌更多的皮质醇，而这些激素抑制了睡眠，近而使失眠的情况持续下去，甚至越发严重。[61]

糟糕的是，压力不仅提高皮质醇水平，造成睡眠剥夺，还通过给免疫系统施压，让身体储存更多内脏脂肪等方式慢慢地损害我们的健康。睡眠不足还会影响调节食欲的激素，进而对身体造成伤害。人在睡眠不足时，体能引发饥饿感的“胃饥饿素”（ghrelin）水平会提升，与此同时，抑制进食欲望的瘦素（leptin）水平会降低。[62]我在睡眠不足时确实会吃更多零食，数千万遭受睡眠剥夺的大学生应该与我一样，他们在午夜时分的进食欲望被校园附近深夜仍在营业、出售奶油饼干和各种高热量零食的便利店轻松满足。慢性睡眠剥夺加重了慢性轻度炎症，影响了本该在夜晚正常分泌的生长激素，这就好比在伤口上撒下一把盐。[63]总之，睡眠剥夺造成了肥胖，也提高了肥胖者患 2 型糖尿病和心脏病甚至癌症的可能性。[64]而体重超标者在睡眠时出现呼吸问题（呼吸暂停）的风险更高，这无疑是雪上加霜。

由于狩猎采集者的日常身体活动量足够，而且他们中没有律师这个行当，因此与大多数工业化社会的人群相比，他们出现失眠症的可能性相当低，但是他们肯定也会面临压力，并且偶尔也会经历无眠之夜。当这种情况出现时，他们几乎不会掉入“头痛医头、脚痛医脚”这一现代社会的陷阱，而是会去寻找造成睡眠剥夺的原因。现代人解决失眠症状最常用的手段之一，就是用酒精进行自我催眠，这种方法虽然在开始阶段可以让人昏睡，却会对维持睡眠所需的神经递质造成破坏。[65]而更为隐秘的危险在于，我们将成为所谓的睡眠产业共同体的“猎物”。为睡眠而焦虑的人在诱惑下花钱买来以下物件：高科技床垫、声音仪器、降噪耳机、遮光窗帘、能降低同床共枕者鼾声的小装置、眼罩，总之就是各种被称为“高性能睡眠用具”的东西。要是我们的祖先看到这些虽然没什么用但绝大多数也无害的玩意儿一定会笑掉大牙，要知道，他们可是直接躺在地上睡在篝火旁的。虽然上述产品可能无害，但我们必须直截了当地告诉你，安眠药对身体有害。安眠药的生产是一项数十亿美元的大产业，因为人们服用安眠药基本上会形成习惯。全美目前安眠药的处方量是 1998 年的 3 倍，而这还不包括非处方药。[66]

尽管安眠药非常流行，但它们确实存在危害。一项针对 3 万多人的观察性研究表明，按照正常剂量服用安眠药的美国成年人，在服药之后两年半内的死亡率为不服用安眠药情况下的近 5 倍。[67] 大量其他研究同样显示，安眠药与抑郁症、癌症、呼吸道疾病、精神错乱、梦游和其他风险存在强烈的相关性。[68] 如果这些提醒还不够，我再加上一条：大量研究表明，绝大多数安眠药所起的作用只是安慰剂效应。失眠症患者组和健康对照组通过服用常用的处方类安眠药获得的平均睡眠时间（大约 6 小时 20 分钟）与服用安慰剂的效果基本相同，入睡所需时间比服用安慰剂快 14 分钟，但有其中服用了安眠药的人报告称，在服药次日出现了记忆缺失现象。[69] 杰尔姆 · 西格尔曾经说：“再过 20 年，人们回看安眠药时代，就像我们现在回看 20 年前的人们竟然接受了吸烟一样。”[70]

## 为什么要“克扣”自己的睡眠时间

在开始总结之前，我们先回过头来想一想我在本章开头提出的问题：如果人类进化出的一种能力是尽可能地休息，为什么会有那么多人“克扣”自己的睡眠时间呢？太多人都在遭受睡眠剥夺，我不想对这些事实视而不见，因为睡眠剥夺不仅会对自身健康造成损害，也会对他人的人身安全构成威胁，尤其是当这些睡眠不足者开车的时候。但是如果像一些所谓的“警世者”那样，不从进化和人类学的视角分析睡眠，仅凭睡眠时间就武断而错误地贬低人们每日睡眠的质量，并将其定义为“不正常睡眠”，这个套路便像极了他们对坐姿的污名化。散布关于睡眠的负面信息，有其商业目的，而当今社会恰好又愿意对身体活动和活动不足相关的行为评头论足。我们将坐着视为不好的，将睡觉视为好的。实际上，坐着和睡觉都是绝对正常的休息方式，但也存在着高度的差异性，这两种行为有着复杂的支出和收益模式，受我们所处的环境和当代文化规范的强烈影响。

如果你不确定自己的睡眠健康状况，睡眠研究人员建议你问自己如下 5 个简单的问题：[71]

- 你对自己的睡眠满意吗？
- 你白天是否可以做到全天清醒不打瞌睡？
- 每天的凌晨 2 点至 4 点，你是否在睡觉？
- 夜晚睡不着时，你清醒地躺在床上的时间少于 30 分钟吗？
- 你每天的睡眠时间能达到 6 ~ 8 小时吗？

如果你对于这些问题的答案是“经常或者总是”，就说明你对自己的睡眠非常满意，而且也清楚地知道自己睡眠充足。如果答案不是这样，我希望你能够通过一些成熟、切合实际、行之有效的方法得到缓解，这些方法包括认知行为疗法、养成规律的睡眠习惯，当然还有锻炼。我需要重申，睡眠与身体活动有着不可分割的联系——身体活动量越大，睡得越好。别忘了，身体活动提供了睡的动力，减少慢性压力，继而减少失眠。从这个意义上说，身体活动与睡眠并非权衡过程中的对立面，而是合作者。[72] 因此，如果一个唠唠叨叨劝我们锻炼的好心人，几天后又不厌其烦地建议我们在床上多睡一会儿，你一定不要觉得他是一个反复无常的矛盾之人。

# Exercised

# 第二部分

和速度、力量与能量
有关的身体活动

# Exercised

## 第 5 章

## 速度：既非乌龟，也非野兔

### 以讹传讹的谬误 5：普通人无法做到速度和耐力俱佳

而在那儿又无可避免地响起了横扫全岛的尖锐的呜呜叫喊声。一听到那声音他就像一匹受惊的马似的从藤蔓中倒退出来，又一次飞跑起来，跑得上气不接下气。

威廉·戈尔丁（William Golding）

《蝇王》（*Lord of the Flies*）

我记得自己跑得最快的一次是在奥洛格塞勒（Olorgesailie），那里距离肯尼亚首都内罗毕大约有 40 千米，位于内罗毕的西南方向。除了人口不多的游牧民族马赛人（Maasai men）外，没有什么人住在这个炎热、尘土飞扬的荒凉地带。但是，大约 120 万年至 40 万年前，这里曾有一个巨大的湖泊，养育了早期的人类以及河马、大象、猴子、斑马等动物。24 岁那年，我刚刚开始读研究生时，得到了一个绝好的机会，有数周的时间在奥洛格塞勒协助挖掘远古时期的化石和石器，那些文物为我们了解过去发生在那里的事情提供了很多神秘的线索。除了科学意义上的迷人之外，奥洛格塞勒还是一个适宜居住、工作和学习、令人惊叹的美丽之地。我们在一处小山岬搭建帐篷宿营，从那里可以俯视一大片生长在干旱土地上的灌木丛，这片灌木丛一直延伸到远处的一座死火山旁边。每天清晨，出发去挖掘石器时代的骨头和石头之前，我都会早早起来观赏日出。有时候，我会看到几条鬣狗在结束了一整夜的杀戮之后步伐轻快地跑回它们的家，它们那强有力的大嘴里叼着骨头或者动物的腿。虽然鬣狗的洞穴距离我们的营地不远，但是我们这两个种群相安无事。

直到某一天上午，我当时正聚精会神地处理自己的工作，完全没有在意本该成为警告信号的一股浓烈的臭味。我到现在仍然能够清晰地回忆起那个瞬间：我发现就在几米之外，一条瞪着闪闪发亮的眼睛、口鼻乌黑、散发着恶臭的鬣狗正盯着我。惊恐之中，我扔掉了手中的记录夹，狂奔逃命。我估计那段疯狂冲刺大约持续了 30 秒，而且绝对创造了我的个人最好成绩。当我惊魂未定地转过头，看到鬣狗在向相反的方向缓慢跑开时，才松了一口气，此时我已上气不接下气，双腿就像着了火。就在我逃命的时候，也许鬣狗想的也是离我越远越好。直到今天，每当我闻到类似于鬣狗的那种腐臭味道时，那段惊恐的记忆便会立刻在脑海中浮现。

随着时间的流逝，我越发庆幸当时那条鬣狗没有选择追击我，因为我根本跑不过它。鬣狗的奔跑速度据说可以达到每小时 60 多千米，也就是 1 分钟超过 1000 米。[1] 而我本人的速度一直更像是“乌龟”而不是“野兔”，我认为即使在最佳状态下，我也做不到以每小时 24 千米的速度奔跑 1 分钟，也就是 1 分钟跑 400 米。而且，与鬣狗不同的是，我没有可以自保的尖爪、蹄子和利齿。如果那条鬣狗愿意，它完全可以轻松地抓住我，甚至咬死我。

虽然大多数人都会有意识地躲避大形野生食肉动物，但是每年 7 月在西班牙潘普洛纳，都会有数百名渴望冒险的成年人被未驯化的大形公牛追逐或者攻击。在圣费尔明节或者叫奔牛节期间，连续 8 天每天早上 8 点都会有 12 头公牛被放到这个小镇曲折狭窄、建于中世纪的街道上。之后的几分钟，这些危险的动物将对身着彩色衣服的冒失鬼们展开一场追逐。这段追逐之旅全程 825 米，终点是小镇的斗牛场。从任何一个角度看，人与公牛之间进行的都是一场不公平竞争。公牛有能致人死命的牛角，重量是人的 10 倍，它们在街道上狂奔时会轻松地追上奔跑的人，尤其是那些喝醉了或者宿醉未醒的人。[2] 总会有倒霉蛋儿因为滑倒或者没有及时躲开而被公牛踩踏或顶翻，此类事故屡屡发生。每年都有数十人受伤，每隔几年会发生有人被牛角刺中而死亡的事件。[3] 无论你对于奔牛节持何种态度，这一活动凸显的事实像极了我和我那位鬣狗“朋友”之间显而易见的差距：相比这下，我们人类是行动缓慢、身体羸弱、易受伤害的生物，我们能够生存更多依靠的是大脑而不是肌肉。

但是，所有人都跑得这么慢吗？如果是一个快速、训练有素的短跑选手而不是那些寻求刺激的人，与那条鬣狗或者那些公牛竞速，人类有获胜的可能性吗？

## 博尔特的速度究竟有多慢

当选手进入伦敦奥运会主体育场的时候，观众的热情迸发了。这是 2012 年伦敦奥运会男子 100 米决赛，全球顶级田径赛事现场。8 名决赛选手似乎对 8 万名现场观众的热情无动于衷，他们做着拉伸和热身，注意力集中，安静地默念着各自的比赛策略。最终，准备完毕后，赛事官将选手引领至各自的跑道，然后在那里被轮流介绍给现场观众和电视机前的观众。虽然这些人是公认的这个星球上跑得最快的 8 个人，但是所有人的目光都集中到了身材高大的世界纪录保持者、牙买加现象级巨星尤塞恩·博尔特（Usain Bolt）身上。身高 1.95 米的博尔特比其他几人都高，全场响起热烈的掌声时，他还喝了一口水，开心地笑着。然后，选手们小心翼翼地进入自己的出发区，他们强壮的下肢踏进起跑器，双膝触地，指尖放在起跑线后几毫米的地方，此时就像被施了魔法一样，全场鸦雀无声，观众屏息凝神，注视着这 8 个人，尤其是博尔特。之后，在发令员的命令声中，他们抬起膝盖。几秒钟后，发令枪响了。

就在几毫秒的时间里，选手们挺直了臀部和膝盖，在出发区内将身体抬高、前移，他们的身体与地面呈 45 度角，一只手臂向前摆，一只向后摆。博尔特差不多是最后一个通过起跑线的人。随着选手们逐渐加速，他们的躯体慢慢抬高，在冲出 10 ～ 15 步之后，8 名选手都挺直了身躯，基本上并驾齐驱。之后，就在所有选手继续加速之时，博尔特领先了。此时，选手们都努力保持着完美的跑姿，前脚掌着地，在重心之前一点点的位置与地面接触，然后以最快的速度抬起膝盖，带动脚部和小腿加速，像锤子一样再次砸向地面。虽然大腿才是主要的动力来源，但是选手们也在摆动自己的双臂，并使之与躯干平行。他们的肩膀自然下垂，以保证躯干尽量保持放松的状态，这样可以避免不必要的摆动。跑出 50 米的时候，他们达到了速度的峰值——每小时 40 ～ 42 千米，此时，博尔特领先优势明显。到了这个时候，选手们才喘了第一口气，他们继续将注意力放在唯一一件事情上：保持速度。

到了 70 米的时候，博尔特遥遥领先，这已经变成了他一个人的比赛。虽然肉眼看不出来，但其实包括博尔特在内的所有选手的速度都在一点一点地变慢，大家都知道胜利将属于降速最慢的人。选手们此时应该加大蹬地的力度，尽量将膝盖抬高，保持放松的状态。博尔特果然名不虚传，他一马当先，就在脚部接近终点线的时候，他的身体微微前倾触线，用时 9.63 秒。新的奥运会纪录产生了！观众们热情地鼓掌欢呼，博尔特也非常开心，他身披牙买加国旗，摆出了闪电的造型。

在经历了辉煌的职业生涯，创造了众多世界纪录，赢得了大把奥运会金牌之后，博尔特于 2017 年宣布退役。他是如何实现短跑项目内的“垄断”地位，就像完全没有对手一样的呢？因为速度是步长和步频结合的产物，如果一个人想跑快，他要么迈更大的步子，要么更快地迈步子，或者把两种办法结合起来。[4] 因为博尔特有大长腿，而且他的步频几乎与那些略矮的短跑选手一样，所以他当然就比对手跑得快。[5] 博尔特正常跑一次 100 米比赛需要迈 40 步，而跑道上其他人需要迈大约 45 步。但是博尔特驱动他那双大长腿如此快速地运动需要不可思议的力量。就像挥动更长的棒球棒需要更多的力量一样，为大长腿加速也需要更多的力量。总之，博尔特的大长腿再配合他生成高强度力量的能力，意味着他在空中停留的时间更长。他跑得最快的一次是在 2009 年柏林田径世锦赛上：他的平均速度为每小时 37 千米，瞬时最快速度为每小时 45 千米。

有时，我会在跑道上进行速度训练。经常就在我上气不接下气的时候，那些敏捷的跑者以看上去不可思议的速度轻松地从我身边呼啸而过。而他们还都只是业余跑者，要是像博尔特这样的人从我身边经过那会是一种怎样的感觉。但是，即使博尔特和其他几位精英短跑选手跑出最快的速度，他们与普通的四足哺乳动物相比，也立刻显得很平庸。需要说明的是，准确测量野生动物的奔跑速度难度极高，而测量到的速度是否代表它们的最快速度就更无从判断了。图 5-1 将博尔特的世界纪录换算成每小时 37.5 千米的速度，置于广为流传的一组四足哺乳动物的最快速度数据之中。[6]

好消息是，博尔特能够战胜臭鼬、犀牛、河马和常在我家后院中出现的灰色大松鼠等绝大多数小型啮齿类动物。剩下的都是坏消息。博尔特面对斑马、长颈鹿、牛羚、白尾鹿甚至野山羊等绝大多数四足哺乳动物时根本没有胜算。至于食肉动物，那些看上去略显缓慢的捕食者，比如灰熊和鬣狗，可以在跑道上对完胜博尔特的食草动物实现捕杀，更不要说博尔特本人了。

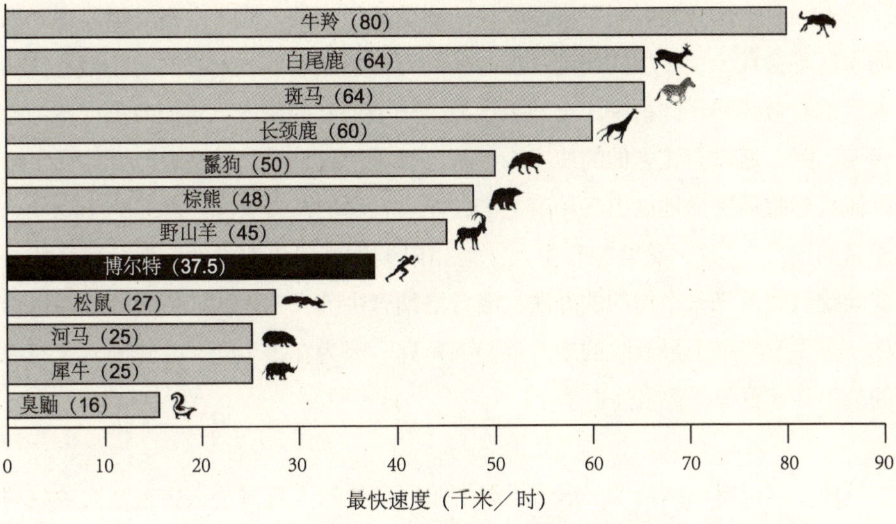


**图 5-1　博尔特与各种哺乳动物的最快速度对比**

注：请注意，很多动物的最快速度难以测量和确认，因此上图的数据不完全准确。至于人类的数据，大多数身体素质良好的人奔跑时的速度，其实很难超过每小时 24 千米，大约与河马的奔跑速度相当。

短距离全速跑的麻烦在于，我们很快便上气不接下气了。没有任何一种动物可以长时间保持最快速度，人类也不例外。像博尔特这样的精英级别的短跑选手可以将最快速度保持 20 秒左右，之后便明显降速。人类跑完 1 千米的最短用时为 2 分 11 秒，这一速度相当于每小时 27.3 千米，不到百米世界纪录时速的 75%，而 5 千米世界纪录（12 分 37 秒 35）的速度更低，只有每小时 23.7 千米。非洲猎豹在野外奔跑时可以将最快速度保持 30 秒，然后才开始降速。[7] 因为大多数哺乳动物都比人类快太多，所以它们可以在追击人类或者躲避人类时以稍微低一点的速度奔跑，这样可以持续更长时间。

人类在全速奔跑时如果突然转弯，会造成极大的危险。在真实世界里，动物永远不会找一块平坦的场地，在一条划好的横线后站成一排，然后以最快的速度沿着直线路径向前跑，直到越过另外一条划好的横线。它们会进行各种急转变向跑，这样会让它们的速度降下来。如果你见过猎豹追捕瞪羚①的话，你就能看到瞪羚拼命地做出各种突然的、不可预料的急转变向，就是为了降低追杀者的速度。[8] 这一策略经常奏效，但如果被猎豹追击的是你，那么选择急转变向跑可能就是一个糟糕的办法。潘普洛纳奔牛节上的老伙计们会明确地告诉你，奔牛节线路上最危险的地方就是拐角处，因为在拐角处，双腿的人比四腿的公牛降速更多、稳定性更差。[9]

现在可以得出结论了，这个世界上跑得最快的人与这个世界上绝大多数动物的速度完全无法相提并论。还有一点需要指出，我们所设计的这场比赛，一方是目前世界上跑得最快的人类，而且这些出类拔萃的选手还在教练和其他人的帮助下长年累月地进行训练，唯一的目的就是以最快的速度跑完跑道的某段固定距离，而另外一方则是普通的未经训练的哺乳动物。虽然这些精英运动员的奔跑速度可以在短时内达到 32 千米 / 时或者更快，但是绝大多数人类，即使是那些体能状况良好的人，其速度也很难超过每小时 24 千米，所以更合理的

① 瞪羚的最快速度是 80 千米 / 时，远低于猎豹的最快速度 110 千米 / 时。

做法是，将每小时 24 千米的速度视为人类进化过程中绝大多数人所能达到的最快奔跑速度。除非你是一名世界级短跑选手，否则你很难跑赢一只松鼠。那么，为什么在整个生物界人类奔跑的速度相对较慢？

## 双腿直立行走，让人类成为行动缓慢的物种

关于我们相对较慢的奔跑速度，还有一个进化方面的解释，那就是我们的祖先在 700 万年前通过自然选择，开始养成直立行走的习惯。虽然双腿直立行走有很多好处，但是也给人类带来了很多不利条件，除了让人类在丛林中显得笨拙、更容易被绊倒或摔倒、更容易出现腰部伤痛之外，双腿行走降低了人类的行动速度，这一点极其危险。

为了理解为什么双腿直立行走会让我们变得行动缓慢，你可以想象一下自己步行或者奔跑的动作。奔跑时双腿是从地面获取反作用力的，你的双腿对地面的蹬力越大，你就跑得越快，双腿行走的人类速度相对较慢的根本原因就在于此：狗和黑猩猩都有 4 条腿用于蹬地产生功率①，而我们只有两条腿。实际上，跑步时，在任意时刻，我们最多只有一条腿与地面接触，并支撑着和推动着我们的身体。功率越小速度越慢。就像我那辆小车的四缸发动机只能够提供法拉利 V-8 发动机一半的速度一样，只有两足的人类奔跑的速度只能达到体形相近的四足动物一半的速度。而猎犬的速度则达到了精英短跑选手的两倍。

如果你此时想到了鸵鸟——一种速度可以达到每小时 72 千米的两足动物，然后沾沾自喜地认为，两足并非是速度的绝对阻碍。[10] 但很可惜，当我们的祖先放弃四足的时候，并没有像不会飞的鸵鸟一样进化出快速奔跑这一适应。我们从灵长类祖先那里继承的“累赘”中，就包括大而笨重的腿和脚。请将你自

① 功率是指物体在单位时间内做功的效率。

己的大腿与马、狗的后腿以及图 5-2 所示的鸵鸟的双腿进行对比。我们笨拙的双脚是沿着水平方向发育的，我们的脚踝比地面高出数厘米，而其他几种动物都是用脚趾头奔跑，相当于它们的长腿共有三大部分承担奔跑功能。灵长类动物粗壮的双脚非常适合攀缘树枝和爬树，但是人类用这样短粗的下肢进行奔跑时，导致每一步的长度都很短，从而降低了速度。灵长类动物不仅下肢相对短粗，而且越接近肢端就越发厚实，比如我们相对肥大的脚踝和宽大的脚部。而狗、马和鸵鸟则拥有可以逐渐变得很细的后腿以及相对较小的脚部，它们腿部的重心位置更接近于臀部，这样一来，它们的腿部更容易摆动。此外，灵长类动物的脚部没有爪子，而那相当于天然的钉子；灵长类动物也没有蹄子，而那相当于天然的鞋。

**图 5-2　狗、人类和鸵鸟奔跑侧面图**

注：请注意，人类的腿比动物的腿更粗壮，但并不是逐渐变得很细，而且只有大腿和小腿两部分，外加一双宽大笨拙的脚。

直立造成的另一个弱势在于，我们无法让自己的脊柱像弹簧那样扩大我们的步长。你可以用慢动作效果观看猎犬和猎豹的跑姿。当它们的后腿落地时，后爪与地面的接触位置其实是在肩膀的下方，此时它长长的、弹性十足的脊柱像一张强力的弓一样弯曲着，里面蕴藏着弹性能量。之后，随着它的后腿向后蹬出，弯曲的脊柱迅速伸直，释放出弹性能量，它们被弹射到空中，步长就此得以增加。[11] 而我们短小的直立脊柱对于提高速度起不到任何帮助，它的主要作用是努力使我们容易倾斜的上肢保持稳定，以及对每一次落地之后从脚部传向脑部的冲击波进行缓震。[12]

总之，自从我们的祖先在 700 万年前经历命运的转变，选择成为两足动物之后，人类便成为行动缓慢的物种。如果我是一只当时生活在非洲有着尖牙利齿的饥饿老虎，我一定喜欢捕猎早期的人类，因为抓住他们比抓住羚羊和其他的四足猎物容易多了。尽管人类的祖先非常容易被野兽捕获，但他们一定也有过狂奔求生的经历。其实，为了避免成为某只老虎的晚餐，他们只需比旁边的同伴跑得快一点点就够了。这对于博尔特完全不成问题，他的速度是我的两倍多。但是，就像绝大多数长距离跑者一样，我也许能够比博尔特跑得更远。那么，我那略胜一筹的耐力在多大程度上是以牺牲速度为代价换来的呢？

## 快还是远

我的朋友珍妮·霍夫曼（Jenny Hoffman）教授喜欢参加超长距离的跑步赛事。在一次比赛中，她用 24 小时跑了 228 千米。我宁死也不会尝试这种长距离跑步，但她说这个比赛非常有意思，而且只要把速度放慢，其间定时吃姜饼补充能量，还是可以完成的。珍妮在那次比赛中悠闲地跑出了每小时 9.5 千米的速度，即每千米用时 6 分 20 秒，只有精英短跑选手闪电般速度的 1/4。如果珍妮为了逃避鬣狗的追击而全力冲刺，她在一分钟之内就会气喘吁吁，然后被迫停下来或者减速。如果博尔特也在被追击之列，他当然可以轻松跑赢珍妮，但同样会很快上气不接下气。珍妮和博尔特之间的相同点和不同点引出了两个重要的问题：是什么限制了短距离冲刺跑的最快速度？我们为什么做不到跑得既快又远？

如果是极短距离的冲刺，速度更多体现的是力量和技术方面的能力。短跑过程中，选手腿部的工作过程就像锤子有力而快速地击打地面，根据牛顿第三运动定律可知，每一个力学过程都存在大小相等的作用力和反作用力，大腿向下和向后蹬地的力量越大，地面推动身体向上和向前的力量也就越大。所以，100 米和 200 米短跑选手的最快速度在很大程度上取决于选手腿部肌肉如何能够更高效地产生力量，这一力量是在每只脚触地的极短时间内产生的，对于精英短跑选手而言，这个时间只有 1/10 秒。[13] 所以，博尔特的短距离冲刺速度之所以比珍妮快，最主要的原因是他蹬地时更有力量。

但是，如果将奔跑的距离延长，除非博尔特和珍妮从一开始就放慢速度，否则用不了多久，他们还是会气喘吁吁，因为所有的器官都在努力将各自储存的燃料转换为可使用的能量为奔跑供能。我们可以将人体看作内燃机：汽车的发动机燃烧的是汽油，而我们的身体燃烧的是食物，如果跑得太快就如同汽车开得太快，我们的身体也会出现燃料短缺的情况。当然，这个比喻也不太准确，实际上，人体更像是靠电池驱动的电动汽车，但它又不像电动汽车那样有一块只需定期充电的巨大电池，人体的细胞是靠着成百上千万微小的生物电池支撑的，我们需要随时为它们充电。

这些无处不在的微小电池，为地球上的所有生命提供能量，它们叫作三磷酸腺苷（Adenosine Triphosphates，ATP）。从这个名称可知，每一个三磷酸腺苷都由一个小分子（腺苷）与三个磷酸基团（一个磷原子与多个氧原子结合）结合而成。这三个磷酸基团被两个化学键连接形成一个链，两个化学键中存储着能量。当最外侧两个磷酸基团之间的化学键在水溶作用下断裂时，化学键中储存的微小能量与氢离子一起被释放出来，留下的物质变为二磷酸腺苷（Adenosine Diphosphate，ADP）。释放的能量为细胞在体内做的每一项工作供能，如激活神经、制造蛋白质、收缩肌肉等。重要的是，ATP 可以“重复充电”。糖分子和脂肪分子的化学键断裂之后，细胞从中获取能量，将之前丢失的磷酸基团加回 ADP，将 ADP 重新变为 ATP。[14] 但是，无论是鬣狗还是人，跑得越快，身体就需要为更多的 ATP 充电，所以每隔一小段时间，鬣狗或者人的速度就会被迫下降。

只有漫长的进化过程才有可能设计出如此神奇的速度限制系统，为了更好地理解这一系统，请想象我和博尔特正在肯尼亚，准备同时起跑躲避那条鬣狗。虽然博尔特开始阶段比我跑得快，但是大约 30 秒后，他也开始气喘吁吁，因为我们为 ATP 充电时，都同样需要经历三个过程（见图 5-3），这三个过程依次开启，针对的是不同的能量需求，分别是极短期供能、短期供能和长期供能，所以我们需要在速度和耐力之间进行协调。

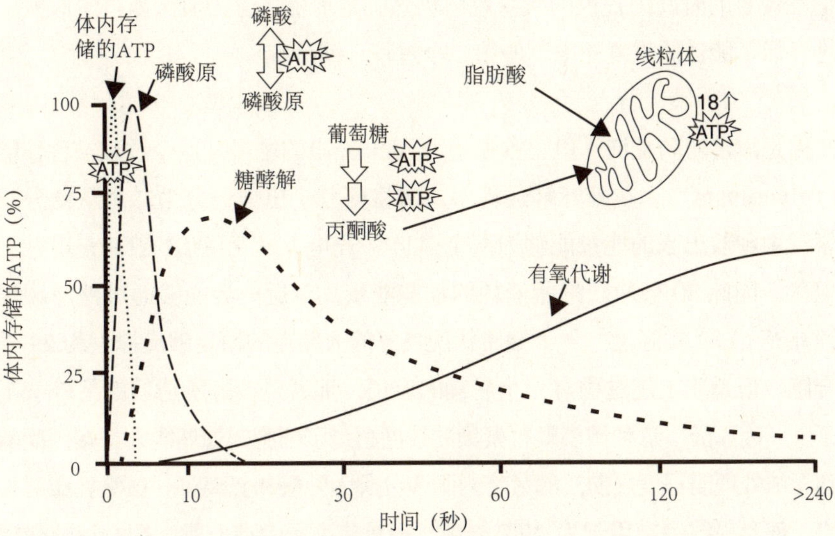


**图 5-3　肌肉为 ATP“充电”的各个时段对应的化学过程**

注：开始阶段，瞬时的能量来自体内储存的 ATP 和磷酸原；随后，糖酵解过程开始相对快速地供能；最终，能量一定是来自缓慢的有氧代谢。有氧代谢发生在线粒体内，从丙酮酸（糖酵解过程的最终产物）或者脂肪酸中释放能量。

第一个过程（被称为磷酸原系统）能够为身体最快速地供能，这些能量来得快去得也快。当我和博尔特开始奔跑时，我们的肌肉细胞储存的 ATP 严重不足，只能够支撑我们跑几步。人体只储存如此之少的 ATP 似乎不够明智，而实际上，这些有机电池尽管非常微小，而且“每块电池”只储存一个电荷而已，但是由于 ATP 数量巨大，所以对于细胞来说，无论是将它们制造出来还是储存起来，任务都十分艰巨。步行一小时需要超过 14 千克的 ATP，如果走上一整天的话，消耗的 ATP 比你的体重还要多，带着这么重的东西作为备用能量显然是不可能的。[15] 所以，人体在任意时刻储存的 ATP 不会超过 100 克。[16] 幸好，在刚开始跑的那几步将大腿肌肉中为数不多的 ATP 储备消耗殆尽之前，人体迅速求助于另外一种与 ATP 类似的微小颗粒——磷酸原，它们同样依靠磷酸基团之间的化学键存储能量。[17] 当然，遗憾仍然存在，这些磷酸原的储备也非常有限，10 秒钟的冲刺跑就会消耗 60%，大约 30 秒之后彻底耗尽。[18] 即使是这样，它们在短暂的时间内提供的大量燃料仍然弥足珍贵，这为肌肉赢得了时间，从容地开启了能量“重复充电”的第二个过程：糖酵解。

糖是甜蜜的同义词，但它首先是为 ATP 充电的燃料，这个过程被称作糖酵解（glycolysis①）。在糖酵解过程中，酶将糖分子迅速一分为二，从糖分子的化学键中释放出来的能量能够为两个 ATP“充电”。[19] 用糖给 ATP 充电并不需要氧气，因此 30 秒冲刺跑所消耗的那些能量，有近一半能够通过糖酵解过程快速补充上。[20] 实际上，一个健康状况良好的人储存的糖足够支撑大约 24 千米的奔跑。但是，上述过程有一个后续的麻烦，那就是糖酵解遗留的另外一半糖分子——丙酮酸，这种微小颗粒聚集的速度超过了细胞的处理能力。在丙酮酸堆积到无法处理的程度之前，酶会将丙酮酸分解为乳酸和氢离子。虽然乳酸对人体无害，而且最终会被用于为 ATP 充电，但是氢离子会造成肌肉细胞持续酸痛和身体疲惫疼痛，从而降低人体机能。[21] 大约 30 秒钟之内，短跑选手就会感到腿部灼痛。这之后，人体需要相当长的时间缓慢地中和乳酸，并且将过剩的乳酸交给第三个过程进行处理，这也将是最后一个过程——长期的有氧能量阶段。

生命需要氧气，尤其是当你想要跑很远时。实际上，在氧气充足的条件下燃烧一个糖分子所生成的 ATP 是糖酵解所生成 ATP 的 19 倍。但是，我们在这里又看到了权衡：有氧代谢确实提供了更多能量，但是供能的速度非常缓慢，因为有氧代谢需要一系列漫长的步骤，以及大量的酶。[22] 这些步骤发生在细胞内一种名叫线粒体的特殊结构里，线粒体不仅能够燃烧来自糖的丙酮酸，还能

① glyco 的意思是“糖”，lysis 的意思是“分解”。

够燃烧脂肪，紧急情况下甚至可以燃烧蛋白质。当然，糖和脂肪的燃烧效率不同。虽然人体内储存的脂肪足够我们奔跑 2 000 千米，但是与糖相比，脂肪的分解和燃烧需要更多步骤，所以也需要更多时间。休息时，身体消耗的能量大约 70% 来自缓慢燃烧的脂肪，但我们奔跑时，跑得越快，需要燃烧的糖就越多，超过有氧能力的极限时，我们的能量完全依靠燃烧糖来获得。

我们现在可以理解为什么有些人在长距离奔跑过程中比另外一些人跑得更快了。虽然博尔特只需用力蹬地便可以在短距离项目上超过我，但是随着奔跑距离的增加，我在耐力方面的优势可能会越来越明显，当然前提是如果真有这么一场比赛的话。

原因在于，每个人的有氧系统在身体活动开始那一刻就已经开启，但是有氧系统供能的最高水平因人而异，并且差异极大。图 5-4 展现了这一重要的极限—— 最大摄氧量。测量最大摄氧量的方法多少有些吓人。一般来说，你需要戴上一个连接在机器上的面罩，它可以测量你在跑步机上跑步时的耗氧量（参见第 2 章）。随着跑步机运转得越转越快，你的耗氧量越来越大，直到你摄入更多氧气的能力进入停滞期，这时你开始喘不上气来。这个极限就是你的最大摄氧量，此时你需要糖酵解为肌肉提供额外的燃料。此刻你的肌肉开始发酸，你已经无法承受比这更快的速度了。幸好，你的最大摄氧量对最高强度下短距离冲刺的速度几乎没有影响，比如 30 秒冲刺。但是距离越长，最大摄氧量产生的影响就越大。在一场 100 米比赛中，大约只有 10% 的能量来自有氧呼吸，但是如果距离超过 400 米，这一比例会增加到 30%，800 米是 60%，1 600 米达到 80%。[23] 在长距离奔跑过程中，你的最大摄氧量较高所带来的优势越明显，那么你的最快速度也较高，当然，这一能力可以通过训练得到提高。[24]

现在大家终于可以理解，为什么博尔特与我都不可避免地要在如何分配能量的问题上，也就是将能量分配给速度还是分配给耐力的问题上，进行权衡了吧。

虽然博尔特在短跑时一骑绝尘，但随着我们将各自的糖酵解率升至极限，我们迅速烧光了各自体内储备不多的 ATP 和磷酸原。由于我们在短跑时均超越了各自的最大摄氧量，起跑 30 秒后我们不得不停下来喘气，等着“身体电池”充电，并将肌肉的酸痛感清除。[25] 如果鬣狗在我们完全恢复之前继续展开攻击，那我们就只能完全依靠自己的有氧系统了，结果只会越跑越慢。相对来说，逃命之路越长，我的表现越有可能比博尔的表现好，因为我的耐力可能更好一些。

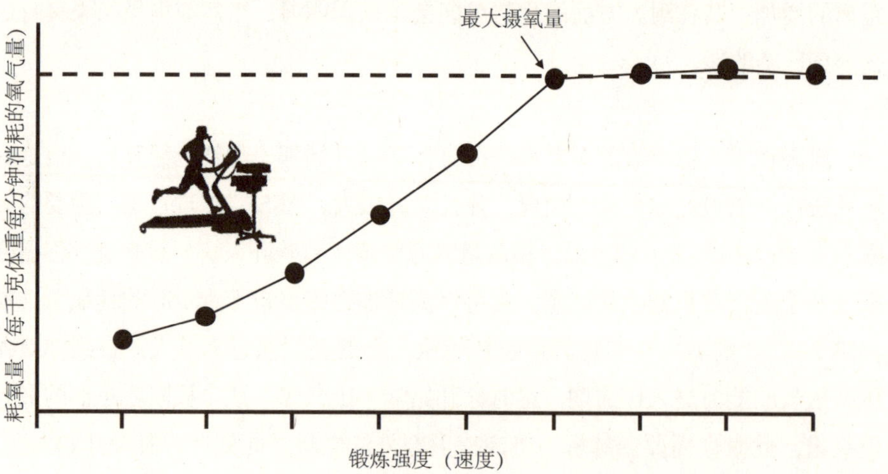


**图 5-4　最大摄氧量的测量方法**

注：随着一个人速度越来越快，他的摄氧量终究会达到峰值，这个数值就是最大摄氧量。

对于博尔特而言，上述情况不可能发生，如果他起跑 30 秒钟之后停下来喘气时回望一下，也许会看到我已成为鬣狗的早餐。这里有一个重要的提醒：虽然速度最快的人没有什么机会跑赢鬣狗，但是他只要不是跑得最慢，便可以活命。

## 你想要红肉基因，还是白肉基因

即使你像我一样清瘦，你的肌肉也会占体重的 1/3 以上，而且这些肌肉还要占到你每日能量消耗的大约 1/5。它们确实配得上每一卡能量，因为它们支撑着你、为你保暖、带你运动，但我认为你极少想过它们是如何工作的，它们长什么样。除非你本人是一名外科医生、屠夫或者解剖学家，否则你看到的绝大多数肌肉可能都是烹饪之后放在盘子里端上来的。有意思的是，虽然鱼肉、鸡肉和牛肉的口感差别很大，但如果在显微镜下比较这几种不同动物肌肉的基本结构，你很可能窘迫地发现自己根本无法区分它们。这是因为肌肉早在 6 亿年前便进化出通过收缩产生力量的功能，它们的基本结构和功能自那之后从未改变。[26] 如果是这样的话，抛开博尔特的身材不谈，为什么他的肌肉能够让他跑得快，而我的肌肉能够帮助我跑得远呢？

为了回答这个问题，我们先来看看显微镜下的肌肉。肌肉由大量长而薄的细胞组成，这种细胞又被称为肌纤维（见图 5-5）。而每一个肌纤维由数千个肌原纤维组成，再细分的活，肌原纤维又包含着数千个名为肌节（sarcomeres）① 的带状组织。肌节由两种重要的蛋白质组成，一种细一种粗，两种蛋白彼此交错，就像双手合十时手指的样子。这种结构可以生成拉力。当神经向肌肉发出电信号，就会促使粗肌丝上的微小尖状突出物拉动细肌丝，就像两队拔河的人拉绳子那样，肌肉收缩的动作就发生了。每一个突出物的齿合动作都会产生一个微小的拉动效果，但会消耗一个 ATP。由于每一块肌肉上都有数十亿个类似的突出物，它们不断地做出齿合的动作，于是拉力迅速叠加起来。[27]

所有肌肉细胞的工作方式都差不多，只有控制我们的骨头进行运动的骨骼肌肌纤维有一些不同。比较极端的一种是慢肌纤维（slow-twitch fiber），也被称作 I 型纤维，它不会快速地或者强烈地收缩，而是以有氧的方式利用能量，

① 在希腊语中，sarcomeres 指“肉的组织”。

而且不易产生疲劳。由于颜色暗淡，这些 I 型纤维通常也被称作红肌纤维。[28] 另外一个极端是快肌纤维（fast-twitch fiber），也被称作 II 型纤维，它包括两种类型：白肌纤维和粉肌纤维。白肌纤维（IIX 型纤维）燃烧糖，生成强烈而快速的力量，但是会很快疲劳。粉肌纤维（IIA 型纤维）以有氧的方式生成中等强度的力量，所以也不会很快产生疲劳。总之，红肌纤维非常适合持续低强度的活动，如步行或者慢跑一场马拉松；粉肌纤维最适合中等强度的活动，如 1 500 米跑；白肌纤维最擅长在极短时间内输出极限力量，如 100 米跑。

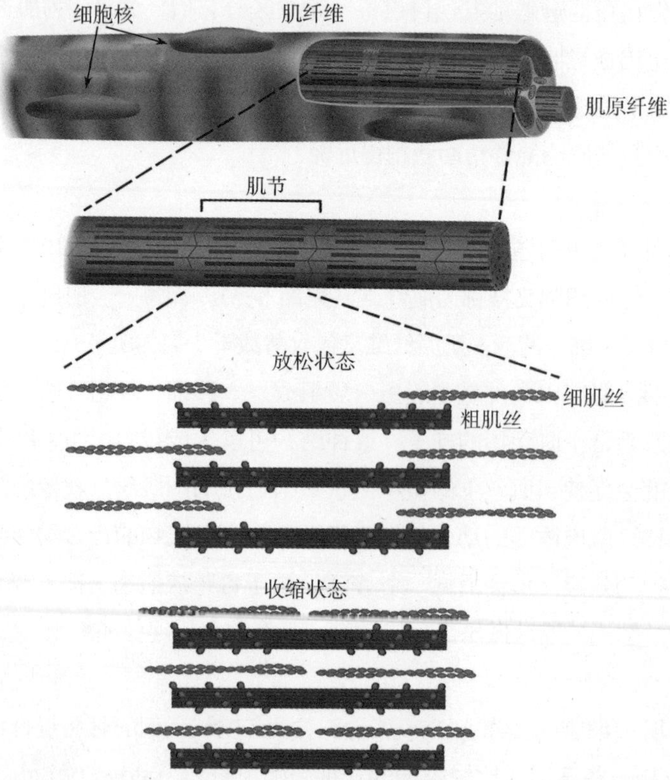


**图 5-5　不同维度的肌肉结构**

注：当细肌丝与粗肌丝发生齿合作用，肌节就会收缩，肌原纤维、肌纤维和肌肉统一缩短。

与其他动物的肌肉一样，人类的肌肉也包括红肌纤维、粉肌纤维和白肌纤维，但是这三类肌纤维的具体的比例在每一块肌肉中都不尽相同。你从一只烹制之后的鸡身上就可以看到这种差别。鸡的大腿和小腿上有更多的红色慢肌纤维，有助于它们一天到晚走来走去，鸡胸上则更多是白色的快肌纤维，这是为了帮助它们偶尔做一些高能动作，如扇动翅膀。幸好，我们不用把人类的肉切下来烹制，也能研究人类肌肉的组成，但是为了研究人类肌纤维的各种形态，仍然需要有人扮演“活标本板”，而他们的肌肉就是标本。在这个过程中，研究人员要把中空的粗针头插入人体，但不是为了向体内注射什么，而是吸出一小块肌肉。这确实会对人体造成一些损伤，但是吸取活的肌肉组织可以将人体非凡的复杂肌肉形态展现出来。人体很多肌肉的快肌纤维与慢肌纤维的比例大约都是 1 ∶ 1，但是，对于三头肌等用来发力的肌肉，快肌纤维的比例就会达到 70%，而对于那些用来走路或者负责其他非发力型运动的肌肉，比如小腿的深层肌肉（比目鱼肌），慢肌纤维的比例大约为 85%。[29]

肌肉纤维的比例也会因人而异，我们回到“博尔特为什么比我跑得快那么多”这个问题上。1976 年，一项颇为超前却又令人备感痛苦的研究将 40 名被试的小腿外层肌肉（腓肠肌）作为标本。研究显示，非运动员的腓肠肌拥有比例大致相当的快肌纤维和慢肌纤维，精英短跑选手腓肠肌的快肌纤维比例达到了 73%，职业长跑运动员的慢肌纤维平均占比 70%。[30] 另外一项针对数千份各种类型肌肉活组织的研究证实了以下结果：大多数普通人的慢肌纤维会比快肌纤维多一点点，像博尔特那样擅长速度和力量项目的运动员，快肌纤维比例占绝对优势，而像传奇马拉松跑者弗兰克·肖特（Frank Shorter）那类擅长耐力项目的选手则拥有占绝对优势的慢肌纤维。[31] 除了快肌纤维比例超高之外，短跑选手还比长距离跑者拥有更健硕的肌肉。[32]

类似的差异性在速度型动物和耐力型动物的腿部肌肉成分上，同样表现得非常明显。猎犬和猎豹这样的速度高手都拥有发达的腿部肌肉，其中绝大部分都是快肌纤维，而像猎狐犬和臭鼬这种进化出耐力的动物，腿部力量不足，其肌肉组成以慢肌纤维为主。[33] 所以，如果你像博尔特那样拥有大量的快肌纤维，你在速度方面的表现就会非常好，但耐力方面就会差一些，如果你像弗兰克·肖特一样拥有大量慢肌纤维，那么你有可能成为一名优秀的马拉松选手，但也就不再有任何机会赢得百米比赛。如果你像我们大多数人一样普通，那么你在这两方面都将表现平平。也许我应该将自己平庸的短跑能力归咎于我的父母，他们遗传给我的基因将我变成了一只“乌龟”，而不是一只“野兔”。

## 先天遗传还是后天培养

慢着，我真的可以归咎于他们吗？关于先天遗传与后天培养哪个更重要这个问题，很多解释都采取了过分简化的方式，而如果我们稍微仔细分析一下这个问题，就会知道，在匆忙得出结论之前，有必要保持谨慎的态度。人体的每一个特征都是经过数不清的相互作用才最终形成的，这种相互作用发生在人类从父母那里遗传的大约 25 000 个基因与生存环境之间，而且从我们还在子宫中时便已经开始了。人体极少有某个特征是只由基因决定的，所以在讨论速度与耐力之间的关系时，我们也毫不例外地需要将基因的影响、环境因素和它们之间的相互作用梳理清楚。

当生物学家们想要研究某一特征的遗传力时，比如奔跑速度这一特征，双胞胎是最理想的研究对象。对双胞胎所做的最常见研究就是对同卵双胞胎的某一项特征进行比较，比如百米跑用时，因为他们的基因完全相同，而异卵双胞胎只有 50% 的相同基因。如果同卵双胞胎的百米成绩比异卵双胞胎的百米成绩更接近，就说明基因一定对速度有强烈的影响；反之，起重要作用的有可能是环境因素。同卵双胞胎组与异卵双胞胎组之间的差异提供了大量遗传力估算方面的数据。虽然这项研究受到误差的影响——想想看，你如何能用一个数据去评判一个人的运动能力？但是大量的类似研究已经发现，基因确实可以解释人类大约一半以上的运动能力。[34] 尽管如此，我们也有必要对这一比例持审慎态度，因为在不同的研究中，运动能力的遗传力估算呈现极大的差异性。速度的遗传力估算区间为 30% ～ 90%，有氧代谢能力的估算区间为 40% ～ 70%。[35] 人体这两个特征遗传力估算的最高值是最低值的 2 ～ 3 倍，这足以提醒我们，单独的研究通常无法窥破真实世界的纷繁复杂。毫无疑问，我们所有人都会从遗传中获得一些解剖学特征、心理特征和行为特征，这些特征使我们的某些运动技能更为出众，但是这些运动技能的发展势必会受到成长和生存环境的影响和重塑。像博尔特这样伟大的运动员，是由先天和后天因素共同塑造的。[36]

到底是先天遗传还是后天培养对于速度和耐力的影响更大？另外一种评判方法是直接找到某个特定的基因，而这个基因恰好可以对人在速度和耐力方面的差异性进行解释。不过，对于先天遗传派来说，这里有一个坏消息——尽管有大量的基因研究都关注这个领域，但是它们无一例外，都未能找到对此起决定性作用的单个基因。到目前为止，与运动天赋有关的最佳候选基因叫作 ACTN3，这个名字没有特殊含义。这个基因代码对应的蛋白质可以帮助肌肉在强大的力量作用下保持坚硬。重要的是，这一基因有两种形态，正常基因 R 和变异基因 X，而变异基因的功能性较差，会造成肌肉松弛。2003 年针对澳大利亚运动员的一项研究曾经得到了广泛关注，该研究发现，X 型 ACTN3 非常普遍地存在于非运动员人群和耐力运动员体内，但是在精英短跑选手、举重选手和力量型选手体内几乎不存在。[37] 这一发现公布之后，很多家长付费给基因学家，希望他们能够对自己的孩子进行检测，从而确定应该鼓励孩子参与哪些体育项目。如果孩子有两个 X 基因，家长得到的建议就是不要让孩子训练短跑了，而是尝试长跑或者游泳。但是，随着研究人员收集的数据越来越多，对 ACTN3 的狂热终于消退了。一项针对希腊短跑选手的研究显示，这些选手在 40 米冲刺成绩上的差异性最多只有 2.3% 能够用基因解释。[38] 另外的研究则发现，在非洲人和其他非欧洲人中，这一基因完全没有任何预测价值。[39]

令局面更加复杂的是，虽然 ACTN3 并没有将事情解释清楚，但是到目前为止在 2 000 多个与运动表现相关的基因中，它居然还是最有说服力的一个。[40] 当然，这并不是说基因不重要。在任何一个族群中，你都可以发现有一些人的腿部肌肉中快肌纤维或者慢肌纤维占比较大，这种差异性大约有 40%与基因有关。[41] 而且，一些有限的证据可以证明，在西非人后裔身体某些部位的肌肉中，快肌纤维含量比具有欧洲血统的人多出约 8%。[42] 但是，我们尚未找到能够决定跑步能力的单个基因，无论这种差异是体现在种群之中还是种群之间。所以，我们可以得出这样的结论：精英短跑选手、精英马拉松选手与普通人之间巨大的能力差距不是由某几个有支配力的基因所决定的。一个人的运动能力，比如冲刺速度，其实非常像人类的另一个复杂特征，那就是身高。身高绝对是可遗传的特征，但是身高的遗传受到超过 400 个基因的影响，最终由每个小的效应叠加而成。[43] 我不够高的原因是我从父母双方的家族遗传到的数百个基因的组合效应，在它们的共同影响下，我的身高只有 1.75 米。而且，我的身高也许还与我的饮食、睡眠方式，以及少年时代经历的压力、患过的疾病有关。既然连身高都是由多种因素决定的，那么像速度或耐力等比身高更复杂的特征，也不会是由单一因素决定的。

此外，虽然有证据表明运动天赋是由数百个基因的微小效应叠加而形成的，但是这些证据似乎有悖常识。我们的常识是，运动天赋是速度与耐力权衡的结果。在我们遗传到的数万个基因中，有一些让我们跑得快一点，其他的能够让我们跑得远一点。不太可能存在某一个基因，让我们既像“乌龟”，又像“野兔”。而我们大多数人在速度和耐力方面的表现都不怎么样。那么为什么某些人看上去明显就能跑得更远，而另一些人跑得更快呢？即使你喜欢慢跑，讨厌冲刺，你是不是偶尔也应该提高一下速度？

## 我们也可以跑得又快又远

记者阿舍·普赖斯（Asher Price）在 34 岁那年决定用一年的时间训练，看看自己能否提高弹跳能力，并最终完成扣篮。他身高有 1.88 米，但对于扣篮来说并不具有优势。除了年龄略大的劣势之外，他也并非是那种运动型的人，有些微胖，而且他得了睾丸癌，仍在恢复中。他在开始行动之前给我打电话，问我是不是觉得他无法实现这个梦想，我告诉他：“你看，如果你到了 35 岁都从来没有扣过篮，那可能说明你根本就扣不了篮。”[44] 现在，我为自己当时向他泼冷水感到羞愧。你们可以去看看普赖斯对自己的努力所做的精彩记录——《扣篮之年》（*Year of the Dunk*），并判断一下谁是正确的一方。但是我的错误预测也反映了一些常识：第一，非凡的运动水平是天赋与训练相结合的结果；第二，扣篮需要的是弹跳和速度方面的能力，与耐力是相互冲突的。

当然，常识不一定正确，比如认为“速度和耐力不可兼具”。我们绝大多数人都愿意接受这样一种观点：自己要么是一只平庸的“乌龟”，要么是一只平庸的“野兔”。也就是说，大家还是从心里把自己归为“速度型”或者“耐力型”。但是，我们每个人对于速度和耐力的正确认知其实受到了蒙蔽，而原因就在于，我们太过关注那些精英级别的职业选手了。要知道，在一场马拉松比赛中，世界水平的短跑选手在马拉松高手面前完全没有胜算，反之亦然。这些人出类拔萃，他们的能力位于人类运动表现的顶峰，可以说，他们与我们这类平时散散步就算锻炼的人完全不是一类人。想想看，速度最快的马拉松选手跑 42.195 千米用时 2 小时多一点点，相当于以不到 3 分钟跑完 1 千米的速度一直跑下去。你能做到在 3 分钟以内跑完 1 千米吗？如果你能做到，那祝贺你，毕竟只有极少数人能够以这个速度跑完 1 千米。与 99% 的人相比，这些马拉松选手做到了不必在速度与耐力之间进行权衡。换句话说，耐力超强的马拉松精英选手的速度，其实也不慢，所以，他们给我们的正确启示是，我们也可以跑得既快又远。

另外一些选手也向我们展示了耐力与速度是可以兼得的。职业足球运动员每场比赛平均奔跑距离为 11 ～ 12 千米，其中有 22 分钟是爆发性的冲刺跑，外加 68 分钟的慢跑和行走。[45] 那么他们是“乌龟”还是“野兔”呢？显然，他们兼而有之。这并不是说耐力与速度之间的一些权衡不存在了，而是因为球员已经在很大程度上将速度和耐力融合，从而成为他们各自的综合运动天赋。比如，耐力和力量俱佳的精英十项全能选手，他们在百米和铅球等需要速度和爆发力的项目中成绩出众，在 1 500 米跑等需要耐力的项目中也表现优异。[46] 最好的选手似乎项项精通，与此相似的是，某些种类的青蛙、蛇、蜥蜴和蝾螈既能非常快速地释放能量，又有极好的耐力。[47]

在世间万物的宏大蓝图中，进化史为整个人类安排了一个慢速的角色，因为同我们身边大多数四足动物相比，人类的速度都是慢的。但如果针对人类这一群体本身进行比较，那么绝大多数人既是“乌龟”又是“野兔”，这说得通吗？我们的狩猎采集者祖先也会做各种各样的活动，如步行、搬运、挖掘、决斗、采集食物，可能还时不时地需要游上一小段。[48] 除了长距离奔跑之外，他们为了摆脱狮子或者躲避同类，偶尔也需要狂奔。今天的狩猎采集者仍然具有超强的耐力，但监测显示，他们所能达到的最快速度同样惊人——19 ～ 27 千米 / 时。[49] 而在职业体育领域，我知道有不少美式足球运动员在运动生涯中将自己训练得快速而强壮，但后来选择去跑马拉松。我们可以训练自己的身体去进行非常多样化的运动，虽然很多可供选择的训练项目，要么是为了让我们成为自认为的“野兔”，要么是为了让我们成为自认为的“乌龟”，但是，为什么我们不能同时成为这两种动物呢？

我们当然可以。而且更重要的是，这种同时提升速度和耐力的训练非常高效。有些人可能会认为自己更适合耐力运动而不是极端的速度训练，但是有充分的证据表明，有规律的短时高强度锻炼不仅能使我们变得更强壮、速度更快，而且能让我们的体能状况更好、更健康。这种名为高强度间歇训练（High-Intensity Interval Training，HIIT）的训练方法包括交替进行的各种短时但是高强度的无氧运动项目，比如多组冲刺跑，两组之间是低强度的恢复阶段。简而言之，高强度间歇训练不是力量训练，而是剧烈的心肺训练。我们来体验一下高强度间歇训练，看看它是如何帮助我们在不影响耐力的情况下提高速度的，并以此结束本章对于速度问题的探讨。

我们先从超等长收缩训练（plyometric drills）① 开始，这项训练也被称作弹跳训练。一个标准的超等长收缩训练由一组 10 次或更多次数的全力跳组成，训练者尽最大能力用单脚以最快速度跳到最高，另外一条腿的膝盖也尽量抬高，双臂配合向上摆动。每一次落地时，你的臀部、膝盖和脚踝自然弯曲，你的腿部肌肉得到拉伸，等轮到这些肌肉强烈收缩的时候，它们将受到极端的挑战。[50] 这些跳的动作会迅速使你的快肌纤维产生疲劳感。接下来，做相同数量用脚向后踢臀部的动作。之后尝试全力跑一轮 100 米或者 200 米，这会造成你的肌肉快速强劲地收缩，而三磷酸腺苷和磷酸基团的储备也被耗尽。这些高强度间歇训练十分艰苦，之后的几天你会全身酸痛。

但是这种训练非常有效。如果你能坚持每周进行两次高强度间歇训练，你的肌肉能力将逐步提高，从而更快速地提供更强大的力量。至于肌肉能力能提高到何种程度，部分取决于当收到神经的刺激时，同时收缩的肌肉纤维的数量比之前增加了多少。而且，你的肌肉成分也会发生变化。虽然高强度间歇训练不会刺激你的肌肉生成更多快肌纤维，但是已有的纤维会变粗，让你变得更强壮、速度更快。[51] 平均来说，短跑选手的肌肉纤维会比长距离选手的肌肉纤维粗 20% 以上。[52] 高强度间歇训练还能将慢速、不易疲劳的粉肌纤维改造成快速、易疲劳的白肌纤维；将纤维小幅拉长，这样可以提升肌肉的收缩速度；提高收缩的肌肉中纤维的含量，这样可以增加肌肉的力量。[53] 但是种种变化不会自动发生，需要持续付出努力。如果你想跑得更快，你需要努力快跑。

有规律的高强度间歇训练的益处远远不止改善肌肉的性能，它给身体带来的好处还包括：使心室变大并更富弹性，从而提升了心脏的能力，使它的泵血效率更高。它增加了动脉血管的数量、宽度，并使动脉血管更有弹性，同时增加了为肌肉供血的毛细血管的数量。它还能进一步提升肌肉从血液中获取葡萄糖的能力，增加每一块肌肉内部的线粒体数量，为身体提供更多能量。[54] 身体

---

① 肌肉在离心收缩之后紧接着做向心收缩的力量训练。——译者注

由此产生的各种适应可以降低血压，有助于预防心脏病、糖尿病等疾病。我们对高强度间歇训练效果的研究越深入，就会发现更多它所带来的好处，它理应成为所有人的体能训练计划，无论你是奥运会选手，还是一个想强健体魄的普通人。

就在我们对于速度的探讨接近尾声之时，高强度间歇训练的诸多益处为这一主题画上了圆满的句号。虽然像博尔特这样的精英选手为我们展现了人类运动能力的极限，但是我们不应忘记，实力平平的普通人也有能力完成非凡的运动壮举，我们应该为自己喝彩，更应该知道在人类进化史上，这些壮举起到过非比寻常的作用。我们那些石器时代的祖先，从来没有为了在众人的关注下以最快的速度沿着一条直线狂奔跑完不多不少的 100 米，而花费数年的时间进行训练。但是，他们还是进化成为“全能战士”的样子，擅长各种各样的运动挑战，既有“乌龟”型技能又有“野兔”型技能。幸好，他们并没有太过频繁地被鬣狗追赶，也没有太多次面对狮子或者老虎，但是他们一定也曾面对这种生死时刻且依靠运动能力化险为夷，否则可能就没有你我了……

# Exercised

## 第 6 章

## 力量：从肌肉发达到骨瘦如柴

### 以讹传讹的谬误 6：进化的目标就是把自己变得无比强壮

没有人敢招惹强壮的男人。

查尔斯·阿特拉斯（Charles Atlas）

我的爷爷奶奶来到美国之后没多久，便在纽约市布鲁克林区安顿了下来。在我的童年记忆中，吸引我去探望他们的，是炎热夏日布鲁克林著名的科尼岛海滩上的人们。在泳衣之下，没有人可以隐藏自己的体形。虽然我家族中的每个人都身材矮小而且缺乏肌肉，但是在纽约最受欢迎的海滩上，每一种你能够想到的体形都有会出现在这里：有高的、有矮的、有胖的、有瘦的，有皮肤光滑的、有体毛较多的、有身材欠佳的、有身材火辣的，有皮包骨头的、有肌肉发达的。我一直到长大之后仍然记得那些景象，我希望拥有那种令人赞叹、魅力十足、肌肉发达的身体。

但我当时不知道的是，据说，就在同一片沙滩上，美国人对于肌肉发达这一体形的态度发生过一次戏剧性的转变。故事始于 1903 年，当时只有 10 岁的安杰洛·西西利亚诺（Angelo Siciliano）走下船，踏上埃利斯岛①。西西利亚诺是众多初来纽约、不会说英语的意大利穷人中的一位。在被父亲抛弃之后，西西利亚诺和母亲寄居在布鲁克林的舅舅家，挣扎着追寻美国梦。少年时代的西西利亚诺显然是个多病柔弱的孩子，屡屡遭受来自粗鲁的舅舅和霸凌混子的殴打。他后来曾经讲述过这样一段经历：“有一天我与一个非常可爱的女孩子一起去了科尼岛。我们坐在沙滩上。我遇到了一个或者是两个高大强壮的救生员，他们把沙子踢到了我的脸上。我无能为力，而那个女孩却觉得很好笑。我告诉她，总有一天，如果我再遇到那个人，我会轻而易举地击败他。”[1]

---

① 欧洲移民乘船抵达纽约时，会先看到自由岛上的自由女神像。船只随后会停靠在自由岛旁边的埃利斯岛边上，移民们前往设在埃利斯岛上的海关办理各种手续。——译者注

遭到羞辱的几天之后，刺痛感仍未消退的西西利亚诺在学校组织的布鲁克林博物馆之旅中得到了顿悟。雕像中希腊诸神健壮的肌肉给西西利亚诺留下了深刻的印象，他意识到，如果自己也能拥有这样一身引以为傲的肌肉，就将获得男子汉的气质。西西利亚诺后来说，他花了几个月的时间在卧室里挥汗训练，用了杠铃、绳索和弹力带等器械，却几乎毫无成效。然而，在布朗克斯动物园看到狮子伸懒腰的时候，他获得了第二次顿悟。西西利亚诺看到狮子在不进行负重训练的情况下仍然可以拥有如此强大的力量，他对此非常疑惑，但很快便想清楚了，它们一定是"用一块肌肉去对抗另一块肌肉"才使自己变强壮的。他开始实施被自己称为"动态张力"（dynamic tension）的实验，我们今天将这种肌肉训练称为"等长训练"（isometric training，也叫静力训练）。这个方法奏效了。几个月之后，当他在著名的科尼岛海滩上秀出自己的新体形时，据说一个朋友感叹道："你就像是阿特拉斯[a]酒店房顶上的阿特拉斯雕像。"没过多久，安杰洛·西西利亚诺改名为查尔斯·阿特拉斯。[2]

查尔斯·阿特拉斯当然不是第一个靠自己发达的肌肉赚钱的健美人士，但他成了自己那个时代最成功的肌肉男，开启了现代身体文化运动。他开始时以肌肉男的形象在科尼岛海滩挣几个小钱——人们可以付费踩他的肚子，后来他成为一名模特，在一场比赛中获胜，并赢得了"世界最完美男性"称号。自那以后，他推出了一门邮购课程，承诺可以帮助美国每一位瘦弱的孩子和虚胖的成年人获得令人羡慕的健美体魄。阿特拉斯不断地在连环漫画、宣传小册子和各种广告中重述自己的故事，一再强化那种典型的不安全感：失去了自己喜欢的姑娘，不够有男子气概，以及对衰弱和衰老的恐惧。实际上，对阳刚之气的渴望算不上新东西，但是阿特拉斯的承诺对于众多男性实在是太有诱惑力了。这些男人的尊严刚刚在大萧条中遭受重创，而随着工业革命的到来，机器取代了部分人力，他们的不安全感日渐加重。锻炼肌肉在当时成为数百万人重拾自尊的绝佳之选，阿特拉斯也变身为推广阳刚身材的新任"形象大使"。

① 希腊神话中的人物，以力大著称，在西方建筑中，他的雕像经常被作为支撑物。——译者注

在阿特拉斯之后，不可胜数的年轻人在这些广告宣传的诱惑中成长，内心深处成为大力神赫拉克勒斯的渴望被激发出来。阿特拉斯还激励了一代又一代健美大师和以肌肉强健而著称的人，其中包括杰克·拉拉尼（Jack LaLanne）和阿诺德·施瓦辛格（Arnold Schwarzenegger）。健身房在美国以及世界其他地方如雨后春笋般涌现，一开始只提供哑铃、杠铃等举重器械，之后又出现了各种新潮的奇妙发明。诺德士健身器械的出现属于该领域的一个巨大飞跃，该品牌的健身器械通过滑轮系统的转换和连接，将可调节的重量施加在肌肉上，从而让使用者在肌肉的整个运动过程中都能感受到大小不变的阻力。随着诺德士和其他品牌健身器械的出现，阻力训练变得更加简便、有效，身体文化从一个亚文化发展成为数百万美元的主流产业。[3]

一时间，阻力训练备受推崇，并得到大力推广，但是不可避免的是，这种负重训练与我们对人类进化过程的理解发生了碰撞。两者碰撞出的一个巨大火花是 1988 年出版的畅销书《旧石器时代的处方》（*The Paleolithic Prescrition*），书中提出，大多数“文明的疾病”都源于我们的身体不适应现代的生活方式。[4] 虽然这本书主要关注的是饮食，大力推崇“旧石器饮食”（Paleo Diet），但是这种思考问题的方式迅速延伸到锻炼领域，为“原始健身浪潮”推波助澜。[5] 就像“旧石器时代的饮食者”毫无逻辑地相信穴居人的饮食方式是最健康的一样，原始健身浪潮的狂热支持者相信，像肌肉发达的祖先那样健身，才是最佳选择。[6]

为了更多地了解原始健身浪潮，我曾经与这场运动的超级巨星埃尔文·勒·科雷（Erwan Le Corre）共同锻炼过一次。那次的活动叫作纽约赤足跑。一个阳光灿烂的周末，我在轮渡上加入了数百名“旧石器原始狂热者”行列，此行的目的地是纽约湾里离自由女神像不太远、风景如画的总督岛。当天主要的活动内容就是光着脚绕着小岛一圈一圈地跑，每一圈的距离都是 3.38 千米，但是参与者似乎更愿意喝啤酒、吃烧烤，以及社交。组织者科雷是一个高大健壮的法国人，平时在新墨西哥州的圣塔菲经营着他的健美营，而此时，他凭借自己电影明星般的相貌、引人赞叹的健美身材和充满生机的锻炼方式，瞬间成为全场的焦点。他把环绕总督岛的路线变成了一个赤足游乐场。每当兴之所至，他会突然离开常规线路，要么去爬树，要么跳着越过沙滩，要么追逐松鼠。与此如出一辙的是，在科雷的圣塔菲健美营，参与者受到鼓励去做人类身体显然可以完成的任何一件事情，跑步、徒步、跳跃、爬行、攀登、游泳、举重、搬运、投掷、追逐，甚至打斗。你可以想象一下健壮的男人们赤膊扛着巨大的木头在树林中穿梭的情景。[7]

自那之后，我开始通过书籍、网站、会议与热情参与者交谈，努力了解原始健身浪潮。据我所知，这些当代洞穴人中的绝大多数都相信，我们的祖先之所以拥有强健的肌肉和精瘦的体形，是因为他们一生都在进行“自然运动”。按照他们的理解，“自然运动”就是中等强度的耐力运动再加上一些需要强大力量的任务，比如搬起巨石或者与狮子搏斗。负重训练因此成为原始健身浪潮的基石。这一潮流的主要推动者马克·西森（Mark Sisson）通过描述一个虽属虚构但据说有代表性的穴居人格罗克，将这种生活方式彻底还原。按照西森的说法，“格罗克并没有将自己置于一种从中等强度到高难强度持续渐进的长期锻炼模式中，这一点与今天虔诚的健美狂热爱好者不同”。“格罗克的生活需要他频繁地迸发出高强度的能量，将采集到的物品（柴火、制造棚子的材料、制造工具的材料和动物的尸体）运回驻地，攀爬岩石和树木进行瞭望和觅食，整理石材和木材为搭建棚子做准备。”[8]

原始健身和身体文化之间最成功的交集就是大名鼎鼎的“交叉健身”（CrossFit）。这一运动方法自2000年由克雷格·格拉斯曼（Greg Glassman）在加利福尼亚圣克鲁兹开启后，已经发展成为风靡全球的狂热运动。第一次迈进交叉健身的训练馆时，我彻底震惊了。训练馆是一间旧车库，我没有看到闪亮的健身器材、电视机和镜子，我只看到了杠铃、供攀爬的绳子和固定自行车。但是，一场交叉健身训练下来，你立刻就会改变“这只是儿戏”的想法。交叉健身训练的原则是交替进行高强度的耐力运动和同等强度的阻力训练，如举壶铃、做倒立俯卧撑和攀爬绳索。交叉健身者们会以海军陆战队为榜样，按照每天特别定制的“当日训练计划”组队训练，他们会在互相鼓励中拼尽全力跟上严酷的训练进程。训练的最后，每个人都精疲力竭，但是狂喜无比。除了训练环节中这些让人印象深刻的体能考验之外，大多数交叉健身爱好者都相信，他们正在融入的是以力量为基础、以塑造全身运动能力为目的的远古传统，而这种传统据说是人类生存所必需的。我的一位虔诚的交叉训练爱好者朋友告诉我：“强壮是一种原始冲动。”

正如我们曾经重复讨论过的那样，我们的祖先极少出于健康或者变得健壮的目的而进行举重或者其他类型的锻炼，但是上述交叉健身训练与我们祖先曾经进行过的身体活动相比，难道就没有哪怕一点点相似之处吗？我们的祖先真的那么强壮吗？抑或令交叉健身者精疲力竭的高强度“每日训练计划”，对于大多数狩猎采集者而言，其实就像交税或者看书一样，完全就是与自己没有关系的天方夜谭？

## 不同时代的力量

1967 年和 1968 年，两名医生斯图尔特·特拉斯韦尔（Stewart Truswell）和约翰·汉森（John Hansen）深入博茨瓦纳的卡拉哈里沙漠，对生活在那里的狩猎采集者桑人的健康状况进行普查。他们在精细入微、认真严谨的分析报告中，客观地评估了桑人的体重、身高、营养状况、胆固醇水平、血压等数据，但是有一行叙述格外引人注目，他们“注意到一名男性因为旧伤而导致的古怪状况，这名男子曾经徒手打赢了一只豹子，留下了面部麻痹、中指伸肌腱萎缩，以及慢性肱骨骨炎等后遗症。但是他徒手将那只豹子打死了。”[9]

哇！赤手空拳制服一只豹子绝对可以比肩大力神赫拉克勒斯了，但是在过去数百万年中，不走运的狩猎采集者一定会更多，他们甚至根本没有机会回到家里讲述自己面对凶残食肉动物的故事。无论人类与野兽搏斗的结局如何，这些故事都会加深人们对于原始人身强力壮的固有印象。原始健身的网站和书籍甚至一些科学论文经常宣称，狩猎采集者和非工业化社会人群由于以自然的方式进行着交叉训练，所以看起来与交叉健身痴迷者有相似之处。[10] 其中一本书建议我们“野化自我”，将我们的身体从文明的痛苦中解救出来，我引用其中的几句话如下：“让我们拿出 1 秒钟的时间想象一下，来自传奇的肯尼亚游牧部落的一群马赛人正在穿越塞伦盖蒂大平原，轻快地小跑。他们拥有健壮的身材、完美的状态，以及令每一个健身痴迷者心生羡慕的效率与运动的结合之美。是谁把他们训练成这个样子的呢？”[11]

因为我接触过很多马赛人，也认识一些狩猎采集者，所以我只能遗憾地说，上述对于他们特征的描述过分夸张了，而且我必须要说，我发现这些交叉健身痴迷者总是过于关注原始人群中的年轻男性。对于男性和女性狩猎采集者力量方面的细致测量虽然有限，但结果也显示，包括年轻男性在内的狩猎采集者通常偏瘦，强壮程度只能算中等，绝对算不上肌肉发达。一般来说，赤道地区狩猎采集者身材偏瘦小，而不是魁梧。比如，哈扎部落男性的平均身高为 1.63 米，平均体重为 53.1 千克；哈扎部落女性的平均身高为 1.5 米，平均体重为 46.7 千克。哈扎部落男性的体脂率大约为 10%，女性的体脂率为 20%，处于体重不足的边缘。[12] 根据测量得到的哈扎人的握力，再结合对他们的全面上肢力量和肌肉尺寸的估算，我们得知，上述数据均表明他们与同年龄段的西方普通人的测量结果处于同一区间，但远远低于从事系统训练的运动员。[13] 哈扎人虽然算不上肌肉发达，但是他们精瘦、体能状况良好，为了生存，他们日常需要进行挖掘、奔跑、爬树等各种各样的活动，而他们的整体力量完全适应这种需求。

哈扎人虽然只是一个种群，但是他们在体型、肌肉含量和力量方面与其他狩猎采集者几乎相同，如卡拉哈里的桑人、中非的姆布蒂人（Mbuti）、马来西亚的巴特克人（Batek）和巴拉圭的亚契人（Aché）。以生活在亚马孙地区的亚契人为例，他们与哈扎人一样矮小结实，也有着几乎相同的平均握力。[14]当要求他们尽最大能力进行俯卧撑、正握引体向上和反握引体向上的测试时，亚契人的体能表现不错，但也只是与西方人大致相当，唯有一项例外：他们的力量并不会随着年龄的增加而下降太多，这也说明他们一生都让身体保持着活动状态，包括中年。[15]亚契男性在 20 多岁达到力量的峰值，女性达到力量峰值的时间稍晚，但是在衰老过程中肌肉并不会过多流失。所以，老年亚契男性和女性在力量方面差别不大。

今天，喜欢练出肌肉的人，尤其是交叉健身者，大多是依靠杠铃和器械刺激肌肉，使其膨胀，那么没有进过健身房的狩猎采集者或者游牧部落的马赛人又是如何变强壮的呢？按照神话中的说法，古希腊摔跤手克罗托那的米罗（Milo of Croton）为了让自己更有力量，每天将小牛犊举过头顶，直到小牛犊长成一头成年牛。而大力士之死同样富有传奇色彩。据说，米罗是被群狼撕碎而亡，当时他正试图徒手扯断大树，却意外被树困住了。我们看到，举重爱好者已经将肌肉健美之道在艺术层面和科学层面上都塑造得趋于完美了，无论是使用哑铃还是健身器械，训练方法都具体到重复的次数，以确保增肌更有效、更快速，而且使用器械进行健身，比托举扭动的牛或者徒手扯大树简单多了。虽然狩猎采集者偶尔也需要举起重物，但是他们的肌肉所承受的阻力大多数来自运输物品、挖掘或者支撑自己的身体。俯卧撑、引体向上、深蹲、箭步蹲等无器械、以自重训练为主的活动，可以帮助他们增加力量，只是，这些活动有一个大的缺陷：他们的力量虽然提高了，但因为没有器械，他们在训练中举起的重量只能保持不变。在没有健身房的情况下，有些必要的项目狩猎采集者做不了，他们也因此无法变得超级强壮，更不用说拥有像查尔斯·阿特拉斯或者米罗那样的身材了。

如果我是一名狩猎采集者，我有充足的理由不成为像阿特拉斯或者米罗那样的人，除了缺乏健身设备之外，还因为我更想拥有适合我的强壮身体，而不是那种过于强壮的身体。塑造肌肉的过程存在一个弊端，那就是浪费能量。力量是指我能创造多大的力，而能量是指我能以多快的速度创造这些力。力量与能量不是相互独立的，他们之间存在互相权衡关系：一个强壮的女性也许可以将一头牛举过头顶，但是动作不会太快。而一个能量十足的女性虽然无法一次举起过重的东西，但是她能够快速而持续地举起不那么重的东西。有些身体活动，比如跳高或者快速跳过树丛，更考验能量，而不是力量。将自己体重两倍甚至更重的物体举过头顶是一种古怪的行为，在石器时代这种危险的举动没有什么实用价值。即使在今天，酷爱坐着的人类从能量中的获得的益处要大于从力量中获得的益处。很多日常行为，如举起一包杂物或者从椅子上站起来都需要身体快速提供能量。保持身体的能量储备非常重要，尤其是当我们开始变老的时候。[16]

超级强壮的另外一个缺点在于，维持这种体型所消耗的能量太多，这在石器时代显得尤为突出。健美塑身者要想举起一头牛，必须吃得要像牛一样多，至少也要接近牛的食量。我们在前面说过，肌肉是一种昂贵的组织，重量约为正常人体重的 1/3，消耗的能量占总消耗能量的 1/5。我每天维持自己身体里的非肌肉组织大约需要 300 大卡能量，而那些身强体壮的举重爱好者的肌肉含量会增加 40%，这意味着他们增加了大约 20 千克奢侈的肉。[17] 如果我决定让自己变成那样，为了“养活”我的这副新体格，我每天需要多摄入 200 ～ 300 大卡热量。额外摄入 300 大卡在今天是再平常不过的事情，喝一份奶昔就可以了，但放在石器时代，每天靠搜集食物获得这多出来的热量绝对是一个巨大的挑战，甚至有可能需要以放弃繁衍为代价。[18]

总之，肌肉发达者和健美痴迷者所拥有的那种体型，极少出现在我们的狩猎采集者祖先身上，甚至根本就不可能出现。我们的祖先缺少足够的能量去获取那些肌肉，他们也不需要那些肌肉所提供的力量，更无法提供维持那些肌肉所需要的能量。但是，距离现代更为久远的人类祖先是什么情形呢？现代的狩猎采集者与类人猿和那些已经绝迹但是传说中充满力量、无比强壮的穴居人相比，又会是什么情形呢？

## 强壮的类人猿和尼安德特人

1855 年，位于美国费城的自然科学院委托年轻的法裔美国探险家保罗·杜·沙伊鲁（Paul du Chaillu）前往西非考察。[19] 沙伊鲁幼年时曾经与父亲去过那里，当时他父亲在加蓬附近的海面上拥有一个可以用于交易的仓库，而现在沙伊鲁怀着极其强烈的好奇心希望重返故地。在自己 20 岁那年，沙伊鲁曾经沿着加蓬的奥果韦河（Ogooué River）逆流而上进入雨林，对于欧洲人来说，这是一片未知的非洲地带。之后 3 年，他详细记录了那个地区奇异的文化和族群，猎杀了数千只鸟类和哺乳动物并将它们运回费城，制成标本。沙伊鲁是公认的第一位在野外对大猩猩进行观察的欧洲人。1861 年，他在第一本著作《非洲赤道考察探险》（*Explorations and Adventures inequatorial Africa*）中，将这些类人猿描述成可怕的“半人半兽”和“非洲森林之王”（见图 6-1 上图）。沙伊鲁的书极受欢迎，所以他又重返非洲，创作了一系列探险记，其中包括《大猩猩之国的故事》（*Stories of the Gorilla Country*）。[20]

这本充满了歧视的残忍之书给阅读者造成了极度不适。沙伊鲁在某中一章讲述了他活捉大猩猩“好斗的乔”（Fighting Joe）的过程。这是他活捉的第一只大猩猩，整个过程的描述太过残忍，令人心碎。沙伊鲁的手下先射杀了它的妈妈，然后将这个只有 3 岁的可怜生灵捕获并套上了项圈。不出意外，“好斗的乔”完全不能接受被囚禁和失去母亲的生活，它的反应极为激烈，屡屡尝试逃离临时囚室那残暴和毫无人道的环境，而且有一次“好斗的乔”差点儿就成功逃脱，重获自由。最终，在被囚禁几周之后，它死掉了。

（上）

（下）

**图 6-1 “类人猿强壮”这一刻板印象的由来**

注：上图，沙伊鲁在他 1861 年出版的《非洲赤道考察探险》一书中描绘的“我的第一只大猩猩”。下图，捷克艺术家库普卡（F. Kupka）根据马塞兰·鲍莱（Marcellin Boule）复原的尼安德特人模型所绘制。这幅图最初刊登在 1909 年的《伦敦画报》（*Illustrated Londor News*）上。

在众多读过沙伊鲁作品的孩子中，有一个名叫梅里安·科珀（Merian Cooper），他后来说这本书给了他灵感，于是在 1933 年拍摄了电影《金刚》（*King Kong*）。这部电影中大猩猩高大的形象体现了流行文化中人们关于类人猿力量的夸张想象。在英语中，go ape（字面意思“变成猿人”）仍然保留着表达暴怒的意思，意为“勃然大怒”。虽然沙伊鲁对大猩猩的描述受到了当时的科学家的讥讽，比如达尔文称他为“恶毒的老傻瓜”，但是毫无疑问，他的文字和绘图连同他之后的探险家的描述都对早期科学家产生了影响，导致他们认为，我们的类人猿祖先相当粗野。[21] 得益于简·古道尔（Jane Goodall）和戴安·福西（Dian Fossey）以及其他人的开创性工作，我们才认识到，野外的类人猿虽然不是天使，但大多数都是温和友善的。[22] 可是，人们仍然把非洲森林中的类人猿祖先想象成超级强壮的样子，而且这种印象根深蒂固。人们相信，一只 55 千克重的雄性黑猩猩强壮到可以将我们人类的手臂从肩膀处撕下来。

20 世纪 20 年代，美国生物学教师兼大学橄榄球队教练约翰·鲍曼（John Bauman）对大猩猩的力量做了第一次科学测量。鲍曼注意到，“虽然所有研究类人猿的机构都认为它们在力量方面远远领先人类，却没有任何实验数据可供引用，所以哪怕进行几个准确的力量测试都会很有意思，也很有价值”。于是，他安装了一个粗糙的装置，拿到动物园准备对那里的黑猩猩和红毛猩猩进行力量测试。鲍曼的那台装置一开始吸引不到任何一只猩猩花费哪怕是一半的力量拉扯一下，直到后来，他那“狡猾并带有些许恶意的设备”终于激怒了一只名叫苏泽特的雌性黑猩猩，它“凶残”地拉扯这个设备，希望将其摧毁。经过几次尝试之后，苏泽特显然使出了全身最大的力气，拉动了 570 千克的力量，这是一名强壮的美式橄榄球选手力量的 4 ～ 5 倍。[23]

鲍曼对苏泽特的力量进行的估测其实相当业余，他使用的仪器未经测试、未经校准，极有可能不够准确，而且苏泽特之后经过多次尝试也没能再次重现它的大力，但鲍曼得到的这一数据还是被广泛引用。1943 年，耶鲁大学灵长类动物学家格伦·芬奇（Glen Finch）认真地重复了鲍曼的实验，但是 8 只成年黑猩猩被试没有任何一只表现出超过人类成年男性的力量。[24] 大约又过了一代的时间，美国空军的科学家设计了一个古怪的装置，有点类似于将金属笼子与电椅结合的产物，以测试黑猩猩和人类在肘部弯曲时能够产生多大的力量。他们只训练了一只成年黑猩猩，让它学会使用这个装置，结果它测得的力量数据比最强壮的人类被试高出 30%。[25] 在近期的实验中，比利时研究人员测量发现，体重为 34 千克的倭黑猩猩的弹跳高度是体重为 68 千克的人类的两倍，但考虑到人的体重也是倭黑猩猩的两倍，说明这两个物种每千克体重对应的跳跃高度是一样的。[26] 最终，研究人员采用了一种也许最为准确的方法，利用实验室手段测量这两个物种的肌肉纤维，结果表明，黑猩猩的肌肉能够产生的力量和能量最多不会超过普通人的 30%。[27] 虽然这些研究在方法上各不相同，但是在整体上都表明，就强壮程度而言，成年黑猩猩至多只比成年人类强 30%。与广为流传的说法完全不同的是，黑猩猩在一场掰手腕比赛中根本不可能将你的手臂从肩膀上撕扯下来。当然，你大概率仍然会输。

如果接下来还有一场与强壮的穴居人进行的摔跤比赛，根据常识，你也应该三思而行。说到穴居人，人们脑海中闪现的最典型的代表就是尼安德特人。自从 19 世纪，考古学家从欧洲的洞穴中挖掘出第一块尼安德特人的化石起，这些冰河时期的人类近亲就开始激发人们的想象力。尼安德特人的解剖学特征从一开始就非常清晰地显示，他们与今天的人类是不同的：他们有巨大的眉骨、倾斜的前额、无颏的下颚以及普遍存在的强壮骨架。当第一批化石挖掘出来时，一些专家误判他们是智力低下者、罪犯或者罗圈腿的哥萨克人，因为种种原因失足跌进洞穴致死，而后被埋在了那里。[28] 更多清醒的学者认为这是已经灭绝了的人类的一个分支，却毫不掩饰自己的偏见。在达尔文的《物种起源》出版仅仅 5 年之后，沙伊鲁的探险记出版 3 年之后，爱尔兰地质学家威廉·金（William King）于 1864 年正式将这个物种命名为人属尼安德特人，他理直气壮地对这些未开化的祖先表达了厌恶之情：“他们的思维和欲望从来没有超越兽类。”[29]

尼安德特人倒霉的洞穴人刻板印象在 20 世纪初又被影响力颇大的法国古生物学家马塞兰·鲍莱再次强化，他对圣沙拜尔（La Chapelle aux Saints）一个洞穴中出土的第一具几乎完整的尼安德特人骨架进行了细致入微的描述，使得这种刻板印象变得不可磨灭。可惜，鲍莱在复原“圣沙拜尔老男人”时灾难性地出现了巨大偏差。他将尼安德特人的特征错误地描述为野蛮、愚蠢、无道德、粗鲁，而且还弯着腰。鲍莱当时复原的模型广泛流传，这是他为尼安德特人根深蒂固的形象所做的最持久的“贡献”（见图 6-1 下图）。

自那之后，尼安德特人都是凶恶、弓身驼背的类人猿形象，我觉得他们与沙伊鲁描述的大猩猩有诸多相似之处，比如肌肉发达、多毛、屈膝，这应该不是巧合。

好在尼安德特人的刻板形象已经得到了适当的纠正。学者们现在已经将尼安德特人认定为人类的近亲，他们拥有智慧，掌握较高超的技能，他们大脑的大小与人类大脑相当，他们的基因与人类基因的重合度在 99% 以上。但是，他们比我们更强壮吗？我们可以通过对他们体型的估算得到一些信息。如果你能够得到一个人的骨头，你可以通过测量一些特定骨骼的尺寸，估算他的身高和体重。研究人员用同样的办法得出了尼安德特人的数据：男性平均身高 1.66 米、平均体重 78 千克，女性平均身高 1.57 米、平均体重 66 千克，他们显然比今天的大多数人要矮，但是更重。如果尼安德特人与因纽特人狩猎采集者的体脂率近似，那么前者一定会超级强壮。按照古生物学家斯蒂文·丘吉尔（Steven Churchill）的说法，尼安德特人男性和女性的肌肉重量分别为 32 千克和 27 千克，这说明他们的肌肉要比今天的人类多出 10% ～ 15%，因而更加强壮。[30]

人们之所以普遍认为尼安德特人和其他生活在冰河时期的所谓古人类，比现代人更强壮，还因为前者的骨头更粗壮。通常说来，骨头受力越多，尤其是在年轻时代，就会越粗。[31] 尼安德特人骨头粗壮的最有力证据来自他们的头骨。与人们对他们的印象一致的是，在尼安德特人中，男性比女性的脸更大、眉骨看起来更令人畏惧、头盖骨隆起得也更高。这些强壮的特征也许是因为他们分泌的睾丸素更多。[32] 众所周知，睾丸素的作用是刺激性欲和性冲动，但是它同时也增强了第二性征，例如脸部上方的眉骨就是所谓的阳刚之气的重要标志。[33] 较高的睾丸素水平也许是雄性黑猩猩脸部上方更加宽大、眉骨更加突出的原因，因此相比之下，它们的近亲倭黑猩猩要显得温柔一些，上述理由对于男性尼安德特人和其他古人类同样适用。[34] 这一假设也与我们讨论的力量相关，因为睾丸素对于增肌很有帮助，这也就是为什么很多运动员要非法使用睾丸素。在一项合法的实验中，研究人员们在 10 周内让 20 名普通人摄入了高剂量的睾丸素，其中 10 人平时有负重训练的习惯，然后将他们与摄入安慰剂但没有锻炼习惯的对照组进行对比。[35] 只摄入睾丸素的被试与未摄入睾丸素的对照组相比，前者大约增加了 3 千克肌肉，强壮程度增加了 10%。而那些既摄入了睾丸素又进行负重训练的人增加了近 6 千克肌肉，比之前强壮了 30%。

这些不同来源的证据表明，尼安德特人和黑猩猩等冰河时期其他的人类远亲，比“好斗的乔”的现代同伴以及现代的狩猎采集者，只强壮有限的一点点。那么，像查尔斯·阿特拉斯这样的现代人是如何获得巨大力量的呢？他即使没有超越尼安德特人，也与他们不相上下了。

## 冲破身体的阻力

2015 年 11 月 28 日，在弗吉尼亚州维也纳，埃里克·赫费米尔（Eric Heffelmire）在自己的车库里躺在被千斤顶顶起的一辆卡车下面，修理破损的刹车线。突然之间，千斤顶倒了，赫费米尔被压在了车下，汽油也流了出来，而且瞬间就被引燃了。幸好，他身高 1.68 米、体重 54 千克的女儿夏洛特看到了这个事故并马上冲到现场。她后来告诉记者：“我这是第一次抬卡车，我父亲说‘你就快要抬起来了。’最终我把车抬了起来，我也不知道自己哪来的那么大力气，把他从车底拉了出来了。”不止如此，夏洛特又爬上已经开始冒火的卡车，把这辆只剩三个轮子的冒着火的车开出了着了火的车库，把她姐姐的孩子救了出来，然后给消防队打了电话。[36]

夏洛特的英雄举动是爆发出惊人之力的典型表现，也就是每个普通人在生死存亡的紧急关头，被激发出了超人般的肌肉能力。在这种紧急状况下，夏洛特的身体释放大量的肾上腺素和皮质醇，这位女英雄得以最大限度地动员体内所有的肌肉纤维收缩。一些科学家对这种经常出现的演绎成分较多的报道持怀疑态度，因为类似的壮举无法在实验室里重现，而且这些故事的主角表现出的"神力"，已经超出了身体在理论上可以产生的力量极限。但无论如何，大多数人都比我们想象中更加强壮，我们之所以从未释放出所有的潜力，是因为神经系统理智地禁止身体全力以赴，因为那样会造成肌肉拉伤、骨折甚至有可能危及生命。[37] 举起过重的物体时，我们可能会面对这样一个非常致命的风险：此时肌肉紧绷，但是血液仍要源源不断地通过这些肌肉送往大脑。由于供血过程中的任何中断都有可能造成昏迷，甚至可能致命。所以，在进行高强度阻力训练时，心脏需要形成较高的血压，而且心脏和主动脉都必须承受这种较高的压力。正因如此，当血压升高时，我们会本能地让自己的胸腔膨胀，并且短暂地屏住呼吸。这一重要的本能反应被称作瓦尔萨尔瓦动作（Valsalva maneuver）①，可以减轻心脏的压力，帮助夏洛特在抬起卡车之后保持固定姿态，并使她的脊柱保持稳定。[38]

尽管我有潜力使自己变得更强壮一些，但实际上，我还是那副缺少肌肉的老样子。我已经记不得自己有多少次下决心要在健身房开始进行有规律强的肌肉训练了，目的当然是让自己强壮一些。我第一次走进健身房是在高中时期，但很快便退缩了。大学和研究生时期的朋友经常劝我举重，但我从未做到有规律地进行训练。直到快 40 岁的时候，我看着镜子里的自己，意识到自己正在变成一个中年瘦弱男。于是我加入了与我家只隔几条街的一个健身俱乐部，请

① 这一反应也被称作瓦氏动作或努责现象。——译者注

了位健身教练，然后开始训练。

我讨厌肌肉训练。教师对我进行了评估，发现我缺乏力量，于是他给我制订了一个常规的计划：在十几台器械上每台做几组重复动作，外加一些自由重量训练、仰卧起坐、俯卧撑、箭步蹲以及用大号橡胶球做的各种别别扭扭折磨人的练习。"无疼痛，无收获"对于我而言意味着持续的疼痛。将变得强壮作为目标后，我的跑步都受到了影响，虽然我的腿并没有受伤，但是它们像僵死了一样。健身房还是一个死气沉沉的地方，弥漫着汗臭味，没有自然光。荧光灯下，健身房里的每个人都表情凝重地重复着自己的动作，在一个个器械上完成一项项训练的过程中，似乎没有一个人看起来心情愉悦。虽然我变得更加强壮，但是 6 个月之后，我还是放弃了去健身房。

自那之后，我又多次尝试重启力量训练。我请了其他健身教练，去了多个健身房，但都没能坚持下来。最终，我选择了一些不用去健身房也能做的动作，如俯卧撑、深蹲等，这样我一个人在家就能完成。对于我这样一个完全算不上强壮的人来说，在家做这样的训练，强度够吗？但是，如果查尔斯·阿特拉斯能在他的卧室完成增肌训练，为什么我不能呢？

阻力训练背后的基本原理是让肌肉发力以对抗反作用力，比如对抗自身的体重或者来自哑铃、杠铃片或者一头牛的外力。其核心是，你使用这些重的东西去阻止肌肉收缩。不是所有的身体活动都需要克服阻力，游泳过程中遇到的阻力是最小的，因为水是液体；走路和跑步也是低阻力运动，因为地面只在每一步的一小部分环节对腿部的一小部分肌肉形成阻力。因此，健身房就成为力量训练最有效的场所，因为那里到处都是杠铃和各种复杂、折磨人的器械，这些东西的设计初衷就是让你在大幅度的运动中，确保肌肉时刻保持着对抗阻力的状态。[39] 但是，不是所有的阻力运动都千篇一律，或者能达到同样的效果。

想象一下你正手持杠铃准备做肱二头肌弯举，如果你是屈肘向上弯举重物，你的肱二头肌就会在收缩过程中生成力量，这个过程的专业名称是肌肉向心运动。向心收缩是肌肉为人体提供动力的主要方式。但是，肌肉并不总是收缩。如果你抓住重物保持静止状态，既不向上运动也不向下运动，你的肱二头肌仍然是在努力变短，但无法改变长度，这就是等长肌肉运动。等长肌肉运动对锻炼者是一种考验，但更难的是缓慢地伸直肘部，将重物放低。在这种离心肌肉运动时，你的肱二头肌在伸长的过程中受到了刺激。那么，在你集中精力完成肌肉向心运动、等长肌肉运动和离心肌肉运动之后，你的肱二头肌会变得更强壮吗？

向心收缩对于运动而言非常重要，但是按照传说中查尔斯·阿特拉斯从布鲁克林动物园得到的启示，在塑造肌肉的过程中，向心收缩不如离心肌肉运动和等长肌肉运动那样有效。[40] 运动员、健身教练、健美爱好者和热衷于让自己变强壮的人因此更愿意采用大量离心和等长类型的阻力训练法。最负面的说法是，他们愿意遵从“无疼痛，无收获”的原则，并将其发展到极致。为了探寻其中的原因，你可以想象自己此时正好在健身房里，准备做三组肱二头肌弯举，每组 10 ～ 12 次，而你要举起的哑铃重量对你来说具有挑战性。开始时你感到疲劳，但几小时之后你感到了疼痛。之所以这样，是因为你的肱二头肌在面对阻力（哑铃）时生成了超出它能力范围的力量，肱二头肌发生了微小的撕裂。细胞纤维被拉断，细胞膜被撕破，结缔组织分离。[41] 这些所谓的“微创伤”暂时引发了炎症，造成了肿胀和疼痛。更重要的是，主动对肌肉进行轻微的破坏，反而刺激了肌肉的生长，因为“微创伤”会刺激这些受到影响的肌肉细胞引发基因的级联反应。此外，这些基因的介入增加了肌肉纤维的总量和厚度，由此增加了肌肉的体积，使肌肉变得更加强壮。[42]

虽然“无疼痛，无收获”是热衷于通过举重训练肌肉的人的基本原则和信条，但是你大可相信，即使不承受可怕的疼痛，不像木乃伊那样僵硬地走来走去，你也完全可以增强自己的肌肉。你需要不停对肌肉施加超出其能力范围的压力，但是完全不必对它造成撕裂，也可以激发基因促进肌肉的生长。[43] 如果你的主要目标是增加力量，那么只需进行离心肌肉训练或者等长肌肉训练，慢速进行几组每组需要重复举起较大重量的训练，便可以达到最佳效果。[44] 如果你更想提升爆发力和耐力，那么你可以尝试多组轻重量、需要快速向心肌肉运动的重复举重，每组 15～20 次，两组之间只做短暂休息。这样的训练能达到你想要的效果。[45] 而且，每周进行几次举重训练非常有助于保持健康和活力，从而对抗衰老。

## 肌肉的衰老

如果人能够像熊一样在寒冷、难熬的冬天冬眠，然后在第二年春天第一棵新芽冒出时醒来，岂不是一件非常美好的事情？也许正是因为没能成为一只熊，所以我每次醒来时都感到极度虚弱。熊冬眠的时候，虽然几个月不进食、不活动，但是仍然能够保护好自己的肌肉组织。[46] 而人类如果被限制在床上哪怕比熊冬眠短得多的时间，肌肉也会以极其惊人的比例流失。[47] 卧床 3 周后，腿部肌肉可以萎缩 10%。[48] 更糟糕的是，宇航员在太空失重的环境下待上一两周，肌肉会减少 20%。[49]

幸好，衰老的过程对肌肉的破坏程度并不像卧床或者太空旅行那么大，但是肌肉萎缩是老年人身体障碍和疾病的重要成因。有一个可怕的专业术语描述了肌肉萎缩现象，这个术语就是“肌少症”（sarcopenia），它源自希腊语。随着年龄的增加，肌肉纤维的尺寸和数量通常都会减少，神经也会出现退化，从而造成力量和能量的流失。[50] 在美国和英国这样的工业化国家中，人的握力从 25 岁到 75 岁的平均下降幅度为 25%。[51] 在距离我家只有几千米的马萨诸塞州弗雷明汉小镇，无法提起 9 千克重物的女性比例，在 55 岁至 64 岁这一年龄段达到 40%，而在 75 岁至 84 岁这一年龄段，这一比例则上升至 65%。[52] 这一趋势令人担忧。当人们力量不足的时候，他们就很难完成诸如从椅子上起身、爬楼梯和正常行走等基本活动。他们越发衰弱，他们的活动量越发减少，从而陷入了身体退化的恶性循环。

肌少症是与年龄相关的无声的流行病，应该引起重视。非常重要的一点是，由肌肉功能和肌肉含量的降低而导致身体虚弱的情况，在很大程度上是可以避免的。针对衰老的研究表明，与后工业时代的西方人一样，狩猎采集者的力量也会随着年龄增加而减少，但是趋势会非常缓慢。[53]生活在亚马孙雨林的亚契人，70 岁普通女性的平均握力相当于英国的 50 岁普通女性（见图 6-2 下图）。

图 6-2 中年长的狩猎采集者，以及其他在整个生命过程中都保持活力的人证实了一些让人感到鼓舞的消息，使用肌肉可以在我们衰老的过程中延缓肌肉的流失。而且，衰老并不意味着增肌能力的终止，肌肉永远会对阻力训练做出反应。中等强度的阻力训练可以减缓甚至逆转肌少症，这种效应与年龄无关，我们在前面介绍过其中的原理。数十项随机对照实验都显示，有计划、中等强度、很容易完成的举重训练可以帮助老年人增加肌肉量和肌肉力量，从而提高他们应对日常生活的行为能力，确保他们在不需要外界帮助的情况下保持活动能力。[54]一项研究甚至证明，87 岁至 96 岁的男性和女性在接受了 8 周阻力训练之后，力量有了明显提升。[55]重要的是，这些介入性锻炼通过终止和逆转肌少症，降低了老年人受伤的危险，提高了他们的生活质量。

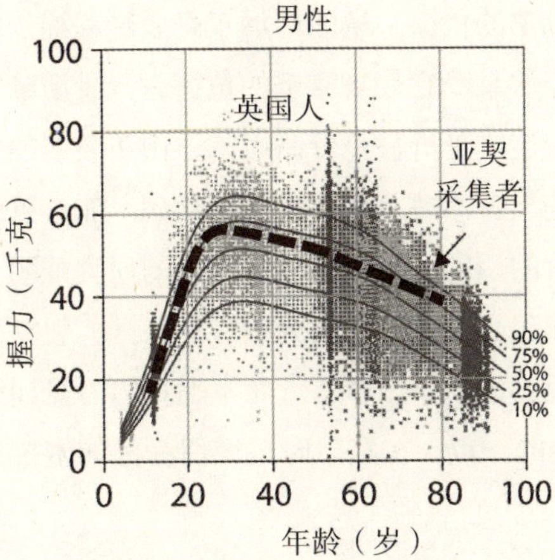

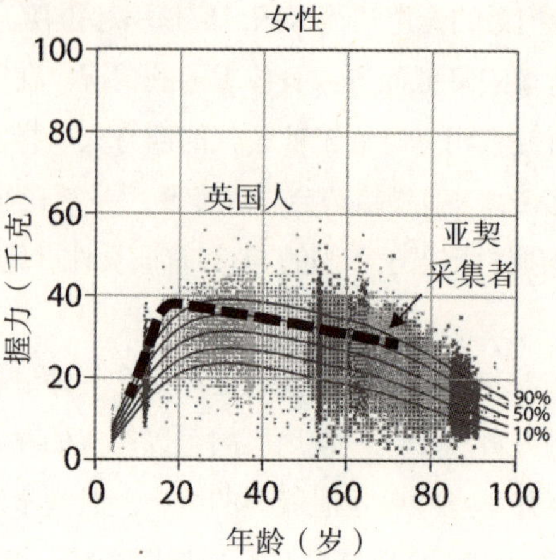


（下）

**图 6-2 英国人与亚契人不同年龄男性和女性的握力对比**

资 料 来 源：Dodds, R. M.,et al. (2014), Grip strength across the life course: Normative data from twelve British studies, *PLOS ONE* 9:e113637; Walker, R., Hill, K. (2003), Modeling growth and senescence in physical performance among the Aché of eastern Paraguay，*American Journal of Human Biology* 15: 196–208，经许可进行了修改。

肌少症本身已经足够令人担忧了，更可怕的是，它还与其他疾病存在相关性，我们会在本书的后半部分介绍这些疾病。最为明显的是，随着肌肉含量的降低，人们会减少骨骼的负荷，从而增加了骨质疏松症的可能性。当骨头的柔弱程度已经下降到无法承受它们被赋予的负荷时，骨质疏松这个神出鬼没的疾病就要出现了，它会造成骨折甚至骨骼塌陷。由于衰弱的肌肉会导致活动能力下降，因此凡是那些与身体缺乏活动相关的疾病，如心脏病和 2 型糖尿病，都应将肌少症视为危险的诱因。好消息是，大量的研究证明，一般强度的阻力训练就可以给新陈代谢和心血管带来极为明显的益处，包括改善肌肉对糖的分解能力和降低有害胆固醇的水平。[56] 适量而不超量的力量训练还能帮助人们避免受伤。[57] 还有最重要的一点，在高龄时远离肌少症的困扰还能避免患上抑郁症和其他精神疾病。

## 过多的肌肉也是身体的负担

不喜欢把时间和精力消耗在健身房的可不止你一个人，那些超级英雄也是如此。蜘蛛侠的力量和能力源于一只遭受了放射性污染的蜘蛛咬了他；绿巨人和美国队长的超能力源自科学家改造了他们的基因；神奇女侠和雷神的超能力是从他们的神仙父母那里遗传的。只有蝙蝠侠是靠健身获得了能力，这位超级富有的慈善家由于父母遭遇枪杀，因而下定决心铲除人间罪恶，守护哥谭。[58]我，作为一个简简单单的凡人，一个需要工作养家的人，一个不喜欢去健身房的人，一个喜欢有氧运动多于负重训练的人，想知道为了实现自己的目标，到底需要多少阻力训练。

美国运动医学会是一个可以提供健身建议的好地方，他们的建议经过仔细研究，已经成为人们的共识。他们的专家组会对搜集到的数据进行评估并提出建议，根据他们最新的建议，我应该在每周心肺训练的基础上加入每周两次力量训练，每次包括 8 ～ 10 组不同的阻力训练项目，每组重复 10 ～ 12 次。[59]他们还建议，在我年满 65 岁之后应将单组举重次数增加到 10 ～ 15 次。

我有时候会想，如果我们数百代之前的祖先听到这些建议，会不会觉得莫名其妙。除了对一个充斥着机器而且不需要太多力量就能够生存的世界报以惊叹之外，他们很可能对我们的消费行为表示困惑，为什么我们会花钱去买一些可以被拎起但是完全无用的重物，而这种重物的唯一功能就是被拎起。我们中的一些人用走路上下班取代开车，用爬楼梯取代坐电梯，以这种方式在我们这个“正常的”社会中进行有氧运动，似乎今天已经极少有工作需要大量阻力型的身体活动了。购物车、婴儿车、带轱辘的行李箱、升降叉车等设备将我们从提举、搬运等活动中解放出来。因此为了进行阻力运动，我们只能去做一些古怪的事情，比如去健身房一遍又一遍地举起重物。幸好，人体在生物学意义上对这些行为产生的反应，与石器时代对搬运食物、背或者抱幼儿、挖掘、搬动石头以及任何阻力运动产生的生物学反应是一样的。

虽然现代人举铁的行为会让我们的狩猎采集者祖先感到可笑，但是祖先可能也会在某件事情上替我们高兴，因为像他们一样，我们不用把自己练得过分强壮就可以避免患上肌少症和骨质疏松症之类的疾病。我要再次重申，在人类进化史的绝大部分时间里，太多的肌肉对于人体而言更像是负担而不是优势。如果我是一名需要努力奋斗才能获得足够食物的狩猎采集者，超强的力量给我带来的好处也许不足以弥补它所增加的负担，因为如此一来，我在其他方面的能量需求就无法得到满足。无论是过去还是现在，我最想达到的强壮程度，就是刚好满足我日常活动需求的那种状态。

话虽如此，但是我们接下去还是会讨论两种既需要力量也需要速度和能量的活动，它们的历史像山峰一样悠久，而且会在繁衍后代方面给我们带来巨大的好处，那就是打斗与体育。

# Exercised

## 第 7 章

## 打斗与体育：从尖牙到足球

### 以讹传讹的谬误 7：体育等于锻炼

也许滑铁卢战役的胜利建立在伊顿公学的体育场上，而自那之后我们在所有战争中输掉的开场战役也源于此。

乔治 · 奥威尔（George Orwell）

《狮子与独角兽》(*The Lion and the Unicorn*) ①

① 乔治·奥威尔在这篇著名的政论文章中说这句话的本意是，批判从 19 世纪末到 20 世纪初长达 3/4 个世纪中英国统治阶级能力的堕落，并指出这种堕落从中学时代的运动场便已经体现出来。本书作者引用这句话是想说明体育的重要性。——译者注

一个炎热、尘土飞扬的寻常日子，我们在坦桑尼亚塔兰吉尔国家公园中一片合欢树附近，被 50 只狒狒包围了。两只打闹捣乱的瘦弱狒狒幼崽吸引了我的注意。两个活泼的小家伙儿互相揪着对方的尾巴在土里打滚，它们彼此又掐又抓的样子像极了两名摔跤手。与情绪高涨的幼崽形成鲜明对比的是，旁边一个成年雌狒狒正安安静静地为一个体形是它两倍的雄狒狒清理身体。这只雌狒狒极其认真，它将注意力集中在自己灵活的手指上，熟练地在雄狒狒后背厚厚的毛发里抓虱子。她每抓住一个，便会扔进嘴里咬爆。大个子雄狒狒表现出一种心满意足的平静。其他的狒狒在附近进食、看护孩子或者无所事事。这时，一只仅比大个子雄狒狒略小一点的狒狒接近了这对正在抓虱子的伴侣。在确认两个幼崽已经蹦到了安全地带之后，大个子雄狒狒起身、吼叫，然后露出了匕首一般的尖牙。刹那间，两只雄狒狒便扭作一团，就像旋转着发出吼声的球，互相咬着对方的牙、皮毛、尾巴。所有的狒狒以及在场的人，都怔怔地看着两只狒狒疯狂地对打。这场角斗来得快去得也快，仅仅持续了 10 秒，那只略小一点的狒狒便尖叫着逃走了。从落败的雄狒狒舔舐自己前肢的动作可以判断，它应该是被对方咬中了上臂。最终，一切恢复如初。

如果你曾经观察过狒狒群体，你应该也见到过大量上述场面。狒狒是大规模群居动物，每个群体里都有大量的雄性和雌性。每个性别都存在统治阶级，而要想成为统治阶级，必须在幼年的玩耍以及成年之后的一次次打斗中获胜。暴力行为对雄性和雌性都有影响，但是通常来说雄性会成为侵犯者。年轻的成年雄性必须通过打斗才能成为头号雄性。之后，居于统治地位的狒狒会花大量时间不遗余力地捍卫自己的地位，不让其他雄性狒狒有交配的机会。气氛总是紧张不安，压力水平高企，打斗相当频繁。心态和策略可以起到一定作用，但是胜利更多是由速度、大小和灵活性决定的。狒狒是非常典型的灵长类动物。如果你与一群黑猩猩共同生活一周，你就会看到大量的打斗场面，有一些血腥到让人难以接受。雄性黑猩猩会频繁地攻击其他雄性甚至雌性，只为保持统治地位，控制交配的权利。它们偶尔还会开杀戒。[1]

相比之下，我们人类就善良许多。你可以随便找个公园去观察人类群体，你总能看到孩子们在嬉戏，但是你极少有机会看到成年人在打架。有的成年人安静地照看着孩子，有的闲逛，还有一些在踢足球打篮球。成年人类的玩耍时间要超过其他物种的成年动物，而人类打斗的场面也远远少于狒狒和黑猩猩那样的灵长类动物。就算是被研究人员视为最好斗的人类群体，一生中卷入暴力事件的次数也比黑猩猩少 250 ～ 600 次。[2] 成年人类之所以如此不具有攻击性，难道是因为我们进化出了一副肉眼可见的又慢又弱的模样？抑或是因为我们用体育形式的玩耍取代了打斗？

在人们固有的观念中，这两个问题的答案都是肯定的。我们用强壮的肌肉进行交换，得到了大脑。人类并没有完全依赖速度、能量和力量，而是创造性地进化出了合作、使用工具和解决问题的能力。

我认为上述得到普遍认同的观点并不完全正确。虽然我在之前的两章里重点讲述了人类在自然界中相比之下是何等缓慢和羸弱，但这并不代表速度和力量对于人类不再重要。相反，这些代表强壮的人体特征，虽然其重要性已经不复从前，但是在很大程度上，它们在人类活动的历史长河中扮演着重要的角色，这主要是因为人类彼此之间以及与猎物之间根本上的竞争是通过特殊方式进行的。是的，我们在日常生活中确实没有那么暴力，也不太会像黑猩猩和其他灵长类动物那样使用原始的能力和力量，但是人类其实一刻也没有停止过打斗。我们只是改变了打斗的方式和频率。而且时至今日，很多人仍然保留着打猎的习惯。因此，无论你多么讨厌用牙齿和拳头与人打架或者与猎物搏斗，从进化的角度看，速度和力量仍然起着重要作用，尤其是当你面对生命威胁时。因为人死之后无法生育子女或者照顾现有子女长大成人，因此那些可遗传的、对打斗和打猎能力产生正面或者负面影响的因素，在自然选择过程中起着重要作用。[3]

提升速度和力量是人类进行锻炼和体育活动的重要目的。所有哺乳动物在幼年时都会通过玩耍来发展有助于打斗的运动能力，而在每一种人类文化中，无论老幼都会参与体育和其他形式的玩耍活动。这并非巧合，大多数游戏和体育活动都会考验速度和力量，从而模糊了玩耍、打斗乃至打猎之间的界限。你想想看，那些收获赞美和奖励最多的运动员，恰好就是按照奥林匹克格言“更快、更高、更强”（Citius, Altius, Fortius）所定义的标准战胜了对手的人。

接下来，我们将探讨打斗和体育以及一点点打猎活动，对人类身体进化的影响，从而总结针对速度、力量和能量的进化和人类学研究。需要说明的是，本章的一些主题主要针对男性，原因很简单，由于睾丸素所起的作用，男性比女性更好斗，但是我们也会看到，女性在人类打斗和一些打猎活动中也扮演着重要的角色。抛开性别问题，我们先来讨论引发打斗的最主要原因：攻击性。

## 人类天生具有攻击性吗

如果我是在一个饱受战争摧残的国家或者一个暴力频发的社区长大，也许我就不会认为人类之间的打斗比黑猩猩和狒狒种群少。在写作本章时，我才发现自己对于暴力的认知和经历极度匮乏。我从未尝试过练习武术或者摔跤之类的对抗性项目。而且我也不是那种喜欢观看拳击和斗牛的海明威式人物。因此，我只目睹过屈指可数的几次不太激烈的打架。出于好奇，我很想找人打一架。但由于自己不够强壮，实在不敢卷入一场肮脏破旧的酒吧中的斗殴事件，我只好在我的博士后学生伊恩的保护下前往波士顿郊外的一个小镇，观看了一场铁笼格斗。

到达格斗俱乐部时，我的内心充满了疑虑。根据我仅有的对几部好莱坞格斗主题电影的认知，我以为格斗场地会设在小镇最混乱的区域中的一个废弃的工厂里，但是我和伊恩发现我们正在一个破败的购物中心里朝保龄球道的后方走去。当我们看到数百名喝得醉醺醺、发出吼声的小伙子和为数不多的姑娘时，我的疑虑瞬间蒸发，我们挤过里三层外三层的人群，终于看清了中间由铁丝栅栏围成的八角笼子。轰鸣的重金属音乐被调到了最大音量，我几乎都能闻到睾丸素的味道了。接下去的几小时，我和伊恩观看了六场综合格斗。与黑猩猩和狒狒的打斗相比，这几场比赛简直就像是慢动作。在每场比赛的开始阶段，双方都会谨小慎微地互相兜圈子，格斗中大多数动作是拳击，伴随着一些踢腿动作，但无一例外地，格斗双方最终都会摔到地板上激烈地扭打在一起，先要保护好自己的脑袋，再争取占上风，然后就可以通过拳打脚踢、肘击、用身体撞击等方式连续击打对手。当有一名选手用腿完全扼住对手时，他便获胜了，输家喘着气绝望地躺在笼中的地板上。

对于一些人来说，格斗是一首激烈的、以身体和阳刚之气为主题的诗。美国女作家乔伊丝·卡罗尔·奥茨（Joyce Carol Oates）曾写道："我在评判拳击是否属于体育项目时毫不纠结，因为我从来不觉得拳击属于体育项目。它从根本上就没有任何趣味性，它没有任何元素与阳光和快乐有关。在我看来，在那些最强大的力量爆发的瞬间，拳击展示的是完整而壮阔的人生，包括了人生之美好、人生之脆弱、人生之绝望，以及虽不可估量但往往导致自我毁灭的人生之勇气。拳击即人生，它从来都不仅仅是一场游戏。"[4]我本人虽然从拳击、摔跤、综合格斗和其他暴力体育项目中看不出太多美感，但是我非常理解打斗这种运动对人的挑战。那些铁笼格斗选手诠释了人类为了生存所迸发出的非凡力量，尤其是当那些小伙子在铁笼的地板上扭曲着身体，伸展开几乎每一块肌肉，竭力避免自己受到重创，还要尽其所能打击对手时。我很惊诧，居然没有任何一名选手扭断脖子，墙上那些不幸死于格斗的选手的海报加重了我的疑惑，其中一名选手去年就是在我刚刚看到的笼子里打完一场比赛之后死去的。实际上，在决定比赛胜负的因素中，技巧和态度似乎比力量更重要。当格斗选手们在场上对战时，他们除了依靠身体，还必须利用自己的智慧，才能克服疼痛和疲惫，从而设计出获胜之道。

我提到上述品质，没有半点想为暴力和那种原始的攻击性辩解的意思。在每四场综合格斗赛事中，几乎就有一场是以其中一方的受伤而告终，这使得这项赛事成为有此类数据统计的赛事中最容易造成选手受伤的一个。[5] 当晚最后一场比赛的两名选手，我姑且称他们为“狡猾小子史蒂夫”和“关节破坏者鲍勃”。把这些轻量级打斗现场称作地狱其实都不足以体现其中的残忍性。当他们踢、击打和在地板上凶狠地缠斗时，双方都不错过任何一个伤害对方的机会。站立的时候，他们踩踏对方的脚。在地板上滚的时候，他们用膝盖、脚、肘和拳头重击对方的身体，能击打哪个部位就击打哪个部位，能打多狠就打多狠。比赛是由于“关节破坏者鲍勃”似乎折断了“狡猾小子史蒂夫”的胳膊而宣告结束的。“狡猾小子史蒂夫”离开笼子时托着自己已经不灵活的臂膀，在痛苦中咆哮着：“我还没认输呢！”人群中发出了狂躁的欢呼声。

铁笼格斗和其他暴力型体育项目的存在提醒我们，人类非常享受并愿意参与极端攻击性的活动。但这是否意味着我们像黑猩猩或者狒狒那样好斗呢？其实，“关节破坏者鲍勃”和“狡猾小子史蒂夫”都是收钱进行职业娱乐业格斗表演的人。虽然他们都摆出要致对方于死地的架势，但是都必须遵守官方制定的规则，比如不许咬人，不许击打生殖器官。“关节破坏者鲍勃”和“狡猾小子史蒂夫”与奥运会上的拳击手和摔跤手，其实没有什么本质区别。从这个意义上说，综合格斗选手与美式橄榄球选手又有哪些不同呢？后者也是一群身着护具和头盔、冒着受伤的风险赚取薪水、在球场上与对手抗争的人。

拳击项目和人类其他形式的好斗行为，引发了关于人类本性问题的长期辩论。从本质上说，我们作为一个生来平和宁静、合作互助的种群，是后天被文明所污染才成为好斗者的吗？抑或是我们生来便具有攻击性，只是后天被文化所教化才变得平和？换句话说，懦弱的我和“狡猾小子史蒂夫”，谁更有违人之常情？

请原谅我坦诚地说出自己的偏见，在成长过程中，我认识到人类对于诉诸暴力的倾向以及实施暴力的能力，但我也相信人类的进化方向是道德、和平与合作。我很欣慰自己基本上是一个非暴力的人，而不是一只类人猿：如果我是一只黑猩猩，我每天会花大把时间用来避免被殴打或者被杀掉。只有人类才有可能冒着死亡的危险冲进一座燃烧的大楼，去拯救一个陌生人或者宠物的生命。即使像铁笼格斗这种残酷的体育项目，也设置了规则和裁判以保护参赛者免受过度的伤害。在这个问题上，卢梭及其追随者的哲学观点吸引了我的注意。他们认为，人类的自然倾向是有道德的举止，大多数人类暴力行为都是由于后天受到了被腐蚀的文化态度和文化环境的影响。[6]

人类也许是高度合作的物种，但是我们有时也确实会互相打斗，尤其是男性之间。而且在动物世界中，只有人类发明了弓弩、飞镖、枪械、炸弹、无人机以及其他武器，从而让自己变得恐怖且致命。即使是一名没有任何杀人技巧的弱者，只需按下一个机关或者按钮，也能重伤或者杀死数千名同类。暴力已经写进每种文化之中，包括狩猎采集者群体的文化，那些所谓人类生来善良、无攻击性的假设很值得质疑。[7] 我因此向托马斯·霍布斯（Thomas Hobbes）和他的追随者致敬，他们认为人类的暴力倾向是古老的、内在的，有时候甚至是某种适应的表现。[8] 就像史蒂芬·平克（Steven Pinker）[①] 曾经全面分析的那样，我们这个族群到了近代，才在社会和文化的约束之下，变得越来越不那么

① 在《当下的启蒙》一书中，史蒂芬·平克认为人的平均寿命、健康、食物、知识、幸福感都呈上升趋势，正是启蒙运动的礼物——理性、科学和人文主义促进了人类的进步。该书中文简体字版已由湛庐策划、浙江人民出版社出版。——编者注

暴力，而这很大程度上是受到了启蒙运动的影响。[9]

那么，我们到底是如何将相互合作、避免冲突的非凡能力（卢梭的观点）与发起冲突的能力（霍布斯的观点）进行协调的呢？

关于这场世纪争论，理查德·兰哈姆提出了一个很有说服力的看法。他指出，争论之所以形成是因为人们错误地将两种迥然不同的攻击行为混为一谈了：主动性攻击行为和应激性攻击行为。[10] 按照兰哈姆的说法，人类与其他动物尤其是我们的近亲类人猿不同的是，人类有着非常低强度的应激性攻击行为，却有着高强度主动性攻击行为。我们的应激性攻击行为符合卢梭的理论，而主动性攻击行为符合霍布斯的理论。

为了说明这两种攻击行为之间的差别，你想象一下我突然粗野地从你手中抢走了这本书。你可能会非常愤怒地大喊，然后准备把书抢回来，但是你不太可能因此攻击我。你的大脑会立即阻止你做出任何应激性攻击的大动作。但如果你是一只黑猩猩，你可能瞬间就会对我的行为做出不加节制的暴力反应。除非我是群体中的雄性领袖，否则你会毫不犹豫地对我展开暴击并抢回你的书。关于这种在黑猩猩群体中习以为常的应激性攻击行为，有一个广泛报道的案例，该案例的主角是一只名叫特维斯的雄性黑猩猩，它从小就在赫罗德夫妇家里平静地生活着。直到 2009 年 2 月，15 岁的特维斯突然暴怒，起因是女主人桑德拉的朋友查拉拿起了特维斯心爱的玩具。特维斯快速且粗暴的攻击导致查拉失去了双手，她被彻底毁容，她的鼻子、眼睛和嘴唇都被扯掉了。[11]

人类偶尔也会像特维斯那样实施强烈的应激性攻击行为，路怒症就是一个例子，但是路怒这种骇人的事情并不常见，因为我们小时候很容易就学会了要压制这种应激性本能。但是，不实施应激性攻击行为的成年人类会诉诸有目的、有计划的报复。这种主动性攻击行为具有以下特征：预先确定的目标，预先设计好的行动计划，对目标的关注，但并不包括头脑发热式的冲动。黑猩猩有时候也会实施主动性攻击行为，但是人类已经将有计划、有预谋的主动性攻击行为提升到了新的高度，如埋伏、绑架、谋杀以及战争。可以说，打猎和拳击等角斗型体育项目也属于主动性攻击行为。而且重要的是，打猎和其他形式有计划的攻击行为，在心理模式上与应激性攻击行为完全不同。暴力犯罪分子、残酷的独裁者、施虐者以及其他主动发起攻击的人可能同时是充满爱意的伴侣和父母、可信赖的朋友以及爱国的年轻公民，在那些可以激怒黑猩猩或者让孩童哭闹的场景中，他们可以保持绝对的平静和友善。他们不需要具备体形和体能方面的优势。

我们是如何从强壮、危险、拥有高强度应激性攻击行为和低强度主动性攻击行为的类人猿式的动物，进化成为羸弱、擅长合作、有趣、拥有低强度应激性攻击行为和高强度主动性攻击行为的人类的呢？一个存在已久而且仍然存在争议的观点认为，这一转变发生于人类进化史的早期，我们刚刚从类人猿中分离出来，开始直立行走的时候。

## 站起来，然后开战

找出石器时代谋杀存在的证据，并不是一件难事。比如，在伊拉克发现过一个 6 万年前被长矛刺中而死的尼安德特人，长矛的尖仍留在他的脊柱上。“冰人”奥茨（Ötzi）的遗体在阿尔卑斯的冰川中被冻了 5 000 年，他的后背被一支箭射中了。[12] 人们在肯尼亚纳塔鲁克遗址的发现尤其震撼。今天的纳塔鲁克是一处炎热、多尘的灌木丛林地带，但是 1 万年前这里是一片湖泊，也是包括 27 名男性、女性和儿童在内的整个狩猎采集者部落被杀害的现场。马塔 · 拉哈（Marta Lahr）和她的团队通过研究出土的骨头，再现了当时的恐怖场景。[13] 很多骨骼都有手部骨折的情形，说明他们曾经被捆绑，所有的骨骼上都有外伤致死的痕迹：颧骨粉碎、头盖骨凹陷、膝盖和肋骨断裂、由锐器造成的穿刺型伤口。死者还包括婴儿和怀孕的女性，种种事实表明，这些狩猎采集者遭到了主动攻击型的屠杀，曝尸荒野。[14]

对类似于纳塔鲁克这样的考古现场的解读引发了争议，因为很多人类学家都相信，这种规模的部落之间的暴力行为应该发生在农业出现之后。当我刚开始了解狩猎采集者这一群体时，我的感觉是，这是一群非常平和安静的人，部落之间和平共处，由于没有财产所以也不会为此争斗，而且他们经常迁徙。当部落之间出现摩擦时，他们就各自迁徙一走了之。人与人之间逐渐升级的暴力行为和更大规模的互相伤害，要归因于狩猎采集者与农耕者、狩猎采集者与西方人接触之后逐渐恶化的关系。[15] 但是，如果你愿意探究，就会发现，在农业社会出现之前，暴力一直存在。[16] 如同理查德·兰哈姆所说，与其探寻人类是从何时开始变得不那么暴力的，我们更应该探寻的是，人类是从何时开始收敛了应激性攻击行为，而加强了主动性攻击行为的。

从很久以前开始，人类从根本上就已经不再像类人猿那样野蛮和暴力了，这个长期以来一直得到普遍认同的观点，可以追溯至达尔文。与卢梭不同的是，达尔文虽然不带任何浪漫意味，但是他对人类心怀仁慈友善。在 1871 年的巨著《人类的由来》（*The Descent of Man*）中，他唠唠叨叨兜了一个大圈子进行推理，然后指出，人类所失去的那些攻击性，反而是进化早期的主要驱动力。

> 在论及身体的尺寸和力量的时候，我们不能简单地说人类与远古的祖先相比是变得更强大了，或者是变得更弱小了。我们理应记住的是，那些拥有巨大身躯、力量和速度的动物，比如大猩猩，虽然可以在所有敌人面前保护自己，但是它们极有可能因此在社交方面一败涂地。这一事实最有效地对人类因此而得到的东西进行了检验，那就是更高级的精神方面的情感，比如同情心以及同类之爱。
>
> 人类个体微弱的身体力量、不足道的速度、天生对利爪的渴望等，都在更高程度上得到了补偿，最先得到补偿的是他的智慧之力，他也

凭借此力创造了武器、工具等，但其性能尚处于初级状态；其次是他的社会能力，这引领他为自己的同类提供帮助，并获得回报。[17]

自从人类从类人猿中分支出来之后，人类之间的合作、智慧、减少的力量以及下降的攻击性作为一个整体得到了进化，达尔文的上述观点自发表之后，已经变得日益流行。但是两次世界大战带来的恐惧还是激发了更多霍布斯式对人类进化的阐释。在持“早期人类都是杀手”观点的阵营中，最强有力的支持者是雷蒙德·达特（Raymond Dart）。达特是澳大利亚人，1922 年非常不情愿地前往南非约翰内斯堡讲授解剖学。事实证明，此行是一次幸运之行。两年之后，一个几乎完整的幼年南方古猿的头骨，简直就像是送到了他的面前，这个头骨的主人被命名为唐恩宝贝（Taung Baby）。一年之内，达特做出了正确的判断——这块头骨说明人类是由大脑较小的非洲类人猿进化而来，而不是来自大脑较大的欧洲祖先。但是达特也做出了一个错误的判断，他认为，同唐恩宝贝等化石一起在石灰石矿坑里发现的断裂的骨头，是早期古人类的猎杀对象留下的。达特最初是认同达尔文关于直立行走的理论的，这一理论认为，直立行走解放了早期古人类的双手，他们因此得以制作和使用打猎工具，自然选择此时当然倾向于更大的大脑，古人类的打猎能力也因此得到提高。

之后，在 1953 年的一篇著名的论文中，达特显然受到了自身战争经历的影响，他提出，第一个人类不仅仅是猎人，更是一个蓄意杀戮的肉食者。[18]达特的文字非常震撼，值得一读：

人，对同类做出的恶劣暴行，为自己塑造出无法摆脱的品质和有别于他类的特征，这只能用人类的食肉动物起源来解释了。从最早的埃及人和苏美尔人的残暴行为记录，到最近的第二次世界大战的残暴行为，人类历史上鲜血四溅、杀戮无度的真实往事，仿佛是一脉相承的，与那些杀掉人和动物进行祭祀的行为是一脉相承的，与世界范围内广泛存在的对人类对同类的残暴行为是一脉相承的。上述事实表明，这种一贯的嗜血怪癖，这种食肉的习惯，这种该隐（Cain）① 的标记，将人类在饮食习惯上与他的类人猿远亲区分开来，被归入最残忍的食肉动物行列。

达特的观点被称为“杀手猿人”假说，后来经记者罗伯特·阿德里（Robert Ardrey）的畅销书《非洲创世纪》（*Africa Genesis*）的传播而广为人知。这本书准确地发现了潜在的读者，他们是被两次世界大战、冷战、朝鲜战争和越南战争以及全球范围内的政治动荡弄得理想破灭的整整一代人。[19]“杀手猿人”假说还在流行文化方面留下了深刻的痕迹，其中包括电影《决战猩球》（*Planet of the Apes*）、《2001：太空漫游》（*2001: A Space Odyssey*）、《发条橙》（*A Clockwork Orange*）。

但是，卢梭主义者还是大有人在。学者们重新分析了唐恩宝贝化石所在的石灰石坑内的其他骨骼，发现他们是被豹子吃掉的，并非死于早期古人类之手。[20]进一步的研究显示，早期古人类绝大多数是素食者。在古人类好战的观点大行其道数十年之后，到了20世纪70年代，很多科学家开始接受“人类是善良的”这方面的证据，尤其是在聚居、分享食物和女性的角色方面。讨论最多同时也最为大胆的假说是欧文·拉夫乔伊（Owen Lovejoy）提出的，他认为，第一个古人类之所以选择直立行走，就是为了增加合作，减少攻击性。[21]按照拉夫乔伊的说法，早期古人类中的雌性会更青睐那些直立行走能力更强的雄性，因为这样他们可以给她们拿来更多的食物。为了诱惑这些走路仍然踉踉跄跄的雄性带来食物，雌性更希望保持长期的一夫一妻关系，她们通过隐瞒自己的月经周期并且长期保持胸部丰满来做到这一点，而雌性黑猩猩在排卵期会“广而告之”，它们的胸部会明显胀起，当它们不哺育后代的时候胸部会变小。粗俗一点说，古人类雌性倾向于选择更愿意合作的雄性，它们的方式是用性换取食物。如果确实如此，那么自然选择就倾向于不支持应激性攻击行为和频繁

① 《圣经》中的杀亲者，被认为是世界上所有恶人的祖先。——译者注

的打斗，而且这种倾向性从一开始就影响着古人类。[22]

人类学家大多来自卢梭阵营，过去40年里，他们一直都在质疑“用性换取食物”假说。这个假说的最大漏洞在于，在早期的古人类中，雄性的体形要比雌性至少大出50%。[23] 320万年前的雌性阿尔法南方古猿露西，体重只比30千克多一点点，但是它那个种群的雄性体重约为50千克。这种体形方面的巨大差异被称为两性异形（sexual dimorphism），有力地说明在种群内部的雄性之间存在竞争。如果我需要在没有武器的情况下与其他雄性进行打斗以赢得女友或者妻子，那么我就应该变得体形更大，因为这样才更具有优势，如果我是弱小的那一类，那么我几乎没有可能将自己的基因遗传下去。不出所料，当种群中出现雄性之间的激烈对抗时，自然选择只会促使雄性的体形变大。在大猩猩和红毛猩猩的种群中，雄性靠打斗获得对大量雌性的控制权，此时雄性的体形可以达到雌性的两倍；而在配偶固定的长臂猿种群中，打斗并不常见，雄性只比雌性大10%左右。[24] 黑猩猩的情形介于两者之间，雄性比雌性大30%左右。[25]

发生在我们的南方古猿祖先尤其是雄性祖先之间的打斗，其频繁程度即使不超过黑猩猩之间的打斗，至少也是不相上下。所以在过去200万年中，也就是在人属成员出现那段时期，人类的攻击性一定从某个时间节点开始出现了下降趋势。但问题是，那是何时呢？

## 人类进化成为更好的天使

人属的起源是模糊的，但是在200万年前，直立人已经进化出来了。与早期的古人类相比，直立人这一重要的物种有着更大的大脑、更小的牙齿以及与人类差不多的身体形态。另一个相似之处是，男性直立人比女性体形大20%左右。[26] 两性异形的现象已经不甚明显，说明雄性之间的争斗在减少，也许我们的祖先从直立人开始已经变得善良和温柔。巧合的是，人类学记录的事实也表明，直立人是真正的狩猎采集者，他们猎捕大型动物，采集多种植物，制造复杂的石器，在驻地分享食物。

狩猎采集行为确实在人类进化中起到了很大的作用。尽管有证据显示狩猎采集者并非善良的天使——据估计，在狩猎采集时代，大约有1/3的男性死于族群内部的暴力行为[27]，但是如果没有比黑猩猩程度高得多的合作水平，狩猎采集者根本无法生存。其中一种形式的合作是按照性别进行劳动分工，女性主要负责采集植物，男性负责打猎和采集蜂蜜等工作。虽然采集到的植物通常可以稳定地提供大量热量，但是肉和蜂蜜才是热量和营养均丰富的高质量食物，能够更好地满足整个部落尤其是哺育期间女性的需求。而且，狩猎采集者中的妈妈如果不能从男性和孩子的祖母那里获得帮助，那么无论是她们自己还是她们的子女都无法得到足够的热量。[28]男性狩猎采集者之间也必须合作，而且合作程度要超过其他种群中雄性之间的合作。他们通常会分成多个小组外出打猎，但是经常空手而归。只有从打猎成功的小组那里分得肉食，猎手们才能保证每天摄入足够的食物。狩猎采集者在照顾后代和防御猛兽方面也会进行合作。总之，根据逐渐缩小的两性异形的差距、异性之间和同性之间内部合作的增加，以及狩猎采集者社会内部女性角色的重要性，人类学家判断，自人属的起源开始，人类的攻击性便降低了。[29]

以狩猎采集为生的直立人在内部也许开展了广泛的合作，但是这并不意味着他们之间没有打斗。如果我们拥有一台时光机可以回到一两百万年之前观察它们的生活，我们有诸多理由相信，我们能够看到的人与人之间的暴力冲突肯定比今天多。至于证据，即使抛开那些发生在当代狩猎采集者之间的主动性攻击行为不谈，有人判断，人类成为狩猎采集者之后就停止了内部打斗，但至少存在两条棘手的事实使得上述判断无法自圆其说。

第一个事实是肌肉。今天的普通成年男性比普通成年女性只重12%～

15%，但是女性拥有更高的体脂率掩盖了一个潜在的事实，双方在肌肉含量上的差距比体重上的差距要大得多。全身扫描显示，男性的肌肉含量平均比女性高 61%，而且这种差距主要体现在上肢。[30] 男人比女人多的那些肌肉大多是在青春期长出来的，那个时候的睾丸素水平高涨，促进了肌肉在手臂、肩膀和脖子位置的增长。[31] 在这方面，男性人类与雄性袋鼠很像，后者的上肢也是在青春期变得发达，从而帮助它们打斗。[32] 当然，男性强大的上肢肌肉也许是出于狩猎需要而发生的选择，但是我们不能排除同类之间打斗行为的影响。

第二个事实就摆在我们的面前。图 7-1 展示了不同时期人属中男性的面部图，值得注意的是，直到距今 10 万年前，即使是在最早的智人（Homo sapiens）中，男性仍然趋向于拥有庞大、强壮的面部，以及大得吓人的眉弓。最早的智人虽然比尼安德特人和其他非现代人的面部都要小，脸部肌肉也不够发达，但是直到距今 10 万年前，他们才真正长出了一张线条柔和的脸。[33] 这也引发出一个假想——大脸是青春期偏高的睾丸素水平在外观上的体现。对于今天的男性来说，升高的睾丸素不仅会激发更强烈的性欲、更强的冲动和更凶的应激性攻击行为，而且会形成更大的眉弓和面部。[34] 另外一种有可能在分子层面上影响面部男性化程度的物质是名为5-羟色胺①的神经递质，它会减少人类的攻击性。5- 羟色胺水平越高，脸部特征越不具有雄性气质。[35]

在人类的进化过程中，与攻击性相关的雄性性征逐渐减弱，这一现象引起了生物学家的注意，因为在其他动物尤其是家畜中也存在类似的情况。当我在农场里靠近一头猪或者当我试图接近邻居的狗时，我基本上不会害怕，但我绝对不会以同样的方式去接近一头野猪或者一匹狼。农民通过饲养一代又一代的各种家畜，实现了对低睾丸素水平和高 5- 羟色胺水平的选择，从而降低了这些动物的攻击性。[36] 这些家畜的脸部也随之变得越来越小。有意思的是，一些野生动物同样在进化过程中减少了攻击性、弱化了领地感、增加了忍耐性，这种

① 又名血清素。——编者注

以自觉的方式实现的选择称作自我驯化。

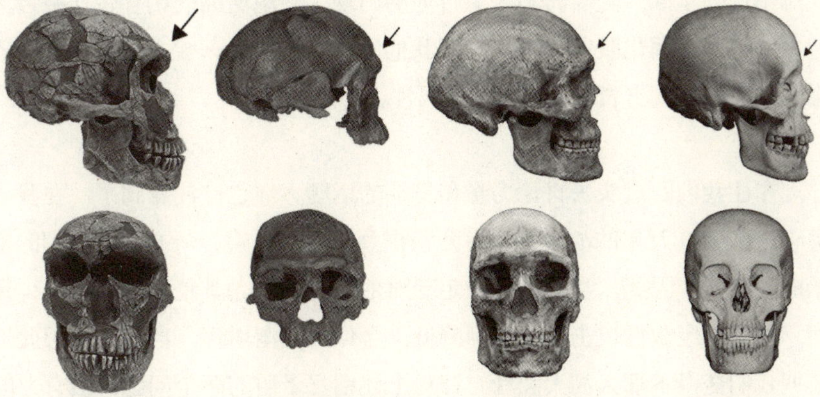


**图 7-1　男性尼安德特人和不同时代男性智人头盖骨的侧面图和正面图**

注：请注意，人类的面部是逐渐变小的，变得更加细长。箭头所指为眉弓，随着人类面部逐渐变小，他们的眉骨突起程度降低。

资料来源：Lieberman, D.E. (2011),*The Evolution of the Human Head* (Cambridge, Mass.: Harvard University Press).

倭黑猩猩的例子最能说明问题。稀少的倭黑猩猩是黑猩猩不甚知名的远亲，它们只居住在非洲刚果河以南的偏僻森林里。但是与黑猩猩和大猩猩不同的是，在雄性倭黑猩猩内部，残忍的应激性攻击行为并不常见。为了获取统治地位，雄性黑猩猩之间经常爆发猛烈的攻击行为，它们还会经常殴打雌性，但是雄性倭黑猩猩之间极少打斗。[37] 倭黑猩猩也不愿意实施主动性攻击行为。按照专家的推断，倭黑猩猩之所以自我驯化，是因为在雌性倭黑猩猩之间形成的联盟更倾向于选择愿意合作、不具攻击性、雄性激素水平降低、5- 羟色胺水平较高的雄性。[38] 具有说服力的是，倭黑猩猩与人类一样，也有着比黑猩猩小的眉弓和面部。[39]

很多科学家都试图验证一种说法，即人类是否也进行了自我驯化。[40]如果答案是肯定的，那么我猜想这一过程一定包括两个阶段。第一个弱化阶段发生于人属出现的早期，随着狩猎采集行为的出现，逐渐增加的相互合作被自然选择选中。第二个弱化阶段也许发生在我们所属的种群——智人身上，这时的女性会选择应激性攻击表现不那么强的男性。

现在让我们回过头去讨论力量和打斗的话题。你也许注意到了，在我讲述的关于过去 200 万年的故事中，有两条相互矛盾的线索。一方面，我们的祖先开始成为猎人，因此，身体强壮一定会对他们有利，尤其是对雄性来说；另一方面，我们的应激性攻击表现逐渐降低，合作性逐渐增强，自然选择因此更倾向于把我们变得不那么高大强壮。针对上述相互矛盾的两个问题，最有力的两个解释分别是，人类在打斗和狩猎时保持直立，以及使用武器。

## 武器出现之前的打斗

我上一次打架还是 11 岁的时候，而且表现非常糟糕。自那之后，我便开启了美好的平静生活，但是如果我必须再打一次架的话，我会选择使用武器保护自己。包括狩猎采集者在内的所有人类的文化中，人们多多少少都会对武器有所依赖。人类学家理查德 · 李曾经在卡拉哈里与桑人部落的狩猎采集者共处三年，他在这期间记录下了 34 起徒手打斗和 37 起持械打斗。[41]在使用长矛、弓箭和棍棒进行的打斗中，大多数都是有预谋的、主动的，但是他记录的所有没有使用武器的打斗都是短暂、突发、应激性的。在综合了其他类似的资料之后，我推断，这种现象是普遍存在的。如果你计划攻击某人，一定会使用武器，否则就太傻了，但如果是一场突如其来的打斗，你只有在恰好携带武器的情况下才会使用武器。因此，应激性攻击行为引起的打斗大多数情况下都不会出现武器，打斗产生的后果通常也都不致命。[42]

曾几何时，所有的打斗无论是主动性打斗还是应激性打斗都是徒手进行的。“狡猾小子史蒂夫”和“关节破坏者鲍勃”证明了受过训练的综合格斗选手可以造成多么严重的伤害，但是我怀疑即使是最出色的人类格斗选手，在不得不与黑猩猩对打的时候，也会被撕成碎片。黑猩猩的攻击可以快如闪电，而且它们不仅仅使用强壮的手臂和腿部实施攻击，还会使用极其锋利的牙齿。黑猩猩有时候会站起身来用脚踢，用张开的手掌拍、抓或者用拳头击打，但是需要灵活移动时便会四肢着地。总之，它们在打斗时快速、猛烈、全身投入。

人类在打斗时则不同。有专门针对综合格斗、技击类运动和武器使用情况开展研究的领域，名为武器学（hoplology）①。[43] 各种各样的证据都显示，人类的打斗之所以在自然界中如此与众不同，主要是因为我们都是站着打架的。生物学家戴维·卡里尔（David Carrier）指出，站着打斗的一个优势是，动物可以使用手臂作为武器或者盾牌，而且可以从上向下发力，以释放出最大的力量。虽然猿人、熊和袋鼠有时候也会站起来打斗，但是包括黑猩猩在内的绝大多数动物更愿意在四肢着地的情况下进攻或者后退，这样比直立时更快更稳。因为人类本来速度就慢，两条腿站立虽然不稳，但如果四肢趴在地上灵活性就更差，所以人类格斗选手通过训练找到了一个屈膝蹲伏的直立打斗姿势，类似于跳舞，两只手会伸到面前。直立的格斗选手可以击打、挡、抓，有时候还会踢，这样可以产生更大的能量，但是摔倒的危险性也会增加。一旦倒地，人类在缠斗时更容易受伤，因为此时他们更加难以逃掉，也更难保护自己。处在上面的人通常会占上风。

赤手空拳的人类打斗时的另外一个不同之处，是保护头部不受伤害。用自己的头撞击对手是好莱坞电影里的情节，真实的打斗中极少有人这样做。而且，人类的牙齿实在帮不上什么忙。既没有尖牙，也没有突出的嘴，我们最多也就是咬住对手的手指或者耳朵。更重要的是，我们巨大、易受伤害的大脑需要保护。黑

① 该词源自希腊语 hoplos，指某种身体被硬壳包裹的动物。

猩猩和其他动物在打斗的时候可以利用头部，它们用剃刀般尖利的牙齿咬住并撕扯对手，而即使是训练有素的格斗选手也只能用手和胳膊护住头部，进行自我保护。黑猩猩斗殴时会攻击对手身体的任意位置，但是人类大多数情况下都瞄准了对方的脑袋，希望能一拳击倒对方，或者击碎对方的下巴。[44] 戴维·卡里尔和迈克尔·摩根（Michael Morgan）曾经提出过一个极富争议的观点，他们认为，早期人类之所以进化出了长长的拇指和短小的另外四指，部分原因是这样可以使拳头更加坚实，而巨大的下巴和颧骨则是为了抵抗击打。[45]

双脚站立使我们变得笨拙，从而限制了打斗能力，而且在这种情况下，我们的手臂只能起到挨打和保护大脑的作用，这是赤手空拳的人类打斗者与动物世界其他种群的不同之处，除此之外就没什么区别了。在身量、力量、技巧和态度的综合因素中占优势的一方总会受益。显然，体形更大的人似乎更容易在打斗中获胜，因为他们更强壮、体重更重、胳膊更长、拳头更大。[46] 但是，就像其他种群的情况一样，体形和力量并不是起决定作用的。专家们在这方面达成的共识是，打斗在很大程度上是一项可以学习的技能。[47] 每一种形式的格斗都强调平衡、姿态、提升自我保护的反应能力，以及通过正确的技巧更有效地发力。[48] 而且，绝对不能低估一名打斗者铤而走险和锲而不舍的决心。[49] 我绝不会为了一块三明治而打架，但如果是为了保护我的家人，那就另当别论了。其中一方的愤怒程度和难对付程度对于打斗的结果起着决定性作用。因此，与其他动物一样，人类会不遗余力地向潜在对手宣扬自己多么难对付并估量对方的实力。[50] 就像狂吠的狗一样，敌视的人类双方在最终决定动手之前，会趾高气扬地炫耀自己的本事，吼叫、挺起自己的胸膛。从进化的角度说，这些动作是有意义的。无论对于强者还是弱者，如果胜负结果早已注定，那么一方提前退让总是最佳选择。

但是，随着武器的发明，胜败就没那么容易判断了。

## 利用武器对战

在电影《夺宝奇兵》（*Raiders of the Lost Ark*）的一段经典场景中，哈里森·福特（Harrison Ford）疯狂地全速跑过一个拥挤的市场，然后发现自己被一个高大的杀手挡住去路，对方挥舞着一把令人胆寒的弯刀。就在一场史诗级的对决即将上演之际，福特狡黠一笑，然后一枪射中了杀手。[51] 这段情节既暴力又可笑，而且"命中目标"。自从人类发明了长矛、弓箭等抛射型武器以来，弱小的大卫就完全有可能击败强大的歌利亚了。人类从何时开始用武器保护自己？武器又对人类的战斗力，尤其是力量造成了哪些影响呢？

20 世纪 60 年代，当简·古道尔第一次公布野生黑猩猩制作工具的证据时，她的观察结果震惊了世界。后续的研究人员记录了黑猩猩制作一系列简单工具的过程，其中包括将木棍改造为短矛，插入树洞之中捕获躲在里面的小型哺乳动物。[52] 黑猩猩炫耀自己的实力以及最终卷入打斗时，会投掷石头、树枝和其他物体。但是从人类的角度看，这些武器并不致命，尤其是出现在黑猩猩手中的时候，更何况它们是采用举手过肩的方式进行投掷，准确性实在不高。

同黑猩猩一样，早期的古人类一定也开始使用简单的木制工具，但是距今 330 万年至 260 万年的一次灾难性的巨变之后，人类发明了石制工具，有证据显示，人类开始吃肉可追溯至大约同一时期。[53] 从工具上的磨损痕迹和古代骨骼上的切削痕迹，我们推断这些原始工具被早期古人类用来屠宰动物。[54] 我可以证明这些工具确实有用，因为我系里的学生和同事每年都要举办烤羊聚会，我们会制作简单的石器，并用它们来切割羊肉。通过显微镜观察到的工具边缘的痕迹，我们得知一些石器是用来切割植物的，包括切割木头。[55] 由此，我们可以做出这种并非脑洞大开的假设：200 万年前的早期人属成员已经开始使用粗制的木头长矛，虽然只是一些又长又尖的木棍。这些长矛用于打斗或者打猎时会起什么作用呢？长矛和其他抛射类武器的进化是否改变了人类的身体呢？

拥有一支长矛当然要比没有强，但是使用这种武器并不容易。从距离目标最近的地方准确而有力地掷出长矛，是一种需要长期练习才能掌握的技巧。而且，没有装矛头的长矛对猎物的身体组织造成的损伤要小于装了石矛头的长矛，这项发明直到距今 50 万年前才出现。[56] 还有，如果你只有一支长矛，一旦没有击中猎物，赤手空拳的你很容易遭受猎物的攻击。更可取的方法是用长矛去刺猎物，但是这种做法存在一个极为严重的不利之处，就是你必须离你的猎物或者牺牲品更近，这样一来你将处于更加危险的境地。有证据表明，欧洲的尼安德特人在打猎时会用长矛戳刺猎物，但是他们的骨骼所反映的受伤频率和受伤类型说明，由于离猎物太近而且是单打独斗，他们付出了巨大的代价。[57] 所以，如果你有机会去撒哈拉沙漠，请不要离开你的车辆去挑衅羚羊，然后试图将一支长矛插进它的肋部……

这样看来，投射长矛也许并不完全是个坏主意？今天我们大多数人只会在比赛和体育活动中做出投掷的动作，而且大多数情况下我们都是用举手过肩的方式投掷。而黑猩猩和其他灵长类动物如果想要投掷得准确，它们会采用手不过肩的投掷方式。[58] 如果你在动物园里突然发现猿或者猴子准备冲着你的方向投掷粪便，而且使用的是手不过肩的方式，赶紧跑！但是，如果动物采用举手过肩的动作希望获得更大的力量，你反倒大可以放轻松，因为它们用这种姿势时根本无法瞄准。人类是唯一能够用举手过肩的方式投掷且又快又准的物种。实际上，这是因为只有人类才会为此进行练习，而且男性和女性皆是如此。当我和尼尔·罗奇（Neil Roach）开展关于投掷动作的生物力学实验时，我发现自己的表现非常差，既没办法用力投掷，又无法命中目标。即使是这样，我也比任何一只类人猿表现出色，原因在于 200 万年前人类进化出来的一系列适应赋予了我投掷的能力。

进化是如何使我们变得擅长投掷长矛之类的物体的呢？让我们从高水平投掷的两个主要元素开始分析：速度和准确性。现在站起来，试着投出一个不会造成伤害的较轻的物品，比如一团纸，瞄准目标使出全力。投掷的速度来自将身体作为一个鞭子而做出的动作（见图 7-2 上图）。如果你使劲发力，你先是跳跃着做出投掷的姿势，然后依次转动臀部、背部、肩部、肘部，最后是腕部。每一个部位的转动尤其是肩部转动时，都会有新的能量生成并传递到下一个转动的关节。[59] 这些能量中的一部分在出手的瞬间传递给了纸团。你在投掷方向上移动自己的手臂，然后在正确的时刻出手，在这些环节上的完成度决定了你投掷的准确性。

稳准狠地投掷是人类的一项独特能力，需要长期的练习才能掌握。这项技能有一部分依靠神经的控制，另一部分则源自进化出的、有别于类人猿的特殊解剖学适应。人类除了拥有高度灵活、可以向后弯曲的腰部和手腕之外，肩部结构中也包含着很多确保能完成举手过肩投掷的特征，投掷动作中大约一半的能量来自肩。类人猿的肩部较窄、位置较高，关节指向上方，这些特征明显适合攀爬。而人类的肩部较宽、位置较低，关节朝向侧面。在我的实验室中，由尼尔·罗奇主导的研究显示，人类的各种特征综合起来使得自己的肩可以像弹弓一样工作。[60] 在投掷动作的第一阶段，我们举起手臂，外展并向后转动。这个动作在整个肩部的肌肉和组织中积蓄了足够多的弹性能量。接下来身体开始释放，手臂像弹起的弹簧一样以不可思议的速度转动。职业棒球投手做这个动作时，角速度可以达到每秒 9 000 度，这是人类身体可以做出的最快动作。[61] 在投掷动作的结束阶段，我们伸展肘部，转动手腕，释放投掷物。

我和尼尔在研究化石记录时发现，所有那些可以让我们成为投掷高手的特征在 200 万年前的直立人身上就已经出现了。[62] 考虑到人类在那个时期已经开始狩猎，投掷能力也许是作为基本的生存技能被选择出来的。早期古人类有时候会互掷长矛或者石块，如果你连这个都不相信，那你就太天真了。我甚至猜测，直立人会让孩子们每天花数小时练习投掷技巧，锻炼他们的上肢力量。

今天，全世界大约有数百万名少年保持了这个传统。很多个下午，邻居家的少年们便会来到街上投棒球、投橄榄球，梦想着成为伟大的运动员。而就在不是太多代之前，孩子们也在练习着同样的投掷技巧，梦想着成为伟大的猎人或者勇士。我们之所以不再把投掷动作与打斗和狩猎联系在一起，是因为技术的不断进步。最初，投石器和没有矛头的长矛是我们仅有的具有杀伤力的投掷物，之后，各种创新都以提高武器的速度为目标，最终彻底改变了我们远距离射杀猎物的方式。第一次突破出现在距今大约 50 万年前，人们发明了可以绑在长矛上的石矛头。过去10万年间，人类制造出了弓箭、投矛器①、鱼叉、网、吹箭枪、猎狗、毒箭头、陷阱。[63] 自那之后，人类又发明了诸多武器，从而可以在一定距离之外更简单更安全地捕猎。

随着文化的不断演进，投掷等身体活动已经与其好斗性和致死性的起源失去了联系，那么，我们的身体因此发生变化了吗？也许是的，我们的身体确实变化了，因为文化演进和生物学进化并非相互独立的两个过程。想想看，火和衣服这样的文化演进对我们身体的影响。发明了火和衣服之后，古人类可以向偏冷的新环境迁移，这样他们在离开赤道地区之后，淡色皮肤之类的特征就可以被选择出来。[64] 而随着烹饪变得普遍，人类消化的生理机能也逐渐进化，我们现在已经必须依靠烹饪才能生存了。[65] 铁器时代之后才出现的武器也许时间还没有长久到可以影响人类的进化，但人类在很久很久之前发明的长矛和其他投射武器呢？

先说长矛。除了人类对于投掷动作的适应之外，我们在前面提到过，人类中男女之间的体形差距已经从之前的男性比女性重 50% 降至重 15%。这种变化主要是因为男性之间逐渐减少的打斗，但是我们也不能排除长矛在其中起作用的可能性。毕竟，长矛的发明降低了身材高大者在打猎和打斗时的优势。尽管如此，人类男性的上肢肌肉量平均仍比女性多出 75%。[66] 如同我们已经看到的那样，肩部、手臂、躯干部分的力量对于投掷动作至关重要，更不要说摔跤和其他对抗性活动了。

---

① 美洲印第安人和爱斯基摩人称之为梭镖投射器（atlatl）。

（上）

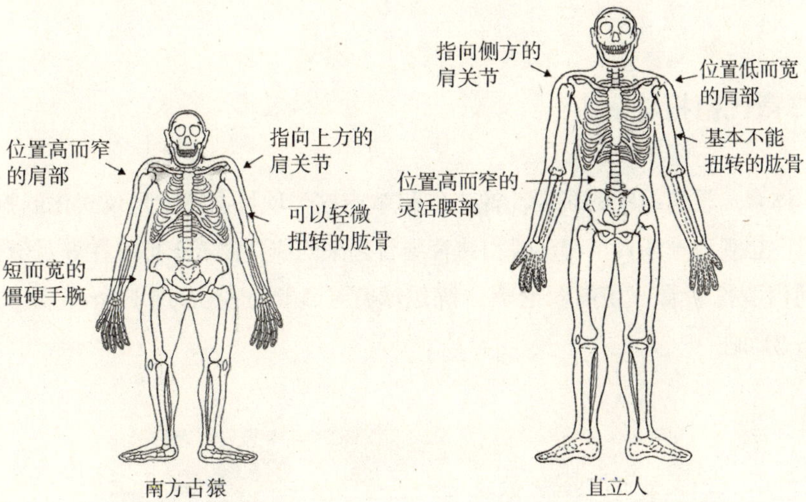


（下）

**图 7-2　投掷动作的解剖学和生物力学图示**

注：上图，投掷是一个类似于抽鞭子的动作，能量通过腿部、臀部、躯干、肩部、肘部和腕部依次传递并累加。直立人（下图右侧）拥有一系列能做出上述动作的身体特征，南方古猿（下图左侧）则没有。

资料来源：改编自 Roach, N. T., and Lieberman, D.E. (2014), Upper body contributions to power generation during rapid, overhand throwing in humans, *Journal of Experimental Biology* 217:2139–49; Bramble, D. M., and Lieberman, D.e. (2004), Endurance running and the evolution of Homo, *Nature* 432:345–52。

有一个未经证实的观点认为，弓箭的发明以及其他尖头投射物的切削技术，彻底改变了应激性攻击行为的成本和收益。史上第一次，像我这样瘦弱的大卫也有机会战胜歌利亚了，女性也可以在面对男性攻击者的时候更有效地保护自己了。诸如弓箭这样的武器还可以帮助不够强壮的个体更有效地打猎，由于拉开了与猎物的距离，还可以减少危险。由于弓箭在 10 万年前就已经发明出来，因此身材高大、应激性攻击力强的个体所获得的优势也许就没有那么明显了。[67] 如果投射型武器的不断进化反而使人类的性情和行为变得温和，是不是有些反讽的味道？我猜测，逐渐减少的应激性攻击行为也许推动了人类另外一个普遍行为的进化：体育。

## 以体育代替打斗

体育，是有组织的玩耍，像击剑和拳击这类项目显然就是仪式化的打斗，如果你想观看一场真正将斗殴和体育结合起来的疯狂仪式，那就在 6 月份去意大利佛罗伦萨看一场佛罗伦萨传统足球赛（Calcio Storico Fiorentino，见图 7-3）吧。

（上）

（下）

**图 7-3 佛罗伦萨传统足球赛场面**

资料来源：Jin Yu/Xinhua.

我是几十年前到访佛罗伦萨的时候偶然见识到这一暴力奇观的。当天早上我乘飞机抵达佛罗伦萨，然后就出去溜达，倒一下时差。当我朝着佛罗伦萨著名的圣十字广场方向走去时，我发现人们正涌向一个球场的看台，那个球场上铺着沙子，与美式橄榄球的球场大小差不多。在好奇心的驱使下，我从一大群吵闹的、全身都穿着绿色衣服的佛罗伦萨人中间穿越，找到了一个位置。我后来才知道，这项赛事可以追溯到 15 世纪，代表这座城市 4 个区域的队伍将进行一系列比赛。绝大多数参赛者都赤膊上阵，下身穿一条文艺复兴风格的短裤。裁判身上佩戴着剑。在大约一小时的时间里，两队之间以一种将英式橄榄球和残酷的大型铁笼格斗相结合的方式进行对抗。每支球队有 27 名男性上场，从表面上看，他们的任务似乎是努力将足球大小的球扔进位于场地一端代表对方球门的一道窄缝里，但这个过程实际上涉及严重的斗殴，目的就是护送队友带球到对方球门前从而射门，以及阻止对方做同样的事情。除了少数严令禁止的动作，如踢对手的头部，这些选手无所不用其极，采用的手段包括拳击、摔跤、撞头、下绊、锁喉。每一次进球、每一次鼻血飞溅、每一次肋骨断裂，我周围的人都会起身高呼。比赛结束的时候，很多选手脸上都流淌着鲜血，还有一些人是被担架抬出场的。这简直就是一场格斗。

即使像佛罗伦萨传统足球赛这种极端的体育项目，也是从玩耍进化而来的。几乎所有哺乳动物的幼崽都会通过玩耍提高运动技巧和身体能力，这些都是它们成年之后捕食或者打斗所必备的技能。[68] 玩耍的其他好处还包括帮助年幼者认清或者改变它们在社会等级中的位置、建立合作关系、缓解紧张局面等。人类也不例外，只是我们的玩耍有时会用到球或者球棒之类的工具，而且我们一直到成年仍然会参与玩耍，狗和其他少数被驯化的动物也是这样。[69] 在任何一种文化中，那些常用的打斗和打猎技巧，在玩耍和体育中起着同样重要的作用，如追击、拦截和投掷物体。按照普遍的理解，体育与玩耍最重要的差异在于：玩耍是无条理、无结构的，没有特定的规则，也无所谓结果，而体育是对手之间以获胜为目的，按照完善的规则和标准进行的对抗性身体活动。[70] 按照这个定义，一些对力量和体能要求极低的休闲类项目也可归入体育范畴，如飞镖和保龄球。

坦白说，我对飞镖和保龄球没有偏见，但是从进化人类学的视角看，体育的传统定义缺少一个基本和关键的特征：对于应激性攻击行为的自我控制。即使是在冰球和橄榄球这样对抗激烈的比赛中，对对手的粗暴行为也是违反规则的。

荷马在《伊利亚特》中颇为戏剧性地描述了相似的观点。这首长诗用绝大部分篇幅，讲述了希腊人在特洛伊的城墙下不断争吵和发生小规模流血冲突的故事。与雄性黑猩猩一样，希腊人内部的世仇连绵不绝，为了权力、地位和女人，相互之间尔虞我诈。但是在该书的倒数第二部分，也是这部史诗最重要的时刻之一，希腊人居然为了一场小型奥林匹克运动会而暂停了战争。举办这些赛事的初衷是纪念帕特洛克罗斯之死，他是希腊英雄阿喀琉斯的挚友。葬礼当天，阿喀琉斯在悲伤之中发起了一系列赛事，一方面是向遗体致敬，另一方面是取悦喜欢观看赛事的诸神。比赛项目包括拳击、跑步、战车竞速和投掷比赛，但是最引人注目的是埃阿斯与奥德修斯之间的摔跤比赛。这是一场经典的对决，埃阿斯是一名拥有蛮力的强壮勇士，奥德修斯则瘦小、结实、机灵。不出所料，他们一时难分胜负。在经过多个激动人心的回合，上演了戏剧性的抓起高举、肋骨断裂的摔落、聪明的移动之后，阿喀琉斯进场叫停比赛，宣布双方握手言和："勿再斗，勿在体育中死亡！双方皆为胜者，奖品分而享之。"[71]

一代又一代的读者都不解荷马为什么会按下特洛伊围城的故事不表，而去描述一场摔跤比赛，以及其他赛事，但是阿喀琉斯传递的信息倒是解释了理查德·兰哈姆的观点：希腊人如果想要结束十年的围城之战，就需要停止他们的内斗而代之以合作。他们应该停止互相之间的应激性攻击行为，只针对特洛伊人实施主动性攻击行为。就如同这个战争故事一样，控制应激性攻击行为和遵守规则是绝大多数体育项目的基本要求。所以，体育也许已经进化成为一种教育方式，教育人们如何控制冲动，教会人们掌握那些从打猎活动中归纳出来的技巧，以及那些有节制的主动性攻击的技巧。赛场上的那些应激性攻击行为，都已经被定义为缺乏体育精神的行为，比如，攻击对方进球得分的队员，以及攻击队友这种更恶劣的行为，就因为他们没有把得分机会让给你。职业网球选手在赛场上言语粗俗都是明令禁止的。

当然，包括尼安德特人在内的其他古人类也有自己的玩耍形式，但我猜，当人类实现了自我驯化，体育才真正开始进化。我在前面已经提到，只有在那些实现了自我驯化的种群中，才会出现成年个体参与玩耍的情形。至于为什么人类的每一种文化中都有体育的存在，首先是因为，体育让人学会合作，让人学着控制应激性攻击行为。无论你是希望在铁笼中将对手打成糨糊，还是希望在花样游泳比赛中给裁判留下深刻印象，总之，要想在体育活动中成为一个好人，你需要按照规则进行比赛，控制好自己的情绪，与他人和谐相处。体育还能培养良好的习惯，比如纪律和勇气，这些都是战争等主动性攻击行为需要的重要品质。也许滑铁卢战役的胜利真的在伊顿公学的体育场上就已经注定。

其次，还有一些更有力的原因使得体育不仅得到了普及，而且简直就是疯狂地流行开来。体育是一种令参与者愉悦、令观看者快乐的活动，能够提升团队精神，而且还超级赚钱。极少有哪些人类活动可以轻轻松松吸引 10 万现场球迷，外加数十亿电视观众。从进化的视角看，个体被吸引参与体育是因为这项活动可以提高他们的繁衍成功率。就像在小规模的部落中出色的猎人和勇士会有更多的后代一样，出色的运动员无论男女总能通过展现他们身体方面的强大能力而获取更高的地位，并吸引伴侣。[72]

最后，体育已经越来越成为锻炼身体和增强身心健康的完美方式。几个世纪以来，教育家和哲学家一直在倡导贵族和精英阶层参与体育。如果不是这样的话，那些高端人士可能根本无缘身体活动。卢梭说："那么，你是否想培养学生的才智？如果你想开发他的能力，你就需要督促他。让他持续不断地锻炼身体，将他变得强壮、健康，这样他才能聪明、理性。让他去劳作、保持活力、奔跑、喊叫、不停地运动。让他成为一个充满活力的男人，然后他会很快成为一个充满理性的男人。"我的大学继承了这个传统，而且令人欣慰的是，将女性和男性都涵盖了进来。哈佛大学的体育部门组织了 40 支各类运动项目的校队，吸纳了将近 20% 的学生。学校的官方使命就是要"通过体育提升教育"，并提出通过参与体育，"我们的学生能实践并发展个人能力、身体能力和智力能力，在体育的帮助下成长、学习并乐在其中"。

总之，相比于祖先，今天的人类身体更弱，不是因为我们在进化过程中减少了打斗，而是因为进化让我们用完全不同的方式进行打斗：更加主动，使用武器，而且更多是以体育作为替代。按照相同的逻辑，我们并没有进化出以下能力——为了锻炼而参与体育。作为一种有组织、有规范的玩耍形式，体育在任何一种文化中被发明出来，其目的都在于教授人们捕杀猎物和避免被捕杀的实用技巧，同时让人们学会相互合作，不要相互攻击。只有在贵族出现以及后来的白领在工作中越发缺乏身体活动之后，体育才与锻炼联系起来，开始承担新的角色。在当今的现代化工业社会中，体育被包装成以保持健康为目的的锻炼手段（但我仍然认为飞镖不属于体育项目）。与进化的源头相一致的是，许多体育项目至今仍然将打斗和打猎的实用技巧置于极为重要的位置上，这些技巧包括力量、速度、体力和投掷能力。

我们谈论一下全世界最流行的体育项目——足球，来结束本章内容。足球所需要的多数能力与其他团队项目基本一致，包括合作和需要控制的应激性攻击行为。但是足球还需要另外一种能力，这种能力对健康尤为重要，而且也是我们人类最为擅长的、将我们与其他动物区别开来的能力：耐力。

Exercised

# 第三部分

## 与耐力有关的身体活动

Exercised

# 第 8 章

## 步行：人类的日常

### 以讹传讹的谬误 8：仅靠步行，无法减肥

报酬不错，而且我还可以走着去上班。

约翰 · F. 肯尼迪

请允许我讲述一段往事，从而帮助你了解，在远古时代普通的一天，步行是怎样的体验。故事要从我和同事向哈扎部落的狩猎采集者哈萨尼和巴加约，提出一同打猎的请求说起。他们二人非常有礼貌地同意了我们的请求，但是要求我们全程保持安静，越安静越好，要听从他们指挥，必要时要躲在他们身后，而且不能拖他们的后腿。

天边出现第一缕曙光时，我们便出发了，当时的天气凉爽宜人，由于是清晨，青草上还沾着露水。哈萨尼将一块彩色的布在腰间打了一个结，外加一件黄黑相间的条纹衬衫；巴加约则穿了一条短裤和一件看上去有些旧了的曼联队球衣。两个猎手都穿着自制的草鞋，他们只带了一张弓、一筒箭和一把短刀。相比之下，我倒是准备了全套的探险装备，一顶大檐帽、一双轻便的鞋、一件既能排汗又能防紫外线的高科技衬衫、一条越野长裤。我还带了手机、GPS 手表，双肩背包里还有两瓶水、太阳镜、驱蚊剂、备用眼镜、一些苹果、能量棒、瑞士军刀，而且为防不测，我还带了手电筒和一个小型的急救包。

从离开营地开始，我就打起了精神。哈萨尼和巴加约步伐轻快，但其实脚下并没有现成的路，每一步都可能行差踏错。当时正值雨季，茂盛的草丛中到处都是看不见的大石头，一不小心就有可能扭伤脚踝。远处的埃亚西湖（Lake Eyasi）波光粼粼，我们沿着一个陡险的大斜坡朝长满树木的山谷走去。哈萨尼和巴加约不时停下来寻找猎物的脚印或者其他痕迹。他们俩全程都没怎么说话，偶尔简单交流两句，声音也都很低。开始时，我们在巨石的裂缝中寻找树蹄兔，这种动物与猫大小相仿，长得像啮齿类动物，但实际上是大象的近亲。

然后我们又开始循着地上的足迹寻找一只非洲大羚羊。足迹很清晰，显然是早上刚刚留下的。我们始终没有找到非洲大羚羊，却在上午时分与几只黑斑羚不期而遇。哈萨尼示意我们弯下腰，然后他脱掉衬衫和草鞋，蹑手蹑脚地穿过灌木丛朝黑斑羚走去，与此同时，巴加约绕到了黑斑羚的后面。我和我的同事就安静地坐着，希望不要影响他们俩。大约 15 分钟之后，我听到了射箭的声音，过了一会儿，哈萨尼失落地回来了。不用说我也能知道他没有射中。所以我们只好再次上路，天气越来越热了。

我们接下去的行程被一只向蜜鸟改变了。这些棕色的小鸟与非洲人类之间的“合作”已经持续了数千年，当然也可能是数百万年。[1]向蜜鸟高声发出标志性的、急迫的、持续不断的鸣唱“啾！啾！啾！”，然后从一棵树飞到另一棵树，并不时用歌声提醒我们跟上。不到 10 分钟，我们的小鸟朋友便把我们引到了一个蜂窝。哈萨尼和巴加约高兴起来，他们生起了火，然后用冒着烟的草堵住了树洞，把蜜蜂都赶了出来，当然他俩也吃了点苦头。接下来，他们“抢劫”了蜂窝，把里面的大部分蜂巢取了出来，然后就站在原地开始大快朵颐，把嚼不动的蜂蜡吐在地上，作为对带路的向蜜鸟的回报。

那一天的行程迅速变成了蜂巢采集之旅。在我们返回营地的路上，哈萨尼和巴加约对一处蜂窝又一处的蜂窝重复了之前的流程：点火、熏出蜜蜂、咀嚼甜甜的蜡质蜂巢。在我们征服了 5 处蜂窝之后，已经到了下午，天气越来越热，哈萨尼和巴加约边聊天边快乐地享受蜜糖，他们显然已经放弃打猎的想法。我们返回营地的时间是下午一点半，距离出发已经过去了 5 个多小时，我们空手而归，但肚子里装满了蜂蜜。GPS 显示，我走了 18 720 步，一共走了 12 千米。

当天吃晚饭的时候，我同巴加约等人聊天。大家都认为，最近生活日趋艰难的原因是达托加（Datoga）游牧部落的到来，以及他们饲养的牛群造成了周边猎物数量急剧下降。他们说，打猎不再像以前那样容易了。男人们经常无法带回猎物，肉食的缺乏使得他们越来越依靠女人们采集到的植物以及蜂蜜和易货而来的食物。但是男人们仍日复一日做着同样的事：冒着风险从营地出发去打猎，采集蜂蜜，用手采集任何可以吃的东西，有时候也会用牙咬。女人们每天也需要走不短的路，因为我跟她们一起出去过，所以我觉得相比之下她们的采集之旅更有趣。平常，女人和孩子们会步行数千米直到找到一处可以挖到块茎的好地方。这时，所有人都会停下来开始挖，他们会坐下来、聊着天、照顾着孩子，然后从坚硬多石的土壤中把块茎挖出来。其中一些块茎当时就被她们生吃了，还有一些经过烹饪成了午餐，剩下的都被放进背篼带回了家。在去程和回程途中，女人和孩子们还会随时停下来采摘一些浆果和其他食物。

但是，他们做得最多的事情还是步行。本书有一个核心观点——人类并没有进化出主动锻炼的本能，但如果需要，我们的身体可以随时动起来。如果有一项身体活动最能体现这一观点，那就是步行了。包括哈扎人在内的狩猎采集者中，男性和女性的平均日步行距离大约分别为 14.5 千米和 9.6 千米，他们步行不是为了健康或者保持体能，而是为了生存。[2] 狩猎采集者的年平均步行距离相当于从纽约走到洛杉矶。人类是耐力型步行者。

对于大多数后工业化社会的人来说，步行仍然是每日必需，但是已经与耐力没有什么关系了。你每天上下班可能只需要走一点点路，比如从你的车门口走到办公室，然后再走回车门口。当然你还需要走着去浴室、走着去吃午餐、走着逛商店，以及走着做很多很小但是必须要做的事情。也许你会为了放松而散步，或者采用更古怪的方式，在哪儿也去不了的跑步机上步行，但是你每天走的绝大部分路都是必须要走的，而不是可走可不走的。你与哈萨尼和巴加约之间最大的不同在于，他们为了生存每天要走 2 万步，而从数百万部手机上得到的数据显示，美国人平均每天走 4 774 步（大约 2.7 千米），英国人平均每天走 5 444 步，日本人平均每天走 6 010 步。[3] 因为这是平均数据，所以也说明有数百万美国人每天的步数不足 4 774。除此之外，步行的方式同样存在很大差异。狩猎采集者是穿着极简陋的草鞋或者干脆赤足，还要拿着食物、背着孩子，面对各种各样的地形，他们要么需要在丛林中行走，要么就是在荒野的小径上行走。几代之前，狩猎采集者根本就没有穿过具有缓震支撑性能的鞋子走在坚硬平坦的人行道上，更不要说使用跑步机了。

这些变化向我们提出了一系列的问题，包括我们在步行方面是如何进化的？为什么进化成现在这样？进化的程度如何？步行对衰老和健康产生了哪些影响？我们听到最多的一种锻炼处方，就是每天走 1 万步。一本畅销书里提道："让步行成为日常活动的一部分，无论是参加有组织的轻松走活动，还是通过每天走更多的路保持体能，都能帮助你减肥和瘦腰，最重要的是，不反弹。"[4] 还有两位健身专家谨慎地说道："对于身体健康的成年人来说，每天走 1 万步是比较合理的运动量，有研究表明类似强度的身体活动有益健康。"[5] 虽然大多数减肥计划都会包括步行，但是一些专家也指出，步行不可能减肥，因为长距离的步行在消耗大量能量的同时也会导致饥饿。2009 年《时代周刊》一篇广为流传的封面文章以"锻炼的假象"（"The Myth About Exercise"）为题，指出"当然，这对你有好处，但是不会帮你减肥"。[6]

为了分析这些让人迷惑而且相互矛盾的观点，我们先来讨论一下人类古怪的行走姿势——只用两条腿踉踉跄跄地行走。

## 我们是如何行走的

绝大多数人都能行走，但是在离我家大约 1.6 千米的斯波尔丁康复医院里，每天都会有一些患者努力训练自己的身体重新掌握行走能力。这家康复医院是一个有良好采光效果的巨大房间，与其说是一家医院，还不如说是一个体育馆，里面有大量的步道、跑步机和力量训练仪等设备。我上一次去那里的时候，里面大约有 10 名患者，每个人都在一名理疗师的陪同下进行练习。这些人有的患有神经组织退化性疾病，有的则是因为中风或者遭遇了各种事故。其中有一位大约 30 岁的女士，在一场交通事故中损伤了脊椎，我们就称她为玛丽吧，她非常友善，同意我观摩她的理疗课程。

玛丽的专注深深打动了我。她抓住步道两边的扶手，从轮椅里站起身来，然后便全神贯注地完成一项最简单的挑战，她克服着体重的压力，将一条腿放到另一条腿的前面。她的左腿有伤，而右腿则完全不听使唤。每走出一步，她都要有意识地命令自己不听话的肌肉做出那些曾经是本能的基本动作，先活动臀部，然后弯曲膝盖，然后伸直膝盖……一名理疗师站在她旁边，鼓励她迈出每一步并给出建议。玛丽的步态逐步改善，她也慢慢有了信心。理疗师开始设置一些难度渐增的挑战，比如设置七八厘米高的小障碍，帮助她重新学习基本的移动方法。在这节课的其他时间，玛丽还与理疗师尝试了一系列锻炼项目，以加强某些部位的肌肉的力量，并且重新获得对这些肌肉的控制力，他们还评估了玛丽需要在家里进行的锻炼内容。理疗师带着鼓励的口吻说："你时刻都在进步。"但是他们二人都知道，即使玛丽未来有可能自主行走，但在那一天到来之前她还要付出很多努力。

除非你的身体状况与玛丽一样，否则你大概不会去思考走路时的每一个动作，因为你从差不多一岁的时候就开始蹒跚学步了。[7] 你之所以能够毫不费力地走路，是因为人类神奇的神经系统的一大壮举，这一系统强有力地控制着数十块与走路相关的肌肉，可以让你在各种各样的路况甚至石头密布的山路或者结冰的人行道等危险条件下正常行走。很可惜，人们只有在遭遇事故或者中风之后，才能意识到自己早已习以为常的移动能力和反应能力有多么复杂，这些能力主要是为了确保两件事：有效率地移动，以及避免摔倒。

在行走时有效率地移动自己的身体，对于人类而言并没有什么特别的。无论是用两条腿行走还是用四条腿行走，腿部最重要的作用相当于钟摆（见图 8-1）。要了解这个过程，你最好在房间里走几步，然后留意一下自己的右腿是如何运动的。你会发现，当右脚离开地面后，右腿会像你祖父的钟表上的钟摆一样向前摆动，而摆动的中心位置是臀部。行进中的这一摆动状态主要靠你的臀部肌肉驱动。当你的右脚接触地面时，右腿的钟摆运动发生逆转。这一瞬间，右腿变成了反向钟摆，摆动的中心位置变成了脚踝。实际上，在行进过程中右脚踩地、左脚即将离地的“站立状态”发生时，你的右腿成了身体的支柱。

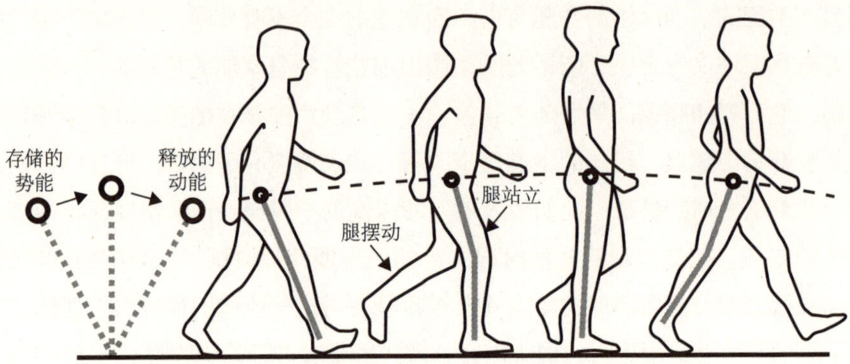


**图 8-1　步行的动力学**

注：腿着地的时候，就像一个倒置的钟摆一样运动，在“站立状态”的前半段存储势能，在“站立状态”的后半段，势能部分转化为动能。

在这个“站立状态”中右腿的支柱作用，对于理解步行时如何消耗能量，有着重要的意义。在“站立状态”的前半段，肌肉将你的身体重量提起放在右腿上，这时你的重心提高了大约 5 厘米。这个提升的动作消耗了能量，但是也使你获得了势能，就像你举起手中这本书时赋予了它势能一样。然后在“站立状态”的后半段，你的身体通过向下和向前的动作将势能转化为动能，就像如果你准备把这本书扔出去时那样。最终，你的摆动腿接触地面，身体的下落过程结束，新的循环开始。所以，步行就是一步一步先消耗能量将身体重心提高，然后再使身体下落并向前的过程，而这一过程的另一部分能量则消耗在摆臂和摆腿的动作上。[8] 在正常步行的整个过程中，至少会有一只脚接触地面，所以驱动你向前的主要动力学原理，就是你的身体让你的腿像钟摆一样将势能转化为动能。狗和黑猩猩等四足动物在行走时，它们的四条腿的运动情况也是如此。[9]

保证双腿钟摆运动的连贯性、协调性以及为钟摆运动供能，对于行走而言固然重要，但是就如玛丽和其他失去行走能力的人所表现出来的那样，他们步行时遇到的最大考验是如何避免摔倒。四足动物在行走时至少会确保有两条腿着地，而靠两足行走的人类在大多数情况下只有一条腿着地。行走的时候，我们的身体总有向两侧摔倒的趋势。因为我们拥有直立的躯干，所以不稳定的上身经常会前后左右晃动。而且两条腿着地使得人类在受到干扰时很容易跌倒。你什么时候见到过狗或者猫在行走的时候被绊倒过？如果你想深入了解双足行走的不稳定性，尤其是在不平整或者湿滑表面行走时的不稳定性，就去看看四足动物试图用后腿行走的样子。即使是黑猩猩和大猩猩这些经常直立行走的动物，也会表现出摇摇晃晃的笨拙样子。它们的臀部和膝盖时刻保持弯曲，就像格劳乔·马克斯（Groucho Marx）① 那样，它们的手臂用力晃动着，整个躯干夸张地与臀部以同样的节奏转动，看上去就像喝醉了一样。[10]

幸好，自然选择馈赠给人类很多巧妙的特征以确保我们在双腿行走时不至于摔倒。这些特征是适应的表现，其中一个最重要的适应是我们骨盆的独特形状（见图 8-2）。类人猿和狗那样的四足动物拥有高且平、指向后方的骨盆，而人类的碗状骨盆短且宽，指向侧面。人类骨盆的曲度变化重置了肌肉的位置，将四足动物原本位于臀部后方的肌肉移至臀部的两侧。由于这一侧向的调整，行走的人类在单腿着地时，这些肌肉便会收缩以保证骨盆和上身的稳定，而不会倒向摆动腿的一侧。你可以做一个简单的实验来测试这个功能，这个功能也叫作髋关节外展：单腿站立，保持臀部水平，时间越久越好。大约 30 秒之后你就会感到臀部侧面肌肉的灼热感，这说明为了保证你不摔倒，这些肌肉已经开始疲劳了。

① 好莱坞喜剧大师，以夸张滑稽的身体动作而闻名。——译者注

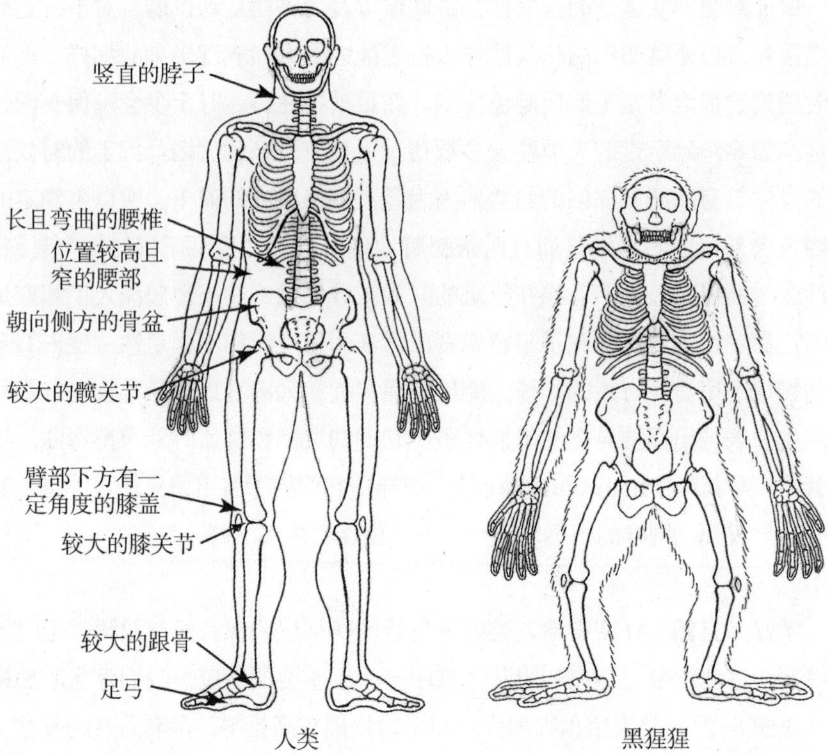


**图 8-2　人类适应高效率双腿行走的众多特征与黑猩猩的对比**

资料来源：改编自 Bramble, D. M., and Lieberman, D.E. (2004),Endurance running and the evolution of Homo, *Nature* 432:345–52。

帮助人类直立行走的另外一个明显且重要的适应，是我们那格外长而且有曲度的腰部。黑猩猩的腰僵硬而且短，它们通常只有 3 节腰椎，而人类的 5 节腰椎形成了一个向后的曲线。这一曲度将人类的上身置于臀部之上，否则的话躯干就会向前倒，而且如果没有这个曲度，就需要我们靠臀部和背部的肌肉发力，才能保持身体直立。

人类还获得了许多适合其他直立行走的适应，包括增大的脚跟骨、足弓、指向前方的大脚趾、稳定性更强的脚踝、长长的双腿、被加固的膝盖、向内倾的大腿、增大的臀部关节、指向下方的枕骨大孔①。我和我的同事经常以赤足行走的方式体验这些适应，人类在进化过程中长出了厚厚的足茧以保护脚部，起到了鞋的功能，但是与鞋不同的是，足茧不会阻止脚部向大脑回传与地面接触的感觉。几乎没有人在行走的时候思考人类的这些特征，但是这些特征在“后台”安静而高效地处理着一切。[11] 只有当受伤或者生病导致这些特殊的功能受阻时，我们才会意识到它们的重要性。即使只是碰伤了小脚趾，也会让你觉得最简单的步行变成了难以忍受的折磨。既然我们进化出了这么多的适应只是为了在双足直立晃晃悠悠地艰难行走时保持稳定，那么一个有趣而古老的问题来了，为什么我们要放弃更稳定的四足行走而选择两足行走呢？

## 人类如何进化到直立行走

2006 年，数百万人看到了一个土耳其家庭的不幸，由于基因突变，他们只能用四肢行走。人们从包括 BBC 纪录片在内的各种视频中看到，他们手脚并用缓慢笨拙地在家里、在街上、在田地里移动着，他们屁股朝天，脖子要向上挺才能看清前进的方向。最早对他们进行研究的乌纳·塔恩博士（Dr. Uner Tan）用自己的名字为这种基因综合征命名，他认为这个家庭类人猿般的行走姿态是人类的返祖现象，并指出这个例子为解释人类是如何成为两足动物的以及其中的原因提供了新的线索。[12] 但实际上，土耳其一家人的步态与任何一个灵长类动物都不同，他们四肢行走的唯一原因是，基因突变破坏了他们大脑中控制平衡的区域——小脑。[13] 如果你我两腿站立时无法保持平衡，却又要着急去某个地方，我们也会像这家人一样手脚并用，这不是什么返祖现象，只是紧急状态下生物力学造成的结果。

---

① 位于颅底后区正中的一个孔。——译者注

虽然乌纳·塔恩综合征与进化并无太大关系，但此事所引发的广泛关注说明，自达尔文时代以来，人们对于人类直立行走起源的猜测从未停止过。其中就包括这类观点：双腿直立行走是一种进化出来的适应，目的是便于运送食物、直立采集、节省能量、制造和使用工具、保持凉爽、使视线能够高过茂盛的草丛、游泳以及露出生殖器官。以上这些假设五花八门，有合理的，也有胡说八道的，但是所有猜测都有一个共同的前提，即我们是从哪里进化而来的，或者更准确地说，我们与黑猩猩的最后一个共同祖先是谁？这“遗失的一环”（missing link）会像黑猩猩那样把身体重量压在手指的中段，也就是用指关节触地行走吗？它们会像狒狒那样在树林中荡来荡去吗？或者它们会像猴子那样手足并用警觉地攀爬上树吗？

“遗失的一环”确实是用来形容我们的神秘祖先最合适的词，因为很可惜，他们遗失得非常彻底。生活在非洲雨林中的类人猿死亡之后，这里肥沃、潮湿的酸性土壤会迅速腐蚀掉它们的骨头，几乎没有留下人类的近亲及其祖先的任何化石，而其中就包括“遗失的一环”。这一种群的证据的缺失为各种猜测和争论提供了丰富的想象空间，但是现存的很多证据链都指向了同一方向。如果我们能够搭乘时光机回到距今 700 万年至 900 万年的非洲，那么我们所见到的人类与黑猩猩的最后一个共同祖先极有可能更像黑猩猩，它们栖息在雨林中，用指关节行走，而且会爬树。[14] 科学家对指关节行走的代价进行测算后发现，从耗能角度讲，这是一种低效的方式。就像一辆高油耗的汽车一样，用指关节行走的黑猩猩的能量消耗极大。

黑猩猩行走高能耗的第一个证明要追溯到 1973 年的一次实验，在该实验中，理查德·泰勒（Richard C. Taylor）和维多利亚·朗特里（Victoria Rowntree）训练幼年黑猩猩戴着氧气面罩在跑步机上行走，测量它们的能量消耗。[15] 实验表明，黑猩猩双足行走与四足行走消耗的能量一样多。除此之外，泰勒和朗特里还发现，黑猩猩行走时所消耗的能量是同样体重的人类和其他哺乳动物的将近 3 倍。一代之后，迈克尔·索科尔（Michael Sockol）、赫尔曼·庞泽和戴维·里奇伦（David Raichlen）使用更现代化的手段对成年黑猩猩进行测试，证实了之前的结论。[16] 他们还发现，行走相同的距离时，人类单位体重所消耗的能量与狗和其他四足动物基本相同，而黑猩猩消耗的能量则达到了这一数值的两倍多。[17] 黑猩猩用指关节行走的时候耗能巨大，主要是因为它们摇摇晃晃类似于格劳乔·马克斯的步态，它们的膝盖和臀部一直弯着，这就使得它们的腿部肌肉必须消耗更多能量才能支撑住自己的身体。[18]

大多数黑猩猩都生活在富产水果的雨林中，考虑到它们的这种生存背景，如能理解黑猩猩的指关节行走导致高能耗的原因，将有助于解释直立行走的起源。黑猩猩每天会行走 3 ～ 5 千米，低效的步态将消耗掉它们 170 大卡能量。这一能量支出显然还比较划算，余下的能量还够它们在树林中肆意攀爬，这也就解释了为什么黑猩猩的行走距离之短，居然与热爱久坐的美国人不相上下。按照理查德·兰哈姆的说法，他见过一群雄性黑猩猩走了大约 11 千米，那是它们走得最远的一次，这对于它们而言是一次极为少见的长途跋涉。那些黑猩猩小伙儿显然被这个超远距离弄得筋疲力尽，它们第二天几乎休息了一天。

低效至极的指关节行走其实并没有给住在热带雨林深处的黑猩猩们带来太多的麻烦，但是对于生活在距今 900 万年至 700 万年的人类“遗失的一环”祖先来说，这一定是一个严峻的考验。在这个气候剧烈变化的时期，覆盖着非洲大部分地区的热带雨林面积不断缩小，而且被分成了数千个小块的雨林，之间被干燥而开阔的林地分开。生活在热带雨林深处的类人猿的日子还和以前一样，但是那些生活在雨林边缘的类人猿一定面临着巨大的危机。林地取代雨林，意味着它们的主要食品——水果变得不再充足，而且更加分散。为了获得与以前同样数量的食物，它们需要行走更远的距离。对于它们而言，生命的基本意义就是获取能量，以及消耗最少的能量换取最好的生活，那些更擅长储存能量的个体将获得繁衍上的优势。由于这些类人猿仍然能凭借自己的长臂、手指和脚趾特征保持爬树方面的优势，因此自然选择显然更加青睐那些能够高效地行走，但不必以失去高效的爬树能力为代价的个体。因此，解决方案就是直立行走。那些能够敏捷地在树林中上蹿下跳的个体，如果它们的臀部、脊椎和脚还能确保它们直立行走，那么每天节省下来的数百大卡能量将极有可能使它们获得更高的繁衍成功率。尽管改为直立行走之后速度和稳定性都会下降，但是经过数代之后，这些类人猿越来越擅长直立行走，直到最后，它们成为新的物种。而我们就是它们的后代。[19]

为了更深刻地理解直立行走相对于类人猿那样的指关节行走具有多么大的优势，让我们回到我与巴加约和哈萨尼共同度过的那个上午。那天的 12 千米步行惊人地消耗掉了我 325 大卡能量。如果我的步态像黑猩猩那样低效的话，那次的行程会消耗掉我 700 大卡能量。在用直立行走取代了指关节行走之后，像巴加约和哈萨尼这样的狩猎采集者每周可以节省 2 400 大卡，每年累积下来就是 12.5 万大卡。这些能量差不多够跑 45 次马拉松了。[20]

那么，还有其他理论可以解释直立行走的原因吗？虽然直立行走帮助我们运送物品、站立采集、使用工具、保持凉爽，但上述好处没有任何一项可以充分解释直立行走最初是如何进化出来的。黑猩猩在直立行走时携带物品虽然非常耗能，但完成起来也完全没有问题。而且，没有任何证据表明类人猿不能高效地以站立的姿势进行采集；最古老的石器是在直立行走数百万年之后才出现的；直立行走虽然可以帮助我们在开阔地带保持凉爽，但是最早的古人类也并没有生活在那种地带。

在数百万年前驱动我们的祖先直立起来行走的力量，今天已经不存在了吗？并非如此。在后工业时代到来之前的数百万年间，我们的祖先为了生存每天都要行走 8 ～ 15 千米。我们最终进化成为耐力型步行者。但是，和我们的祖先一样，我们大多数人都保持着一种根深蒂固的本能——尽可能少地消耗能量，不必要的时候绝对不动。这种保存能量的本能其实也说明了今天的步行与早先的步行之间的区别，那就是我们所携带或者运送物品的多少，这些物品包括食品、燃料和水等，当然，他们还要带上孩子。

## 运输的负担

在人类的必需品中，水是最重要的一种。但如果你像我一样，肯定也极少会去想你是如何获得水的。当我需要水的时候，我只要拧开水龙头，立刻就能获得干净的水。我们那生活在远古时期的祖先如果看到这样的画面，一定会觉得这是魔法。数百万年来，如果人们不是住在湖泊、溪流或者泉水旁边，他们每天必须要到远处取水。即使是在工业革命的早期，住在城镇里的人仍然需要到公共的水泵处打水。

为了帮助大家理解自来水缺乏是怎样一种体验，还是让我们回到肯尼亚彭雅的农村社区，我和学生们进行研究的地方。美丽的彭雅地区有着起伏的山丘和遍地凸起的花岗岩，一个个小村庄四散分布其间，当地人以种植玉米为主。河水流过山谷，但是当地并没有水井、水泵和其他的输水方式将水送到居民的家中和种植农作物的田间。溪水和泉眼都属于公共区域，人们去那里洗澡、洗衣服以及取水，供做饭用和饮用。妇女们每天一次用塑料桶取水，然后顶在头上踩着陡峭、多石的山中野径回家。我拿着这种容器连 100 米都走不下来，但是彭雅健壮的女人已经相当精于此道了，她们对这项工作驾轻就熟。

但其实并非如此。运送二三十千克的水是非常艰难的任务，需要技巧和练习。为了体验这项工作对人的要求，我的一个学生安德鲁·叶吉安（Andrew Yegian）当时曾经尝试用头顶着满满一桶水——大约 38 千克，从山谷的溪流处爬上漫长陡峭的山路，回到位于村庄中心的学校。他研究过这个动作的生物动力学，而且至少比我强壮。安德鲁向一位 30 岁的彭雅女人提出要帮忙送水，女人一边笑话着这位外国年轻人的古怪要求，一边欣然将刚刚盛满水的黄色水桶交给了他。之后一群当地人尾随着安德鲁看着他如何跟上另一位年龄大约是他两倍的女人的脚步，她也刚刚取完水，走在蜿蜒坎坷的山路上回家。女人只用一只手扶住水桶，脚下踩出优雅的小碎步，而安德鲁则笨拙地踉跄前行，用双手扶着水桶不让它掉下来（见图 8-3）。他走几步就要停下来，汗流浃背，发出低声的呻吟。随着山势越来越陡峭，水桶里的水已经洒得没剩下多少了，但是安德鲁给人的感觉是负担越来越重。最后，我终于可以兴奋地宣布，安德鲁做到了！他蹒跚地走进校园的时候，得到了热烈的欢呼。

图 8-3　在彭雅取水

注：左侧为经验丰富的经验丰富的彭雅女人单手就能保持水桶平衡。右侧为安德鲁双手并用努力保持水桶平衡。

资料来源：Daniel E. Lieberman.

想象一下，就这样日复一日、年复一年地取水。在一个既没有运输牲畜也没有轮子的世界里，人们需要带上孩子并且运送柴火以及他们采集和猎获的所有东西。我敢打赌，把一只被猎杀的非洲大羚羊运回 8 千米远的营地会让人筋疲力尽。而且，当狩猎采集者们每过一两个月需要迁移营地的时候，他们必须带上所有物品。因此，运输也成为另外一项与步行有关、重要且必需的耐力型身体活动。除了需要力量和技巧之外，这一活动还会消耗额外的能量。

从理论上说，人在携带某个物品时所消耗的能量应该与这件物品的重量有大致的比例关系。如果抱着一个重量是你体重 10% 的婴儿，就相当于你重了 10%，行走时你会多消耗 10% 的能量。但是，事情并没有这么简单。数十项研究发现，如果背负的重量不到体重的一半，那么除了为这些重量消耗能量之外，还要在这个数量之上再多消耗 20% 的能量，而如果背负的重量再增加，消耗的能量将呈指数级增长。[21] 携带物品行走其实是非常消耗能量的活动，因为我们不仅仅要在每一步的前半段，也就是在“站立状态”下将物品抬高时额外消耗能量，还需要在每一步的后半段消耗更多的能量，以确保身体作为一个整体，向上和向前行进。而且，携带物品时，我们的肌肉需要额外做功以保持身体和所携带物品的稳定。

能量如此宝贵，而携带和运送物品又是如此频繁且必不可少，所以人类设计出很多精巧的办法尽可能地提高这个任务的经济性。所有这些办法无一例外需要力量、练习和技巧。其中一个办法是将重物放到头上。像安德鲁和我这样的初学者在做这件事时非常笨拙，但是我们与其他研究人员都发现，经常将水和其他重物放在头顶进行运送的非洲女性已经精于此道，她们在顶着不超过体重 20% 的重物时，除了为这些重量“支付”能量外，不会再产生额外的能量消耗。[22] 窍门在于，她们让重物保持平衡、稳定，当她们抬腿使身体升高时会保持腿部的紧绷状态，这样可以储存更多的势能，接下去的动作中她们就能将这些势能转化为动能。另一个节约能量的办法是在背负物品时使用前额扎带，扎带的一端捆住物品，物品置于背后，另一端像发带一样套在前额上。使用前额扎带运送物品需要强壮的颈部肌肉，在使用时颈部和背部都向前弯曲。我曾经在墨西哥和埃塞俄比亚都见到过很多使用前额扎带背起一大捆木柴的女人，喜马拉雅的挑夫也会使用这种方法。研究表明，使用前额扎带背重物的挑夫比使用双肩背包的西方人，背相同重物的效率要高 20%。[23] 另外一个聪明的办法是用弹性比较好的材料，比如竹子，做成竹竿，将重物平衡放置于竿子的两端，然后用肩部扛起。我和埃里克·卡斯蒂略发现，中国的挑夫使用这种方法节省了很多能量，他们控制好了脚步的节奏，身体提升时，竹竿会下落，然后身体下落，竹竿上升，这样可以减少垂直方向的震颤。[24] 还有一种方法你们应该已经知道了，如果在使用双肩背包时身体微微前倾，那么背包的位置高一些会比背包靠近臀部更省力。[25]

在不同的文化背景下，人们运送的东西不同，使用的方法也不同，但给我的印象是在大多数文化中，运送东西这项工作大多由女性承担。比如在彭雅，几乎所有的水和柴火都是由女性负责运送的。当她们怀孕时这就显得越发不公平，也体现了今天的步行和古时步行的另一个不同之处。今天的美国女性在怀孕时都会减少身体活动，但实际上一直到近代，孕妇的这种优待都是不常见的。[26] 按照人类学家马乔里·肖斯塔克（Marjorie Shostak）的说法，卡拉哈里的女性狩猎采集者认为，怀孕就是女人该做的工作，所以直到分娩之前，她们运送物品的重量和步行的距离都与以往相同。[27]

怀孕给背负重物直立行走的妈妈们造成了特殊的挑战。为了给额外增加的胎儿和胎盘提供空间，雌性的四足动物在怀孕时，增重和变大的肚子可以向侧方和下方扩展。四足动物可以将胎儿和胎盘置于四条腿支撑的长方形身体区域，由此为胎儿提供稳定的支撑（见图 8-4）。而直立行走的女性在怀孕之后，就会遇到腔内空间和身体平衡性的问题。不断长大的胎儿和胎盘一方面会向下压迫骨盆底部，另一方面还会向前生长，长到身体重心的前方。因此，怀孕的女性时刻处于向前摔倒的危险之中。随着胎儿的长大，在站立和行走时保持直立会对后背和臀部的肌肉产生额外的要求。为了平衡自己的体态，怀孕的妈妈们通常会主动后倾，但是这一孕妇特有的姿势又会给腰部的曲度造成额外的压力，从而引起腰背部疼痛。腰疼对于今天的孕妇而言已经足够糟糕，那么想想看，如果你忍受着令你衰弱的疼痛，还必须负重长距离行走，会是怎样的苦难？显然，女性面临的这个难题非常严重，已经大到足够引发对女性脊椎进行自然选择的程度。我和凯瑟琳·维特科姆（Katherine Whitcome）、莉萨·夏皮罗（Liza Shapiro）发现，男性腰部的曲度是由两块椎骨构成的，而 300 万年前的雌性南方古猿已经进化出了更精细的、由三块椎骨形成的曲度，以及更大、在方向上更加高效的关节。[28]

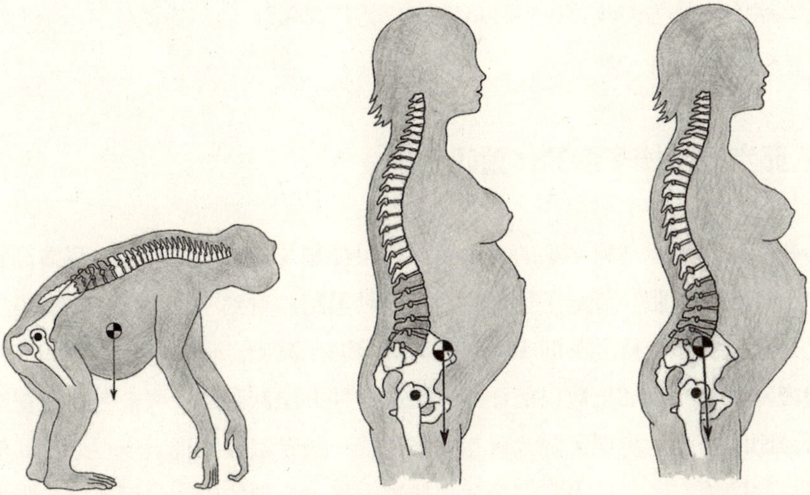


**图 8-4　怀孕的黑猩猩与人类孕妇对比**

注：黑猩猩的身体重心（左图黑白圆圈）是由四肢支撑的，而直立的人类孕妇的重心会造成她在正常站立时上身前倾（中图）。如果她为了稳定重心而后倾（右图），就需要弯曲腰部，从而使腰椎承受更大的压力。为了缓解这种压力，女性腰椎的关节得到了特别增强，腰部的曲度由三块椎骨构成，而男性的腰椎只有两块椎骨。

资料来源：Whitcome, K. K., Shapiro, L. J., and Lieberman, D.E.(2007), Fetal load and theevolution of lumbar lordosis in bipedal hominins, *Nature* 450:1075–78.

而这还只是怀孕期间遇到的问题。一旦孩子降生，我们的祖先以及今天的很多人需要背着或者抱着孩子行动，他们没有婴儿车，没有婴儿的汽车座椅，没有任何现代化的新鲜发明。当女性狩猎采集者离开驻地时，她们会将婴儿绑在背上，用臀部托住他们。采集结束回家时，她们会把食物也捆到背上，或者放进筐里用脑袋顶着。女性狩猎采集者背负的婴儿加上食物的重量经常能够达到她们自身体重的 30%。[29]

总之，我们今天不仅比以往行走的距离短，而且携带的东西也要少。既然与祖先相比，我们仅仅由于步行距离短、携带东西少就节省了大量能量，那么为什么会有人认为，步行是一种低效的减肥方式呢？

## 能依靠步行减掉多余的体重吗

在一间满是运动科学家的房间里，如果你想与他们打上一架，只需高喊一句“锻炼不能减肥”就够了。然后，记得赶紧跑。直到不久之前，下列描述似乎还是真理，即步行之类的中等强度锻炼有助于减肥。但是随着肥胖如流行病一般漫延开来，再加上数以亿计的人想尽各种办法减肥却以失败告终，在锻炼能否减肥的问题上出现了两大对立的阵营。一些专家极力捍卫步行以及其他各种各样的锻炼方式，认为它们是减肥计划中不可或缺的内容，而另外一些人则认为这些方法都是无效的。与大多数类似情形一样，这场争论将一个复杂的问题过度简化了，这不是一个用简单的“是”或“不是”就能回答的问题。

从表面上看，步行对于减肥没有帮助的说法听起来相当荒谬。我们回顾一下，能量平衡就是指一个人摄入的热量与消耗的能量之间的差值。如果你走了 2 000 步走出 1.6 千米，而不是开车来完成这段距离，那么你大约会燃烧掉 50 大卡能量。所以，如果你每天走 10 000 步（大约 8 千米）的话，你消耗的能量将达到可观的 250 大卡。[30] 当然，你也许会因此产生饥饿感，但是如果你谨慎控制胃口，确保摄入的热量比步行消耗的能量少 100 大卡，那么你每天步行的距离将造成每月大约 3 000 大卡的能量“赤字”。1958 年，有这样一项虽然被广泛引用但过分简单而且不够准确的研究结论：这 3 000 大卡相当于 0.45 千克脂肪包含的能量。[31] 而且，像步行这种低强度到中等强度的活动相对来说会燃烧更多的脂肪，而不是碳水化合物，一些锻炼器械上的“燃脂区域”就是这个意思。[32] 基于上述原因，很多减肥人士都开启了暴走模式。

诸如人体这样的生物系统其实是非常复杂的，每一个与自己的体重进行过抗争的人都深知，那些简单的理论极少适用于减肥过程中的现实问题。对于某一个人有效的办法，另一个人用起来却完全无效。还有一种情况，很多人在开始一个新的瘦身计划之后迅速成功减重，但是随着最初的减重效率逐渐降低，直至最终出现体重反弹，幸福感也逆转为失落感。各种研究都表明，超重者或者肥胖者在进行几个月常规强度的锻炼之后，只会减掉一点点体重。例如，一项针对女性的锻炼时间与减肥效果之间关系的研究，将 464 名女性分成每周 0 分钟、70 分钟、140 分钟和 210 分钟慢走组，140 分钟大约步行 8 千米。除了上述活动量之外，还需要每天再多走 5 000 步，这相当于他们平日正常的活动量。6 个月之后，那些每周 140 分钟慢走组的女性只轻了 2.27 千克，至于 210 分钟组的女性，只轻了微不足道的 1.36 千克，关于这个意外的结果，下面还有更多介绍。[33] 其他针对超重男性和女性的对照性研究也显示出大致相同的微弱的减重效果。[34]

对于超重 20 千克以上的人而言，半年时间减掉一两千克，简直微不足道。上述研究还发现，步行锻炼并未能使被试的腰围变小。在彻底否定步行对于体重的控制作用之前，我们还是从进化人类学的视角分析一下这一观点背后存在的主要争议。

首先是补偿机制在作祟，最明显的感受就是疲劳和饥饿。如果我多走了 10 000 步，我会觉得累和饿，所以我会休息并且多吃，以补回损失的能量。从进化的视角说，这些需求非常重要。因为自然选择会青睐那些将尽可能多的能量分配给繁衍活动的人，所以我们的生理机能经过数百万代的进化已经养成了储存能量尤其是脂肪的习惯。其次，人类直到近代之前几乎没有遇到过超重或者肥胖的问题，我们的身体主要感受的是体重的增加或者减少，而不会去感受超重了多少。无论你是瘦弱还是强壮，当身体能量入不敷出时，比如处于节食状态，就会激发人体的饥饿反应，帮助我们恢复能量平衡，或者最好还能实现增重，以确保我们可以分配给繁衍活动更多的能量。[35] 虽然这对减肥的人不公平，但人体就是这样，无论瘦弱还是肥胖，减少区区 5 千克体重就能激发出人体对食物的渴望，以及行动上的惰性。

今天的步行与古时的步行还存在着一个重要的差别。如果我多走了 10 000 步造成了身体的能量负平衡状态，我实际上只需要吃一块蛋糕就能恢复能量平衡。一块甜点、一瓶饮料或者索性就在自己的书桌旁坐一下午都相当于重新赋能。上文提到选择暴走的女性未能如预期那样减掉更多体重，这听起来很反常，但补充能量的便捷性为此做出了合理的解释：她们吃得比以前更多了。[36] 针对锻炼、食物摄入和非锻炼类身体活动对减肥效果的影响所进行的十余项研究，得到令人欣慰的结果——有计划的低强度锻炼极少造成人们在全天其他的时间里变成沙发土豆，沙发土豆会使锻炼的好处被抹杀。[37] 但是，那些要求被试进行高强度锻炼的实验——其中有一个人的训练计划甚至是为半程马拉松设计的，都无一例外地造成了锻炼者食物摄入量增加。[38] 当身体像恒温器那样调节能量平衡时，显然更多是通过饮食，而不是通过身体活动来实现的。

这一原因正好造成了步行减肥法另一个广受诟病的事实——我们需要走非常长的距离，而最终只能减掉可怜的一点点重量。我们已经了解到，人类一路进化而来的遗产将我们变成了能够低耗能高效率地进行长距离行走的物种，所以，上述对于步行能够减肥的质疑是正确的。如果我按照一个标准的锻炼计划每天用 30 分钟快速行走大约 3 千米，我每天能够多消耗 100 大卡能量，理论上讲我半年后能够减重大约 2.27 千克，大多数的研究报告都是这么写的。但如果一个女性狩猎采集者半年减重 2.27 千克，那么她将会遇到大麻烦，而很多超重的美国减肥人士却为自己定下了半年减重 25 千克的目标。[39] 如果只通过锻炼的方式如此快速地减掉如此之多的重量，那么从理论上讲需要极其巨大的付出，比如每天跑 13 千米。所以，虽然通过节食的方式达成这一目标同样不容易，但是毫无疑问会更可行一些。

为什么每天步行 30 分钟还不能实现快速明显的减重效果？进化和人类学给出了一个结论：步行消耗的能量实在有限，不足以减掉多余的重量。受到广泛推荐的每天步行 3.2 千米的锻炼计划所消耗的能量确实有些微不足道，大约只是普通人平均每日 2 700 大卡能耗的 4%。这一比例如此之低，第一个原因恐怕是 3.2 千米的锻炼门槛实在太低了。我需要重申一下，标准的公共健康建议是每周进行 150 分钟中等强度的锻炼。分配到每一天只有少得可怜的 21 分钟，这相当于哈扎人等非工业时代人群每日身体活动时间的 1/6。[40] 虽然工作、通勤和其他任务在每天的大量时间里都把我们固定在椅子上，但是美国人平均每天还是可以拿出 8 倍于推荐锻炼的时间用于看电视，也就是每天将 170 分钟花在看电视上。[41] 所以，当那些“心慈手软”的研究人员，为享受型的被试设计了强度颇为轻松简单的锻炼计划，最终得到颇为微不足道的减重数据，也就不足为奇了。

所以，那些采用较高强度、更符合进化过程正常水平的锻炼计划，即使是采用步行的方式，也会获得更好的减重效果。在一项有趣的实验中，14 名超重且身体状况不佳的男性和女性被安排执行每周 5 次快走总共 150 分钟的计划，而另外一组 16 个人的运动量是前一组人的两倍。在执行这些锻炼计划之外，对所有人的饮食和坐姿时间都不加控制。12 周之后，150 分钟组几乎没减掉多少重量，300 分钟组平均减重 2.72 千克。[42] 按照这个速度，他们一年应该可以减掉约 12 千克。在另外一项要求更高的实验中，肥胖的男性被试执行每天消耗 700 大卡的锻炼计划，相当于慢跑 7.5 千米，而对照组男性被试只通过节食每天少摄入 700 大卡热量。3 个月之后，两组人都减掉了大约 7.5 千克体重，但是锻炼组减掉的大多是不健康的内脏脂肪，即便他们在训练期间比以往吃得多。[43]

另外一个原因是持续的时间。就像大多数节食者都希望快速减重一样，对锻炼的减重效果进行研究的学者也有时间方面的压力。一些现实的原因是，他们需要尽量快地实施实验，以免太多人中途退出，然后分析结果并予以公布。因此，不会有太多实验对长达数月的锻炼效果进行跟踪测量。这种短期实验就引发了一个现实问题，由于步行是一种非常节能的身体活动，这种低能耗的锻炼行为通常需要数月甚至数年的时间才能累积显著可观的减重效果。这种累积效应确实存在。就像每天去星巴克点一杯 4 美元的咖啡，一年下来也要花掉将近 1 500 美元，如果一个人每天步行一小时且在饮食方面不对此做出任何补偿，那么理论上说，两年下来可以减掉惊人的 18 千克体重。

涉及新陈代谢的事情都不简单，与步行减重效果相关的一个非常重要的复杂现象是新陈代谢补偿机制，我们对于这一现象的理解非常有限。对哈扎人的研究再一次帮助我们加深了对这一现象的理解。赫尔曼·庞泽和他的同事在对哈扎人的每日能量消耗进行测量时惊讶地发现，这些日常活动如此多的哈扎人每日的能量消耗居然和有久坐习惯的工业化社会身材偏瘦的人几乎相同。[44] 在进一步搜集美国、加纳、牙买加和南非等国家成年人的能耗数据后，庞泽及其同事发现，在体重相同的情况下，运动量更大的人每天消耗的能量只比那些久坐的人多出一点点。而且，那些运动量大的个体实际消耗的能量，并不像想象中那么多。[45] 如果一个人某天的锻炼行为额外消耗了 500 大卡的能量，那么他当天的总能耗就应该是 500 大卡加上平日常规代谢所需要的能量，但实际上并非如此，为什么会出现这种情况？一种解释是，人们的总能耗是受到控制的：如果我在步行时额外消耗了 500 大卡，我就会在静息代谢上少消耗一些能量以帮助“支付”运动消耗。[46]

这个存在争议的观点被称作“能量消耗受限假说”，这个假说本身以及它与减重之间的关系仍然有待证实。如果它是正确的，那么就是说，锻炼者虽然在身体活动方面比体型体重相同的久坐人群消耗了更多能量，但是双方每日的总能量基本相同，这显然与人们的基本认知相悖。为了理解这一现象所包含的意义，首先我们假设哈扎人因为繁重的步行、挖掘和运送物品等任务，导致在每日标准能耗基础之上又多消耗了 15% 的能量。[47] 其次，我们提前引入一条新知识：锻炼能够激发人体的自我修复和自我保养机制，持续时间从数小时乃至长达两天，这段时间里，静息代谢率会提高，被称作运动后的燃脂效应或二次燃烧。[48] 所以，在体型体重相似的情况下，如果活跃的哈扎狩猎采集者和工业社会有锻炼习惯的人的每日标准能耗，与工业社会没有锻炼习惯的人大致相同，那么狩猎采集者和有锻炼习惯的人一定在保养和繁衍等其他方面节约了能量。这似乎不合情理，但我们已经从那些大幅减重的人身上看到了这种现象，比如明尼苏达饥饿实验中的极端节食者，他们的静息代谢率就出现了陡降的情形。

身体活动到底需要多大的强度以及在何种条件下才有可能改变新陈代谢机制，从而使身体开始减重，这一问题仍然有待进一步阐明，好在事实是，很多实验已经证明，包括步行在内的锻炼行为确实有助于减轻体重。但是要想实现这一点，需要在相当漫长的时间里每天至少步行 30 分钟以上。而且，由于新陈代谢补偿机制，那些运动量较大的人的锻炼效果会被抵消一部分。不过说到底，节食确实是更快速、更容易的减重方法，因为每个人都需要吃东西，但没有人必须锻炼，每天少摄入500大卡，也就是少吃高热量食物（比如4片培根），不需要花费什么时间，也无须付出努力，比每天步行 8 000 米简单多了。我无意贬低那些体能状况不佳的超重者为锻炼所付出的努力，但锻炼确实会令他们非常不舒服、不愉悦乃至气馁，而且身体上的障碍对于他们来说是一种挑战，有时甚至是无法完成的挑战。对于那些不愿意或者无法进行跑步、游泳或其他剧烈项目的人而言，步行算得上一种容易做到且令人愉悦的选择，至少是他们可以进行的中等强度且有效的身体活动。

更重要的是，无论你最早是靠哪种方式实现了减重，要想持续减重就必须持续进行身体活动。大多数不锻炼的节食者在一年之内就会恢复他们减掉的一半重量，自那之后，另外一半也一定会慢慢地长回来。而通过锻炼减重的效果则大概率会保持下去。在波士顿进行的一项实验证明了上述情况。在该实验中，医生让 160 名超重的警察在 8 周内采用低热量饮食，一部分人辅以锻炼，另一部分人则没有，最终所有的警察实现了减重 7 ～ 13 千克的效果，有锻炼行为的人减掉的重量会稍微多一点点。[49] 但是，当他们恢复正常饮食之后，只有那些继续锻炼的人没有出现体重反弹，而其他人之前减掉的大部分重量甚至全部重量又都长了回来。[50] 很多其他研究也证实，包括步行在内的身体活动能够使我们在减重之后保持不反弹。[51]

也许，每天 10 000 步的锻炼建议不一定是个坏主意。

## 为什么大多数人不愿意步行

20 世纪 60 年代中期，日本山佐计时公司（Yamasa Tokei）发明了一款简单易用且价格低廉的计量设备，可以测定人行走时的步数。山佐计时公司将他们的小发明命名为“万步计”（Manpo-kei），听上去非常吉利而且便于人们记住。他们的目的达到了。这款设备卖得非常好，自那之后，10 000 步便成为世界范围内人们广泛认同的每日最低身体活动指标。[52] 这一指标有诸多好处，其中一个便是 10 000 这个数字便于记忆，而且是大多数人能轻松完成的挑战。无论是真正为了锻炼而步行，还是在家做家务、在办公室里走来走去等非锻炼行为都包括在内。

10 000 步恰好也是一个值得掌声鼓励的整数目标。一些值得信赖的著名医疗组织也认为，成年人应该每周至少 5 天进行中等强度到高强度的有氧运动，并确保每次不少于 30 分钟、每周总时间不少于 150 分钟。重要的是，这 150 分钟或者更长的时间的活动应该是指在正常的久坐生活方式之外的活动，不包括在家里走来走去或者从停车场走到商店。有很多种方法对属于“中等强度”的锻炼行为进行了定义，但无论如何划分，每分钟 100 步以上的快走都包括在内。按照这个步频锻炼 30 分钟大约可以走到 3 000 ～ 4 000 步，如果你不是一个“瘫坐者”的话，那么每天还要走至少 5 000 步，这两项加起来每天就可以走到 8 000 ～ 9 000 步了。为了凑数再走上一些步数，恭喜你，达到了神奇数字 10 000！巧合的是，大多数狩猎采集者每天步行的 8 千米左右的路程，折合成步数大约也是 10 000 步。

但是，有个问题一直困扰着我。如果我们在进化过程中拥有了每天步行10 000 步的能力，而且这一运动量并不太大，又容易实现，还非常实用，而且步行的成本也不高，那么为什么我们大多数人并不愿意步行呢？自然选择难道不应该青睐那些更乐于步行的祖先吗？毕竟，每天多走几千步所获得的收益要高于这个过程中相对无关紧要的支出。

答案仍然是：能量。表 8-1 归纳了黑猩猩、哈扎人和西方人在步行时的平均能耗。你会看到，有久坐习惯的西方人每日在步行上消耗的能量与黑猩猩大致相等，但是像哈扎人那样的狩猎采集者每日平均步行距离接近西方人的 3 倍，在体重略轻的情况下能耗是西方人的将近 2 倍。黑猩猩和哈扎人步行所消耗的能量占总能耗的 10%，而西方人只占 4%。

**表 8-1　黑猩猩、哈扎人和西方人的步行耗能（按性别取平均值）**

| 组别 | 重量（千克） | 每日步行距离（千米） | 步行能耗（大卡） | 步行耗能占比 |
|---|---|---|---|---|
| 黑猩猩 | 37 | 4.0 | 125 | 10% |
| 哈扎人 | 47 | 11.5 | 216 | 10% |
| 西方人 | 77 | 4.1 | 126 | 4% |

从 21 世纪美国人的视角看，这些数字没有太大意义。在当今这个能量丰沛的舒适世界里，谁会在乎这里多 100 大卡或者那里少 100 大卡呢？我在这里重复一遍一些减重的道理，如果我暴走 8 千米，大约要消耗 250 大卡，相当于我从背包里取出一条能量棒吃掉之后所补充的能量。如果我想消耗更多能量，我就应该用奔跑的方式完成这 8 千米。如果我的目标是减重，我就应该把那条能量棒扔掉，并把我所有的高热量食物都扔掉。因此，包括哈扎人研究人员在内的很多专家直截了当地炮轰了造成肥胖症大流行的食品工业，而不是去批评人们的运动量太少。

我不想贬低饮食的重要性，但我认为上述观点低估了包括步行在内的中等强度身体活动对于人类的重要意义，尤其是当我们从进化的视角看待这个问题的时候。

首先，虽然每日能量消耗的 5% 与 10% 之间的差别在今天看起来是微不足道的，但是对于狩猎采集者和黑猩猩来说，可是一个巨大的差异。除了极少数的几个例外，大多数器官和功能在人体每日总的能量消耗中只占很少的比例。但是这些重要的能量消耗有快速累加的效果。如果体温调节系统、消化系统、循环系统、修复人体组织的功能、维护免疫系统的功能不能得到足够的能量，那么我们很快就如同被扔进了热水之中。当能量稀缺时，哪怕每天减少不必要的散步以节省 100 大卡，那么累积起来就能快速积攒起数千大卡珍贵而稀缺的能量。如果普通的哈扎母亲能够像典型的工业社会女性那样步行如此之少的距离，那么一年下来就能节省 3 ～ 6 万大卡能量，这可是一个巨大的数字。我们假设一个处于哺乳期的哈扎母亲每天消耗 600 大卡能量产生母乳，那么前面提到的节省下来的能量将足够她哺育一个个头较大的健康宝宝，而且她还可以将剩下的能量转化为脂肪，挺过一些艰难的日子。[53] 同样的道理，如果工业社会的普通人也像哈扎人那样行走，那么前者每天大约可以消耗 350 大卡能量。如果他们能够克制，不为了将这些能量补偿回来而大吃大喝，那么他们一定能缓慢地实现减重。

在 18 世纪，pedestrian（行人的、与步行相关的）这个形容词的另外一个意思是指那些迟钝、平庸或者乏味的东西，但是我希望你认同以下观点——步行根本不是一个乏味的话题。我们通过进化获得了每天用奇怪、笨拙然而高效的直立方式行走数千米的能力，而且这种能力还不会消耗太多能量，这不是一种巧合，这对于人类至关重要。人类之所以成为人类的诸多特殊特质，包括大脑、语言、合作、制造复杂工具和烹饪等，但显然高效的直立行走才是人类的首要特质，并且一直是最重要的特质之一。如果我们的祖先没有每天行走至少 10 000 步，那么我们也不会生存到今天。但是这一遗产并没有成为今天的必需品。直到最近，步行才被作为锻炼之用，虽然这种活动能耗并不高，但我们从人类进化过程得到的指令是尽量少走路。在今天这个世界里，我们只能逆进化而行，要么逼着自己走更远的距离，要么转而寻找更有意思的替代项目，如园艺、家务、乒乓球、骑车或者游泳。[54]

今天，哪怕只是选择步行这种中等强度的活动都需要我们下一番决心，更不要说那些剧烈的耐力型身体活动了，它会让更多的人望而却步，而其中最令人生畏的就是长距离跑步了。

# Exercised

## 第 9 章

## 跑步与舞蹈：从一条腿跳到另一条腿

### 以讹传讹的谬误 9：跑步损伤膝盖

他不再赘言，向城堡奔去
英雄壮举正在招呼，心向往之，加速
仿若载负全副武装战车之冠军战马
以飘逸、如飞之箭步掠过平原
阿喀琉斯驾腿驭膝，风驰电掣

荷马
《伊利亚特》

1969 年，我 5 岁的时候，我妈妈开始跑步。她那时 30 多岁，身体状况不佳，刚刚从康涅狄格大学得到一份新工作，正在与这份充满压力的工作较劲，因为有人告诉她这是一个“女人的优秀程度要达到男人的两倍”才能待得下去的地方。但是，也就是在那一年，她加入了一个女性小群体，该群体致力于消除这所学校对女性的歧视和不公平待遇。她的人生因此改变。她们当时的一个目标是“解放”学校新建的体育馆，那里只在有比赛的时候才允许女性以观众身份进入。为此，她需要拾起一项体育运动，在朋友们的建议下，她决定尝试跑步。

要知道，当时是 1969 年，慢跑浪潮还没有到来。商店里没有专门的跑步鞋，《跑者世界》（*Runner's World*）比小宣传册大不了多少，像我妈妈这样的业余慢跑者基本上都是自发跑步的。她穿上唯一能找到的某个品牌的运动鞋，沿着户外一条路，尽力以最快的速度奔跑。开始时，她最多能跑 400 米。不过，由于跑走结合，她慢慢有了足够的耐力，先是 1 600 米，后来能跑到 3 000 米。她并不享受跑步，但这一点儿也不重要。当她和她的朋友跑进体育馆的时候，果然还是被无理地赶了出来。但她和朋友们依然顽强地坚持跑步，并且要求校方为女性建造更衣室。对方告诉她们，这绝无可能，即使有地方能够改造成女更衣室，因为女性根本不会进来运动，就算给她们建起更衣室，也是一种浪费。而且，女性太麻烦，还需要吹风机来吹干头发。

我可以非常骄傲地说，在我妈妈和她的跑友们的努力下，美国康涅狄格大学在 1970 年向女性开放了体育馆。就在她用跑步改变了这所大学的时候，跑步也改变了她。刚开始跑步时的那种心慌感消失了，她逐渐迷上了跑步。她还带动我爸爸一起跑步。40 多年来，她几乎每天都会慢跑 8 千米，多数情况下是与我爸爸一起，就连冬天也不例外。我妈妈现在 80 多岁了，虽然几年前她的膝盖严重受伤，但她几乎每天都会去健身房。

小时候，我完全不知道妈妈竟然是女权运动和跑步革命的先驱之一。到了青春期，我变得焦虑、多动和缺乏安全感，在她的影响下，我也开始慢跑。但她给我的启发远不止于此，我后来才意识到，我从她那里学到的重要的经验，现在再从进化和人类学的视角进行审视，仍然极有道理，我们后面会详细讨论。我首先要指出一个重要的事实，我妈妈开始跑步不是为了让自己变得健康，那只是因为她觉得这是她必须要做的事情。对妈妈而言，跑步通常带有社交色彩，无论是与朋友还是与我爸爸。对于妈妈而言，跑步的重点在于耐力，而不是速度。她从不参加各种比赛，每次跑步时就按照自己喜欢的速度小跑，距离也从不超过 8 千米。

我觉得我的妈妈是英雄和先驱，但是一些所谓的锻炼家，即那些把锻炼挂在嘴边自吹自擂的人，他们会给像我妈妈这样的人贴上一个带有嘲讽意味的“慢跑者”标签，将她与真正的“跑者”区分开来。我反对这种分类方法。我们会嘲笑那些在公园里打野球的人吗？或者那些利用午餐时间快步走的人？有时候，当我从不跑步的岳父开车从慢跑的人身边经过时，会故意刺激我说：“又一个提前跑进坟墓的慢跑者。”像我岳父这样的“跑步恐惧症患者”认为，跑步是一种折磨，会毁掉人的膝盖，伤害人的心脏。他们习惯提起传奇的斐迪庇第斯（Pheidippides），就是那位传说中从马拉松小镇的战场跑到雅典传递完胜利消息后倒地死去的希腊信使。我来把这个传奇补充完整，斐迪庇第斯之死是在马拉松战役 700 年之后被“发明”出来的，然后被 19 世纪的诗人罗伯特·勃朗宁（Robert Browning）写成诗作。信使之死的悲怆成了这首诗的高潮部分，这首诗也因此广为流传。但无论是希罗多德（Herodotus）还是其他任何一位古希腊历史学家，都未曾在他们事无巨细的历史记录中提及这段故事。

实事求是地说，跑者中同样也有跑偏之人。一些痴迷跑步的人错误地将跑步当作一种美德，其中最让人难以忍受的是那种逢人便说自己参加过多少比赛，受伤后怎样忍受痛苦等的人。他们会低调地炫耀自己每周只跑 100 千米，或者一张嘴就是“我跑到第 17 千米的时候……”另外一种让人极度不适的说法是“天生就会跑”。这些狂热者读了一些关于人类如何进化出跑步能力的书（我要为此负部分责任），然后逢人便说跑步是打开健康和快乐之门的钥匙，特别是赤足跑的时候。还好，绝大多数跑者只是出于热爱而跑步。

跑步激发了热情，也引发了争议，其实，还有另外一项包括了从中等强度到高强度的有氧运动方式，可以让参与者数小时跳着转来转去，那就是跳舞。舞蹈是一种比跑步还要流行的文化活动，它的历史可能与人类的历史同样悠久，在人之为人的过程中起着重要的作用。如同跑步一样，舞蹈也有着狂热的爱好者，也有着受伤的可能性，甚至有着自己的马拉松——超长时间的赛事。

为什么这些耐力型身体活动如此受欢迎？为什么它们能够激发如此强烈的热情？我们该如何赞美它们的益处，或者换句话说，我们该如何控制它们对人体造成的损伤？最核心的问题是，我们的身体真的已经进化到可以承受长时间跳舞或者跑步的程度了吗？有一个听上去最为不合理的说法是，缓慢且不稳的人类可以跑赢马。

## 人可以跑赢马

1984 年，当时还在读研究生的戴维·卡里尔发表了一篇高度原创性的论文，题为《人类奔跑和原始人进化的热力学悖论》（*Theeneretic Paradox of Human Running and Hominid Evolution*），提出奔跑的人类在高温下可以比羚羊和其他速度型哺乳动物跑得更远。[1] 卡里尔在论文中先简单描述了当时人类和其他哺乳动物出汗和奔跑的热力学方面的研究，然后他介绍了一种不为人所知的古老狩猎方式——猎人们跑着追逐猎物，直到猎物体力不支倒在地上。很可惜，卡里尔的论文在当时人类运动方面的学者中没有引起什么反响。20 世纪 80 年代，这个领域辩论的焦点是人类何时以及如何变成了出色的步行者，没有人认为人类擅长跑步。当我问我的一位教授如何看待卡里尔的论文时，他带着怀疑的神色回答："只有傻瓜才会认为奔跑是人类进化的目标，我们速度慢、身体不稳、低效。"然后他推荐我读一读他的一篇论文，他在论文中称，人在跑动时就像企鹅一样低效。[2] 我灰溜溜地告退，并且努力把人类擅长奔跑的想法从脑子里清除。

32 年之后，10 月某一天的早上 6 点，在美国亚利桑那州普雷斯科特，当我与另外 40 名跑者和 53 匹马以及它们的骑手一起站在一条起跑线的后面时，我开始怀疑自己失去了理智。颇为巧合的是，这项名为"人马之争"的赛事是 1983 年在这座小镇的酒馆里诞生的，那正好是卡里尔发表那篇论文的前一年。一位名叫杰罗·布朗罗（Gheral Brownlow）的狂热跑者与他的一个骑手朋友史蒂夫·拉夫特斯（Steve Rafters）打赌，前者坚持认为，在长距离的竞速比赛中，高水平跑者能够跑赢马。我很谦虚，我和闺女打赌，我能在这场翻越海拔 2 347 米的明格斯山、长达 40 千米路程的比赛中跑赢至少一匹马。然而，就在出发之后的几分钟，我意识到，自己肯定会在打赌中输掉。"一会儿见！"骑手们兴奋地冲着我和其他艰难跋涉的跑者喊道，然后扬长而去。如果你跑着从马拉松起点出发时被飞奔的马匹超越，看着它们起起伏伏的大块肌肉和锥形的大长腿，你很难有追上它们的信心。

接下去的几小时，我的视线里从未出现过马的影子，我放弃了战胜哪怕是一匹马的希望。随着太阳升起，线路离开河床，穿过一片开阔的平原，然后开始向一座石头山上爬升，山路上遍布仙人掌、灌木丛和松树。随着温度和海拔双双升高，我在向上奔跑的过程也越发艰难。我决定向命运投降，准备在接下去的路程中将目标调整为欣赏这绝美的风景。但是，就在跑了大约 32 千米接近山顶的时候，我超越了第一匹马，骑手为了让马降温，已经彻底停了下来。

我的心脏欢快地跳动着，我又有了动力，在山巅处我超越了更多马匹，翻到山的另一侧之后我开始兴奋地在陡峭的 Z 形山路上以最快的速度冲刺。我非常肯定没有任何一匹马可以在如此陡峭和蜿蜒的下行山路上超过我。之后，当山路在接近谷底时逐渐平缓，我听到两匹马离我越来越近了，每一次重击地面的马蹄声和刺耳的喷鼻声都像是在被逐渐放大。我从来都不是一名竞赛型的跑者，但是当这两匹马在这条破旧的土路上超越了我，我的大脑似乎突然开启了身体的某个开关，而我从来都不知道这个开关的存在，它指挥着我的双腿追赶那两匹马。比赛还剩最后 800 米时，两匹马在炎热的开阔地带不得不减速，我顺势超过了它们，然后以我从未感受过的跑者嗨[①]的状态冲过终点线。如果允许我自我吹嘘的话，那么我要说我最终跑赢了 53 匹马中的 40 匹，尽管我用时 4 小时 20 分，表现极为普通。

如果你在 1984 年或者 1994 年告诉我，我将会与马同场竞技一场马拉松，我肯定会疑惑地一笑了之。一方面是因为我所尊敬的教授对于卡里尔观点的质疑，另一方面是因为，我从未将自己当成一名跑者。当然，由于受妈妈的影响，我曾经每周都慢跑几次，每次跑几千米，但是我从未加入田径队，而且我不记得哪一次跑步超过 8 千米。但是，在我读研究生的时候，有一天，我的一位特别棒的同事——来自犹他大学的丹尼斯·布兰布尔（Dennis Bramble）彻底改变了我对于跑步的态度，使我最终义无反顾地踏上明格斯山之路。[3]对此事亦有贡献的是跑步机上的一头猪。

情况是这样的，我当时正在监控一头在跑步机上奔跑的猪，实验目的是研究骨骼对于负荷的反应，来访的布兰布尔溜达进了我们的实验室。我站在那里，布兰布尔双臂交叉在胸前，突然侧过头来对我说："丹[②]，你看，猪不能使

① runner's high，也被翻译为跑者愉悦，指跑者由于自身分泌的内源性大麻素或者内啡肽而进入的一种兴奋状态。——译者注

② 丹尼尔的昵称。——编者注

它的头保持不动。”说实话，我从来没注意到猪是如何控制自己的脑袋的，但是当我从这个新的角度再次观察，我意识到布兰布尔发现了问题的关键。狗或者马在奔跑时把自己的脑袋控制得像火箭头一样稳定，而猪在奔跑时脑袋是耷拉着的，就像沙滩上搁浅的鱼。我们俩迅速转变了话题，开始讨论动物在奔跑时保持自己视线稳定的重要性，我们还提出了一个假说，那些适应奔跑的动物脑后应该都有一个特殊的橡胶带似的颈背韧带，能够起到弹簧的作用，从而使头部保持稳定。把猪赶回圈中之后，我和布兰布尔马上开始仔细观察那些保存完好的猪、狗和其他动物的头骨，以寻找颈背韧带的存在。然后我们又开始研究早期古人类化石的特质。布兰布尔发现，颈背韧带在狗、马、羚羊和其他奔跑动物中确实存在，而在猪和其他非奔跑型动物中没有。更令人振奋的是，我们没有从大猩猩、黑猩猩和早期古人类中发现颈背韧带，却从人属化石和人类结构中发现了这一组织。如果颈背韧带是确保脑袋在奔跑中保持稳定的一种适应，那么这一证据就说明人类在数百万年前就已经从自然选择中获得了奔跑的能力。

接下来的几年，我和布兰布尔合作进行了一系列实验，对人类和其他动物在跑动中如何保持头部的稳定性进行研究，我们还收集了人类和奔跑型动物的一系列独立进化的特征，并开始对它们进行分析。我们还记录下这些适应首次出现在化石中的时间和地点。最终，我们决定写一篇论文对这些证据线进行整合。这篇于 2004 年发表在《自然》杂志上的论文是《耐力跑和人属的进化》（*Endurance Running and the Evolution of Homo*），而且成了那期的封面论文，封面上的推荐标题为“为跑而生”（Born to Run）。[4] 我们的基本观点是，200 万年前，我们的直立人祖先已经进化出在高温下长距离奔跑所必需的生理结构，这样他们在弓箭和其他抛射型武器发明之前就能够以采集和打猎为生。继卡里尔之后，我们也提出，这些祖先有时候会使用长距离追逐的方式拖垮那些奔跑速度快的动物，比如角马和非洲大羚羊，就像我那天上午在炎热的普雷斯科特跑赢那些马一样。

如果你对此观点心存疑惑，实属正常。你现在走出门去，看到的绝大多数人肯定都在走路，而不是在跑，即使那些跑得最快的人，与大多数动物比起来，也是又慢又笨拙。我们是动物世界中的“乌龟”，而不是“野兔”，那么我们为什么可以跑赢自然界中的一些最佳动物跑者呢？而且，这种长距离奔跑的能力是如何帮助人类打猎的呢，尤其是当人类可以选择一些更简单而且不那么疲劳的方式就可以得到晚餐食物的时候？获取这些问题答案的第一步是分析人类和动物分别是如何奔跑的，以及我们的哪些特征可以帮助我们更好地奔跑。

## 我们是如何跑步的

如果条件允许，你现在可以暂时把这本书放下，先走几步，然后跑起来。虽然两种姿态是同一套生理结构在起作用，但是跑步显然有着不同的、更复杂的力学机制。我们走路的时候，在整个过程中至少有一条腿着地，起到的作用就像一个倒置的钟摆，你每走一步，你的身体就经历一次先升高再下落的过程。但是在你改走为跑的瞬间，你双腿的作用变成了带有弹簧的高跷杆（见图 9-1）。走路时你的每一步都是以提升身体重心开始的，但是在跑步开始时，你的重心会随着臀部、膝盖和脚踝的弯曲而下降，关节的弯曲对肌腱（尤其是跟腱）产生了压缩作用，使肌腱像弹簧一样储存了弹性能。之后，在跑步动作的后半部分，这些被压缩的肌腱和肌肉伸展开来，弯曲的关节伸直，将你的身体向上推向空中。这个过程中，你本能地前倾，肘部弯曲，离开地面的那个膝盖尽量向上弯曲，手臂向腿的相反方向摆动。总之，跑，就是双腿轮换着跳。

如果你在跑步的时候旁边恰好有一匹马也在碎步小跑，你就能看到其实它也是在跳着跑，它同样把自己的双腿当作弹簧，只不过它的腿的长度和大小都是人类的两倍。实际上，两足动物的跑与四足动物的跑姿是一样的。就像你在跑步时一侧的手臂与另一侧的腿动作一致——你的左臂与右腿同时向前，小跑的马在跳的时候一侧的前腿与另一侧的后腿动作一致。但是，马可以做一个我们两足动物无法完成的动作：飞奔。当四足动物飞奔起来的时候，它们的两条前腿和两条后腿轮番着地，它们不仅仅将双腿作为弹簧，它们的脊椎也是弹簧。[5]

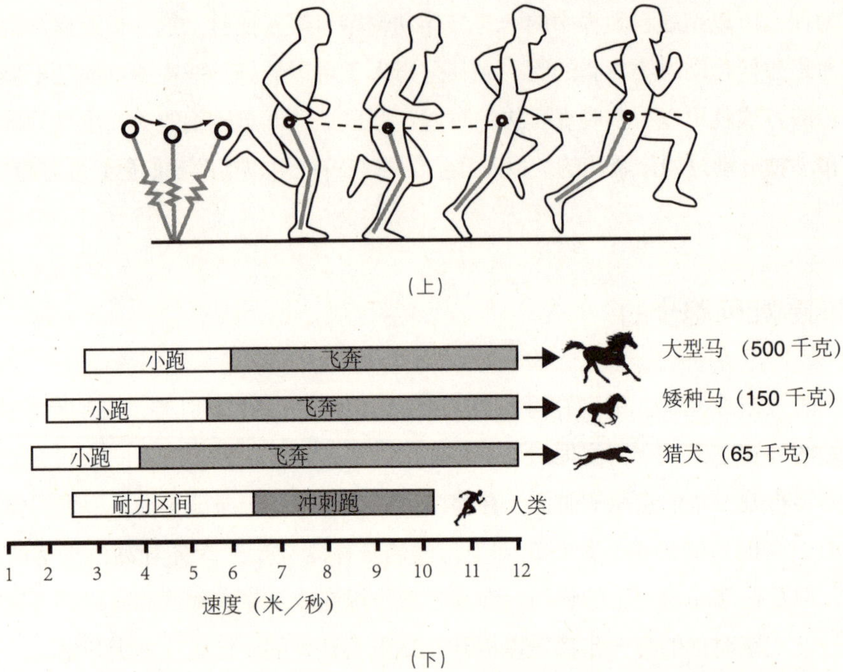


**图 9-1　速度和跑步机制**

注：上图，人类跑步的弹簧特性。在每一步的前半段，身体的重心会下降，在腿部的肌腱和肌肉中积累弹性能。在每一步的后半段，这些结构反弹，将身体推向空中。下图，人类的耐力区间和冲刺跑区间与猎犬、矮种马和大型马的小跑区间和飞奔区间对比。请注意，人类能够以超出几种动物小跑的速度进行长距离的耐力跑。

资料来源：改编自 Bramble, D. M., and Lieberman, D.E. (2004),Endurance running and the evolution of Homo, *Nature* 432: 345–52。

有了这些对于跑步的基本认识，现在让我们来探讨一下普通人是如何跑赢马的，以及其中的原因。我们先来看图 9–1，白色的数据条是人类跑马拉松时的速度区间与猎犬、矮种马、大型纯种马小跑时速度区间的对比。[6] 我做这种对比是因为像马这样的四足动物只有在小跑的状态下才有可能跑很长的距离。

所以，虽然马、狗、斑马和羚羊在飞奔的状态下比人类的冲刺速度（灰色数据条）还要快，但是它们的这种飞奔状态只能持续几千米，然后就必须慢下来，要么走，要么小跑，尤其是在炎热的时候。[7]如果有一场人与动物的马拉松比赛，那么即使那些人到中年的教授，也肯定能跑赢那些只被允许小跑的猎犬、矮种马，甚至大型纯种马。

除了能够以相对较快的速度进行长距离奔跑，人类还能够毫无理由地进行长距离奔跑，这是一个与其他动物不同的习惯。你是否见过某个野生动物毫无明显理由就独自跑上几千米？除了像狼、狗、鬣狗这样的群居性食肉动物会跑上十几千米围捕猎物，极少有动物会连续奔跑超过 100 米，除非是被追赶。[8]大草原上的羚羊等猎物在受到狮子和非洲猎豹捕杀时才会全力奔跑，但是这种疯狂的变向跑通常只能持续几分钟。狗和马等动物确实可以跑很久，但需要我们用鞭子和马刺迫使它们这样做。在 20 世纪 30 年代进行的一项曾经引发大众心理不适的实验中，狗被逼迫着在跑步机上小跑了近 100 千米，而受过特殊耐力训练的马在背负着骑手的情况下可以小跑 160 千米以上。9 相比之下，人类才是真的了不起。数百万像我妈妈那样的普通人每周数日自觉地穿上跑鞋出门跑步，每次跑上 8 千米，至少有 50 万美国人每年会跑一场马拉松，他们为此月复一月地进行训练，每周至少要跑 50 千米。[10]

至于人类在跑步上的能耗，我的那位质疑卡里尔的教授错误地将人类与低效的企鹅相提并论。其实，如果你掌握的人类数据足够丰富，并且根据体重差异对数据进行修正，就会发现，按照每单位体重进行对比，人类的奔跑效率与马、羚羊等擅长奔跑的动物相当。[11]

那么，到底是哪些因素造成了从平足的类人猿进化而来的普通人如此擅长耐力奔跑呢？

最明显的是我们富有弹性的长腿。尽管人类的脚部略显笨拙，但是与体形相仿的动物比起来，我们的腿更长，如果我们旁边站着黑猩猩、绵羊或者猎犬这些体重与我们接近或者略轻的动物，差异一目了然，它们的腿都很短。[12]同样重要的是，人类的腿部还有长长的富有弹性的肌腱，比如跟腱。即使是我们看似笨拙的脚部，也在脚弓的下部有着功能类似弹簧的组织。虽然肌腱对于步行并非必需，但是它们在跑步时起着弹簧的作用。当我们的腿和脚在跑动过程中落地时，臀部、膝盖和脚踝会发生弯曲，脚弓被压平，而这些肌腱被压缩。当这些肌腱重新伸展时，它们所储存的能量也释放出来将身体弹向空中。从袋鼠到鹿，所有适应奔跑的动物都拥有长的、有弹性的肌腱，但是我们的远亲非洲类人猿的肌腱则比较短。这说明，人类的长肌腱比如跟腱是独立进化而来的，目的就是帮助我们奔跑。数据表明，在跑者落地时，跟腱和脚弓的弹性功能加在一起，为人体提供了大约一半的机械能。[13]

下一次当你跑得上气不接下气，感觉自己像一只树懒，就回想一下图 9-2。速度，其实就是你迈步的快慢（步频）乘以你每一步的长度（步幅），图 9-2 中的两张图分别展现了优秀的人类跑者、猎犬和马的速度与步幅和步频的关系，其中猎犬的体重与人类跑者的体重相当，而马的体重是人类跑者和猎犬体重的 7 倍多。当我和布兰布尔第一次将这些数据绘制成图时，我们两个都震惊了。对于耐力区间中任何一点的速度，优秀人类跑者与大型马相比，虽然人类步频低，但步幅居然与后者大致相等。猎犬与马相比，前者步幅小，步频高。换句话说，在耐力跑的速度区间里，人类与马的跳跃距离相当。但是如果马提速了，人就完全不是对手了，因为人无法进一步提高步幅，要想提速只能靠提高步频，但是这种选择代价高昂，而且效率也并不高。所以，几秒钟之内，马就会将人远远甩开。但是，马终究会放慢速度，大多数情况是因为体温升高。

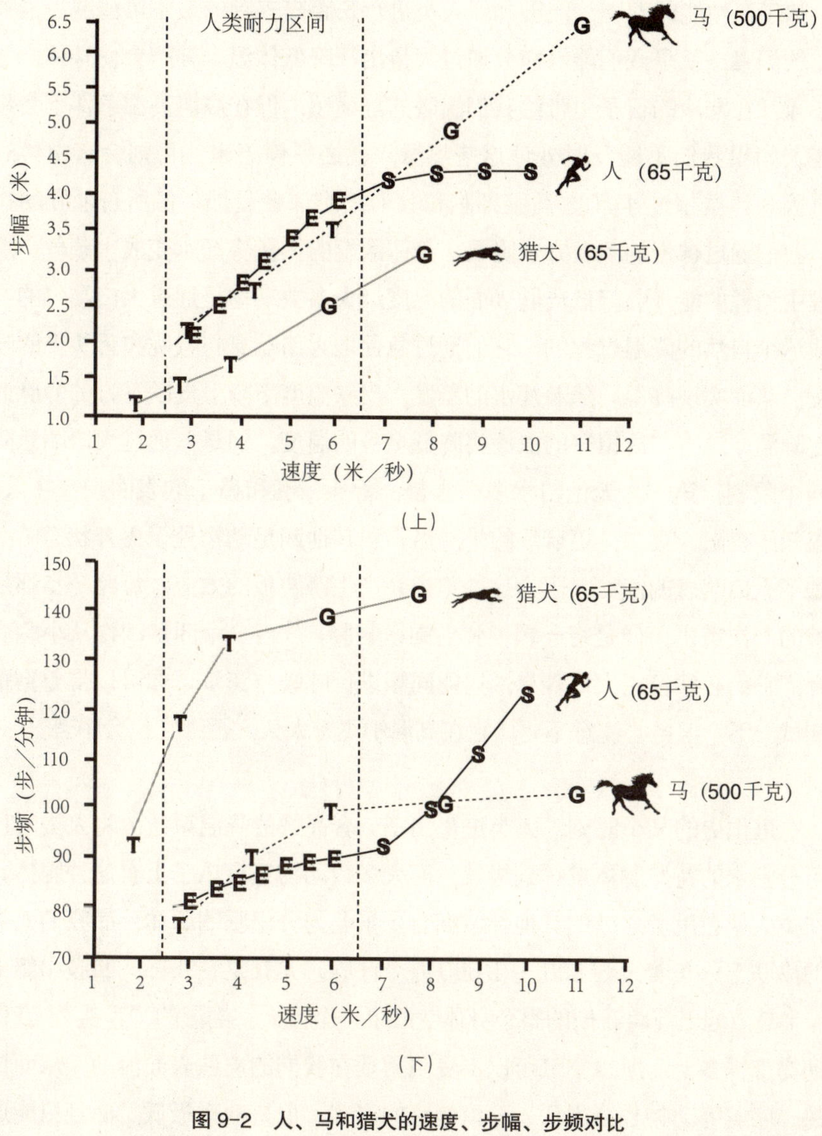


**图 9-2　人、马和猎犬的速度、步幅、步频对比**

注：上图，优秀的人类跑者、猎犬和马之间的速度与步幅对比。下图，优秀的人类跑者、猎犬和马之间的速度与步频对比。其中 e 代表耐力区间，S 代表冲刺区间，T 代表小跑，G 代表飞奔。请注意，虽然人的体重不到马的体重的 1/7，但是在耐力跑的速度区间里，人类与马的跳跃距离相当。

资料来源：改编自 Bramble, D. M., and Lieberman, D. E. (2004), Endurance running and the evolution of Homo, *Nature* 432: 345–52。

除了高性能的双腿，能够确保人类进行长距离奔跑的最不可或缺、最独一无二的因素，就是我们能够充分通过大量出汗降低体温。奔跑会使身体产生大量热量，在寒冷的日子里带给我们温暖的舒适感，但在高温高湿条件下会带来伤害。如果我们不能及时处理这些热量，就必须停下来，否则会有中暑的危险，因为体温超过 41℃之后脑细胞和其他细胞都会受损。像所有哺乳动物一样，我们通过神奇的蒸发方式降温：身体散发的热量将汗水变成水蒸气，这个过程中消耗的能量会降低皮肤表面的温度。大多数动物是通过大口喘气的方式完成这个自然的降温过程的，它们通过急促地大口喘息将喉咙和舌头上的唾液蒸发，从而实现降温。随着汗水的蒸发，皮肤温度下降，皮肤下方的静脉血也随之降温。这些“冰镇”的血液将降低全身的温度。但是，通过大口喘息降温有两个限制。第一，无论口水多么丰富，舌头、嘴和鼻子的表面积实在太小，降温效果有限。第二，更麻烦的是，当狗和其他四足动物处于飞奔状态时，便失去了大口喘息的能力，因为这种跑姿会产生跷跷板的效应，每跨一步都是对内脏的一次重击，像是将一颗子弹射向横膈膜。[14] 当一个四足动物从小跑变成飞奔，它们必须停止大口喘息，只能同频进行呼吸与跨步。你可以带着狗跑一次测试一下，但务必注意不要让它在高温中飞奔太久，否则它也会中暑。

在进化史的某个时刻，人类进化出了一套高效的降温系统，将人类所拥有的可分泌水的特殊腺体发挥到极致，而大多数动物只有爪子上有这种腺体。猴子和类人猿在爪子之外的其他部位拥有少量名为分泌腺的腺体，而我们人类全身的皮肤上分布着大约 500 ～ 1 000 万个汗腺，尤其是在头部、四肢和躯干部位。[15] 高效地出汗将我们的整个身体变成了一个巨大、潮湿的“舌头”。我们不像动物那样多毛，所以空气可以不受阻碍地在我们的皮肤表面流动，从而快速散热。骆驼等动物也会出汗——以泡沫的形式，但是效率极低，而且只能通过油腺分泌，人类在腋窝和腹股沟处也有这种腺体。总之，人类是动物世界中的出汗冠军。在高温下奔跑时，人类每小时的出汗量可以达到 1 升甚至更多，足以保证我们在 32℃的高温中跑马拉松时还能保持凉爽。没有任何其他动物能做到这一点。[16]

人类还有更多的适应。休息时，心脏每分钟泵出的血液为 4 ～ 6 升，但跑步时的这一数据是休息时的 5 倍以上，以确保为高强度工作的肌肉供应血液，并且为全身降温。一名普通跑者每分钟心脏泵出血液 20 ～ 24 升，精英跑者则可达到每分钟 35 升，十分惊人。我与同事罗布·谢弗（Rob Shave）和阿伦·巴吉什曾经指出了耐力型动物与非耐力型动物在心脏结构方面的区别，人类和马等耐力适应型动物都进化出了巨大且富有弹性的心室结构，与类人猿小、厚、硬的心脏形成鲜明对比，因此人类心脏每一次起搏都可以高效地将大量血液泵出。[17] 我们还能够在锻炼中对大脑进行精细化供血，以确保这个最重要的人体器官保持凉爽。[18] 在普通人的腿部肌肉成分中，通常抗疲劳的慢肌纤维占 50% ～ 70%，远高于黑猩猩 11% ～ 32% 的这一占比。[19] 速度训练可以增加快肌纤维的尺寸，但是在任何一个人类种群中，普通人的肌肉成分还是以慢肌纤维为主，因此人类的耐力水平远超类人猿。[20]

我在上面提到的有助于人类跑步的几乎所有特征，在生物学家那里都被称为趋同进化，这意味着人类和善跑动物的这些特征都是独立进化出来的。但由于我们是由爬树的类人猿进化而来的不够稳定的直立行走动物，因此我们奔跑时就非常容易摔倒。奔跑中的人哪怕是被轻轻推一下或者不小心踩到香蕉皮，都比四足动物更容易失去平衡。脚踝扭伤或者手腕骨折如果发生在石器时代，就相当于被判了死刑，因此人类进化出一套保持稳定的独特而重要的特征就显得非常有意义。我个人最喜欢的其中一项适应，是扩展了的臀大肌——人体最大、看上去最突出的肌肉。你可以在走路时将双手放到臀部，那里的肌肉像是在休眠，大多数时候没起什么作用，但是如果你开始跑起来，臀部肌肉就会随之强有力地收紧。我们进行的实验表明，这块重要肌肉的主要作用就是防止我们在每次落地的时候由于躯干不稳而摔倒。[21] 确保人类奔跑时保持稳定的其他适应还包括，当我们双臂的摆动与迈腿次序相反时，我们会转动躯干以保持平衡，[22] 以及之前提到的避免头部过度颠簸的颈部组织。[23]

即使你再不喜欢跑步，那些适合长距离奔跑的有效且高效的特征也已经从头到脚遍布你的全身。这些特征中的很大一部分并不能帮助我们行走或者做其他事情，它们进化出来似乎只是为了帮助我们奔跑。因此，面对马拉松这样的超长距离，普通跑者能够与马一较高下，这并非偶然事件。但是，为什么会这样呢？

## 超能寻肉法与耐力打猎法

数十年来，我一直绞尽脑汁努力寻找对一个现象的解释——我们的祖先为什么要进化出如此之多与奔跑相关的适应，最终把自己变成了优秀的长距离跑者？我能给出的唯一合理解释就是，为了寻找肉食。

在今天这个畜牧业繁荣、超市遍地的时代，也许你是一位素食主义者，但就算你不是，我觉得你也不会去吃在路边偶然发现的动物尸体。而且，如果你会在业余时间打猎的话，应该主要是为了娱乐。但上述这些都是现代人的理念。没有任何一个狩猎采集者会拒绝免费的肉食，虽然它们可能不那么新鲜。至于打猎，则是一项具有极高价值的活动，既能获取营养丰富的食物，又能为自己赢得地位。但是在人类进化史上，如果没有长距离奔跑的能力，那么无论是寻找动物尸体作为食物还是打猎，都是非常困难、危险且不可能完成的任务。

寻找动物尸体作为食物应该比打猎出现得更早。你可以把自己想象为早期的古人类，比如，二三百万年前一个饥饿的能人（Homo habilis）[①]。你又小又慢又弱，除了一根棍子或者一块石头之外，再无任何有威胁性的武器。当你在非洲的土地上游荡着寻找食物时，你根本不太可能遇到什么还能啃出肉来的动物尸体，这些食物资源极为宝贵，所以会被一抢而空。几乎就在动物死亡之时，或者当它们的遗骸被吃完肉的狮子和其他食肉动物丢弃之时，秃鹰、鬣狗

① 这一名称是被最早的发现者命名的，指“能干的人”。——译者注

和其他食腐动物便蜂拥而至，为争夺所剩无几的残肉，将骨架周边变成骚乱现场。每一个贪恋肉食的、饥饿的食腐动物都迫不及待地投入到这场嘶吼咆哮、罪恶凶残的争夺中去。

在争夺中处于弱势的古人类，由于具备中长距离的奔跑能力，很有可能采取了一种被称为“超能寻肉”的策略，哈扎人和桑人直到今天还在使用这种办法采集肉食。[24] 这种策略通常是从发现秃鹰在远处的空中盘旋开始的，这是一个明显的信号，说明下方有动物尸体。如果此时恰好是炎热的正午，你便可以跑着前往那个地方，你有很大的机会在鬣狗之前找到那些肉，因为鬣狗极不适应在高温下奔跑。如果你还能将秃鹰赶走，那么这些肉就都是你的了，那里面还包括狮子无法食用的、骨髓丰富的大骨头。

古人类最早能够吃到肉，应该是通过寻找动物尸体的方式实现的，至于打猎，有明确的考古证据表明，他们在距今大约 200 万年前开始捕获角马、非洲大羚羊之类的大型动物。[25] 在没有像样的武器之前，捕获动物说起来容易，操作起来难度很大。弓箭发明的时间距今不到 10 万年，将磨尖的石头插入木棍制成的长矛大约出现在距今 50 万年前。[26] 在这些武器出现之前，古人类猎手必须尽量接近猎物，然后用木棍猛刺。但是你千万不要做此尝试。肉是一种极富营养的食物，但是想获取它就面临着接近愤怒的角马时被蹄子踢伤或者被角顶伤的危险，我们的狩猎采集者祖先为此付出了非凡的努力，显然他们大多不是素食主义者。

早期的古人类也许采用了多种打猎方式，但是根据戴维 · 卡里尔 1984 年提出的假设，其中一定包括“耐力打猎法”。虽然这种古老打猎法的细节今天已经不为人知，但是很多人类学家和探险者都曾描述过在除南极洲之外的不同文化和环境中，人类如何进行耐力打猎。[27] 其中最详细的描述出自环境保护主义者路易斯 · 利本伯格（Louis Liebenberg），他在卡拉哈里沙漠与桑人共同生活了数十年，曾经与耐力型猎手共同奔跑过。[28] 我和我的同事也曾对墨西哥的塔拉乌马拉长者进行过访谈，记录下了他们年轻时以这种方式进行打猎的经历。[29] 我的其他同事曾经描述过猎人们在亚马孙追逐野猪的故事。尽管很多西方人对于这种打猎方式表示怀疑，但是有大量的证据表明，耐力打猎法曾经极其普遍。

耐力打猎法也包括多种形式，其中一种是充分利用人类耐热的独特能力——奔跑而不会导致身体过热。在一天中最热的时间，一群猎人开始对动物实施追击，追击的动物越大越好，因为动物就像人一样，体形越大越容易出现过热症状，而且疲劳得更快。开始阶段，猎物肯定会飞奔着快速跑开，猎人们慢跑跟随。之后那些可怜的动物开始大口喘息着降温，而猎人们则改为步行，不懈地搜寻着猎物的踪迹，通常在猎物彻底将温度降下来之前，猎人们就能发现它们然后继续奔跑追逐。这种追逐、循迹再追逐的猫鼠游戏会反复上演。假设猎人们在动物彻底降温之前展开了新一轮追逐，动物体温会持续上升，直到进入中暑状态，最终崩溃倒地。猎人此时走到动物旁边，甚至不需要什么复杂的武器就能将它杀死，有时候只需一块石头就够了。根据利本伯格详细记录的十几次在卡拉哈里的打猎经历，他们每次的平均移动距离比半程马拉松（21.0975 千米）多一点点，其中有一半的距离是在走，而跑动时的速度大约是每千米 6 分钟，相当于中等强度慢跑。利本伯格强调，整个打猎过程中最具挑战性的环节不是跑步能力，而是循迹的能力，这需要将足印、血迹等线索和动物的生活习性等知识结合起来进行分析。[30]

这种追逐和循迹的方法同样适用于寒冷天气，最终可以将动物耗至力竭或者致其受伤。塔拉乌马拉人经常在冬季长距离逐鹿，卡拉哈里的桑人会在柔软的沙地上追逐大羚羊，他们都能让猎物体力耗尽。据说，斯堪的纳维亚北部萨米部落（Saami）的猎人通过越野滑雪的方式在松软的雪地上追逐驯鹿，这种办法尤其会造成动物疲劳，最终导致它们崩溃。[31]

一种与上述方法相近的打猎方式也与奔跑有关，而且通常是长距离奔跑，那就是陷阱捕猎法，将动物驱赶到天然陷阱或者人造陷阱中，然后轻松安全地杀死猎物。美国印第安人很好地保留着这种颇为常见的捕猎方法，他们会派擅长跑步的人追逐鹿或者其他猎物，将它们驱赶至山谷、悬崖、沼泽等地方，或者驱赶至人工制造的陷阱，里面设置了坑、尖刺、网，或者将它们驱赶至埋伏圈，那里有隐藏在各种伪装后面的猎人。与在高温中打猎一样，这种陷阱捕猎法也需要多名猎人进行策略性配合，充分利用各自对于环境和猎物的知识。[32] 人类学家诺曼·廷代尔（Norman Tindale）曾经描述过澳大利亚的原住民是如何以二人结组的方式高效猎获袋鼠的："这种动物习惯沿着一个巨大的弧线奔跑，猎人们利用了这一点，当一个人追累了的时候，另一个人已经横着切了过去继续追击。"[33]

不出所料，现在几乎已经没有人再用耐力打猎法打猎了，除非还会有人像鲁滨孙的原型——亚历山大·塞尔柯克（Alexander Selkirk）那样，他被困在南美洲一座小岛上的时候，无奈之下只能通过追逐猎获野山羊。[34] 今天的猎人有枪、狗和各种各样的新发明，而且野生动物也越来越稀少。桑人甚至禁止打猎。但是，如果我们可以回到数千年前，我们在世界各地看到的各种打猎方式都无一例外地包括了奔跑。

我们现在获取肉食的手段更加安全、简单而且可靠，而且成为素食主义者也是一种选择，这令人欣慰但是获取肉食绝不仅仅是我们祖先拥有长距离奔跑能力的唯一目的，长距离奔跑还有其他益处。打仗、拜神、吸引异性、娱乐，都需要跑步能力。美国印第安人的很多部落都会举办跑步和网兜棍球比赛（lacrosse）①，长距离跑步的能力在这两项竞赛中都起着重要作用。而在塔拉乌马拉人的男子跑步比赛拉拉吉帕里和女子跑步比赛阿里韦特中，跑步是作为祈祷仪式的一个环节而存在的。[35] 这些传统提醒我们，跑步从来不只是男人的运动。如果你今天参加任何一个大型跑步比赛，都会发现女性已经占了

① 北美印第安人发明的一种体育项目，参赛人员使用带网兜的球棍传接球并射门得分。——译者注

参赛人数的一半。这应当感谢像博比·吉布（Bobbi Gibb）① 和凯瑟琳·斯威策（Kathrine Switzer）② 这样的先行者。[36] 虽然在狩猎采集者社会中，打猎任务主要由男性完成，但是女性也经常参与耐力打猎行动，她们的奔跑活动既神圣，又不乏社会意义。[37]

但是人类作为跑者的进化历史又提出了一个令人迷惑的问题：既然跑步是我们进化出来的能力，那么为什么会有那么多跑者受伤呢？

## 跑步是进化出来的能力，为什么还会受伤

当我的中年危机来临时，我没有选择离开我的妻子或者去买一辆跑车，我的应对方式是为备战我的第一场马拉松进行训练。然后，疼痛便猛烈袭来。每当我起身下床，跌跌撞撞地走向浴室，最初的那几步带来的痛苦感受，就像是有一个看不见的恶魔钻进了我的脚，拿着手术刀开始戳我的脚底。几分钟之后，剧痛开始消退，但也会时常回来报复一下。与很多跑者一样，我患上了足底筋膜炎，足底筋膜是位于足弓下部、功能类似于弓弦、起连接作用的厚厚的带状组织，它现在出现了炎症。根据我从互联网上看到的建议，我应该更频繁地更换跑鞋。当一双跑鞋的弹性下降时，内置的足弓托就会失效，导致足底筋膜承担额外的压力。所以我马上来到附近的跑鞋店，买了双新跑鞋，疼痛果然慢慢消失了。自那之后，我决定每三个月更换一双新鞋，而不去考虑费用问题。但是，到了第二年，我又不得不与跟腱疼痛抗争，其他一些古怪的疼痛也纷纷袭来，我开始担心，自己是不是需要永远告别跑步了。

① 1966 年成为第一位完成波士顿马拉松比赛的女选手，当年的赛事不允许女性参加，她是偷偷混入参赛选手中跑完全程的。——译者注

② 1967 年成为第一位佩戴号码布完成波士顿马拉松比赛的女选手，当年的赛事不允许女性参加，斯威策以中性的名字报名，违规获得号码布。由于赛事总监进入赛道抢夺她的号码布的过程被摄影记者拍到，这一事件广为人知。——译者注

颇具讽刺意味的是，就在我热衷于购买新鞋的时候，我还同时开始了一个新课题的研究——人如何在不穿鞋的情况下奔跑。那是我和布兰布尔刚刚在《自然》杂志发表“为跑而生”的论文之后不久，我在一个暴风雨之夜的一场公开报告会上，当场决定开启这一研究。那天的报告厅第一排坐着一个留着大胡子的年轻人，他的脚上只穿着袜子，上面缠着强力胶带。在稍后的聊天过程中，他介绍自己名叫杰弗里，然后问了一个极棒的问题：“为什么我不喜欢穿鞋，即使跑步的时候也不愿意穿？”我就像产生了膝跳反射一样，瞬间在大脑中闪现一行字：“赤足跑？你一定是疯了吧？”冷静之后我的反应变成了：“是啊，这一定是进化的原因！”因为杰弗里恰好住在波士顿，所以我邀请他来我的实验室。几天之后，他如约而至，我们开始测量他是如何用他那双满是老茧的双脚赤足奔跑的。与我测量过的绝大多数跑者以及我本人不同的是，杰弗里的跖球（ball of the foot）[①]触地时简直就像羽毛一样轻柔，因此避免了通常由后脚跟落地造成的剧烈撞击和由此产生的冲击波。这对我来说简直是醍醐灌顶。在鞋子发明之前，人类已经奔跑了数百万年，也许我们就是要进化出奔跑时前脚掌落地的能力，以避免因为后脚跟落地而产生的疼痛，毕竟缓震跑鞋的出现是很久以后的事情了。如果这个假设是正确的，那么这一发现是否能够将人类从跑步造成的伤痛中解救出来呢？

在之后的几年里，我和我的学生开始研究赤足跑。杰弗里是美国一个跑步团体的成员，该团体的成员均不穿跑鞋，而我之前完全不知道还有这么一群人的存在。“赤足侠”杰弗里把我介绍给了“赤足侠”普雷斯顿和“赤足侠”肯·鲍勃以及其他“赤足侠”家族的人，很快我和学生们便开始了对赤足跑的研究，我们从全国各地收集信息，测量他们跑步的数据，将足跟落地与前脚掌落地的生物力学特征进行对比。然后我们又前往肯尼亚对那些从未穿过鞋的跑者进行了测试，最终将我们的研究结果整合成论文《脚步轻快：在开始穿鞋之前我们是如何舒服地跑步的》（*Tread Softly: How We Ran in Comfort Before We*

① 跖球，即前脚掌的脚垫，跖球触地即前脚掌落地。——译者注

*Started Wearing Shoes*）[38] 并发表在《自然》杂志上，这篇论文也成了当期的封面论文。我们的论文提出了跖球触地的动力学模型，并论证了这种落地方式如何避免足跟落地带来的损伤，我们还在论文中对杰弗里长期赤足跑——不是在全部的时间里都赤足跑的行为进行了介绍。我们提出，在跑步时大多数情况下用前脚掌着地是人类进化出来的能力，希望能够进一步研究这种被大多数高手所采用的跑步姿态，测试其是否能够避免损伤。

很多酷爱跑者和准备开始跑步的人都担心跑步会给身体造成伤害。除了摔倒的危险和外伤事故之外，人们认为长跑会日积月累造成身体的磨损，就像是一辆开了太多里程的车。这种运动损伤通常被称作过度使用所造成的劳损。有研究指出，每年有 20% ～ 90% 的跑者都受此困扰，也就是有数百万跑者跑步过度。[39] 最常见的受伤部位是膝盖，其他容易出现的伤病包括外胫夹、胫骨应力骨折、跟腱炎、腓肠肌拉伤、足底筋膜炎、脚趾应力骨折和腰部疼痛。[40] 但是受伤最多的还是膝盖。我已经数不过来有多少人（包括医生）曾经告诉我，他们因为跑步过度而废掉了自己的膝盖。跑步真的如此伤人吗？既然长距离奔跑是我们进化出来的能力，为什么我们的身体不能很好地适应这一能力呢？

一种假说认为，跑步损伤与 2 型糖尿病和近视一样，源于环境失配，是因为我们的身体无法适应我们所生活的现代环境。按照这种思路，我们只需像进化过程中那样赤足跑，就能控制住跑步损伤的频发。虽然某些跑步损伤确实由失配所引发，但是这种理想化的思维方式忽略了一个重要的事实，那就是包括身体活动在内的所有事物本身就存在危险，也需要我们做出权衡。比如，尽管我们进化出了怀孕、吃饭和步行的能力，但是孕期的妈妈经常会腰疼，很多人吃饭的时候会因噎窒息，世界各地的人都会被绊倒然后扭伤脚踝。跑步受伤其实也是上述意外之一。

另一种假说则认为，我们的身体实际上与跑步活动完美契合，跑步受伤其实被夸大了。如果全世界的数百万名跑者中真的有 80% 的人受伤退出，那么医生的诊所早就人满为患了，而慢跑者最终会变成稀有物种。综合数百家小型诊所的数据，跑者受伤的比率呈 U 型曲线，受伤可能性最高的人群是：突然增加跑步量的初跑者、竞赛型速度跑者、马拉松跑者，而处于上述极端人群之间的普通跑者其实并没那么容易受伤。[41] 比如，我和我的同事发现，哈佛大学越野队的中长跑选手每 4 个人中有 3 个每年会受非常严重的伤，他们的年跑步量将近 3 200 千米，而且是在高速状态下完成的。[42] 而以合理的速度跑完适当距离的荷兰慢跑者每 5 个人中只有 1 个会受伤，而且大多数都是轻伤。[43]

我们应该竭尽所能保护跑者避免受伤，势在必行要去做的一件事情是澄清一些流传极广的关于跑步损伤的错误说法，而其中最大的一个是——跑步量过大之后会造成膝盖软骨和臀部软骨磨损从而引发骨关节炎。实际情况完全不是这样。尽管有很多医生和相关人士都做出了运动量与骨关节炎相关性的假设，但是十几项细致的研究表明，业余有跑步习惯的人并不比没有跑步习惯的人更容易患骨关节炎。[44] 实际上，跑步和其他形式的身体活动有助于提升软骨的健康度，并且可以保护身体抵抗疾病。我自己实验室的一项研究表明，尽管人类的活动大幅减少，但是当代人与两代之前同样年龄和同样体重的人相比，前者患骨关节炎的可能性居然达到了后者的两倍。[45] 活动虽然减少了，但是损伤仍然存在，绝大多数发生在膝盖部位。我们先抛开意外造成的脚踝扭伤之痛不谈，来看看该如何避免跑步损伤。

避免伤病的一个显而易见的办法，就是让自己的身体适应跑步对生理结构的要求。即使像我妈妈那样每周跑 5 次、每次跑 8 千米的慢跑者，每年也会跑 200 多万步，诸如蹬踏地或者用力挤压脚趾之类的压迫性动作虽然只是中等强度，但是由于重复次数极多，容易引发“重复性劳损”，我认为这个名称比“过度使用损伤”更合适。这些动作产生的压力有可能造成一些极其轻微、在开始阶段不容易被察觉的损伤。但是随着我持续不断地向胫骨施加更多的压力，超出它的承受能力时，这些细微的裂痕便会缓慢累积形成伤害。终于，我感受到小腿胫部发酸，继而引发令人痛苦的外胫夹，也就是胫部疼痛的现象，如果我听之任之，损伤最终会发展成应力骨折。类似的损伤也会发生在其他骨骼部位，以及软骨、肌腱、韧带和肌肉上。但是，如果我的身体组织能够强大到足以承受这些压力而不被损坏的程度，我就不会受伤。问题在于，骨骼、韧带和肌腱等连接性组织，其适应能力的提高远比肌肉和体力等能力的提高来得慢。因此，以首次跑马拉松的选手为代表的跑步新手就要面临极大的受伤风险，他们经常会快速提升跑量或者配速，或者同时提高两者，其幅度远远超过胫骨、趾骨、跟腱、髂胫束和其他易受伤组织能够适应的程度。很多专家因此建议跑步量以每周增加 10% 为宜。[46]

另外一个值得担心的因素是肌肉力量。肌肉的作用不仅仅是推动我们的身体向前行进，还包括对动作进行控制，减轻身体所承担的负荷，避免这些负荷对组织造成压力和损伤。那些体力充沛但是核心肌肉、腿脚部位起稳定作用的肌肉较弱的跑步者，其膝盖等位置受伤的风险更大。[47] 沿臀部生长的肌肉叫作髋外展肌，起到的作用是避免膝盖在每一步前进时出现内折的危险，很多人的这部分肌肉都很弱。[48]

但是，人体的适应能力显然很强。2015 年，我观察到了这种适应能力是如何实现的，当时 8 名业余跑者计划奔跑近 5 000 千米横跨美国，为防止儿童肥胖症活动募捐，我跟踪了全过程。在 6 个月的时间里，这些年龄从 20 多岁到 70 多岁的跑者大约每天跑一个马拉松距离，每周休息一天。我除了对他们的生物力学指标进行测量之外，还会向这些勇敢的人发问，记录他们每天的伤病情况。在最初的几周里，他们报告的都是那种很常见的伤情，从膝盖疼痛到水泡。但是一个月之后，随着身体慢慢适应，他们报告的伤病越来越少了。在记录下来的总共 50 种伤病中，有 3/4 发生在第一个月，而最后一个月一个都没有。

除了跑步量之外，另外一个可以降低受伤概率的因素是跑步姿势。如果说重复性劳损是由大量重复进行的受迫性运动所引起的，那么按理说，就应该存在某种跑步姿势，它所形成的压力比其他姿势要小。轻柔地跑，说起来容易做起来难，而且根据我的经验，很多跑者完全不知道自己的跑姿是什么样的。大多数人都是穿上一双舒服的鞋子就开始跑了。很多教练也不太关注跑姿。这种过分个人主义的方式也许是基于这样一个假说：我们每个人的跑姿都是自己感觉最舒服、最有效率的，这种跑姿已经将我们的步频、身体倾斜角度、落地方式、臀部膝盖和脚踝的弯曲角度都考虑在内了。只要保持这种跑姿，我们就不太可能受伤。[49]

但人类学的方法结合我们所掌握的生物力学的知识，为我们提供了一个不同的视角。[50] 当我问拥有不同文化背景的跑者是否认为存在最佳跑姿时，他们不约而同地告诉我，他们认为跑步是一项可以习得的技巧。如同人类学家约瑟夫·亨里奇（Joseph Henrich）曾经证明的那样，在所有的文化中，人们在学习掌握那些重要技巧时，都是通过模仿最精于此道者而实现的。[51] 如果说学习罗杰·费德勒（Roger Federer）的击球动作是有意义的，那么像埃鲁德·基普乔格（Eliud Kipchoge）或者其他伟大的马拉松运动员那样奔跑，是不是也会有所帮助？塔拉乌马拉的跑者告诉我，他们都是跟着“追球比赛”的冠军们学习跑步技巧。肯尼亚的跑者也是一样，他们经常聚在一起切磋跑步技术，我经常在埃尔多雷特市的郊区加入他们的行列。就在太阳刚刚升起时，10 ～ 20 名跑者会在当地的一所教堂前集合。总会有一个人在最前面领跑，我们开始向城外跑的时候，速度还比较慢，大家都跟着领跑者，我心想：“不错，我能跟得上。”但是队伍逐渐提速，我开始气喘吁吁，不得不掉队了，大家都笑了起来，并祝我好运。这些跑者在一起训练除了可以互相加油打气之外，还可以在团队奔跑中互相学习跑步姿态。看 10 名美国跑者训练，你通常可以看到 10 种不同的跑姿，但是一队肯尼亚人经常看上去更像是一支鸟队，领头者的作用不仅是确定节奏，更且是示范跑姿，这样所有的人都协调一致地运动着，采用同样的步频、同样的摆臂幅度，以及同样优美的步态。

但是肯尼亚人的跑姿究竟是怎样的呢？对跑姿与受伤之间的关系进行研究

是一项巨大的挑战，因为“重复性劳损”是经年累月而形成的，每个人的身体又存在差异性，而且回溯性研究更为复杂，因为你无法确认某个人的跑姿与过去的伤病之间，到底哪个为因，哪个为果。很多研究都会预先假定是某些力对身体造成了伤害，比如落地时脚部与地面之间的力，然后只对这些力进行测量，我告诫自己不要这样做。我想大多数有经验的跑者和教练都会认同图 9-3 中提到的 4 个重要且相互关联的因素：第一，不要迈步过大，这样会使你的落地位置距离你的躯干过远；第二，步频保持在每分钟 170 ～ 180 步；第三，身体不要过度前倾，尤其是腰部；第四，落地时，脚部尽量与地面平行，这样可以避免脚部与地面产生巨大快速的冲击力。[52] 接下来，我会详细介绍每个因素。

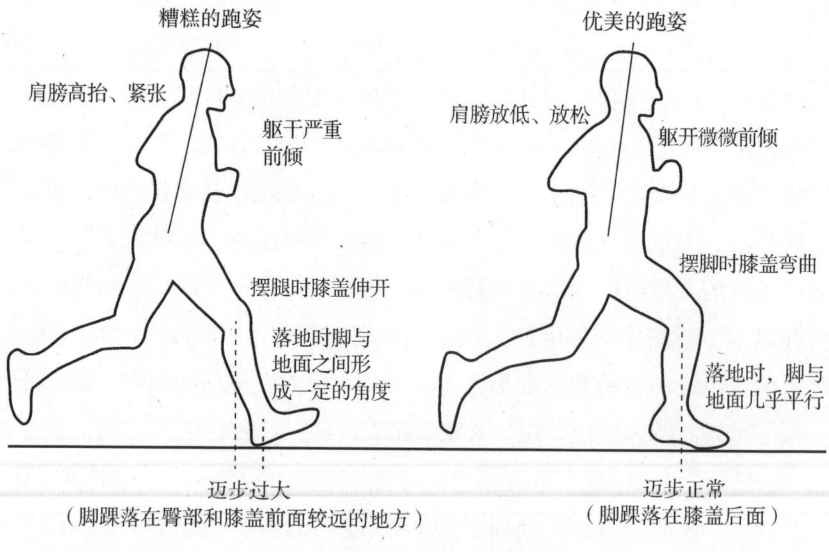


**图 9-3　优美的跑姿与常见的糟糕跑姿**

- 第一，避免迈步过大。当你向前摆腿时，尽量抬高膝盖，这样落地时小腿与地面垂直，脚部位于膝盖正下方且与臀部不太远。这样可以避免脚落地时腿部过分僵硬，而那样会产生过高的冲击力从而导致速度降低。

- 第二，步频一般会随着速度的增加而提高，但是有经验的耐力型跑者无论速度快慢，都会保持每分钟 170 ～ 180 步的频率。这样他们只需每一步跳得更远一点（跑，其实就是两条腿轮换着跳），就可以更有效地提速，而且高步频会避免迈步过大。
- 第三，身体稍微前倾，但是腰部不要太过倾斜。身体过度前倾会消耗过多能量用于保持躯干平衡，以避免身体向前摔倒，而且过度前倾会造成迈步过大。
- 第四，轻柔地落地，使脚尽可能保持水平。如果你是赤足跑而且不会迈步过大，那么你想不用前跖球触地都难，然后才是脚跟落地，这种落地方式被称为前脚掌落地或者足弓落地（mid-foot strike）。前脚掌落地和足弓落地的跑法在脚触地时通常不会产生峰值的冲击力，如果你不是采用这种正确的落地方式而恰好又没穿鞋的话，就能感受到这种快速、大面积的撞击力带来的疼痛。前脚掌落地和足弓落地跑法会在膝盖以下和脚踝以上的部位产生旋转力（扭力），需要强健的小腿肌肉和跟腱，对于那些准备改用这种落地方法的跑者来说，初期会遇到一些麻烦。如果你也准备尝试改变落地方法，要注意循序渐进，并且加强力量。

图 9-3 所展现的优美跑姿与我和同事在世界各地观察到的长期赤足跑者的跑姿，在特征上极度匹配，对于这一事实我屡屡心生感慨。[53] 这也最终引出了最具争议的结论，能否避免受伤取决于我们的脚所接触的东西，也就是跑鞋和路面。虽然有一些天才跑者提出，具有缓震功能的现代跑鞋是伤病之源，但这显然有些夸张。公正地说，跑鞋也许会使跑者的脚变弱，还会造成脚跟落地过于用力，但是大多数跑者如果不穿鞋可能就不会跑步了。而且，与很多说法不同的是，脱掉鞋子并不一定能让你跑得更好，穿着鞋跑得出色的大有人在。准确地说，赤足跑提供了大量的感觉反馈，如果穿着鞋子，这种体验就会被阻隔。[54] 如果你以中等速度在坚硬的路面上赤足跑一个相对长的距离，你会自然而然地将自己的动作变得更轻盈更柔和，若想完成这段距离，你必然会采用赤

足跑的跑姿，其特征包括高步频、不迈步过大、用跖球触地。在现代跑鞋于20世纪70年代被发明出来之前，这种跑姿已经被大多数人类使用了数百万年，所以我认为，赤足跑姿成为健康跑姿实属必然，并非巧合。要知道，我们的祖先从未在坚硬平坦的路上奔跑过，这种路面的最大特点就是每一步与前一步都一样，而且我们的祖先肯定比今天的跑步爱好者跑的次数更少、速度更慢。

我们的祖先也从不训练。我们已经说过多次，锻炼完全是一种现代现象，在石器时代，没有人会月复一月年复一年地练习跑步，就为了站在起跑线后面以尽可能快的速度跑完全程马拉松或者半程马拉松。很多人认为，不经训练就能完成一场马拉松是不可能的。但是，那些不锻炼的农耕者，比如塔拉乌马拉人和那些长时间寻找、追踪猎物的狩猎采集者，是如何为长距离奔跑进行“训练”的呢？其中一项重要的内容一定是长时间的长距离行走，外加其他形式的体力劳动，这些活动帮助他们建立起力量和耐力。说来也许奇怪，我认为还有另外一种重要的训练方式——舞蹈。

## 舞蹈也是耐力型身体活动

20世纪50年，实现了财务自由的劳伦斯·马歇尔（Laurence Marshall）从美国雷神公司退休，他决定花些时间陪伴家人，于是便带他们去探险。在咨询了哈佛大学人类学家的意见之后，他带上妻子洛娜和他们的孩子伊丽莎白和约翰前往位于地球另一面的遥远的卡拉哈里沙漠。在之后的8年时间里，马歇尔一家一次又一次重返卡拉哈里沙漠，最长的一次在那里待了18个月，他们在那里观察和记录当时仍然是狩猎采集者的桑人的生活。[55] 马歇尔一家撰写了多部关于桑人的书籍，他们还带回了大量详细的笔记、物品和照片。他们颇具摄影天分的儿子约翰·马歇尔（John Marshall）还拍摄了数千小时的视频素材。

约翰的很多精彩视频都记录了桑人在采集和打猎时长距离步行的过程，有一小部分拍到了桑人在进行持续时间较大的打猎时奔跑的景象。还有一段则记录了完全不同但是相当重要而且被体育科学家忽略的一种耐力型身体活动：舞蹈。

为了描述这种身体活动的重要性，请想象一个乏味的世界，这个世界没有医生、没有电视、没有广播、没有书籍，总之没有任何可以依靠的风俗习惯和发明来满足我们的身体和精神需求，我们也无法娱乐，无法受教育。但是，在学者们研究过的众多非工业化社会群体中，包括桑人部落中，舞蹈都能够满足人类的上述需求，以及其他更多需求。根据马歇尔一家和其他人的观察我们得知，舞蹈不仅仅是一种将部落人群团结起来的愉悦的社交聚会，还是一种重要的、频繁发生的、需要高强度身体活动的仪式，目的是驱魔和治病。[56]

桑人的这种治病舞蹈大约每周进行一次，通常是在日落之后所有人都围坐在篝火旁的时候（见图 9-4）。先是男人和女人打着拍子共同唱起欢快的古老无词歌，然后会有几名男子起身围绕着人群开始舞蹈，他们随着歌曲的节奏，经常会额外加上一些轻快的舞步。舞蹈主要由男人们完成，但是女人们的情绪高涨时，也会加入跳上一两圈。随着夜色越来越深，这种催眠舞蹈中热情的成分也越来越多。更多的男人会加入，凌晨时分，有些人开始进入神志恍惚的状态，他们称之为“半死”。恍惚中的舞者发出非人的声音，他们的动作开始失控，双手挥舞、脑袋摇晃，有时全速奔跑，有时倒地震颤。桑人认为这种半痴半醒的状态中蕴藏着巨大的能量，能够让人们的精神获得自由并与另一个世界进行交流，能够驱走显而易见的病痛和深藏体内的隐疾，能够化解虽不可见但潜伏已久的危险。

**图 9-4 纳米比亚桑人的舞蹈**

资料来源：作为礼物拍摄的照片，Laurence K. Marshall and Lorna J. Marshall © President and Fellows of Harvard College, Peabody Museum of Archaeology and Ethnology, PM2001.29.14990。

桑人跳舞不是为了健康，但是每周一次的彻夜舞蹈确实需要超强的耐力，也锻炼出了他们超强的耐力。而且，这种舞蹈传统是强制性的，绝无例外。在我所知道的非工业化社会的文化中，舞蹈都是一种社会习俗，而且每一场都会持续数小时。以哈扎人为例，他们有时候从晚饭后便开始欢乐地起舞，一直跳到凌晨时分，在他们排成一队共舞的环节中，包含了一些我所见过的最具性暗示的动作。在那些没有月亮的黑夜，哈扎人还会表演一种充满神圣意味的舞蹈，用于消除人际关系中的矛盾，并为狩猎祈福。[57] 塔拉乌马拉人有三四种不同的舞蹈，每次的舞蹈时间可持续 12 ～ 24 小时，一些部落甚至一年会举办 30 次舞蹈活动。[58] 挪威探险家卡尔・卢姆霍尔茨（Carl Lumholtz）曾经在 1905 年记录了塔拉乌马拉人的舞蹈活动：“与他们跳舞是一件非常严肃且具有仪式感的事情，是某种崇拜，而不仅仅是娱乐。”[59] 即使公众眼中生活压抑的英国人，也曾经比现在爱跳舞。在简・奥斯丁的时代，舞会通宵达旦。在《理智与情感》

中，威洛比先生“从晚上 8 点一直跳到凌晨 4 点，中途没有坐下来休息过”。[60]

跳舞虽然比跑步更具趣味性，但同为全球流行的、有价值的人类身体活动方式，两者的共同点在于，它们都与步态有关。舞者的腿有时候会起到钟摆的作用，就像步行时那样，但大多数情况下，他们会使用跳的动作，如同跑者两条腿轮换着跳那样。就像长距离跑步一样，舞蹈也可以持续数小时，需要体力、技巧和力量。

跑步与舞蹈之间的另外一个相似点极少被提及，那就是两者都能够引导人进入另外一种状态。长时间的剧烈锻炼会刺激大脑分泌改善情绪的化学物质，如内啡肽以及对人体最好的内源性大麻素。其结果就是“跑者嗨”或者“舞者嗨”状态的出现。我从未彻夜跳舞，但有时候在长距离的艰苦奔跑中，我能够体验到狂喜和放松，在那些时刻我的视觉、听觉和味觉感知都得到了强化。我看到的颜色更加鲜艳，我听到的鸟鸣声、车笛声和脚步声都无比清晰。我猜想，这种对于认知的强化状态之所以能进化出来，是为了帮助奔跑的猎人追踪猎物。超长距离的跑者介绍说，在奔跑了一定距离之后，他们经常会进入类似于桑人法师舞者的神志恍惚的状态，根据路易斯·利本伯格的描述，在一次与桑人共同进行耐力打猎时，他在恍惚中觉得自己变身为一只捻角羚牛。[61]

在数百万年的时间里，人类为了奔跑或者跳舞，可以连续数小时有规律地双腿轮换着跳跃。虽然这些剧烈的身体活动从未被人们以塑形和健康为目的当作锻炼项目，但是在客观上提高了人们的耐力水平，而且与跑者的训练内容——长距离持续慢跑如出一辙。

跑步和舞蹈都可以成为一生的爱好。在世界上任何一个地方，老年夫妻舞者总能燃爆舞台。我曾经看到塔拉乌马拉的 80 岁跑者仍然进行着长距离越野，还记得欧内斯托吗？波士顿的传奇人物约翰尼·凯利（Johnny Kelley），从21岁到84岁，参加了每一届波士顿马拉松。几年之前，在接近纽约马拉松终点的地方，我看到一位90岁的老者，脸上带着我所见过的最灿烂的笑容，他一路小跑，享受着赛道旁数千名观众热情的欢呼。当我超过他的时候，也鼓掌向他致敬，我当时在想，如果我能足够幸运活到他那个年纪，我一定要像他那样奔跑。那么，他到了90岁仍然拥有完成马拉松的能力属于幸运，还是他长寿的一生不断奔跑的结果呢？

# Exercised

## 第 10 章

## 耐力与衰老：身体活动对衰老的影响

以讹传讹的谬误 10：随着年龄增长，不爱动是正常的

青年说：“你已经老了，威廉爸爸，你的头发白得差不多啦，可你还坚持拿着倒立——你认为，你这岁数，这合适吗？”

刘易斯 · 卡罗尔（Lewis Carroll）

《爱丽丝梦游仙境》

每个人都想长寿，但是没有人想变老。千百年来，人们想方设法延缓衰老，延迟死亡。正是这种绝望创造了很多商机。今天的商家在推销人体生长激素、褪黑素、睾丸素、大剂量维生素或者碱性食品。[1] 但是，几千年来最有价值的建议总会包括锻炼。几乎每个人都知道，不可胜数的研究早已证明：有规律的身体活动会延缓衰老的进程，帮助你长寿。我相信，现在再看到希波克拉底（Hippocrates）①2 500 年前写下的这段话时，没有人还会感到震撼，因为这已经变成了常识："一个人若想变得健康，不能仅靠吃饭，他还需要锻炼。"[2] 唯有耐力，才会使人活得长久。

但是，既然锻炼对于人类如此有益，为什么我们从未进化出锻炼的本能呢？而且，当锻炼使人长寿这条得到全球公认的法则在个别人身上出现并非罕见的例外时，我们又该如何解释？比如，有两位均出生于"二战"即将结束时、又都叫唐纳德的人，他们二位的锻炼习惯简直就是天壤之别，而他们二位的命运也截然不同。

唐纳德·特朗普应该无须过多介绍。他于 1946 年出生于富有的家庭，大学时代被送往军校接受教育，那里的体育活动应该是强制性的。特朗普的生活习惯广为人知，他虽然烟酒不沾，却格外喜爱暴食垃圾食品和超大份牛排、饮用健怡可乐，而且他的睡眠时间很短少，除了高尔夫之外不进行其他形式的锻炼。按照他的传记作家的说法就是："特朗普认为人体就像电池，有固定的电

① 古希腊医师，西方医学奠基人。——译者注

量，锻炼只会消耗电量。所以他从不运动。”[3]特朗普中年开始超重，为了降低胆固醇和血压，他需要服用处方药。但是，2018 年特朗普向社会公布的医学检查结果显示，他的健康状况良好，血压正常（高压 116，低压 70），胆固醇水平也令人满意。[4]无论你对他持怎样的观点，实际情况是，虽然数十年未进行过高强度锻炼，但这并没有阻止他在 70 岁的时候成为美国第 45 任总统。

唐纳德·里奇（Donald Ritchie）比特朗普早两年出生在大西洋对岸的苏格兰。里奇从少年时代起就是一名实力跑者，随着年龄的增加，他也从十几岁时的 400 米短跑运动员逐渐成为中年时代的超长距离马拉松运动员。当马拉松对他已经不再具有挑战的时候，他开始不断地创造更高难度的世界纪录，1977 年他用 11 小时 30 分 51 秒跑完了 100 英里（160.9 千米），速度快到每千米仅用时 4 分 17 秒。他还曾从苏格兰的最北端跑到了英格兰最西南端的角落，跑完这 1 358 千米的路程他仅用时 10 天，每天的平均里程超过 3 个马拉松的距离，而且他是在身患严重支气管炎的情况下完成的。按照里奇自己的记录，在整个运动生涯中，他总共跑了约 33.5 万千米。[5]但是，就在 51 岁的时候，他患上了糖尿病，通常这种疾病不会出现在健康强壮的运动员身上。里奇所患的糖尿病是极为罕见的成年型糖尿病（1 型糖尿病），他的免疫系统向分泌胰岛素的胰腺发起攻击，杀灭自己的胰腺细胞。但是，他仍然坚持奔跑。56 岁那年，他还参加了一项乏味至极的比赛，24 小时不停地跑，他一共跑了 219 千米。然而，里奇最终还是不得不放弃了跑步，因为过高的血糖水平引发了一系列心血管问题，包括颈动脉阻塞、心律不齐、高血压以及多次轻微中风。2018 年，里奇在 73 岁时离世。

我们该如何从医学角度解释这两位唐纳德截然不同的身体状况呢？我如果就此下结论说锻炼不能延缓衰老，也不能提高长寿概率，那我一定是疯了。但是，锻炼在对抗衰老方面的作用是否被夸大成了一种长生不老药？难道唐纳德·特朗普只是因为幸运，而唐纳德·里奇只是因为不够幸运？或者如果唐纳德·里奇不是如此热爱运动，他恐怕根本活不到 73 岁，而是在更年轻时就已去世？又或者如果唐纳德·特朗普早早养成锻炼习惯，那么他到了 70 多岁的时候身心状况要比现在还要健康？

也许，特朗普的每日工作对于他而言就是锻炼。站在一屋子人面前侃侃而谈再配合上各种手势，虽然算不上剧烈，但毕竟也算身体活动，而且特朗普花在打高尔夫球上的时间超过了历史上的任何一位美国总统，虽然他在球场中穿梭时依靠高尔夫球车代步。[6]实际上，在过了很多人都会退休的年龄很多年之后，特朗普仍然保持着活跃的状态。如果人生有哪些时光是可以彻底放松的，那不就是退休之后的时光吗？当你到了 65 岁，难道你不应该彻底放松、前往高尔夫球场、打桥牌、钓鱼、坐游艇或者做你认为能让自己放松的任何事情吗？

但是，专家不这么认为。他们提醒我们，应该忽略两个唐纳德之类的反常个例，而要关注大量早已被证明的事实，要知道“长生不老泉”里流淌的是汗水。这些汗水，随着我们年龄的增加，应该持续流淌。

关于锻炼行为对衰老的影响，最值得敬佩的一项长期研究是 1970 年在美国达拉斯启动的“库珀中心纵向追踪研究”（Cooper Center Longitudinal Study），其领导者是创造了“有氧运动”（aerobics）一词的肯尼斯·库珀博士（Dr. Kenneth Cooper）。其中的一项分析追踪了 35 岁以上超过 10 000 名男性和 3000 名女性的情况，以检验体能状况良好的锻炼者是否活得更长久、更健康。整体而言，答案是肯定的。库珀对被试的年龄数据进行了一些修正，因为与年轻人相比，老年人更有可能在跟踪研究开始之后的某段时间内去世，库珀发现，体能状况最好的男性和女性的死亡率，比体能最差的那些人要低 1/4 ～ 1/3。[7]而且，更细致的子样本显示，那些原本身材走样但是开始进行锻炼并提高了体能状况的人，与相同年龄段仍没有锻炼习惯且体能状况较差的人相比，前者的死亡率可以降低 50%。[8]考虑到健康地活着比病恹恹地活着更有意义，库珀中心的研究人员花了数十年时间跟踪超过 18 000 名健康的中年人，观察哪些人会患上糖尿病或老年痴呆综合征等慢性病。在接受监测的人群中，那些体能状况更好的人患上慢性病的可能性是另外一些人的一半，而且即使前者患病，也是发生在高龄阶段。[9] 大量的研究证明了以下说法的正确性：男人不会因为变老而放弃玩耍，他们只会因为放弃玩耍而变老。

我们再来想想关于两个唐纳德的对比，我理解为什么很多人对我前面引用的那些数据不以为然，甚至表示怀疑，因为每个人都知道几个年纪轻轻的运动员猝死的悲剧故事，也知道一些从不锻炼的人长寿的故事。而且，就像本书从头到尾一直强调的那样，这个世界上像特朗普这类人之所以会避免无意义的身体活动，其实仅仅是进化使然，尤其是当我们变老的时候。最终，虽然大家都说“锻炼是良药”，但是身体活动到底是如何影响身体衰老进程的呢？其中的原因又是什么呢？按照本书一直以来的做法，回答这些问题不能局限于对西方人的研究，更需要使用进化人类学的视角。我们首先需要面对的是一个古老的难题：人为什么会变老？这个问题之所以难以回答，是因为当衰老不可避免时，每个人的状况完全不同。

## 当衰老之后

我的祖父母和外祖父母给我留下的大部分记忆都是他们在给我和我弟弟准备食物。我的外祖母给我留下的印象最深，她经常喂我们吃早饭。周末的第一顿饭称得上盛宴：开胃菜是半个葡萄柚，然后是热麦片，接下来是硬面包配奶油奶酪和烟熏三文鱼。虽然祖母的厨艺不怎么样，但是她总会带着她自制的标志性的无糖燕麦曲奇。而我的祖父和外祖父也绝不会袖手旁观。

我的外祖父会在周日的清晨开着车在布鲁克林兜风，先在一家熟食店停下，买最好的烟熏三文鱼，然后再去另一家买白鱼，最后再去另外一家买无敌美味的硬面包。我的祖父则总是会带来一块巨大的腊肠和一罐荷兰可可粉。

以我的后见之明分析，我的祖父母和外祖父母是按照他们自己的布鲁克林传统做着数百万年来人类的祖父母和外祖父母一直在做的事情—— 养育孙辈，而人类是唯一会这样做的物种。这种独特的行为与人类无与伦比的寿命有着密切的联系，因为人类个体在停止繁衍后代之后仍能活很多年。而在动物世界里，像人类这样在繁衍期之后还能有如此长的寿命实属罕见。大猩猩极少活过 50 岁，雌性大猩猩在绝经之后，雄性大猩猩在停止繁衍后代之后便会死去。[10] 从进化的视角看，生物体在失去生育和养育后代的能力之后马上死去，是很有意义的。到了生命的这个阶段，生物体就进入到生物学家彼得·梅达瓦（Peter Medawar）所说的“自然选择的阴影”（shadow of natural selection）之中。[11] 从理论上讲，一旦某一个体进入到这个可怕的阴影之中，便已成为生物和进化意义上的淘汰者，因为自然选择不会去对抗衰老的自然过程。

幸好，高龄人类并非生物意义上的无用之人。人类非凡的繁衍策略将自己从残酷的“自然选择的阴影”之中拯救出来，至少在一定程度上做到了。为了理解这一点，我们可以看一看雌性类人猿的繁衍策略，它们每次只能养育一个对成年类人猿有依赖性的后代，而且得不到来自种群其他成员太多的帮助。举例来说，大猩猩妈妈最快也需要间隔 5 ～ 6 年才能生育下一个孩子，因为它需要依靠采集活动来保证自己与饥饿的孩子每日所需的能量。直到它的孩子断奶而且达到可以自己采集食物的年龄，雌性大猩猩才有可能积累起足够的能量进行下一次生育。人类狩猎采集者则大不相同，她们通常在孩子三岁之后就会给他们断奶，在孩子们能够自己喂养照顾自己、躲避各种危险之前很久，母亲们就已经可以再次怀孕了。例如，一位普通狩猎采集者母亲的子女中，可能有一个 6 个月的婴儿、一个 4 岁的儿童和一个 8 岁的少年。她每天能够采集的食物的热量只有 2 000 大卡，还不够她自己每天的基本需求，更不要说养育那些尚且年幼还不能自己采集食物的孩子了。[12] 她需要帮助。

向她伸出援手的是她那些中年和老年的亲属。人类学家发现，在澳大利亚乃至南美的采集部落中，祖父母、外祖父母、叔叔舅舅、姑姑姨妈等人一生都会保持劳作的状态，他们每天采集和打猎获得的热量会多于自己的需求，多出的这部分就是为年幼的下一代准备的。[13] 这些多出来的食物为子女、孙子孙女、外孙子外孙女、侄子侄女、外甥外甥女提供了足够的热量，也减轻了妈妈们的工作量。老年狩猎采集者还会通过传输知识、智慧和技巧帮助年轻一代，从孩子出生算起，这种教育会持续二三十年。与人们普遍认为的狩猎采集者寿命不长的情况正好相反，狩猎采集者只要能度过危险的婴儿期，就有很大的可能性活到 68 ～ 78 岁。[14] 这与美国人 76 ～ 81 岁的平均预期寿命相差无几。

在停止繁衍后代之后，狩猎采集者还能够将良好的身体状态保持数十年之久，这一事实对于我们理解人类衰老的本质有着非常重要的作用。最为特别的是，人类独特的代际合作系统，尤其是在食物分享方面的合作推迟了残酷的“自然选择的阴影”的到来。中年和老年的狩猎采集者并没有成为无用之人，他们通过为儿孙辈提供生活资料、照看孩子、处理食物、传承技能等方式帮助年轻的后代，从而巩固了自己在繁衍方面的成功。这才是狩猎采集生活方式的精髓所在，这种新型的合作策略在石器时代刚一出现，自然选择便得到了一个选择的机会，而选项是长寿。按照这一理论，辛苦劳作和乐于帮助后辈的祖父母，由于更多地为他人着想，因而得到了长寿基因作为回报，这也使得他的家族拥有了更多的子子孙孙，得以将这种基因遗传下去。[15] 长久以来，人类显然是在自然选择的作用下越活越长，并最终成为慷慨而又能提供帮助的祖父母。[16] 这个理论的一个版本叫作“祖母假说”（grandmother hypothesis），意在说明祖母在这个过程中所起的格外重要的作用。[17]

为了阐释锻炼与衰老之间的联系，我为“祖母假说”又做了一个推论，我称之为“忙碌的祖父母假说”（active grandparent hypothesis）。按照这个推论，人类的长寿不仅是被选择出来的，更是通过人类自己的努力才成为可能，这些努力包括：人在进入老年之后还需要从事中等强度的工作，尽可能地帮助儿孙辈和其他年轻的亲属生存下来，并让他们健康成长。也就是说，一方面，那些能够帮助人类活过 50 岁的基因得到了选择（虽然尚未得到证实），另一方面，能够在我们进行运动时对身体进行修复和维护的基因也得到了选择。因此，很多能够延缓衰老、延长寿命的身体机制都是由身体活动启动的，尤其是当我们开始变老的时候。人类的健康和长寿，既是身体活动的结果，也是身体活动的原因。

还可以用另外一种方式描述“忙碌的祖父母假说”，人类进化成为长寿的物种，不是为了年老退休之后前往佛罗里达度假，坐在泳池边，或是坐着高尔夫球车在球场穿梭。要知道，在石器时代，老人也要进行大量的行走、挖掘、搬运等各种形式的身体活动。这些活动会对人形成压力，从而激发人体自我修复和自我保养的机制以应对压力，自然选择因此更青睐那些经历了上述过程的老年个体。由于那时的中年和老年人类从来没有机会退休，也从未体验过彻底的放松，因此自然选择也就从未开启过与这种没有压力、没有身体活动的状态相对应的机制。

让我们再一次前往哈扎人的领地，去看看石器时代的老人都会进行哪些身体活动，活动量有多大。哈扎祖母的一天通常是从黎明开始的，她会给火堆加柴，帮着给孩子们喂饭并照看他们。几小时之后，她和营地里的其他女性向丛林走去。女人们会带着两岁以下的婴儿，用束带将他们绑在背上，身边跟着六七岁以上的儿童，有时候会有一个带着武器的男人或者几个十多岁的男孩提供保护。要想找到一个能挖出食物的好地方通常需要走一小时的路。哈扎人是根据地上的藤来判断地下是否有根或者块茎的，根和块茎是哈扎人最基本的食物。一旦发现这种藤，她们便停下来开始挖掘。最主要的工具就是一根棍子，其实就是一片很薄的硬木，手杖大小，棍子的一端被削尖，在火中烧过，因此很坚硬。挖掘是一项非常辛苦的工作，因为很多块茎都深藏于地下数十厘米的地方，有时候甚至需要撬动块茎上面的石头，但是女人们边干活边聊着天直到中午时分。这时，每个人都会休息一下，吃点东西。与哈扎人吃其他大多数食物的方法一样，他们也会将块茎扔进火堆，烤几分钟之后再取出来，然后便找个地方开始吃饭。午饭之后，哈扎的女人们会做更多的挖掘工作，最终大家收工，把那些没被吃掉的块茎背回家。

所有哈扎女人都会参与挖掘，而且祖母们的工作量要比妈妈们大，部分原因是她们不必像妈妈那样给婴儿们喂奶，也不需要花时间照看孩子。根据克里斯滕·霍克斯（Kristen Hawkes）及其同事的观察测算，哈扎妈妈通常每天花在采集上的时间大约为 4 小时，而哈扎祖母每天花在采集上的时间平均为 5 ～ 6 小时。[18] 在某些日子里，祖母们挖掘的时间少一些，但她们会花更多的时间去采集浆果，总体而言她们的工作时间比妈妈们要长。祖母们每天大约要花 7 小时用于采集和准备食物，而祖父们也仍然会继续参与打猎、采集蜂蜜、采摘猴面包树的果实，大多数日子里，他们每天走过的路程与年轻人们一样多。人类学家弗兰克·马洛（Frank Marlowe）曾记录："由于老年男性直到岁数很大时仍然坚持参与采集蜂蜜，所以他们非常容易从高高的猴面包树上摔下来死掉。"[19]

现在还有多少美国老人能够做到每天挖掘数小时呢？更不用说爬树以及跑着捕猎动物了。我们可以对比一下美国人和哈扎人的行走方式。一项针对数千人的研究发现，在 21 世纪，18 ～ 40 岁的普通美国女性每天走 5 756 步（大约 3 ～ 5 千米），但是这个数字会随着年龄的增加而快速下降，到了 70 岁之后，她们每天的行走步数只有这个数字的一半。美国女性在 70 多岁时的活动量只有 40 多岁时的一半，而哈扎女性每天的步数是美国成年女性的两倍，而且随着年龄的增长，哈扎女性每天的活动量只有极轻微的下降。[20] 心率监控装置显示，哈扎的老年女性实际上每天进行的中高强度活动，比需要照顾孩子的年轻女性还要多。[21] 你可以设想一下，这就相当于美国的老年女性每天需要步行 8 千米去商店为她们的子女和孙子孙女采购，还不只是从货架上直接把必需品拿下来，而是在坚硬、多石的土壤中挖掘数小时，才能得到相当于成箱的麦片、冻豆子和水果卷之类的食品。

不难想见，辛苦的劳动使这些年长的狩猎采集者保持了良好的身体状态。

衡量不同年龄人群身体状态的最可靠指标之一，就是步行速度，这一指标甚至与预期寿命存在强烈的相关性。[22]50 岁以下普通美国女性大约每秒钟走 0.92 米（每千米大约需要 18 分钟），但是到了 60 岁之后，这一数据会大幅下降至每秒钟 0.61 米（每千米大约需要 27 分钟）。[23] 由于哈扎女性一直保持着积极的生活方式，而且没有退休的概念，所以随着年龄的增长，她们的步行速度并没有表现出明显的下降，直到 70 岁仍然保持着每秒钟 1.1 米（相当于 15 分钟走完 1 千米）的较快速度。[24] 我曾经与年长的哈扎祖母们一起走路，需要竭尽全力才能跟上她们。我能证明，即使在天气极其炎热的时候，她们仍然能保持稳定的行走速度。当然，年长的哈扎男性走路同样很快。

虽然年长的狩猎采集者在变老之后仍然保持着活跃的状态，但不管怎么说，他们还是在变老。为了将衰老对力量和体能状况的影响进行量化，研究人员从非洲到南美对当地的狩猎采集者进行了测量，测量内容包括握力、最多能做多少个俯卧撑和引体向上以及 50 米冲刺用时。这些小型奥运会项目的测试结果显示，男性的运动能力峰值出现在 20 岁之后的几年里，而到了 65 岁左右，他们的力量和速度会下降 20% ～ 30%。女性没有男性那么强壮和快速，但是能力随年龄下降的幅度也没有男性那么大。亚契人是生活在亚马孙地区的采集部落，该部落女性的有氧能力（最大摄氧量）在整个成年阶段都保持在惊人的高位，而且老年个体的有氧能力也没有明显的下降。亚契男性的最大摄氧量会随年龄增加而下降，但即使是亚契部落中 65 岁的祖父们，也拥有比 45 岁的美国男性更高的最大摄氧量。[25] 总而言之，狩猎采集者的力量和体能状况都比普通的后工业社会的西方人高几个档次，而且狩猎采集者的这些能力衰减得极为缓慢，他们直到高龄仍然相当有活力。采集者们并不需要面对肌肉流失的问题。

“忙碌的祖父母假说”提出了一个经典的鸡生蛋还是蛋生鸡的问题。长寿现象的出现，到底是因为人类需要祖父母们长寿，以便体力充沛地劳作并照顾孙辈，还是因为祖父母们辛苦劳作并照顾孙辈，才获得了长寿？人类的长寿到底是身体活动的结果，还是因为长寿已经成为人类的一种适应，以确保人类个体可以长时间保持良好的身体状态？除此之外，当我们的狩猎采集者祖先无法继续狩猎和采集时，当不可避免的“自然选择的阴影”终于到来的时候，他们是如何应对的？今天，很多国家都有养老院、养老金和政府资助的健康机构为老年人提供保障。虽然年长的狩猎采集者能够获得高度尊重，但是那些无法长距离步行、无法从事挖掘工作、无法采集蜂蜜、无法搬运生活物品的长者在食物短缺的时候就会成为部落的负担。由此可见，如果在自然选择的作用下，我们在停止繁衍后代之后仍然可以活很多年，那么当我们进入慢性的失能状态后，自然选择也许就不会让我们继续活下去。从达尔文主义的视角看，最佳解决方案是长寿且能干，一旦失能便立即死去。但是另外一个更好的策略是，从一开始就避免出现年龄增长、能力下降的现象。[26]

## 衰老的本质

有时候当我看着镜子里的人，我完全认不出来里面那个满头灰发、发际线后移、正盯着我看的家伙。但幸好，我的心态并不像外表看上去那么老。岁月是无情的，但是衰老——随着年龄的增长而出现的功能衰退现象，其实与具体年龄之间的关系并没有那么密切。饮食、身体活动或者辐射等环境因素都会对人类的衰老程度造成极大影响。当然，这些因素有时也会减缓和预防衰老的过程，甚至会使衰老的过程发生部分逆转。年龄增加和衰老这两个概念之间的区别也许看起来很明显，但是实际上并不容易分辨。很多身体上的变化都是随着年龄的增加而出现的，但是这其中只有一部分是真正由年龄导致的。比如，绝经是年龄增长的正常结果，这意味着女性的卵巢不再产生卵子。而 2 型糖尿病虽然在老年人中比较常见，但是与年龄的增长过程没有必然的内在关系，它只是肥胖症和缺乏身体活动所导致的破坏性因素随着年龄的增加而累积的结果。

换句话说，一些衰老现象既非不可避免，也非必然出现。[27] 随着年龄增加，并不是所有人都会出现高血压、老年痴呆或者失禁等状况。而且，有些种群似乎对于衰老免疫。比如，北极露脊鲸、巨型陆龟、龙虾、乌龟和一些蚌类动物可以生存和繁衍长达数百年。长寿世界纪录保持者是一只名叫 Ming 的蚌，研究人员先将它挖了出来，最荒谬的是，他们为了确定它的年龄，居然又将它杀了，然后发现它足有 507 岁。[28] 那么，某些特定的动物和人是如何通过锻炼延缓衰老的呢？

从微观层面看，我们的衰老是由大量会对身体造成损害的过程叠加造成的，在这些过程中，细胞、组织和器官都会遭到破坏。其中一种身体损耗的始作俑者，恰恰是我们赖以生存的体内化学反应。我们吸入的氧气在细胞中生成了能量，但同时也将不稳定的氧分子连同不成对的自由电子一起释放出来。这些活性氧还有一个可爱的名字叫自由基（free radicals），它们肆意从其他分子那里"掠夺"电子，从而造成了这些分子的氧化。这种"掠夺"又造成了更多不稳定的、需要电子的分子，这些分子再去"掠夺"其他分子的电子，从而形成了一个缓慢的连锁反应。氧化是一个渐进而稳定的燃烧过程。就像氧化可以造成金属生锈和苹果果肉变暗一样，它也会通过破坏 DNA、在血管壁上制造瘢痕、降低酶的活性和损坏蛋白质等方式对人体全身的细胞造成伤害。颇为矛盾的是，我们吸入的氧气越多，人体生成的活性氧也就越多，所以从理论上说，大量消耗氧气的剧烈身体活动反而会加速衰老。

与此相似，线粒体功能失常也是衰老的驱动力。线粒体好比细胞内的微型能量工厂，能够燃烧氧气，生成能量（三磷酸腺苷）。在肌肉、肝脏和大脑等最需要能量的器官中，每个细胞可以拥有数千个线粒体。由于线粒体有自己的 DNA，因此它们在调节细胞功能方面起着重要作用，它们还能够制造用于保护人体对抗糖尿病和癌症等疾病的蛋白质。[29] 但是，线粒体会在燃烧氧气之后生成活性氧，如果不加以控制，会对自身造成损伤。当线粒体功能失常或者数量减少时，衰老和疾病就产生了。[30]

另外一个与生存和能量使用有关的自伤反应叫作"糊"（browning），学名糖化（glycation）。糊，是糖和蛋白质在高温作用下发生的反应。糖化会使烤面包和烤肉等烹饪的食物变黑、产生香味、表层口感提升，但让饼干变得好吃的那些物质，会对肾脏造成损伤。糖化反应会破坏一些组织，还能够生成一些化合物（深度糖化的最终产物），造成血管硬化、皮肤褶皱、眼球晶状体硬化、肾脏堵塞等。糖化反应对身体的这些伤害将引发炎症。

我们已经知道，免疫系统之所以刺激身体发炎是为了保护我们免受病原体的侵害，而发炎也会保护我们免受身体活动造成的自我伤害。短时间的发炎是自我保护，但历时数月或者数年的慢性轻度炎症会造成伤害，因为它们会缓慢地对我们的身体进行攻击。随着时间的推移，这种“文火慢炖”的慢性轻度炎症对人体的破坏效应会在从头到脚的细胞和组织中累积，包括大脑中的神经元、关节软骨、血管壁，以及肌肉和脂肪细胞中的胰岛素受体。

如果氧化反应、线粒体功能障碍、突变、糖化和炎症还不足以让人衰老的话，那么仍然存在大量其他的反应能够通过破坏细胞或者使细胞退化，造成衰老。细胞内的一些微小颗粒会持续努力将自己粘在 DNA 上。由于位于基因组的顶端，这种“表观遗传”对基因的修饰会影响基因在某些特定细胞中的表达。[31]由于饮食、压力和锻炼等环境因素，会对表观遗传修饰产生或多或少的影响，所以在变老的过程中，这种修饰会在我们身上累积。[32]绝大多数表观遗传修饰是无害的，但是随着这种修饰在人体内不断积累，个体死亡的风险也就越来越高。[33]其他形式的衰老还包括：细胞失去再生受损蛋白质的能力；[34]细胞无法充分感知和获取营养成分；[35]由于保护染色体末端不被解开的“小帽子”——端粒（telomeres）变得过短，细胞无法分裂或不容易分裂。[36]

也许你被上述这些人体衰老的机制吓到了，其实你也确实应该如此。总之，这些机制在人体内缓慢地制造着一场灾难：血管上生出了斑痕，造成血管硬化和阻塞；细胞上的传感受体阻塞；肌肉失去弹性和魅力；神经细胞和其他重要细胞的周边长出了“污垢”；脑细胞死亡；身体内的各种膜发生撕裂；骨骼退化、出现裂缝；肌腱和韧带磨损。我们的免疫系统对付感染的能力下降。除非能够修复各种各样的损伤，否则我们的身体就会像里程太多的汽车一样，变得更容易出问题。

但是，希望还是有的。年龄的增加与衰老并非密不可分，因为上述绝大多数破坏过程都能够在一定程度上避免或者延缓，它们造成的伤害都能够在不同程度上得到修复。比如，氧化过程是可以被抗氧化剂阻止的，这种化合物在与活性氧结合之后可以将后者变得无害。一些抗氧化剂来自食物，诸如维生素 C 和维生素 E，而我们的身体也可以大量合成其他抗氧化剂。同样，线粒体也可以再生，一些糖化产物可以被酶修复，这个过程是通过酶对这些化合物进行清理或者分解而实现的。[37] 炎症可以由对抗炎症的蛋白质消除掉，这种蛋白质由白血细胞和肌肉生成；端粒可以加长；DNA 可以修复；细胞经过诱导可以对十几项功能进行恢复或者修复。实际上，几乎存在于每一个组织中的每一个造成衰老的因素都可以通过一项或者多项人体机制得到干预、修复和预防，只有为数不多的例外，比如眼球晶状体硬化。

通过自然选择，人类的寿命超过了大多数动物，而且人体还拥有多种抗衰老机制，但这也引发了一个谜题：人类为什么不将这些机制提前启用，或者使用得更频繁一些，这样就可以更好地延缓衰老，让那些“有用的”祖父母更好地保持健康、更加长寿？

这个问题已经困扰了几代进化生物学家，简而言之，到目前为止最好的解释是：随着年龄增加，自然选择对我们的影响越来越弱。[38] 生物学家委婉地将疾病、捕食性动物的袭击、恶劣天气和残酷的自然带来的死亡风险称为“外因致死率”（extrinsic mortality），老年个体不可避免会变得越来越少。因此，在这些实现了自我修复、延长了生命的长寿者中，自然选择在基因层面对他们实施影响的强度相对较低。所以，即使中年人和老年人给予了年轻一代更多的照顾，也推迟了进入梅达瓦提出的“自然选择的阴影”的到来，但是随着我们越来越老，自然选择也就越来越不在意我们随年龄而增加的对抗身体磨损的能力。[39] 无论是否接受，阴影最终还是会到来。但幸好，它到来的时间和严重程度可以通过身体活动得到延缓和减轻。

## 规律性的身体活动是延缓衰老和延长寿命的最佳方式

20 世纪 60 年代中期，为了对比久坐和锻炼对健康的不同影响，美国达拉斯的一个生理学小组付费招募了 5 名 20 多岁健康的年轻人参与实验。前 3 周，他们按要求卧床不起，随后 8 周需要完成高强度的锻炼计划。卧床对人体的损害极大。当最终得到允许，可以起床之后，这些志愿者的多项身体指标都呈现 40 岁的状态：他们变胖，血压升高，胆固醇水平升高，肌肉量减少，体能状况变差。[40] 但是，接下来的 8 周锻炼不仅扭转了之前健康恶化的情况，在某些方面还实现了提升。研究小组的领导者本特·萨尔丁（Bengt Saltin）给出的结论相当简明扼要："人是要动的。"随着时间流逝，30 年后研究人员想到了一个好主意，为了评估人的静止状态对健康的影响与年龄因素之间的关系，他们决定对先前的 5 名志愿者再次进行研究。

美国人一贯的生活方式，在 30 年后给当初那 5 名志愿者带来了不好的影响：他们每个人都重了 20 多千克，血压更高，心脏更弱，各方面的体能表现都比较差，健康状况不佳。但是他们同意再一次接受邀请参与研究，决定执行一项为期 6 个月包括步行、骑车和慢跑在内的锻炼计划，努力抹去 30 年久坐的生活给他们造成的影响。锻炼在人生下半场的第二次介入帮助这些志愿者减掉了大约 5 千克体重，而最出人意料的是，锻炼在极大程度上扭转了他们心血管功能的下降趋势。在经过 6 个月中等强度的锻炼之后，志愿者们的平均血压、静息心率和心排血量都恢复到了他们 20 多岁时的水平。[41] 很多研究都证实了锻炼具有抵抗衰老的作用 [42]，但是极少有人解释其中的原因。

人类健康状况逐渐恶化的趋势之所以会被锻炼延缓甚至逆转，最为常见的解释是，身体活动清除了造成衰老的有害因素，或者减轻了这些因素的影响。排在第一位的因素就是肥胖。锻炼延缓了过量脂肪尤其是腹部脂肪的堆积，有时甚至使这个堆积过程发生逆转，而这一堆积过程是炎症和其他身体问题的主要成因。锻炼还可以降低血液中糖、脂肪和不健康胆固醇的水平，这些指标如果过高会缓慢地造成血管硬化、蛋白质受损，最终酿成大麻烦。如同达拉斯开展的卧床休息和训练研究所显示的那样，锻炼还可以改善心血管功能、降低压力激素的水平、加快新陈代谢、强健骨骼等。然而，锻炼所具有的各种各样有益健康的效应只展示了身体活动对抗衰老的积极结果，并没有解释其中的原因。身体活动激活了数十项人体生化过程，这些过程能够维护人体机能并且修复随年龄增加而出现的损伤，为了理解上述事实发生的原因，我们需要探讨一下我称之为“超值修复”（costly repair）的假说。

为了介绍这个理论，我引用了我妻子每周六都会进行的常规高强度室内训练，看看她的身体发生了怎样的变化。当然，在征得了她的同意以及她的帮助下，才有了图 10-1。图 10-1 的横轴是时间，纵轴是她消耗的能量。我将她的总能量消耗分解为静息代谢率与活动能量消耗。如你所见，在当天的前几小时里，我妻子要么不动，要么做一些轻微的身体活动。然后，上午 10 点，她会去体育馆，先做 45 分钟高强度的心肺训练，然后再做 45 分钟极具考验的力量训练。不出意料，我妻子的总能耗在她 90 分钟锻炼期间陡升，自那之后她不仅感到了疲惫，还有一点点酸痛。更重要的是，当她停止锻炼之后，她的静息代谢率并没有立刻回到之前的水平，而是在几小时内缓慢攀升，这种状态有一个专业的名称，叫“运动后过量氧耗”（excess post-exercise oxygen consumption），俗称“二次燃烧”。

在全天中，总能耗、静息代谢率和活动能量消耗的数值，体现了人体使用的能量在锻炼行为之前、过程中和之后的变化。活动能量消耗在锻炼行为发生之前处于低位，在锻炼过程中提升，之后再次下降。但是，静息代谢率在锻炼之后的数小时内仍然持续上升，此时身体在恢复，能量储备在进行补充，损伤处于修复之中。

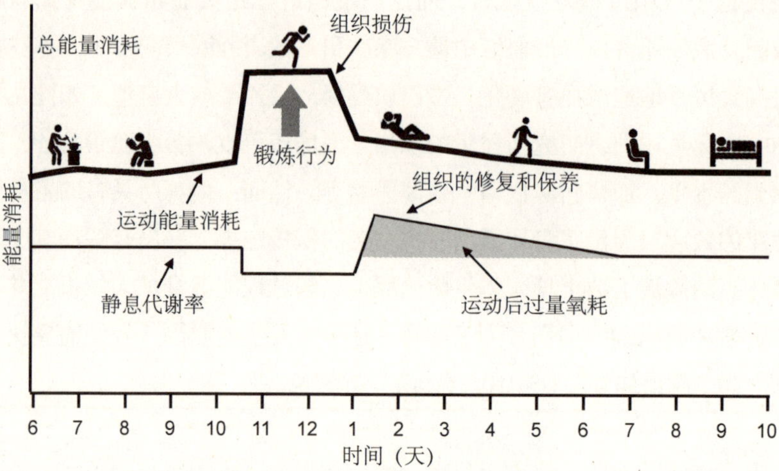


**图 10-1　超值修复假说**

“二次燃烧”也许可以解释身体活动是如何延缓衰老的，以及其中的原因。重要的是，我妻子的锻炼课程不仅消耗了能量，在生理上对她也是一种考验。当她努力完成心肺训练和力量训练时，为了提高心率并激活能量储备，她身体的“战斗或逃跑”系统也在释放皮质醇、肾上腺素和其他与压力相关的激素。她的肌肉在快速消耗能量的同时，会释放化合物，这些废弃的化合物影响了细胞的功能，她的线粒体也释放大量有害的活性氧，对 DNA 和全身的分子造成了损害。当她挣扎着进行力量训练时，她努力做功的肌肉发生了微小的撕裂，而这无疑是雪上加霜。总之，除了感官上的诸多不适之外，我妻子的辛苦训练还造成了很多暂时性损伤。

如果锻炼行为会对人体造成损害，为什么它又是健康的呢？一种解释是，一旦我妻子结束锻炼，她的身体便开始做出反应，对她受到的所有损伤进行修复，重要的是，被修复的还包括她的身体内之前累积的损伤，而不仅仅是刚刚锻炼时受到的损伤。因此，她将大量的组织恢复到了它们本来的状态。在这些修复和保养的反应中，她的“休息和消化”系统降低了她的心率，降低了她的皮质醇水平，将未被使用的能量输送回她的肌肉和脂肪细胞，更新了她的能量储备。为了处理由锻炼行为引发的组织损伤，她的身体先启动了炎症反应，而后是抗炎反应。她的身体还生成了大量的高效抗氧化剂，以清除由线粒体释放的活性氧。此外，她体内的一系列其他流程得以启动，以去除一些作为代谢废物的细胞，并对 DNA 变异、受损的蛋白质和表观遗传修饰进行修复，对骨骼的裂缝进行修补，更换并且增加线粒体等。[43] 虽然这些保养和修复过程并不像锻炼行为那样耗能，但是也需要能量，因此在一段时间内轻微地提升了她的静息代谢率。研究显示，人体的“二次燃烧”通常可以持续两小时至两天，这取决于身体活动的强度和持续时间。[44]

锻炼能够对人体的大多数结构进行修复，这一过程的生物学名词是体内稳态（homeostasis）。在某些情况下，锻炼甚至可以改善身体状况，这种情况在生物学中称作稳态应变（allostasis）。比如，理想的身体活动可以增加骨骼和肌肉的力量，提高细胞从血液中提取葡萄糖的能力，还能够增加和替换细胞中的线粒体。除此之外，修复机制对人体的修复程度有时会超过锻炼带来的损伤程度，这就使得人体得到了额外的益处。这个过程相当于你在厨房打翻了东西，然后把厨房彻底清理了一遍，最后整个厨房变得比之前更干净了。身体活动之后的初期能够触发身体炎症，特别是造成肌肉发炎，但随后会导致肌肉产生更强烈、持续时间更长、影响范围更广的抗炎反应，这种反应的长期效应不仅会使受伤肌肉在未来不易发炎，而且会使身体的其他部位也得到类似的保护。[45] 因此，有锻炼习惯的人，其炎症基线水平往往更低。而且，锻炼能够促使身体生成比需求更多的抗氧化剂，从而降低整体的氧化应激水平。[46] 锻炼还能够促使细胞做很多事情，如对受损蛋白质进行“清洁”、拉长端粒、修复 DNA 等。总之，由锻炼触发的中等强度的生理应激引发了一种补偿反应，从而给人体带来了普遍的益处，这种现象在某些情况下被称作兴奋效应（hormesis）。[47]

如果你有一些商业头脑，或者你讨厌锻炼，或者你两样都占了，那么上述这些对人体有益的反应也许会为你点亮一盏灯。与其进行烦人的、令人不舒服的锻炼，何不找一些简单的、花钱更少的方式来开启同样的维护和修复机制呢？[48] 为什么不能直接吃一粒药？完全不用出一滴汗，我就能买到维生素 C、维生素 E 和 $\beta$ 胡萝卜素以提高自己的抗氧化水平，我还可以采购拥有姜黄粉、$\omega$-3 脂肪酸和多酚成分的胶囊为自己消炎。各种各样的"长生不老药"经常带着医生和科学家的祝福被广泛推销。两届诺贝尔奖得主莱纳斯·鲍林（Linus Pauling）写了一本名字低调的书《如何长寿且感觉良好》（*How to Live Longer and Feel Better*），书中提出，只需服用大剂量的维生素 C 便可以多活二三十年。[49]

鲍林是一名杰出的化学家，但是他对于维生素 C 的推崇是一种江湖医生的行为。十多项研究已经证实，服用抗氧化药品无法取代身体活动在抗衰老方面的作用。2007 年公布的一份综述性研究分析了 68 份临床试验数据，这些临床试验针对 23 000 名参与者，对比了他们服用维生素 C 等抗氧化剂与服用安慰剂的效果。只有三四例服用抗氧化剂的参与者报告称有一定的积极效果，其他人未报告身体改善的效果，但他们的死亡风险反而有所提升。[50]

进一步的研究表明，如果在服用抗氧化剂的同时进行锻炼，甚至会对人体产生危害，这无疑是雪上加霜。这个难以置信的结论来自 2009 年迈克尔·里斯托（Michael Ristow）的开创性实验。里斯托的团队邀请了 40 名体能状况不一的年轻健康男性，让他们在指导下参与一场为期四周的锻炼。一半的被试被要求服用大剂量的维生素 C 和维生素 E，另外一半被试服用安慰剂。他们在训练前后都会接受肌肉检测，不出所料，身体活动诱发了大量的氧化应激反应，但是那些服用抗氧化剂的被试反而出现了更严重的氧化损伤，原因在于他们自身制造的抗氧化剂的水平显著下降。[51] 抗氧化药片显然抑制了身体正常的抗应激反应，原因可能是，有益身体健康的抗氧化防御机制需要锻炼本身造成的氧化损伤来激发。① 同样的道理，在锻炼期间食用大量碳水化合物也很有可能减少身体的抗炎反应。[52]

上述服药行为是为了娇惯自己的身体，靠摄入一些物质以模仿锻炼效应，与此相似的另外一种做法是以非身体活动的方式达到“自我伤害”的目的。这种“无疼痛，无收获”哲学是大量以抵抗衰老为目的的“自讨苦吃”理论的灵感之源。而且，这种做法居然被视作美德。为了活得长久，人们洗冷水澡、控制热量摄入、长时间禁食、戒除碳水化合物、用辛辣食物强烈刺激消化道，不一而足。[53] 这些做法中的绝大多数都非常值得怀疑，除了间歇性断食之外，迄今为止没有任何一种得到足够的证据支撑，证明可以延长寿命。[54]

为什么规律性身体活动是延缓衰老和延长寿命的最佳方式？

按照超值修复假说，人体在摄入热量有限的情况下（对于人类而言，直到不久之前，才结束这种“拮据”的局面），会将有限的能量分配给繁衍、身体移动或者照顾后代等行为，但是自然选择最终只关注繁衍后代这一件事。因此，我们身体的进化结果，是将尽可能少的能量分配给耗能较高的自我保养和自我修复任务。所以，虽然身体活动激发了破坏与重建的循环，但是自然选择更倾向于分配尽可能少的能量用于生成抗氧化剂、加强免疫系统、增长和修复肌肉、修复骨骼等功能。在正确的部位和正确的时间，对身体活动造成的身体损害进行恰到好处的保养和修复，对于人体而言非常具有挑战性。

进化过程在应对这一复杂局面时采取的是一种吝啬的方法，根据需求匹配产能。这里的需求是指身体活动造成的应激反应，尤其是释放的活性氧和其他造成血管硬化、基因变异和细胞受损的破坏过程。产能是指通过自我修复保持

---

① 作者的意思是，在锻炼的同时服用抗氧化药物的人，其身体的一部分氧化损伤被药物修复，剩下的损伤程度不足以激发自我修复机制，这部分氧化损伤便积累下来。——译者注

稳定的体内环境的能力，在这样的环境下我们才能充分有效地发挥这些功能，以确保生存和繁衍。重要的是，被身体活动激发的保养和修复机制不会因为年龄的增加而停止发挥作用。虽然随着年龄的增加，保养和修复机制针对身体活动的响应性已经不够敏感，但这一机制仍然努力工作，使得已经过了繁衍期但仍然保持身体活动习惯的个体可以延缓衰老。

很可惜，这一伟大的系统却存在着一个巨大的漏洞。显然，我们从未进化出以下能力，即在有规律的身体活动缺失的情况下，有效地激活保养与修复反应的能力。我们知道，在石器时代，包括祖父母在内的所有人，都不会想要逃避数小时步行、奔跑、挖掘、攀爬和其他劳动。所有年龄段的狩猎采集者几乎每天都会激发身体的自动修复机制，以应对自己这种生活方式的各种考验。所以，就如同从未进化出节食的行为或者应付时差的能力一样，我们同样从未进化出在不进行身体活动的情况下对抗衰老过程的能力。随着年龄的增加，常规身体活动的缺失成为一种失配条件，导致我们加速衰老。

当然，除非你是唐纳德·特朗普或者数百万名像他那样的长寿老年人之一，他们每天走路不到一万步，更不会去跑马拉松以及去健身房练习力量。不锻炼却明显处于健康状态的老年人的数量越来越多，这是否意味着身体活动的益处也许被夸大了？

## 身体活动并不是绝对的不老泉

我上高中的时候，有一个学期学校用健康教育课替代了体育课。那节课，我们不能像往常一样攀爬绳索或者打篮球，而是待在体育馆下面一间昏暗的教室里，聆听一位体态肥胖、面色红润的老师发表关于健康的高谈阔论。这位老师不时地用两个大拇指拨弄吊带裤的带子，在课桌间的过道上走来走去。我现在只记得他说自己可以从每个人的耳垂看出我们是否抽了烟，还说有抽烟习惯的肺癌患者 90% 都会死。这时一个有点小聪明的同学（确实不是我）问："难道不是所有患肺癌的人最终都会死吗？"健康老师咆哮着回答："不是，只有 90% 会死。"自那之后的一天，一位代课老师走进教室，告诉了我们一个无比震惊的消息，我们的健康老师突发心脏病去世了，这真是我们意料之外的遗训。

如果你是持怀疑的态度来理解我在本章中的观点，而且你也应该这样做，那么你就会发现，即使我讨论的是一些有身体活动习惯、饮食合理、生活方式完全健康的人，也终有一死。现实生活中，尽管有些人像唐纳德·特朗普那样对于锻炼的建议置若罔闻、坚持不运动，但他们比以前的人更加长寿，而且这类人群今天的健康状况比以往任何时候都好。

为了解释这种令人迷惑的现象，我们先来仔细看看死亡（死亡率）与疾病（发病率）之间的概率关系。关于衰老的数据通常会更加关注生命的跨度，而不是健康的跨度（处于良好健康状态无疾病的时间长度）。在图 10-2 中，横轴代表年龄，纵轴代表将身体综合能力的百分比（衡量健康的一种方式），这样一来，我们可以更直观地比较生命跨度和健康跨度。如果一个人基本健康，即使偶尔生病，那么他的身体综合能力在大多数时间里也都接近 100%。但是，从某个时间点开始，与年龄相关的衰老突然降临，身体综合能力由于严重的疾病开始下降，最终导致死亡。

数千代以来，只要能够活过婴儿期，典型的狩猎采集者的健康跨度和生命跨度大致会呈现图 10-2 上图的形态。该图片根据针对狩猎采集者开展的医学调查数据绘制，他们中大多数人最终的死因是呼吸系统疾病、感染性疾病、暴力事件和意外，与长期慢性非感染性疾病相关性不大。[55] 多重数据显示，大约 2/3 的老年狩猎采集者仍然保持高水平的身体综合能力，大多数人能够活到 70 岁以上，死亡之前的发病率较低。因此，他们的健康跨度和生命跨度高度相似。

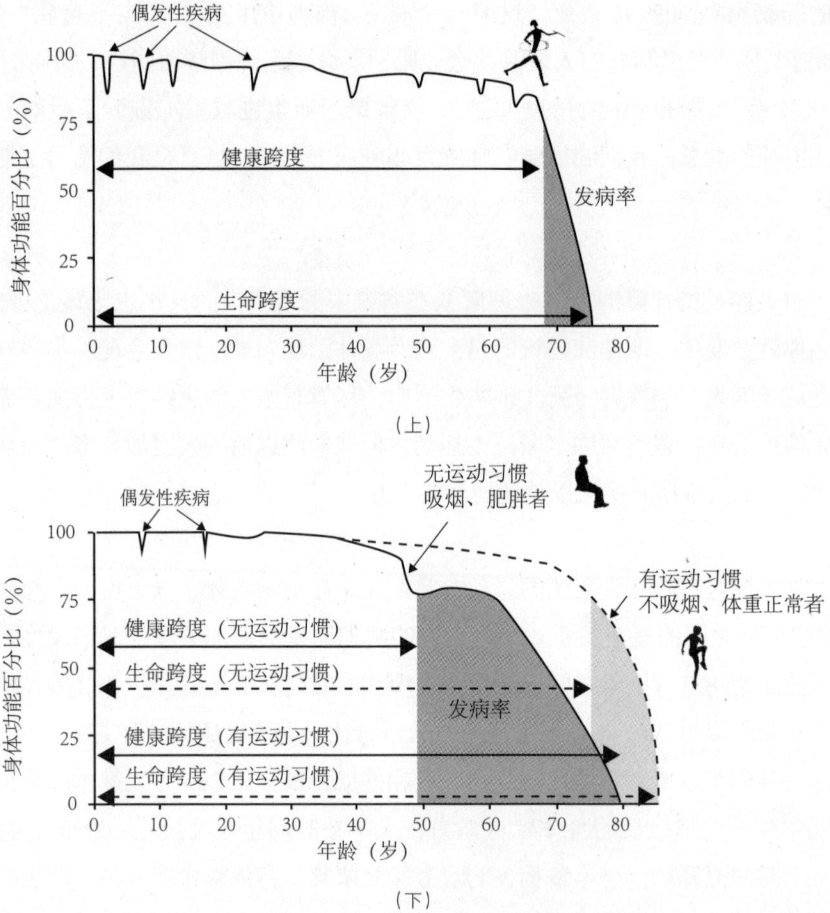


**图 10-2　身体活动对健康跨度（发病率）的影响，要远远高于对生命跨度（死亡率）的影响**

注：上图，狩猎采集者中典型的健康跨度和生命跨度。下图，对于工业化社会中有运动习惯的人与无运动习惯的人，其健康跨度与生命跨度对比。

公共卫生和医学的进步改变了人类的健康跨度和生命跨度，这些改变既有好的也有坏的（见图 10-2 下图）。坏消息是，尽管人类在预防和处理感染性疾病方面取得了巨大进展，但是今天很多人患上了非感染性慢性疾病，在去世之前多年处于患病状态。在医学术语中，这种在去世之前长时间患病的状态被称作发病期延长（extension of morbidity）。在西方，很多人在死亡之前长期罹患心脏病、2 型糖尿病、阿尔茨海默病和慢性呼吸道疾病，还有很多人则饱受骨关节炎、骨质疏松以及越来越多的自身免疫性疾病的困扰。[56] 在 65 岁以上的美国人中，每 5 个人当中至少就有一位健康状况堪忧。尽管有如此高的发病率，我们的寿命仍然远远超过农耕者祖先，小幅超过狩猎采集者祖先。2018 年公布的数据显示，美国人的平均寿命为 78 岁，几乎是 100 年前的两倍。[57]

由此可见，大多数人都比祖辈们活得长久，但是死于慢性病而非感染性疾病的人也越来越多，而这相当于患病期延长了。人们称上述变化为流行病学转变，认为这是医学进步的体现，因此对这种变化大加赞赏。今天的人类不会在婴幼儿时期死于天花，那么在老年阶段缓慢地死于心脏病就算是一种幸运吗？这种想法是错误的。我在我的另一本书《人体的故事》（*The Story of the Human Body*）中指出，今天能够缓慢地"杀死"人类的大多数疾病都是失配性疾病，原因是我们的身体无法完美和充分地适应吸烟、肥胖和缺乏身体活动等现代环境。[58] 虽然这些疾病通常会被归咎为年龄，因为它们总是在我们人到中年时出现，但这些疾病不是年龄造成的，也不是年龄增加之后不可避免的后果。很多人可以活到很老而不患上这些疾病，这些疾病也极少会折磨年长的狩猎采集者以及生活在自给自足型社会中的老年人。

如果那些所谓的老年病都可以得到预防，那么在生命的尽头推迟死亡的到来，就是完全可以实现的。在一项著名的研究中，斯坦福大学的医学教授詹姆斯·弗里斯（James Fries）在疾病压缩论（Compression of morbidity）中表明，预防类药物可以帮助人们更长久地保持健康状态。弗里斯最早的数据来自对 2300 多名宾夕法尼亚大学的校友进行的大规模研究，他综合了这些人的寿命、疾病状态和三项致病危险因素（体重超标、吸烟和缺乏锻炼）得出了结论。不出所料，拥有两项或以上致病危险因素的人要比只有一项或者没有致病危险因素的人寿命短 3.6 ～ 3.9 年；也许更惊人的是，他们在死亡之前的患病期长达 5.8 ～ 8.3 年。[59] 简而言之，从时间上讲，不健康的生活方式对发病率的影响是对死亡率影响的两倍。

图 10-2 下图就是弗里斯的“疾病压缩论”模型的图片版，对于理解身体活动与衰老之间的关系非常有用。总而言之，长期缺乏运动、吸烟和体脂超标是影响重大疾病发病率和患病期的三个最重要的因素，绝大多数生活在西方工业化社会中的人均死于这些疾病。[60] 虽然 2/3 的美国人去世之后的死亡证明上都会将死亡原因标注为心脏病、癌症或者中风，但是造成这些疾病的更深层原因绝大多数是吸烟、肥胖和缺乏运动。

由于缺乏运动的人通常会体重超标且有吸烟习惯，因此很难将身体活动对发病率和死亡率的影响分离出来。为了解决这个难题，曾经有人实施了“斯坦福跑者调查”。你猜对了，研究人员依然是詹姆斯·弗里斯。1984 年，他和他的学生开始了一项针对 500 多名业余跑步俱乐部成员和 400 多名缺乏运动的健康人士的调查。当时，被试的年龄均在 50 岁以上，只有极少数人抽烟，无人酗酒，无人肥胖。在之后的 21 年里，弗里斯和他的同事耐心地跟踪记录了每一个被试的身体活动习惯，每年都会完成一份身体功能退化调查表，测量步行、穿衣和日常活动等身体功能，他们还会记录每一年被试的死亡情况及死因。

弗雷斯等人为了最终的结果等了 20 多年，但是我现在就可以为你做一个综述（见图 10-3），这些数据非常值得一读。图 10-3 上图是有跑步习惯的人和没有跑步习惯的人每一年的存活率，下图是他们每一年的功能退化率。你可以看到，后者的死亡率远比前者的死亡率增加得更快，到该项研究结束时，前者的存活率是后者的 3 倍。至于死亡原因，后者死于心脏病的人数是前者的 2 倍以上，死于癌症的人数是前者的大约 2 倍，死于神经类疾病的人数是前者的 3 倍以上。而且，在死于肺炎的人中，没有跑步习惯的人数量是有跑步习惯的人数量的 10 倍以上。同样重要的是，下图中的功能退化数据显示，没有跑步习惯的人的功能退化率一直是有跑步习惯的人的 2 倍。这项研究终止的时候，没有跑步习惯的人的功能退化率是有跑步习惯的人的 2 倍以上，说明后者的身体年龄要比其实际年龄年轻 15 岁左右。总之，跑步降低了发病率，相当于延长了寿命。

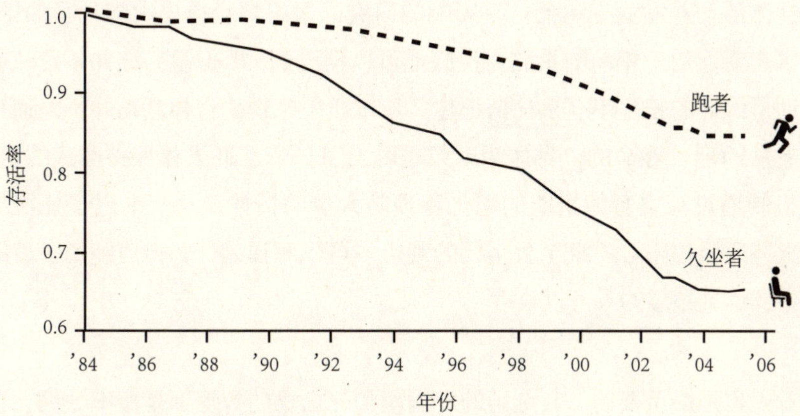


（上）

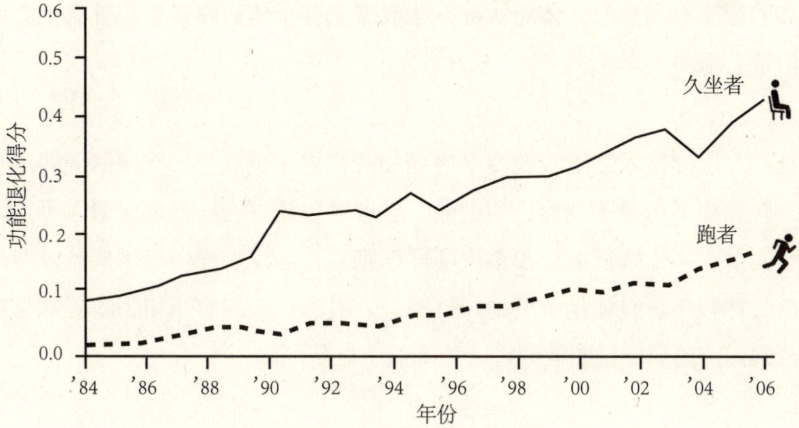


（下）

**图 10-3　斯坦福跑者研究**

注：这一研究从 1984 年开始，将一组 50 岁以上的业余跑者（上图）与另外一组健康但习惯久坐的人（下图）进行对照，历经 21 年，记录每一组每一年的存活率。21 年之后，业余跑者组的存活率比久坐者组高 20%，功能退化率低 50%。

资料来源：Chakravarty, E. F., et al. (2008), Reduced disability and mortality among aging runners: a 21-year longitudinal study. Archives of Internal Medicine168:1638–46，经许可进行了修改。

身体活动对发病率和死亡率影响的研究，最终都会得出大同小异的结果，这一事实就连数千年前的希波克拉底都可以预测到。[61] 但是，这并不意味着身体活动是绝对的长生不老泉，请记住，从本质上来说，身体活动并不是通过阻止衰老从而延长寿命的。身体活动只是触发了一套帮助人体保持健康的机制，这套机制通过减缓身体机能的退化和预防大量的慢性疾病，推迟了死亡的到来。上述逻辑提出了三条至关重要的观点，可以解释为什么像唐纳德·特朗普这类不锻炼且超重的人可以长寿。

首先也是最重要的，我选用的发病率和死亡率的数据都是概率数据。合理饮食和锻炼并不一定确保长寿和健康，而只是降低患病的风险。同样，吸烟者有很高的患肺癌的危险，体能状况不佳或者肥胖个体更容易患心脏病或者糖尿病，但也有很多人幸免。

其次，医疗技术的进步改变了患病和死亡之间的关系。[62] 像糖尿病、心脏病和一些癌症不再是即刻死亡的绝症，患者可以通过服药稳定血糖水平，降低有害胆固醇水平，降低血压和杀灭变异细胞，在治疗过程中控制疾病发展，时间可以长达数年。具体到唐纳德·特朗普，报道称他的血压和胆固醇水平都在正常范围内，这只能说明他通过服药降低了这些风险。[63]

最后，很多复杂的环境因素和基因因素都会对患病的可能性产生影响，有时候很难确定具体的因果关系。对于双胞胎的研究显示，在寿命超过 80 岁的人群中，只有大约 20% 的长寿变量可以用基因解释。但是，如果你已经活过了 80 岁，正在向 100 岁努力，那么你的基因将在这个过程中起到更大的作用。[64]

强调环境因素，并不意味着你的基因与疾病没有关系。基因变异与很多慢性病存在相关性，如冠心病、心律不齐、2 型糖尿病、炎症性肠病、阿尔茨海默病等。[65] 在诸多病例中，基因因素负责掏枪，环境因素负责扣动扳机。但是，绝大多数这些病症所隐含的基因都并不常见，能起到的作用也微乎其微。我也许遗传了上百个基因，它们都有可能增加我患心脏病可能性，但是单个基因的致病性可以忽略不计。

虽然医学的巨大进步令我们可以到老年时仍然精力充沛，但是老实说，数百年来让我们在年龄增加之后仍然保持健康的秘诀从未改变：不抽烟、避免肥胖、合理饮食，当然还有保持身体的活动状态。基于此，我们将在后几章中详细探讨到底哪些锻炼行为以及这些锻炼行为以何种强度启动了修复和保养机制，使我们幸运地成为充满活力的祖父母，甚至曾祖父母。

很久以前，我妻子的祖母实在太想成为曾祖母了，她甚至在我们结婚之前就要给我们 1 000 美元，希望我们能够尽快生下一个孩子。我们礼貌地拒绝了她的馈赠，选了一个合适的时间结婚并最终生下了一个女孩，她终于如愿成为曾祖母，然后心满意足地在 93 岁的高龄去世。如果我这位岳祖母生活在狩猎采集者的时代，也许她馈赠给我们的会是块茎和浆果，但是她最朴实的想法就是希望见到孙辈和曾孙辈并愿意抚养他们，这种想法证明了人类数万代以来未曾改变过的根深蒂固而独特的本能。

再回到之前的话题，我们这个种群之所以在结束自己的繁衍任务之后仍然能够活上数十年，很可能一方面是由于子女和孙辈甚至重孙辈有被照顾的需求，而另一方面是因为中老年人为了照顾这些孩子必须保持身体活动的状态，所以获得了更长的寿命。[66] 无论是原因是什么，最终的结果是，我们锻炼不仅仅是为了下一代。进化让我们在年老之后身体仍然有活动能力，而这反过来也能够帮助我们过好老年生活。而且，我们保持活力的时间越长，获益就越大，无论我们变得多老，都能够从良好的体能状态中获益。即使是在 60 岁之后，仍然可以通过提高体能状况开启新的生活，与那些久坐不动的老年人相比，这将有效降低死亡率。[67]

对于大多数人而言，我们面对的难题不在于意识不到锻炼带来的益处，而在于如何克服本能的惰性，解决了这个难题，我们随时都可以着手规划自己的运动方式和运动强度，然后开始锻炼。

Exercised

# 第四部分

## 现代世界的锻炼

# Exercised

## 第 11 章

## 动还是不动：如何开始锻炼

### 以讹传讹的谬误 11：想锻炼就只管大胆去做

人人都为没有价值的东西瞎卖力气。

萨克雷（W. M. Thackeray）

《名利场》（*Vanity Fair*）

剧作家兼歌手诺埃尔·科沃德（Noël Coward）曾经开玩笑说，除了近亲结婚和民间舞蹈，他会在有生之年争取把其他所有事情都尝试一次。虽然我的人生禁忌清单会长一点，但我也同样愿意尝试新事物。于是，我在某天早上 7 点加入了一个健康行业人士群体，准备参与一次铁人力量训练。带队人是乔丹·梅茨尔博士（Dr. Jordan Metzl），一个高高瘦瘦不知疲倦的运动倡导者，他会在业余时间进行铁人三项的训练。我们当时是在参加一次体育医学会议，我之所以报名参加这次晨练，除了好奇之外，还因为我听说这次活动超级好玩。而且，如果我不这样做，我将成为本次"锻炼是良药"会议中唯一没有参与锻炼的人，那样我会遭到鄙视。

早饭前，我们就已经在酒店花园的棕榈树下集合完毕，每个人都穿着主办方为这次会议定制的 T 恤。海浪声被一个巨大音箱播放的高亢电子音乐吞没。饱满、激昂的曲调以及充满动感的节奏持续不断，很快便点燃了我们的热情。接下来，我们分成了两组，在随后的 45 分钟内就平板支撑、深蹲、仰卧起坐、冲刺跑、波比跳[①]展开竞赛。在比赛期间，队员们频频击掌，大声地鼓励着彼此。最终，每个人都精疲力竭，每个人都很兴奋，也为彼此的付出而欢呼雀跃，大家都认为这是一场有趣的活动。

我自己也很享受整个过程，但是，这场活动真的有趣吗？我在参与其中的时候确实做到了全力以赴，但是真正让我感到享受的是同僚之谊，是完美的项

① 一种将深蹲、俯卧撑和垂直跳组合在一起的综合跳跃动作。

目设置，是击掌欢呼，是背景音乐。而且，我也很享受高强度锻炼带来的体验。坦白讲，平板支撑、深蹲、俯卧撑、冲刺跑和波比跳其实都是非常难的项目。这种项目设置让我想起了跑步大师乔治·希恩（George Sheehan）的观察发现："锻炼是反人性的，人们之所以能够坚持，是因为不锻炼的感觉更加糟糕。"

我那天早上参与锻炼的原因与本书的核心观点完全符合—— 我们从未进化出锻炼的本能。我的意思是说，我只是为了保持健康以及变得强壮，才从诸多选项中选择了身体活动。我之所以参加是因为我觉得自己应该参加，而且这次活动应该很有趣。我们一代又一代的祖先，无论年轻还是年长，每天清晨醒来的时候首先会感恩自己还活着，然后便别无选择地投入到数小时的步行、挖掘和各种各样的身体活动中去，唯一的目的就是活下去。当然他们有时候也会为了娱乐和社交做一些游戏或者跳舞。除此之外，他们通常都会避免非必要的身体活动，以确保进化过程中最重要的行为——繁衍所需要的能量不被消耗。如此一来便产生了一个矛盾的局面：一方面，人类的进化要求我们的身体必须终生保持活动的状态，各方面的机能才可以达到最优；另一方面，人类的进化也要求我们的大脑控制身体尽量避免活动，除非是必须要做的、愉悦的、有回报的事情。身处后工业化时代，我们不得不用锻炼来弥补身体活动的不足，而锻炼只是一个备选的、不讨人喜欢的活动。虽然医生、教练、体育老师反复建议我们要进行锻炼，但我们通常并不会采纳他们的建议。

2018 年美国政府的调查显示，几乎所有美国人都知道锻炼能够提高健康水平，也知道自己应该进行锻炼，但是 50% 的成年人和 73% 的高中生承认自己没有达到最低的身体活动水平，70% 的成年人在闲暇时间从不锻炼。[1]

进化人类学的方法能够帮助我们做得更好吗？由于身体活动对于人类而言，要么是必需的，要么是有趣的，因此我们进化出了身体活动的本能。既然如此，那么将锻炼变成必需的活动和有趣的活动，就像我参加的那场铁人力量训练，是否能成为推广锻炼的一种方法呢？

但是，事情没有那么简单。因为根据定义可知，锻炼指自愿进行的身体活动，因此本质上就是非必要的行为。而且对于很多人来说，尤其是那些体能状况不够好的人，锻炼根本就没有乐趣可言。很多社会机构努力让青少年认识到锻炼的必要性和趣味性。在全世界的中小学中，学习过程中的休息、身体教育课程和体育课都是强制性的，而且对于学生来说，这些远离课堂的时光会让他们感觉愉悦。[2]但是成年人就完全不一样了，在这个世界上我只知道一个地方——瑞典首都斯德哥尔摩的一家非同寻常的公司，致力于让每一名员工参加锻炼，成为他们生活的一部分，并且享受锻炼带来的愉悦。我带着好奇心和一点点疑虑，接受邀请前往比约恩·博格体育服装公司，亲身体验一下。

## 强制性的“体育一小时”

如果你需要物色一名演员去扮演一位热衷于冒险的英雄人物，比如滑雪去北极，那么没有人比亨里克·邦奇（Henrik Bunge）更合适了。他是以网球巨星比约恩·博格（Björn Borg）的名字命名的运动服装公司的 CEO。[3]高高瘦瘦的邦奇有着雕刻般棱角分明的面庞、褐色头发、锐利逼人的蓝色眼睛，透过上衣肌肉线条隐约可见。他确实创造过滑雪抵达北极的纪录。如果你想成为他的同事，你最好做好准备，参与到强制性的“体育一小时”中去。这个要求所有人都必须遵守，董事会成员也必须遵守，就连我这个访客也不例外。我在 2018 年 12 月一个灰蒙蒙的寒冷日子里造访了该公司位于斯德哥尔摩市区的总部。

比约恩·博格公司的“体育一小时”于每周五上午 11 点准时开始。在这个每周一次的强制性仪式来临之前，公司里安静得吓人。上午 9 点到 10 点，员工们安静地坐着沉思一小时，他们会思考自己的目标，思考如何让自己变得更好。随着“安静一小时”结束，大家纷纷去接咖啡，低声交流，然后回到自己的工位继续工作，平静的气氛会持续 45 分钟。突然之间，整个公司的人都变得生气勃勃。楼里的每个人，从 CEO 到门卫纷纷拎起自己的运动包向几条街外的体育馆走去。就在我被人群裹挟着前行时，好几个人拍了我的后背并告诉我一定会喜欢上“体育一小时”。

幸好邦奇给我准备了比约恩·博格品牌的一些运动服，包括他们的高性能内衣，使我和我的体形在这个宽敞而欢乐的体育馆里不至于显得太格格不入，因为那里的每一个人都穿着带有他们公司醒目标志的高科技上衣、短裤和内衣。有几位员工看上去非常健壮、运动能力很强，就像邦奇那样，但是大多数都是 30 多岁到 50 多岁的普通瑞典人。有几个体重超标的人，还有一个孕妇。大家一边热身一边聊天，11 点整，我们的教练约翰出现了，他打开了节奏感十足的音乐，并将音量调至巨大，然后让我们两两结对，准备开启综合训练模式（见图 11-1）。

图 11-1　比约恩·博格公司的“体育一小时”，前排左一为 CEO 亨里克·邦奇

这真是一次令人难忘的训练。我与该公司的人力资源总监利纳·诺丁（Lena Nordin）分在了一组，他对这个强制性锻炼计划的热情与邦奇不相上下。在这一小时内，我们竭尽全力完成了耐力与力量混合的运动，中间没有停下来休息。我必须承认，整个过程相当有趣。运动项目中并没有我讨厌的平板支撑，而是用类似于拔河的二人合作项目取而代之。约翰接下来又让我们俩完成了包括杠铃和平衡球在内的其他双人合作项目，然后是会用到半蹲、弓步、卷腹等动作的游戏。最后，全公司的人分成了两组进行波比跳大挑战。整个过程中，我们伴随着作为训练背景音的电子音乐的节奏，不停地与同伴击掌。虽然包括那个孕妇在内的一少部分人会降低一些强度，但是每个人都参与其中。音乐在正午时分戛然而止，大家前往更衣室洗澡，然后返回各自的岗位。

如果你的老板也这样要求你进行锻炼，你会怎么想呢？邦奇说他希望自己的员工进行锻炼，是因为他希望他们成为最好的人，他也希望公司成为最好的公司，而要想实现这些目标，需要锻炼。这也就是为什么像“安静一小时”和比约恩·博格公司其他的一些企业文化一样，“体育一小时”需要强制执行。为了确保锻炼计划成功执行，公司每年对每名员工的体能状况进行两次评估，这些信息会以团队的形式向管理层提供，而不是具体到个人信息。在比约恩·博格公司，锻炼行为已经成为公认的身体素质文化的一部分了。到了圣诞节，他们并没有举办饮酒派对，而是全公司集体划着雪橇出游，然后品尝热巧克力。每到夏天，他们都会在斯德哥尔摩的街道上举办一场 10 千米的欢乐跑。

坦率地说，我对邦奇的做法是存在顾虑的。从哲学意义上讲，我将自己归为“自由意志家长主义”（libertarian paternalism）的支持者，这一理念认为，公司、政府和机构应该帮助个体实现利益的最大化，同时尊重个体的自由选择。[4]“自由意志家长主义”推崇助推①，而非强迫。它不会逼迫员工锻炼，

① 保留人们自主决策的权利，适当影响人们做决策的过程，这就是助推。卡斯·R. 桑斯坦在《助推 2.0》中对此进行了深入阐释。该书中文简体字版已由湛庐策划、四川人民出版社出版。——编者注

而是会为锻炼行为设立奖励机制。“自由意志家长主义”不会寄希望于我们主动选择加入捐献器官计划或者向侍者支付小费，他们会为我们提供退出“捐献器官计划”的选项[①]，或者在我们餐后结账时通过信用卡机构提醒我们支付小费。[②]在推动禁烟时，“自由意志家长主义”会选择在香烟外包装上印刷吸烟的严重后果的警告语，以及课以重税。既然对待吸烟都可以如此“宽容”，那为什么邦奇的公司对待锻炼要如此“苛刻”呢？就像虽然吸烟有害健康，但我们仍然有吸烟的权利一样，那么我们为什么不能拥有不锻炼的权利呢？

产生了这些想法之后，接下去的几天我在比约恩·博格公司对那些愿意表达自己想法的员工进行了访谈。如果邦奇在公司禁烟或者让你只吃素食，你会怎么想？如果他让你每周锻炼两次或者三次呢？“体育一小时”会让你对自己的身体或者自己的运动能力感到羞愧吗？你觉得自己受到胁迫了吗？身体有残障的员工怎么办？你是否知道某些人因为不愿意被逼迫锻炼而离开公司？或者是因为要在体育馆的更衣室与全裸的强壮老板一起淋浴而离开公司？

我听到的答案在我的意料之中，却又让我备感意外。2014 年，当邦奇成为比约恩·博格公司的“主教练”时，很多员工都非常失望。一位老员工告诉我，自己当时的第一反应是：“该死，让这个家伙从我面前消失！”大约有 20% 的人因此辞职。但是，几乎每一个留下来的人现在都认为，这一任命的好处远远超过它的负面影响。一些员工甚至因此而加入该公司，因为他们喜欢锻炼，而很多人承认，“体育一小时”是他们每周唯一一次锻炼。一位女性员工告诉我，她曾经在某次活动中受了伤。在我访谈的所有人中，无论他们对于锻炼的热爱

① 作者此处的意思是，为了能让更多人的死后捐献器官，与其寄希望于人们提高觉悟主动选择加入捐献计划，不如在设计制度和流程时将加入“捐献器官计划”作为默认选项，但同时给出退出“捐献器官计划”选项，这样即使大多数人选择退出，也仍然会有人留在计划中。其核心观点是，与其“逼迫”大家选择加入某个计划，不如寄希望于让大家选择不退出该计划。——译者注

② 国外某些餐厅在使用信用卡支付餐费时，信用卡机器会在需要顾客签字的账单上显示小费额度，顾客可以选择支付也可以选择不支付，可以多支付也可以少支付。——译者注

程度如何，都无一例外地表示，强制性的“体育一小时”帮助他们变得更加健康，而且与领导层共同锻炼提升了公司的氛围，拉近了同事之间的距离，增进了大家对于共同目标的理解。一位名叫比约恩·鲍格（Björn Borger）的员工总结道：“我们瑞典人比较腼腆，如果手里不拿着一杯酒，就很难敞开心扉，但是锻炼的破冰效果更好，非常特别。”

几天之后，我乘坐飞机回家的时候，身体仍然酸痛难忍，我对于邦奇的锻炼政策产生了两个想法。一方面，他通过管理手段让员工参与锻炼，遵循的是被我称为“旧石器时代原则”的理念—— 必须且有趣。而且从客观上讲，他的这一规定令员工和公司双双受益。另一方面，邦奇的强制性“体育一小时”违反了一个大家普遍接受的原则，那就是不应该强迫成年人做事。强制性锻炼也许对参与者有益，但这是一种有悖自由原则的选择。我的观点是，进化人类学的视角能够提供另外一种更有效但是非强制性的方法来帮助我们锻炼。

## 人们总是在逃避锻炼

如果你是一家公司的 CEO，你的公司里有大量需要长时间伏案的员工，公司的医疗健康支出大幅提升，部分原因就是他们这种缺乏活动的状态，但是与邦奇不同的是，你并不打算强制他们进行锻炼。也许你还是一位家长，努力说服自己十多岁、有明显抵触情绪的孩子进行锻炼。也许你还在纠结，甚至无法让自己成功地离开沙发。想想看，如果换作是你，你如何完成上述任务？

每个人都会优先处理紧急的事情，从而会推迟或者放弃锻炼，因此，如果环境条件不需要身体活动，或者不允许身体活动，那么就会不可避免地助长身体的惰性。5 如果我需要在舒适的椅子和汗流浃背的训练之间进行选择，那么椅子总是更有吸引力。我大脑中缓慢而理性的部分肯定知道我应该去锻炼，但是我的直觉开始抗议：“我不想去！”而此时，另一个带有诱惑性的声音响起：

“要不，明天再锻炼吧？”[6]也许我没有足够的时间或者力气，也许我需要改变接下来的计划才能完成训练，至于原因嘛，我附近没有合适的跑步线路，或者我所在的大楼的楼梯又脏又乱。除了这些障碍之外，也许我遗传到的基因让我更倾向于不进行身体活动。科学家养的那些实验室小白鼠有的出于本能痴迷于在跑步机上奔跑，有的则完全抵触，对于人类的研究也表明，确实有一些人天生就有轻微抵触锻炼的倾向。[7]

为了解决人们自然而然产生的不愿意锻炼的问题，研究人员进行了数百项实验，按照一份项目清单进行了测试。这份清单上列出了各种各样的方案，目的是通过介入性手段吸引不锻炼人群开始运动。为人们提供运动信息能否产生积极效果？一些研究对此进行了评估。提供信息的方式包括讲座、网站、视频和小册子，讲解如何锻炼以及为什么要锻炼，或者提供一些小设备，让锻炼者知道自己的运动量。其他的实验则致力于影响人们的行为，其中包括由医生开具个性化的特殊运动处方、提供免费的健身房会员资格、用现金奖励锻炼行为、对不锻炼行为进行罚款、提升锻炼者信心，或者用电话、短信、邮件等形式催促他们进行锻炼。甚至还有一些研究通过改变人们所处日常环境的方式鼓励他们锻炼。比如将他们引往楼梯而不是电梯，以及为他们修建步道和自行车道。只要你能想出来，就会有人设计实验跟进。[8]

好消息是，其中的一些介入性手段能够起作用，也确实起到了作用。2003年的一项实验就是一个典型的例子，该项实验共招募了900名40～79岁有久坐习惯的新西兰人。其中一半的人在实验中接受普通的药物治疗，另外一半则由医生制订个性化的运动方案。在之后的3个月中，后者要接受3次电话指导，而且每个季度都会收到运动专家寄送的邮件。一年之后，得到了个性化运动方案的那组成员比另外一组成员每周多做34分钟的身体活动。[9]

坏消息是，这所谓的“巨大的成功”更像是一个意外，而非意料之中。虽然那些按照运动方案锻炼的新西兰人每周增加的34分钟身体活动时间是一种进步，但是平均到每一天就只增加了区区 5 分钟。针对数百项类似的高质量研究进行分析的综述性研究发现，很多介入性手段都没有达到预期效果，而那些获得成功的方法所达到的效果似乎不够明显。[10] 而且，在某项研究中起作用的介入性手段在其他研究中经常完全无效。如果你愿意花时间去阅读美国卫生和公共服务部发布的 2018 年年度报告中关于锻炼介入性手段的所有研究，你会发现，对于介入性手段的效果评估，出现最多的描述是“微小但是有效”。[11] 我的意思并不是说我们应该放弃鼓励大家锻炼的努力。而恰恰相反，即使是最微小的转变也能够改善人们的健康，而且有时候介入性手段甚至可以引发彻底的逆转。我的一个朋友在 40 多岁时被诊断患有 2 型糖尿病，他担心自己无法活到当爷爷的年纪。但是医生给他开具了一份详尽的运动处方，他也非常严格地执行了其中给出的运动计划，现在他已经可以完成半程马拉松了，而且不用再服药了。当然，每一个类似的成功故事背后，都会有更多失败的例子。没有哪种方法一定能够说服或者“哄骗”没有锻炼习惯的人开始真正的锻炼。

但是，这种局面难道不是我们早就知道的吗？如果真的存在某种有效且可靠的办法能够让久坐人群变身日常锻炼者，那么锻炼早就如野火般蔓延开来了。那么，到底是什么原因造成了这些介入性手段就像我们的新年计划一样难以实现呢？

其中一个原因是人类本身的复杂性与多样性。即使是西方工业化社会人群，在心理学、文化和生物学因素方面也存在巨大差异。对一位洛杉矶大学生有效的策略，怎么可能对一位伦敦的老奶奶或者东京郊外、时间压力大的家长同样有效？难道我们真的寄希望于一份运动计划能够同时满足所有人的需求，无论他们是肥胖还是瘦小，腼腆还是外向，缺乏安全感还是自信，男性还是女性，拥有研究生学历还是文化程度较低，富有还是贫穷，生活在城市还是乡村，性情顽固还是顺从？一些研究试图找出到底哪些人拥有锻炼习惯，哪些人没有。实际上，拥有锻炼习惯的人只有为数不多的共同点，当然，他们还有一些显而易见的共性：都有比较长的锻炼史、身体健康不超重、既喜欢又愿意锻炼。[12] 这些共性实在是过于明显了，相当于说那些愿意去美术馆的人大多喜欢艺术。

我认为，出于改善健康和身体素质的目的而自愿进行身体活动，是一种才出现不久的、古怪的、非必需的、可选择的行为，只有解决了这其中存在的矛盾，才能更有效地推广锻炼。我们的大脑中有一个微弱的声音，提醒我们在既无必要又无乐趣的情况下避免进行身体活动，无论我们是否喜欢这个声音，它确实存在。所以，让我们从进化人类学的视角重新评估锻炼的必要性和趣味性。

先来说说必要性。包括数十亿没有锻炼习惯的人在内的每一个人，都知道适当的锻炼有益健康。虽然很多不锻炼的人对于自己的身体感到懊恼而且并不满意，但是那些烦人的、没完没了地推销锻炼理念，提醒人们慢跑、长距离徒步、参与健身房运动、爬楼梯有益健康的锻炼家也并没有使局面得到改观。部分原因在于“应该锻炼”和“必须锻炼”之间存在区别。为了让自己更健康、更快乐、在无障碍的状态下活得更长久，我知道自己“应该锻炼”以提高上述目标的可能性，但是也存在大量现实的因素令我不“必须锻炼”。实际上，一个人在不锻炼的情况下显然也可以拥有相对健康的人生，就像唐纳德·特朗普那样。事实证明，50% 的美国人根本就不锻炼或者只进行极轻微的锻炼，但他们的健康状况也未必会很早就出现问题。准确地说，锻炼不足只是提高了他们罹患心脏病、糖尿病和其他疾病的可能性，大多数这类疾病可能要等他们人到中年时才会出现，而到那个时候他们能够通过治疗对疾病进行某种程度的控制。尽管超过 50% 的美国人疏于锻炼，但是这个国家国民的平均预期寿命仍然可以达到 80 岁。

从人类身体的内在需求角度看，锻炼并非必要，不仅如此，现代社会的自动化程度甚至将那些我们之前必须要做的、不属于锻炼行为的正常身体活动都变得不再必要。我不用提高心率，也不用出汗便可以轻松地度过一天。我可以开车去上班，坐电梯到我的办公室，工作期间坐在椅子里，然后再开车回家。之前那些辛苦的杂务，诸如获取水和食物、做晚饭、洗衣服等，我通常只需付出极少努力，有时候只需按一下按钮或者打开一个开关便可以完成。我还可以买一个扫地机器人帮我打扫房间。使用这些节省体力的设备有时候会被人认为是贪图享受或者腐败堕落的表现，但它们如此受欢迎，只能说明我们确实喜欢这些东西。

除了被认为没有必要之外，锻炼还占用了我们宝贵的时间，让我们无法做其他更重要的事情。我非常幸运，上班路程短而且工作时间灵活，所以我几乎总能抽时间跑步或者回家遛狗。但是我的很多朋友通勤时间较长，工作时间严格而且需要久坐在办公室中，他们还必须花时间处理很多事情，比如照顾子女和老人。说起来有点荒谬，今天，富人的身体活动在人类历史上第一次超过了做工的穷人。[13] 由于平日的闲暇时间很少，我们大多数人将锻炼推到了周末，而到了休息日，拖着疲惫不堪的身体进行锻炼变得无比艰难。当人们被问及哪些事情会影响他们进行锻炼，他们总是说自己没有时间。

再来说说趣味性。没时间确实是一个麻烦的问题，但即使是我所认识的那些最忙的人，也能做好时间管理去做他们喜欢做的，或者是有意义的事情，比如看电视、网上冲浪或者聊天。所以我怀疑，那些不可胜数的没有锻炼习惯的人，如果能够发现锻炼的有趣之处，他们一定会将锻炼行为放到更为优先的位置上，但是对于他们来说，锻炼实在乏善可陈，既不能带来情感上的回报，也不能带来身体上的愉悦。这些负面的反应也许来自古老的适应。就像大多数生物体一样，人类经过自然选择，更享受和渴望性行为、吃饭和那些有利于我们繁衍成功的行为，而不喜欢诸如节食等不能帮助我们拥有更多后代的行为。如果我们的石器时代祖先发现，诸如慢跑 8 千米这样的身体活动既不必要也实在无趣，他们便会避免将有限的能量投入到这种可做可不做的活动中，而是尽量分配到繁衍活动中去。

你也许认为我上面讲述的是一个“假设的故事”，但其实大多数人都知道，那些没有锻炼习惯的人并非完全不可理喻。因为锻炼毕竟是一种现代才出现的行为，而且根据其定义可知，锻炼既非必需品，也未必会带来身体和精神方面的回报。对于很多人来说，锻炼既不容易开始，又难以坚持。如果我们没能让大家认识到锻炼的必要性和趣味性，那么也许我们应该继续努力，把锻炼变得更加必要、更加有趣。

## 如何让锻炼变得更有趣

我经历过的最乏味的锻炼活动是 2018 年的波士顿马拉松比赛。我知道我这样说像是自吹自擂，而且不可理喻——马拉松怎么会有乐趣呢？但是请相信我，因为那天的天气实在是太糟糕了，这才是我想表达的重点。波士顿每年 4 月中旬的天气有时晴朗、有时寒冷、有时温暖、有时下雨，而在 2018 年的比赛当天，席卷波士顿的东北风却异常强劲。到上午 10 点比赛开始的时候，大雨已经下了几小时，气温接近 0℃，暴风的时速达到了 56 千米，而且更残酷的是，赛道的方向恰好是逆风的。一般来说，在这种恶劣的天气下，就是给我钱，我也不会出去跑步的。比赛前一天我忧心忡忡地查看了天气预报，我当时想，还是留在家里别参赛了，虽然我已经为这个比赛训练了几个月的时间。但是到了比赛当天，我用凡士林涂抹了全身、穿了几层防水的衣服、在一顶浴帽外面又戴了两顶帽子、戴上貌似防水的手套、在跑鞋外面包了好几个塑料袋以确保在比赛开始之前它们能保持干燥，然后像一只旅鼠一样在波士顿市中心登上选手乘坐的大巴，前往遥远的起点——霍普金顿小镇。

霍普金顿的景象让我想起了诸多电影中都出现过的画面，我们就像“一战”的某次战役打响之前战壕中的战士。出发等候区是临时征用的当地高中的体育场，经过 25 000 名浑身湿透、寒冷可怜的马拉松选手的踩踏下，这里已经变成了一片泥沼。我在比赛之前通常都会心神不宁，那是一种混杂了紧张、焦虑和兴奋的情绪，但是这一次，我有些害怕了。我如何在不失温的情况下安全回家呢？在我所在分区的出发时刻即将来临之际，我躬身站在起跑线后，顶着倾盆大雨和刺骨狂风，一言不发地吃着我的幸运蓝莓小蛋糕——对我而言这是一项仪式，只等发令枪响起，我便会与身边成千上万焦虑而可怜的选手一起开始跋涉之旅。

接下来的 42.195 千米极为可怕。很多时候，迎头风和暴雨实在猛烈，我每前进一步都异常艰难，我的防水鞋每一次落地，听上去都像是大象发出的动静，我身体的每一个部位都感到了极度的寒冷。出发几千米之后，我告诉自己，在这种狂风暴雨和遍地水坑的条件下持续奔跑的唯一原因在于，我只要不停下来，就相当于以最快的速度回家，也是以最有效的方式保暖。我对抵达终点之后最强烈的盼望，就是以最快的速度回到床上取暖，而我就是这么做的。

之后的几天里，随着我的身体状态和心理状态慢慢恢复，我开始思考，我们这 25 000 名“精神错乱者”为什么要在风暴之中这样奔跑？如果我的目标只是完成一次马拉松，我只需等到第二天就可以享受一个几乎完美的天气。我能给出的唯一解释就是，我是为了社交而跑。我就像一名战争中的战士，我并不是独自战斗，而是作为群体的一分子与大家共同做一件非比寻常的事情。波士顿马拉松自 1897 年起就一直是受人尊敬的传统赛事，而 2013 年的恐怖袭击又赋予了这个赛事更深刻的意义。我觉得我在 2018 年那天的奔跑不仅仅是为了我自己，也是为了其他人，其中就包括那几十万顶着风雨为我们加油的波士顿人。尽管承认下面这一点也许会有些没面子，但我还是要说，我跑下来就是因为我不愿意成为一个懦夫或者逃兵，而在自己的社交圈子中遭人鄙视。来自身边同伴的压力也是一种强大的激励。

这其中也隐藏着关于人类锻炼的重要信息。从其定义上说，锻炼并非人类必需，因此我们进行锻炼大多数情况下是为了追求精神上或者生理上的回报，而具体到 2018 年 4 月的那个冷酷日子，唯一的回报就是这项赛事的社交属性所赋予参赛者的情感价值。在过去的几百万年中，人类极少会单独一个人花几小时进行中高强度的身体活动。狩猎采集者女性寻找食物时，通常会成群结队，在行进、挖块茎、采摘野莓的过程中边干边聊，享受团队活动带来的快乐。男性在打猎和采蜜时则至少两人一组。[14] 农耕者犁地、播种、锄草和收获时，也会结队劳作。所以，当你和朋友或者健身人士在健身房一同锻炼时，当大家踢一场友好的足球比赛时，当人们在跑步或者步行过程中聊天时，他们都是在延续人类社交类身体活动的悠久传统。

几乎所有倡导锻炼的书籍、网站、文章和音频节目都会建议以团队的方式进行锻炼，我觉得这种集体行为一定有深层的进化原因。人类是深度社会型生物，我们可以和完全不认识的陌生人进行合作，而且比任何其他物种都更擅长此道。我们曾经共同狩猎采集，现在仍然互相分享食物、居所和其他资源，我们互相帮助照顾彼此的孩子、共同战斗、一起做游戏。因此，自然选择决定了我们愿意以团队方式做事、愿意帮助他人、在意他人如何看待我们。[15] 当我们从事诸如锻炼这样的身体活动时也不例外。当有人因为疲惫或者技术不足而苦苦支撑时，我们会互相鼓励并施以援手。当有人获得成功，我们会表示祝贺。当有人准备放弃，他此时所在的团队会阻止他这样做。我所完成的最难的训练都是团队形式的，而且有时候我之所以去参加某个跑步或者训练活动，只是因为我与一个朋友约好了一起参加。当然，有时候即使不是出于社交目的，锻炼也仍然有趣。独自完成一次远足或者奔跑就是一段冥想的过程，边训练边听音乐或者看健身房里的电视—— 这又是一种独特的现代现象，也令人愉悦。但是对于大多数人来说，与他人共同训练从精神方面获得的回报更为丰富。也正因如此，体育活动、竞赛、舞蹈和其他种类的游戏都属于最受欢迎的社交活动，而有锻炼习惯的人通常都会加入某个俱乐部、团队或健身房。为了吸引消费者，健身房会摆出一个巨大的招牌，上面写道“永远不要独自训练”。最流行、最有效的锻炼方式，都是以团队形式进行的。

锻炼还能够让我们自我感觉良好，因此人们也就更乐于锻炼。在一次高质量的训练之后，我会同时体验到警觉、狂喜、平静，而且疼痛消失，就像服用了某种阿片类药物。实际上，为了对身体活动做出反应，我们的大脑制造了可以改变情绪的神奇的鸡尾酒药物，而自然选择则接受了这种药物驱动的机制。[16] 四种最重要的内源性药物分别是多巴胺、5- 羟色胺、内啡肽和内源性大麻素，但是由于进化设计机制中出现的常见瑕疵，这些物质奖励的对象只是那些已经拥有身体活动习惯的人。

- **多巴胺。**这种微小的化学物质是大脑奖励系统的关键要素。它负责告诉大脑中的一个深层区域“再来一遍”。因此，当我们做出一些提高繁衍成功率的行为，比如性行为、品尝美食以及身体活动时，我们的大脑就会在进化的作用下生成多巴胺。身体活动能生成多巴胺，这一点确实出人意料。但是对于今天的非锻炼者而言，这个奖励系统有三个缺点。第一，只有在锻炼时，我们的多巴胺水平才会提高。所以多巴胺不会促使我们离开沙发。而更糟糕的是，与经常锻炼、身体健壮的人相比，非锻炼者大脑中多巴胺受体的活跃度低很多。[17] 而肥胖者的多巴胺受体活跃度更低。[18] 因此，非锻炼者和肥胖个体必须要付出更多的努力和更长的时间——有时候要长达数月，才能使自己的多巴胺受体恢复正常的活跃水平，这时在受体的作用下，人会出现某种被称为“锻炼瘾”的状况。如果你经常锻炼，你就能够体验到几天无法锻炼时的那种感觉：你会变得焦虑、易怒，转而努力进行一些身体活动以满足自己对于多巴胺的渴望。在极端的情况下，“锻炼瘾”会使人产生严重的依赖性，但是这种情形一般来说都源于正常、无害而且普遍有益的奖励系统。[19]
- **5- 羟色胺。**这个仍然神秘的神经递质能让我们感受快乐、控制冲动，也会影响我们的记忆、睡眠和其他功能。当我们做对自己有益的事情时，比如与爱人进行身体接触、照顾婴儿、在阳光下享受户外时光，当然还包括锻炼，我们的大脑就会产生 5- 羟色胺。[20]5-羟色胺水平的提升会带来美好的感受，还能够让我们更好地控制不必要的冲动。

因此，如果 5-羟色胺水平低，通常会伴随着焦虑、抑郁和冲动行为。虽然很多抑郁症患者通过服药来保持正常的 5-羟色胺水平，但是一些实验证明，锻炼行为有时可以与处方药起到同样的效果。[21] 但是，同多巴胺的情形一样，不锻炼的人面临的风险在于，他们相对轻微的活动量通常会对应较低的 5-羟色胺水平，他们更容易情绪低落，也很难克服惰性，所以总是拒绝锻炼，其后果就是造成 5-羟色胺水平保持低位。

- **内啡肽。**内啡肽是天然的阿片类物质，帮助我们忍受各种不适感。[22] 人体自己产生的阿片类物质效果虽弱，但是同样可以镇痛，并激发喜悦感。当我们长距离远足或者奔跑时，阿片类物质让我们感受不到肌肉的酸痛和脚部的水泡。“锻炼瘾”可能也与这种物质有关。但是，我们再一次遇到了同样的麻烦。虽然内啡肽的效应可以持续 4 小时，但是它们通常都是在高强度、剧烈运动 20 分钟甚至更久之后才会分泌，所以，只有那些已经强壮到能够进行如此艰苦训练的人，才有可能得到奖励。[23]
- **内源性大麻素。**多年以来，人们一直认为传说中的“跑者嗨”是由内啡肽造成的，但是现在研究人员已经证明，人体自然产生的、具有大麻活性成分的内源性大麻素在这一现象中起到的作用更大。[24] 虽然这一机制确实带来了充满愉悦感的真正高潮，但是绝大多数跑者都无缘体会到这种感觉，因为只有在数小时剧烈的身体活动之后，大脑才会释放这种增强情绪和感官体验的物质，而且不是所有人都拥有造就“跑者嗨”的基因。[25] 我认为，“跑者嗨”之所以被进化出来，主要是为了帮助猎人在采用耐力打猎法追逐猎物时，提高感官的灵敏度。

锻炼可以促进这些化学物质的生成，这些化学物质反过来又帮助我们进行锻炼，但是缺点在于，这些化学物质基本上只能在良性循环中起作用。当我们步行或者跑步 10 千米时，我们的身体会分泌多巴胺、5- 羟色胺和其他令我们感觉良好的物质，然后我们就更愿意把喜欢的事情再做一遍。但是，如果我们是一些有久坐习惯的人，就会引发一个恶性循环。随着身材走样越来越严重，大脑也就越来越无法鼓励我们进行锻炼。这是一种非常常见的失配：在我们的祖先中，不进行身体活动的人和身体不健壮的人并不太多，因此，大脑对于锻炼行为的享乐反应进化得并不充分，导致在这些长期缺乏锻炼的人中间，享乐反应并没有很好地发挥作用。

那么，我们作为一个群体，或者你和我作为单独的个体，应该如何做呢？我们该如何让锻炼行为变得更加有趣，让锻炼行为对参与者的奖励更明显呢，尤其是对那些身材变形的人？

首先，同时也是最重要的，我们要停止自我欺骗，不要再说锻炼本身就是一种乐趣，对于那些没有锻炼习惯的人尤其不要这样误导他们。如果你就是这种没有锻炼习惯的人，那么在选择锻炼项目时要选择那些你最喜欢的或者最不讨厌的项目。[26] 同样重要的是，你需要找到一种方法，让自己在锻炼时分散注意力，多去想那些让你高兴的事情。这种转移注意力的行为起码会让你不抵触锻炼。至于如何能使锻炼更为有趣，或者不那么让人讨厌，以下是被推荐最多的有效方法：

- 强化社交性，与朋友、与团队或者与一个有经验的优秀教练共同锻炼。[27]
- 自娱自乐，锻炼时听音乐、听播客、听有声书，或者看电影。
- 在优美的环境中锻炼。
- 选择舞蹈、体育竞赛或者游戏的方式进行锻炼。
- 多样性是一种有趣的方式，尝试将多种项目混合在一起进行锻炼。
- 确定一个合理的锻炼目标，最好让该目标与锻炼时间关联起来，而不是与提高运动能力关联起来，这样你就不会产生失望之感。
- 在锻炼之后记得奖励自己。

其次，如果你对于锻炼存在抵触情绪，那么一个有效的办法就是告诉自己：让自己爱上锻炼或者不那么讨厌锻炼是需要时间的。因为人类进化的目标从来不是让自己变得更懒和更难看，因此，只需几个月的时间，待我们的身体开始变得强壮，人类的适应力就会开始发挥作用，身体活动就会产生回报，我们也会养成锻炼的习惯。虽然缓慢，但是循序渐进地，锻炼从一个带给我们不适、缺乏回报、让我们不想继续投身其中的恶性循环，变成了一个让我们愉悦的良性循环。

所以，锻炼行为确实可以成为更有益、更有趣的活动。但是，我们也不能自欺欺人。因为无论我们把锻炼变得多么有趣，与坐着或躺着相比，锻炼也并没有多吸引人，而且锻炼过程并不舒服。每一次我准备去锻炼，都要先与自己的本能较量一番，因为出于本能，我是不想去锻炼的。而且，虽然锻炼结束之后我从未感到过后悔，但是为了克服自己的惰性，我还是有必要思考如何将锻炼变成一种必需品。

## 如何让锻炼成为必需品

我的一个朋友很多年来一直努力将锻炼变成自己的日常习惯，却从未真正实现。她曾经尝试过许下新年愿望、购买健身房会员、制订锻炼计划等做法。在每一次努力无果和热情消退之后，她都会暂时回归不锻炼的静态人生。在懊恼之余，她决定尝试一种完全不同的方法：用大棒对待自己，而不再是用胡萝卜奖励自己。她是这么设计的，她先是向 StickK.com 网站支付了 1 000 美元，承诺每天步行 6.5 千米，指定自己的丈夫担任裁判。如果经过丈夫认证之后，她某个星期没能实现目标，这个网站就会将存款中的 25 美元捐给美国步枪协会，就是那个因为反对在美国控枪而备受争议的协会。按照她的说法："有很多个日子，我实在不想出去走路了，但是如果美国步枪协会因此得到哪怕一分钱，我都会被诅咒的。"这个办法确实有效，在整整一年的时间内，她每天都完成了自己定下的目标，而现在已经成为一个资深步行者了。我的这位朋友与比约恩·博格公司员工们的主要区别在于，她发现了一个可以强制自己锻炼的办法，而后者是在亨里克·邦奇的强制下进行锻炼的。

说到强制行为，你是如何看待这种事情的呢？如果你跟我一样，那么通常情况下，你也许不会认同这种强制他人的行为。强制他人锻炼，是对他人自我选择权的不尊重，尤其是与自己生命相关的选择。这是对黄金准则的破坏。就像我拥有不服用维生素、不吃蔬菜以及不用牙线清洁牙齿的权利一样，我也拥有不锻炼的权利。

当然，对于不强制他人锻炼的原则也有一些不存在争议的例外。其中一个是他们的工作岗位要求他们具有良好的体能状况，比如急救人员和军人。以军人为例，为了备战，他们显然需要把自己锻炼得足够强壮，而且体能足够好。在他们应征的时候，就已经知道训练教官会对他们嘶喊，强制他们完成俯卧撑、仰卧起坐和引体向上，还需要在兵营中跑圈。如果不能完成训练科目，还会受到惩罚。另外一个例外是孩子，他们也会被强制进行锻炼，因为这对他们有好处。专家们都认为，孩子们每天应该至少花 60 分钟进行中等强度到高强度的锻炼，因此世界上几乎所有国家都会在学校开设强制性的体育课。[28] 那么，为什么为了孩子们好而强制他们进行锻炼就可以接受，而逼迫像我这样既不是军人又不是消防员的成年人就不可以呢？

其中一个正当的理由是，与成年人不同，孩子们还不具备根据自己的喜好做出正确判断的能力。让孩子们去做对他们有益的所有事情，这种强制性是被普遍接受的，比如吃健康食品、上床睡觉、去上学、坐安全座椅、接种疫苗、禁止吸烟饮酒等。很多时候，我们会允许成人对上述事情做出自己的选择，但是也不是没有例外。虽然成年美国人拥有不锻炼的权利和吸烟的权利，可以自己选择，但是禁止吸食可卡因，而且他们也必须系安全带。

从纯粹的实用主义的角度看，强制锻炼与强制系安全带之间的区别是什么呢？根据美国国家交通安全委员会的数据，系安全带每年可以挽救全美1万人的生命。[29] 根据美国疾病控制中心的数据，身体活动不足每年导致大约30万美国人死亡，这个数字是前一个数字的约30倍。[30] 在世界范围内，身体活动的不足每年会造成530万人死亡，与吸烟的危害相当。[31] 但是从感受上讲，这些死亡是完全不同的。你只需开车经过一次恶性车祸事故的现场，或者从电视上看到车祸中车辆内部的那些面目全非的尸体，就会知道最好还是系上安全带，但是充血性心力衰竭或者2型糖尿病所导致的死亡通常是在医院中悄然发生的，你也看不到现场的样子。而且，在大多数人看来，与死于结肠癌或者心脏病的70岁生命相比，死于交通事故的20岁生命所包含的悲剧色彩更强。我们现在已经习惯于被强制系安全带了，但是当这项法规刚开始执行的时候，我的岳父是拒绝的，他认为这侵犯了他的自由，但是我女儿这一代人则认为这种要求完全合理。

尽管锻炼有着实实在在的好处，但是我仍然反对实行强制性锻炼，因为成年人确实拥有选择不健康生活的权利。这其中真正的两难困境在于，大多数希望锻炼的人在经历了各种挣扎之后，最终没能成功地坚持下来。[32] 我们每个人都从祖先那里继承了同一种偏好，那就是避免不必要的身体活动，这种惰性（有的人继承的多一点，有的人少一点[33]）不是任何人的错误，但是在出生在这个时代，我们会发现，人们上下班有了代步工具，做的大多是案头工作，平时会使用电梯和购物推车，而且很多道路的旁边不再铺设人行道，我们也很难找到大楼里的楼梯。总之，很多必要的身体活动已经没有机会完成。而对于那些不必要的身体活动我们仍然会打心眼里拒绝。但是，缺乏身体活动的人不该遭到羞辱和批判，我们需要学会换位思考，从而帮助他们将锻炼变成一种习惯。人们最容易接受的方法就是通过自我强制的手段实现上述目标，而其他人在得到允许的前提下可以对他们进行“助推”和“威逼利诱”。

所谓“助推”，就是通过非强制的方式，在不限制他人的选择，也不通过经济奖励进行刺激的情况下，对他人的行为施加影响。[34] 典型的“助推”包括修改默认选项，比如把加入“自愿捐献器官计划”选项改为不退出“自愿捐献器官计划”，或者对客观条件进行微小改变，比如把健康食品放在沙拉柜台的显眼位置。可以预计，很多潜在的锻炼者都会得到各种各样的“助推”建议，帮助他们在选择锻炼时更顺理成章、更简单易行，而不是更困难。比如下面这些做法：

- 如果你计划第二天早上锻炼，那么你可以前一天晚上就把运动服准备好，这样你起床之后的第一件事就是穿好衣服，随时可以出发，当然你也可以穿着运动服睡觉。
- 将锻炼排入计划，使之成为一个必选项。
- 找一位朋友或者下载一款运动软件提醒你锻炼。
- 尽量选择爬楼梯而不是坐电梯。

“威逼利诱”是更加严厉的强制手段，就像我那位坚持步行以避免给美国步枪协会捐款的朋友那样。“威逼利诱”虽然比“助推”的强迫意味更重，但是并不会让你觉得反感，因为你完全出于自愿，比如下面这些做法：

- 与一个朋友或者一个团队约好共同锻炼，这样你在社交层面就有了签到的责任。
- 报名参加健身课程，如果你在锻炼时动摇，同伴会鼓励你继续。
- 与诸如 StickK.com 的网站签一份承诺书，如果你不锻炼，他们就替你捐钱给你不喜欢的组织（相当于大棒）；如果你锻炼，他们就替你捐钱给你喜欢的组织（相当于胡萝卜）。
- 付费报名参加某个赛事或者活动，然后开始训练。
- 将你的锻炼情况公布在网上，这样别人就能知道你做了或者没做哪些事情。
- 指定一个朋友、亲属或者任何一个你尊重或者害怕的人作为裁判，由他监督你的锻炼过程。

请注意，所有这些方法都包括了同一个核心特质：社交承诺。无论你是准备与一个朋友、一个瑜伽班、一支球队、一组健身爱好者或者一些同事一起参加一次 5 千米跑步比赛，还是准备将自己的锻炼结果（也可能是未完成的结果）在网上公开，你都是在向他人保证，自己准备开始身体活动了。作为回报，你得到的既有以鼓励和支持的方式出现的胡萝卜，也有以羞辱和不认同的方式出现的大棒。这种社交承诺对于规范人的行为是有效的，要想证明这一点，只需看看我们身边最常见和最悠久的社交制度，比如婚姻、宗教和教育，都在帮助我们变成自己向往的样子。虽然程度不同，但这些制度都包括了将社交承诺进行公开展示的过程，而且这些制度的基本准则也以支持或者谴责的方式对社交承诺予以保护。也许将锻炼比作婚姻和宗教不够恰当，但是我认为将其比作教育是非常合适的。

我们针对儿童，已经这样执行了。就像强制儿童接受义务教育一样，我们也要求他们进行锻炼，虽然这种要求在程度上还远远不够。在学校教育中，我们通过强化锻炼的社交属性，来增强锻炼的趣味性。那么，我们为什么不能用对待大学教育的方式对待锻炼，并将这种方法用在成年人身上呢？从本质上说，上大学对于成年人而言，就是一种高级的社交承诺协议，其中既包含了胡萝卜，也包含了大棒。在我工作的大学里，学生们付了学费让我这样的教授逼着他们读书、学习和做实验，时刻面临被打低分或者不及格的惩罚。我的学生在这种环境下竞争，也认同这种环境，因为他们知道，如果没有学校恩威并施地对他们提出各种要求，他们有可能学不到什么东西。作为回馈，他们也享受着这种有趣的社交经历，其中包括同学和老师的支持，在各种鼓励之下，他们体验到的世界还比自己所认为的丰富多彩。那么，这种承诺协议能否作为一个范本，以此为参照，在人群中，尤其是青少年中推广锻炼呢？

## 在年轻人中推广锻炼

年轻人需要动起来。我们人类的生理机能遵循的是节俭原则，因而进化出了一种能力，即根据外在的需求打造内在的身体素质。因此在 10 岁之前进行充分的身体活动，对于身体的健康发育必不可少。每天至少进行 60 分钟中等强度到高强度的身体活动可以降低孩子患肥胖症的风险，确保肌肉、骨骼、心脏、血管、消化系统甚至大脑健康发育。身体活动更多的孩子能够学到更多的东西，更聪明、更快乐，更不容易患抑郁症或者出现其他情绪异常。

但是，我们辜负了孩子们，这真是太糟糕了。在美国，只有不到 1/4 的孩子能够做到每天锻炼 60 分钟。[35] 女孩的锻炼时间比男孩还要少，高年级的孩子坐着的时间比低年级的孩子长。[36] 根据世界卫生组织的数据，在世界范围内，这一情况更加糟糕，超过 81% 的孩子每天花在身体活动上的时间不足 60 分钟。[37] 我们在很多方面都做得不对。今天的孩子们粘在大大小小屏幕前的时间太长了，他们步行上学的次数越来越少，孩子常去的附近的公园和街道开始变得危险。有越来越多的学校，其体育课的强度低得可怜。虽然大多数学区都有体育课的需求，但是体育课次数足够的学区少得可怜。美国只有 11% 的小学学区安排了常规的课堂体育活动，而到了高中阶段，这个数据陡降至 2%。[38] 而且根据我的个人经验，学生们在上体育课过程中，通常会有大约一半以上的时间处于不运动的状态，要么坐在凳子上，要么排队等着击球或者运球。[39] 更糟糕的是，很多学校中的体育竞赛系统对于大多数学生是有排他性的，这就导致了布拉德利·卡迪纳尔（Bradley Cardinal）所说的“递减系统”（inverted system）的出现，即随着学生们竞技水平的提高和晋阶，他们成为球队替补或者被淘汰的可能性也不断增长。[40] 总而言之，我们面对的是一种在年轻人中蔓延的可怕流行病，这种病的症状就是缺乏身体活动。

我所在的马萨诸塞州也不例外。《马萨诸塞州地方法》（*Massachusetts General Law*）规定：“对于所有年级的所有学生，体育课都应该作为必修课。”

但是州教育委员会在 1996 年废除了体育课最低课时的限制，目的是增加标准化考试的复习时间。根据一家地方报纸的报道，马萨诸塞州学生在校期间，每周的体育课时间平均到每天只有 18 ～ 22 分钟。[41]

这是在确定教育的优先级别和制定教育政策方面的失败。孩童时代缺乏身体活动所造成的长期“后遗症”是一件被广泛忽略的事情。除此之外，家长和老师似乎更在意考试成绩、纪律和安全，而实际上，如果能够确保孩子们的身体活动达到合适的量，家长和老师所关心的那些学业方面的数据将会提升，而不是下降。[42] 我们似乎忘记了身体和大脑之间的联系多么紧密。

很可惜，大学阶段的教育工作者也表现出了集体遗忘症，他们完全漠视传统智慧—— 健康体魄造就健康大脑。教育家其实一直都知道身体活动给学生带来的益处，美国几乎所有的四年制学院和大学都曾经将中等强度的体育课作为必修课。[43] 而这些要求几乎已经完全被忽略了，勉强保留的那些也形式化严重。我所在的哈佛大学在 1920 年就将体育课列为必修课，却在 1970 年彻底取消了这一规定。今天，就像大多数大学一样，哈佛大学的学生中只有大约 1/4 保持着最低水平的常规锻炼，而与此同时，学生出现抑郁症和焦虑症等心理健康问题的比例却高得惊人。到现在为止，我希望为本科生恢复一些身体活动项目而做的努力，也以失败告终。最常见的批评如下：强制锻炼就是胁迫，我们的任务是启迪大脑而非身体，学生没有足够的时间，推荐锻炼对于残障学生、体重超标的学生或者对自己的身体不满意的学生是一种伤害和歧视。

上述顾虑有一部分是真实存在的，但总会得到解决。最没有说服力的顾虑是关于逼迫锻炼的。如同我们已经看到的那样，大学的繁荣建立在一个承诺协议的基础上。学生入学时，他们心甘情愿做出承诺，愿意在教授和系主任的“逼迫”下去完成冗长繁多的要求。如果他们不喜欢这些规定，完全可以去申请没有这些限制的学校。有一种说法认为，要求学生进行身体活动根本就不属于教师的职责范畴，我对此并不认同。我们的主要任务是教育，而身体活动能够帮助学生在学术、社交和人格方面全面发展。锻炼能够帮助刚刚步入成年的年轻人保持精神健康，帮助他们养成可以受益终生的习惯。一项研究显示，在大学期间经常锻炼的学生中，有 85% 的人能够将这一习惯保持到生命的晚期，而在这个阶段很少锻炼的学生中，有 81% 的人进入老年之后，也仍然会保持久坐的习惯。[44] 为了避免体育课无法发挥其应有的作用，我们应该将体育课设置为必修课，而不是选修课。研究表明，如果将身体活动列为可选项，会产生事与愿违的效果，反而可能助长不运动的风气。作为选修课的体育课主要吸引的是已经养成了积极的锻炼习惯的人，而那些在中学体育课上曾经有过不好体验的学生，例如在分队挑选队员时总是最后才被选中，而且始终坐在替补席上的人，在进入大学和参加工作后坚持锻炼的可能性将会下降。[45]

随着时间的推移，尽管我开始同情课业繁重的学生，但是仍然没有人可以说服我。学生生活非常紧张忙碌，但是除了那些为数不多的关键时刻，比如论文即将提交或者考试在即，他们之所以无法每周拿出 5 个 30 分钟进行锻炼，是因为将锻炼的优先级置于其他课外活动之后，包括在社交媒体上消耗大把的时间。[46] 实际上，放弃锻炼对于那些时间紧迫的人来说，有时候反而适得其反。针对大学生的随机对照实验结果强化了我们大多数人凭直觉已经知道的事实：每一次短暂的中等强度到高强度锻炼都能够改善记忆力和注意力。[47]

最后要说的是，我完全认同，我们必须对残障学生或者那些对于锻炼没有安全感、不适应或者感觉不舒服的学生给予关注。不同的学生有着不同的需求，身体羞辱和运动能力羞辱都是错误的，也会适得其反。在锻炼过程中，应该对那些身体素质不佳或者身体残障的学生予以帮助，只有这样才能够为他们带来最好的运动体验，因为锻炼对每个人，尤其是那些身体素质不佳者或者身体残障的人有非常大的好处，一定要让他们认识到这一点。这个过程中的挑战在于，我们需要真正客观地支持和帮助处于任何水平的任何人，而且要以合适的方式和程度，让他们觉得自己被接纳了，还能够从中得到回报。

简而言之，我们都需要别人的助推。因此，假设我们已经知道了如何开启锻炼，那么下一个需要解决的问题是：做哪种运动，怎样的运动量比较适宜？

Exercised

# 第 12 章

## 如何选择运动量与锻炼项目

以讹传讹的谬误 12：某个锻炼项目和某种运动量最适合你

万物皆有毒，关键在剂量。

帕拉塞尔苏斯（Paracelsus）

瑞士医生和炼丹术士

我们假设一个遥远的国家有一位伟大的国王，他爱自己的女儿胜过爱世间万物。这位公主善良、富有同情心，而且精通哲学、数学、历史和多种语言。但是，与她的父王一样，公主不爱动，身体状况不佳。专家、教练、护士和官员都无法说服虚弱的国王和他的女儿进行锻炼。国王深知这是一个麻烦，因此到了女儿待嫁之年，便从世界各地邀请数十位王子参加一场单日竞赛，为公主择婿。国王没有让这些求婚者骑马比试或者比试击剑或者摔跤，而是让他们在城堡的大厅内落座，参加一场笔试。上午 9 点 15 分，每位王子打开自己的蓝色试卷本，看到了相同的问题："最好的锻炼方式是什么？"他们有 3 小时的答题时间。

这个王国从未如此安静。健壮的王子们奋笔疾书，狗不敢叫，马不敢嘶鸣，就连门也不再发出吱吱呀呀的声音，城堡周边数千米之内的生灵都屏住了呼吸。终于，12 点 15 分，时间到，王子们停笔，试卷被收了上来，扫描后发布到了网上，所有人都可以阅读和评论，同时，国王请来的专家评委正紧锣密鼓地评选优胜者。

各种精彩的答案蔚为大观。其中最受好评的一个方案"如何像母狮一样强壮"列出了 12 个步骤，建议将多组数的中等重量负重训练与少组数的大重量负重训练交替进行。另外一个聪明的王子写了一篇"跑走结合，长命百岁"的文章，提出了一份包含 10 个步骤的计划，从长距离步行开始，逐步加入短距离慢跑，最终跑到 16 千米。还有一篇广受欢迎的文章是"给我 7 分钟，给你一辈子"，作者承诺只需每天花 7 分钟进行高强度间歇训练，就可以获得"理想的健康体魄”。还有一篇文章是“比洞穴人活得更长久”，作者希望通过赤足走、爬树和举石头等活动重建原始的健康理念。还有更多的计划提倡拉伸、游泳、骑自行车、慢跑、舞蹈、拳击、瑜伽，甚至踩高跷。一些答卷建议尝试基因变异的方法，另外一些则分别针对男性和女性设计了不同计划，很多王子都宣称能实现最佳减肥效果，有一位王子聪明地提出了定制计划，将其与女性的生理周期结合起来。当评委们斟酌名次时，记者、博主、名人、健身爱好者和广大网友也在激烈地争论着每位候选人的优劣。似乎每一天都会冒出一个新的获胜大热门。

终于，在经历了一周的等待和辩论之后，揭晓最终名次的日子来临。中午时分，皇家网站上贴出了两句话：“评委们在深思熟虑之后一致认定，锻炼，没有最佳方式。请明年再来，挑战更好的问题。”

在看完了前面 11 章内容之后，我相信你们一定会觉得，这则童话故事中国王的问题有多么不着边际，评委的判断就有多么睿智。我们暂且不谈王子们给出的方案所引发的争议，先来看看国王的问题有多么糟糕。怎么可能存在最佳和最适当的锻炼项目和运动量呢？什么叫“最佳”？最佳难道是根据延长的寿命来评判的吗，还是以时间效率来评判？是预防心脏病的最佳方法，还是减肥、预防受伤、避免阿尔茨海默病的最佳方法？即使能够找到实现上述目标的最佳计划，那么同一个计划可以针对不同年龄、性别、体重、身体素质和伤病史的所有人达到最佳效果吗？

虽然并没有所谓的最佳锻炼计划，但是身体活动总能够刺激发育、保养自身，并且对塑造身体素质和减缓衰老的生理机制进行修复。我们因此应该从医学的角度看待锻炼。也正因如此，虽然锻炼是一种与众不同的“药物”，但是它的处方中也应该包括用法、用量和“药物”种类。但是，到底该采用哪种锻炼方式，运动量又是多少呢？无论我们锻炼的目的是让自己快乐还是让自己强壮，根据我们的目标和所处的环境，出于健康考虑，总有一些锻炼项目和运动量显然是更好或更差的选择。为了增肌，我们会进行力量训练；为了增强心脏功能，我们会做心肺训练；为了吓唬父母，我们会去蹦极。在第 13 章中，我会讨论为什么不同的运动项目都会对那些能够致死或者致残的最常见疾病造成影响，以及这种影响是如何实现的。但是我们先来解决一些共性的问题——选择哪种锻炼项目？运动量是多少？

无论采用哪种衡量标准，锻炼的运动量与健康之间的关系都非常复杂。我认识的几个诺贝尔奖得主，已经被互相矛盾的锻炼建议弄得晕头转向了。很多专家都建议我们只要选择自己喜欢的就好，理由是，只要锻炼就比不锻炼强。还有一些专家认为，间歇较短的高强度训练对我们帮助最大。如果是为了锻炼心肺功能，有人强烈推荐跑步、每日万步走、游泳或者使用椭圆机等低强度机器。如果是进行力量训练，有人推荐自重训练，也有人推荐自由重量训练，还有人推荐固定器械训练。但是，在所有的锻炼建议中，到目前为止最常见、应用最广泛的方案，就是每周进行至少 150 分钟中等强度有氧锻炼，或者进行至少 75 分钟高强度有氧锻炼，再辅以每周两次的力量训练，这一方案同时也得到了世界上几乎所有健康机构的倡导。[1]

## 每周锻炼 150 分钟

活到 96 岁的健身大师杰克 · 拉拉尼有一句口头禅：“人不是死于衰老，而是死于不活动。”[2] 这也许略显夸张，但实际上，自从文明降临或许还要稍早一点，人类便已知道，身体活动可以改善健康。直到小拉尔夫 · S. 帕芬巴格博士（Dr. Ralph S. Paffenbarger Jr.）开启他革命性的研究之前，没有人知道运动量与寿命之间的关系。帕芬巴格博士被亲切地称为帕夫，他第一次用曲线展现了这两者之间类似于药物剂量的对应关系。帕芬巴格生于 1922 年，他在职业生涯的开始阶段参与了美国政府的脊髓灰质炎疫苗计划，之后将兴趣转向慢性病研究，先后在哈佛大学医学院和斯坦福大学医学院任教。帕芬巴格发表了很多出色的研究成果，其中一项结论是，养成日常食用巧克力的习惯可以将寿命延长一年[3]，但是他在学术上的重大突破源于大学校友。某一天，他突然想到，大学为了从校友那里得到捐款会一直与他们保持密切联系，而自己恰好可以利用这种便利。于是帕芬巴格成功地说服了哈佛大学和宾夕法尼亚大学帮助他向5 000位校友发出请求，允许自己从1962年开始收集并跟踪他们的身体活动习惯和健康状况。在那之后，他耐心地等待了数十年，这些校友慢慢变老，很多人故去。最终，他得到了超过7 000人的数据。

帕芬巴格于1986年在《新英格兰医学杂志》(*The Newengland Journal of Medicine*)上发表了里程碑式论文，其中重要的结果见图12-1上图。[4]其中，横轴是运动量，体现的是每周身体活动平均消耗的能量，纵轴是全因死亡率，即每年每万人中的死亡人数。每个点的上方标出的数字是相对死亡风险，即每个年龄组锻炼校友的全因死亡率与久坐校友的全因死亡率之比。不出所料，年龄最大组校友的全因死亡率最高，是年龄最小组的10倍，但是请注意，对于不同年龄组，运动量与全因死亡率关系曲线的斜率不同：年龄越大，斜率越高。那些每周锻炼消耗2 000大卡以上能量的中年校友（25～49岁），其全因死亡率比习惯久坐的同龄同学要低21%。而那些每周锻炼消耗2 000大卡以上能量的70岁以上校友，其全因死亡率只有习惯久坐的同龄同学的一半。是的，只有一半。这一研究结果一经公布就成为锻炼与全因死亡率之间关系的第一份明确证据，强有力地证明了两者之间存在的剂量－效应关系。锻炼并非包治百病，但是锻炼越多，你的寿命就会越长，而且随着年龄的增加，我们的身体活动对于寿命的正面影响就会显著增强。

随着时间的推移，帕芬巴格及其同事不断对结论进行补充。到了1993年，他们积累了足够的数据，初步揭示了寿命与身体活动之间的关系并不固定的比例关系，就像图12-1下图所展现的那样。[5]图12-1仍然使用同一批校友的数据，将所有年龄组的相对死亡风险与身体活动水平进行对照。由此可知，即使是轻微的身体活动（每周消耗1 000大卡能量）也能将全因死亡率降低近40%，如果能够将运动量加倍，效果更佳。但是，如果继续增加运动量，它所带来的益处反而会降低。图 12-1 没有显示的另一项发现是，那些在个人锻炼情况报告中自报进行中等强度或者高强度锻炼的校友的全因死亡率，比那些只进行轻量活动的校友要低。此外，那些从中年才开始锻炼的校友，与那些一直进行锻炼的校友一样，全因死亡率也处于较低水平。这说明，任何时候开始锻炼都不迟。

自从帕芬巴格开创性的调查之后，美国等西方国家又开展了大量探寻健康与运动量之间关系的研究。与帕芬巴格的方法类似，大多数此类研究都是在一个大规模的个体样本中寻找全因死亡率或者患病率与不同锻炼强度之间的关系。另外一些研究则采用随机对照实验的方法，测量不同运动量对血压、胆固醇、糖代谢能力等身体健康相关指标产生的影响。到了 20 世纪 90 年代，这一领域已经积累了大量研究成果，世界三大卫生组织决定召集专家组对这些成果进行评估，并形成结论予以推荐。1995 年和 1996 年，这三个专家组都公布了核心内容大致相同的建议：为了全面降低慢性疾病的风险，成年人应每周至少进行 5 次单次时长至少 30 分钟的中等强度到高强度锻炼。[6] 他们还建议，儿童每天应至少参加 60 分钟的身体活动。在那之后，成年人每周运动 150 分钟、儿童每天运动 60 分钟这一全球化的标准经历了多次评估和确认，其间只进行了微调。

下面来看看美国卫生和公共服务部 2018 年发布的更新版本。这份内容严谨且丰富的报告给出了很多结论，其中一项是对帕芬巴格著名的锻炼与全因死亡率之间剂量 - 效应关系的进一步修订（见图 12-2 上图）。[7] 图中使用的数据是从超过 1 万名成年人那里收集到的。与帕芬巴格的研究一样，该图的横轴用每周有氧运动的时间表示总运动量，纵轴是不区分年龄的相对全因死亡风险，但是对性别、烟酒摄入和社会经济状况进行了修正。正如你所看到的，全因死亡率差异最大的群体为久坐人群和每周锻炼 60 分钟的人群，后者的全因死亡率比前者低约 30%。随着运动量的增加，相对全因死亡风险持续降低。自报每周锻炼 3 小时和 6 小时人群的相对全因死亡风险分别可降低 10% 和 15%。这一研究还从强度方面分析了运动量的影响，结论是 30 分钟高强度锻炼在效果上等同于 60 分钟中等强度锻炼。[8]

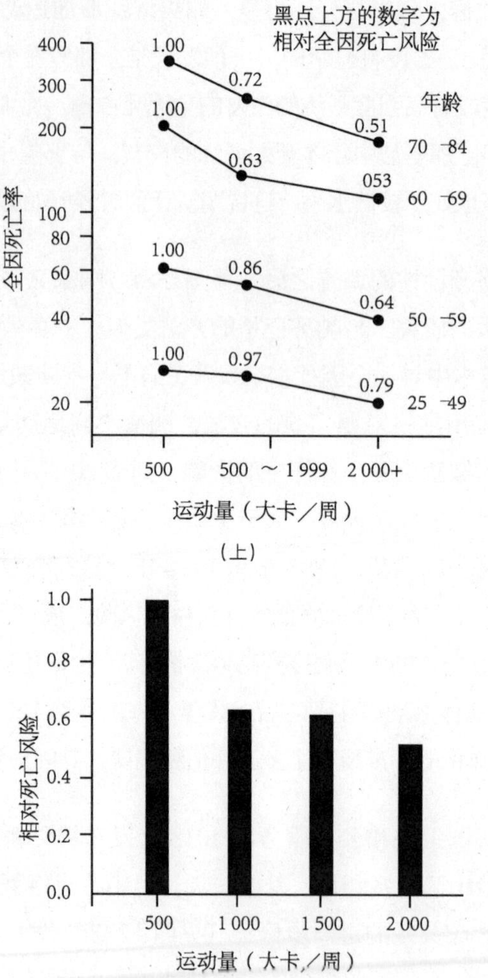


**图 12-1　哈佛大学校友人群中，锻炼行为与死亡风险之间的剂量 - 效应关系**

注：上图为不同年龄组哈佛大学校友的运动量与全因死亡率之间的关系；下图为哈佛大学校友的运动量与相对死亡风险的关系。

资料来源：改编自 Paffenbarger, R. S., Jr. (1986), Physical activity, all-cause mortality, and longevity of college alumni, *New England Journal of Medicine* 314:605-13; Paffenbarger, R. S., Jr.,et al. (1993), The association of changes in physical-activity level and other lifestyle characteristics with mortality among men, *New England Journal of Medicine* 328:538-45。

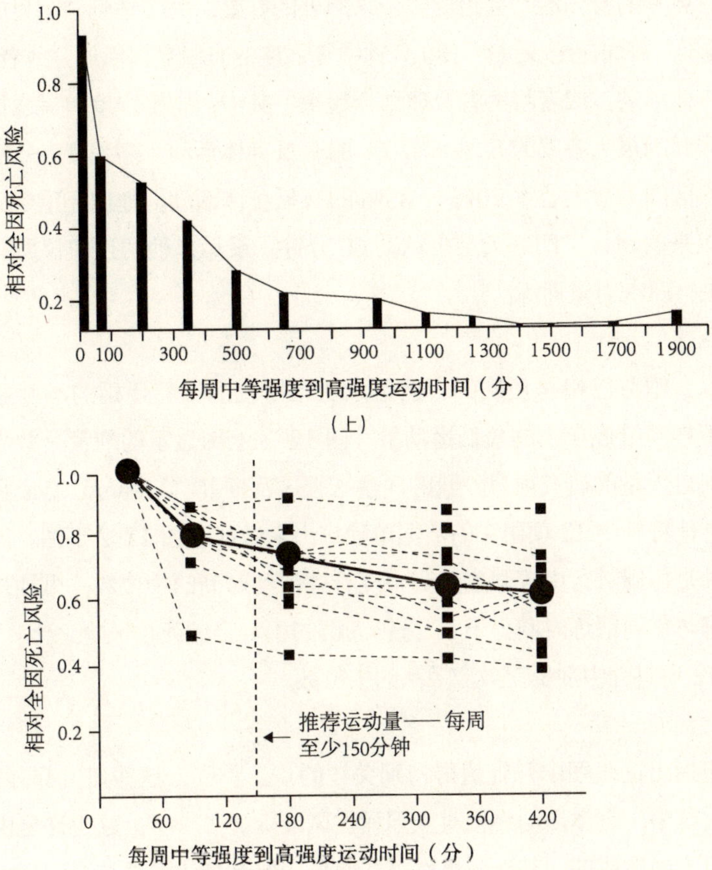


**图 12-2　每周运动动量与相对死亡风险之间的剂量 – 效应关系**

注：上图为多项研究结果的合并呈现，接受调查的总人数超过 100 万人。结果显示，哪怕只进行极少量的锻炼，也会得到显著的益处，但是这种效应最终会呈下降趋势。每周锻炼时间接近 1 900 分钟时（相当于每周超过 31 小时，这是非常极端的情况），呈现的上升效应从统计学来说并不明显。下图列出了 12 项不同研究的数据，中间的粗线为剂量 – 效应关系的中位数。

资料来源：改编自 Physical Activity Guidelines Advisory Committee (2018), *Physical Activity Guidelines Advisory Committee Scientific Report* (Washington, D.C.: U.S. Department of Health and Human Services); Wasfy, M. M., and Baggish, A. L. (2016),Exercise dosage in clinical practice, *Circulation* 133:2297-313。

最终，2018 年美国卫生和公共服务部专家组总结道，进行身体活动总比不活动好，更多的身体活动会给健康带来额外的好处，为了达到“明显的健康收益”，成年人每周应至少进行 150 分钟中等强度的有氧身体活动，或者 75 分钟高强度身体活动，或者将两者合理结合起来。其中，中等强度有氧身体活动是指心率区间为最大心率的 50% ～ 70% 的有氧身体活动，高强度有氧身体活动是指心率区间为最大心率 70% ～ 85% 的有氧身体活动。他们还重申了对于儿童一直以来的建议，即每天至少活动 60 分钟。最后，他们还建议所有人每周都应该进行两次力量训练。

所以，帕芬巴格是正确的。但是，现在让我们带着怀疑的态度更深入地分析一下推荐给成年人的最低运动量。图 12–2 上图显示的剂量 – 效应关系曲线数据来自大量的研究项目。我的同事米根 · 瓦斯菲（Meagan Wasfy）和阿伦 · 巴吉什将其中 12 项研究的数据单独拿出来做成了图 12–2 下图。同之前一样，横轴是每周进行中等强度到高强度身体活动时间的中位数，纵轴是横轴描述的人群与每周锻炼时间少于 60 分钟人群的相对全因死亡风险之比。[9] 粗线代表所有 12 项研究中剂量 – 效应关系的中位数。

我想指出这张图中几处值得特别关注的点。首先，这些研究都存在变量。在某些人群中，身体活动将相对全因死亡风险降低了一半，这也许是由年龄和锻炼项目不同造成的。其次，虽然存在变量，但是身体活动与全因死亡率之间的剂量 – 效应关系确实遵从一个普遍规律。在所有研究中，最大的受益者均来自每周锻炼时间为 90 分钟的群体，他们的相对全因死亡风险平均降低了 20%。如果锻炼时间继续增加，相对全因死亡风险仍然会降低，但是折线不再像之前那样陡。我们把代表中位数的粗折线作为一个合理的指南，那么如果我们希望在每周锻炼 90 分钟的基础上再降低 20% 的相对全因死亡风险，就需要每周再投入 330 分钟进行锻炼，从而使每周总锻炼时间达到 420 分钟。

最后的结论是，每周至少锻炼 150 分钟是一个相对而言较理想的锻炼时间，它还有一个好处，那就是目标清晰且可以实现。但是，并不存在收益率最高的理想运动量。没有锻炼习惯的人只要增加一点点运动量，就可以获得最可观的增效，运动量增加越多，效果越好。但是随着运动量的逐步增加，健康状况增效也会递减。那么，你真的有可能过度锻炼吗？

## 真的存在过度锻炼吗

2015 年 2 月的一天，我的邮箱突然被大量邮件塞满，这些邮件的发件人有的愤怒、困惑，有的感慨“终于找到你了”。这些邮件中都引用了著名的《美国心脏病学会杂志》（*Journal of the American College of Cardiology*）刚刚发表的一篇广泛传播的论文。[10] 从 2001 年开始，丹麦研究人员将哥本哈根的 1 000 名自称有跑步习惯的人与 4 000 名年龄相仿的习惯久坐群体进行对照。研究人员在之后的 12 年里对这些人的死亡数据进行统计之后发现，进行中等距离慢跑的人比久坐群体的死亡率要低 30%，但是那些跑得又多又快、热爱跑步群体的死亡率与久坐人群不相上下。全世界的媒体头条纷纷使用此类标题揶揄此事，比如“快跑与坐在沙发上的死亡率相当”“沙发土豆的福音”“慢跑者反而最受益”。

到现在为止，我们已经看到，与缺乏身体活动相比，不同的运动量对改善人们的健康状况的影响，其中就包括专业人士最常推荐的每周锻炼 150 分钟这一方案。但是，我们会不会出现过度锻炼的情况呢？从进化的角度看，运动量与死亡率之间如果存在一种 U 型曲线关系，也是符合情理的。狩猎采集者通常只进行中等强度的身体活动，他们当然不会是沙发土豆，但也不是超级马拉松选手，而我们人类可能也只是适应了中等强度的锻炼而不是极限运动。所以，只有极少数的人会认为跑步横穿美国或者游泳横渡大西洋有意义，而大多数人更乐于看到哥本哈根城市心脏研究（Copenhagen City Heart Study）的结论，更愿意相信，坐在沙发上与跑马拉松一样有益健康。

哲学家乔治·桑塔亚纳（George Santayana）曾说：“人们不应该轻易放弃怀疑精神。”当一则健康新闻刚刚出现时，人们尤其需要对它持怀疑态度，因为即使是科学和新闻，也像其他领域的事务一样，同样会受到人类弱点的影响。不过，希望听到不锻炼比跑步更健康的那些人，最终还是失望了，哥本哈根城市心脏研究提供的信息并不真实。虽然这个项目的研究人员调查了超过1 000名跑者，但其实其中只有80人（7%）有进行高强度锻炼的习惯，而即使在这个极少的样本中，也只有两个人在研究期间死亡。而且，研究人员从未真正探究过他们的死亡原因，所以也无法确定这两个人是死于交通事故还是心脏病。我们很容易判断这个研究的结论是何等的无意义，会对人产生误导。

幸好，还有一些更好的研究报告发表了。预测运动量与死亡率之间存在U型曲线的那些人并没有看到他们想看到的结果，没有太多站得住脚的证据可以证明极端的运动量有害健康，当然也没有证据表明极端的锻炼量更加有益健康。倒是有一些研究发现，精英选手尤其是耐力型选手的寿命更长，与非运动员相比，前者需要的医疗服务更少。[11] 如果你认为这些运动员也许是因为拥有比我们普通人更优秀的基因，才免受极端锻炼的伤害，那么不妨看看一项持续15年追踪访问了近22 000人的研究。这项研究发现，在有锻炼习惯的群体中，那些运动量最大的人，与运动量中等的人相比，因心脏病等因素死亡对应的死亡率并没有显著升高，也没有显著下降。[12] 另外一项针对60万人的更大规模的研究报告发现，那些每周锻炼时间为公认的150分钟标准10倍以上的狂热锻炼者，其死亡率与每周锻炼时间为公认标准时长5～10倍的锻炼者相比，对健康的积极影响并没有明显提升。[13] 米根·瓦斯菲和阿伦·巴吉什在整理这些数据之后总结道：“这些研究结论强化了一个概念，即轻微到中等强度的锻炼对于健康有着实质性的积极作用，但是继续增加运动量似乎对健康既没有更好的影响，也没有更坏的影响。”[14]

坦白说，极端的锻炼也许会对身体造成伤害，但是极少有人真正达到那种水平，因此过度锻炼的效应很难得到深入研究。当然，如果你或者你身边的朋友碰巧跑了一个超长距离马拉松或者参加了环法自行车赛，你可能还是会为此担忧。

关于过度锻炼，人们一直心存顾虑，那就是它对于免疫系统的潜在影响，而且这个顾虑是相当合理的。造成数千万人死亡的 1918 年大流感在全球大爆发期间，威廉·考尔斯博士（Dr. William Cowles）在位于波士顿附近的格罗顿中学为该校的教职人员和学生提供医疗服务，他根据这段经历提出，当时大量的肺炎病例源于“过度锻炼”导致的疲劳。[15] 这一假设在 20 世纪 80 年代获得了一些新的证据，有研究发现，马拉松选手和超长距离马拉松选手在比赛之后自我报告的呼吸道感染情况明显增加，远远超过了进行中等强度锻炼的人。[16] 又有研究发现，在高强度的剧烈锻炼之后，血液和唾液中起杀菌作用的白细胞的水平迅速降低。[17] 各种各样的数据引发了一个假说：高强度锻炼对于能量的需求使得人体出现了一个暂时的“开窗”效应，对于感染的防御能力严重下降。

开窗假说（open window hypothesis）只是一个大致的判断，但是到底怎样的锻炼才算过量，则需要进一步研究。研究人员通过医学手段对马拉松选手和超长距离马拉松选手的呼吸道感染情况进行了重复检测，而不是仅仅用他们自己报告的症状，最终发现，在进行大运动量的锻炼之后，并没有出现感染率升高的情况。[18] 而且，研究人员使用了更加先进的实验手段进行观察，他们记录的是长时间的大运动量锻炼之后免疫细胞在体内的移动情况，而不是只测量它们在血液中的含量。按照上述研究，耗时较长的高强度训练确实会降低血液中抗感染的主要免疫细胞的水平，但是也会在布满黏液的肺表面和其他易感组织上重新配置这些免疫细胞，因而强化了身体潜在的监控和保护能力。[19] 我们将在第 13 章中看到一些例证，表明有规律的中等强度身体活动能够帮助身体抵御传染性疾病的侵袭。但是我们仍然需要更多的医学数据，才能确定锻炼时的运动量要高到何种程度，以及在何种条件下，才会超越免疫系统对抗感染的能力。[20] 但不管怎么说，任何一个正在与严重的感染性疾病对抗的人，无疑都应该尽量避免剧烈锻炼。在一项实验中，研究人员给小白鼠注射了致命的流感病毒，然后强制它们进行锻炼直至出现症状，实验发现，相比完全不动的小白鼠，进行中等强度低水平锻炼（每天跑 20 ～ 30 分钟）的小白鼠的存活率是前者的两倍，但是进行高强度锻炼（每天跑动 2.5 小时）的小白鼠的死亡率要高于完全不动的小白鼠。[21] 我认识的每一个医生都建议感染流感且症状较严重者好好休息，尤其是出现呼吸道感染时。

另外一个顾虑是心脏损伤。在马拉松比赛或者其他体育赛事中，总会出现选手死于心脏疾病的悲剧事件，然后就会出现关于过量运动风险的骇人听闻的文章。你还会读到一些消息，称那些极限耐力选手会出现心脏肥大的异常症状，或者他们的心脏出现损伤，如冠状动脉钙化，或出现过多纤维组织等。[22] 包括锻炼在内的每一件事物其实都存在权衡现象，所以，如果极端的锻炼不会造成心血管系统的危险隐患，那才是不正常的事情。超高强度的锻炼除了会增加肌肉骨骼系统损伤的风险之外，还会造成的最常见风险就是提高了房颤的可能性，这是一种心脏以非正常的节奏快速跳动的疾病。[23] 运动员的心脏似乎存在着很多看上去令人不安的危险因素，但实际上，这应该是一些医生对于运动员身体的误读，他们简单地将运动员的心脏与那些“正常”的久坐人群没有诊断出疾病的心脏进行对比。如同我们反复看到的那样，从进化的角度说，久坐不动绝不是正常的，与爱动的人相比，久坐不动人群更容易患慢性病，更容易在相对年轻时死亡。医学诊断中的一些习惯，会错误地将久坐不动个体视为“正常”的对照组，这种习惯导致了一些误诊的出现，比如错误地将人体正常的自我修复视为疾病的信号。一个重要的例子就是冠状动脉钙化。

当安布罗斯·伯富特（Ambrose Burfoot）① 年届 65 岁时，他决定做一次全面的心脏检查。无论以哪种标准衡量，伯富特都算得上一名超级锻炼者。就在 2011 年步行前往医生诊所那天之前，伯富特的跑步总距离已经接近 18 万千米，参加过 75 场马拉松比赛，更不要说不可胜数的短距离赛事了。作为受人

① 美国著名马拉松选手，曾获波士顿马拉松比赛冠军。——译者注

尊敬的《跑者世界》执行总编辑，他写过大量有关科学与健康之间关系的跑步文章，他比这个星球上绝大多数人都更了解跑步的好处与风险。但是，对于即将从医生那里得到的坏消息，他完全没有心理准备。从他心脏的扫描图可以看到，向心脏供血的冠状动脉上，有许多微小的白色亮点。这些钙化的斑块如果堵塞了动脉，就会引发心脏病。由于斑块含钙，所以在 CT 的扫描图上显示得非常清楚，医生按照常规操作通过斑块的钙含量对钙化程度进行了评定，这一指标被称为冠状动脉钙化评分。如果评分超过 100 就会被认为存在危险。而伯富特的评分是 946，按照相关研究的说法，这意味着他的健康状况比同年龄段 90% 以上的人更危险。[24]

伯富特被自己的冠状动脉钙化指标吓坏了，他带着恐惧离开了诊所。“10 分钟后，我开车回到《跑者世界》的办公室，就像被雷劈了一样眩晕。我的手掌在方向盘上留下了潮湿的印迹。”实际上，伯富特算得上非常健康，他的胆固醇水平堪称完美，而且除了所谓的冠状动脉钙化指标之外，没有任何心脏疾病的迹象。事实证明，他是一名正常得不能再正常的极限项目选手，他也许完全没有必要为冠状动脉钙化指标担心。有一段时间，当医生看到参赛者的冠状动脉钙化评分超过 100，都会将他们诊断为心脏疾病高危人群。[25] 但是这些对危险的判断都是基于非运动人群的，而且医生在做出判断时并未考虑斑块的尺寸和密度、斑块周边冠状动脉的尺寸、斑块长大和脱落的可能性，以及斑块继续发展造成心脏病的可能性等因素，他们只关注冠状动脉钙化这一个指标。如果从另外一个角度也就是进化的视角看，斑块的钙化是人体诸多正常的自我保护机制中的一个，与发烧或者呕吐没有什么区别。而且，研究人员进一步仔细观察之后发现，伯富特等运动员体内较高密度的冠状动脉钙化斑块与普通人的不同，后者体内更软也更不稳定的斑块才是造成心脏病的危险因素。运动员由于高强度训练产生的高压对血管壁造成了损伤，而斑块更像是一种保护性的适应，它们起到了创可贴的作用，对血管壁进行了修复。[26] 一项针对 2 2000 名中年人和老年人的大规模分析发现，身体活动量最大的个体，冠状动脉钙化这一指标得分最高，但患心脏病的风险最低。[27]

人们之所以害怕大运动量的锻炼，是因为对其中的危险因素的认知过低，而不是由于这些危险因素真的导致了死亡的发生，伯富特的冠状动脉钙化指标造成的恐慌就是上述情形的一个典型例子。另一个例子就是所谓的“运动员心脏”。像伯富特这样的耐力型运动员通常都会拥有更大、心肌更发达的心脏，这样心脏的每一次搏动才能泵出更多的血液。这造成的一个结果就是比较低的静息心率——每分钟 40 ～ 60 下。由于这些大而强壮的心脏给医生的第一感觉很像充血性心力衰竭病人的那种肥大的心脏，因此医生一直担心过多的锻炼会导致病理性心脏肥大。在医生眼中，大心脏就是坏心脏。但是，运动员的心脏与那些心力衰竭患者的心脏虽然表面上看在尺寸方面有相似性，其成因和可能导致的后果完全不同。除了有可能造成心律不齐，尤其是房颤，没有证据表明大而强壮的心脏对健康有任何危害。[28]

我们继续讨论过度锻炼对心脏和其他器官造成的影响，以及由此产生的各种担心，但是即使有新的惹人焦虑的事情出现，过度锻炼也仍然只是一个小众事件，永远不会成为重要的公共健康问题。尽管如此，高强度的锻炼还是会引发一些不易察觉的悖论。如同我们已经反复看到的那样，包括那些极限运动者在内的有锻炼习惯的人，英年早逝的概率要远远低于不锻炼人群，但是，对身体造成巨大压力的活动，如暴风雪之后铲雪，或者跑一场马拉松，确实可以增加猝死的风险。[29] 这些死亡事件中的大多数是由潜在的先天身体条件或者获得性疾病造成的，如果这些不幸的个体没有锻炼习惯的话，那么他们中的大多数人甚至可能在更年轻的时候就发生猝死。[30] 当然，在路上跑一场马拉松比在路边看一场马拉松更有可能造成死亡，但是为准备马拉松比赛而进行训练确实有可能延长寿命。

所以，你觉得自己有可能锻炼过度吗？以极值的运动量水平进行训练确实有这种可能，而且如果你在严重感染的状态下或者在受伤恢复期间仍然这样锻炼，那么出现锻炼过度的可能性就更大。如果你不停地尝试高强度的项目，如奥运会级别的举重、每天 5 盘网球大战、跑马拉松或者超负荷参与那些令你痴迷的项目，而你的骨骼、肌肉和其他组织又无法适应这种压力，那么你的肌肉骨骼系统的受伤风险将会增加。但是从另一个角度说，令人略感欣慰的是，过度锻炼的负面影响比不锻炼的负面影响还要小一点。我妻子曾经说，锻炼过度的最大风险是会对婚姻造成影响，我给她补充了一句，不锻炼的最大风险是不能活足够长的时间去享受婚姻生活。

## 如何将各种锻炼方法整合起来

除了在运动量方面费心思之外，我们很多人还关心应该选择哪个运动项目，以及运动强度。这是现代社会的一个难题。虽然以特权阶层为主的人类至少从苏格拉底时代便开始了以健康为目的的锻炼，但是直到近代才开始有少数锻炼者会计划每周的心肺训练和力量训练的比例。在此之前，他们只是选择在户外进行一些有趣的活动，其中的一个标准是尽量让这些锻炼项目与自己日常工作时的身体活动有所不同。美国开国元勋之一本杰明·富兰克林（Benjamin Franklin）喜欢游泳、散步、举杠铃和挥哑铃，他的另一个爱好是“天体浴”，有时候甚至会在天气寒冷的情况下赤身裸体。[31] 美国第 26 任总统西奥多·罗斯福（Theodore Roosevelt）① 出了名地酷爱拳击、骑马、举重、徒步，以及在冰冷的河水中游泳。20 年之后，赫伯特·胡佛由于担心自己当了总统之后不能再散步或者骑马，突发奇想要求他的幕僚每天早上准时从 7 点到 7 点 30 分陪他打一场比赛，风雨无阻。这个项目被称为“胡佛球”（Hoover-ball），是一种介于网球和排球之间的项目，参赛者需要将 2.7 千克重的实心球抛过 2.44 米高的网，对方接住再扔回来，比赛在白宫的草地上进行，因此也为他的幕僚团队赢得了“实心球内阁”（medicine ball cabinet）的称号，而他本人则在任内减掉了 10 千克体重。[32]

① 昵称泰迪·罗斯福（Teddy Roosevelt）。

“二战”之后，锻炼逐渐与医学紧密结合。随着病例和数据的积累，医生和医学科学家逐渐将久坐不动视为一种病态，而锻炼则被认为是一种治疗手段。随着医学的进步，人们在对锻炼时间、锻炼强度和锻炼项目进行选择时，或者医生在开具特殊的锻炼处方时，尤其是分配心肺训练和力量训练的比例时，都会以医学知识作为基础。锻炼已成为一种药物。在这一转变发生的过程中，没有谁的贡献能够超过肯尼斯·库珀博士，在他的努力下，中等强度有氧运动成为大多数锻炼理论的基本原则。

## 中等强度有氧运动

库珀曾经是美国俄克拉荷马大学全明星级别的田径选手和篮球选手，进入医学院之后停止了锻炼，接近 30 岁时由于心脏出现问题，开始快速发胖，身体素质也迅速变差。库珀吓坏了，于是改变了饮食，重新开始跑步。一年后，库珀减掉了 18 千克体重，并参加了自己人生中的第一场马拉松，他是最后一名，因此他的妻子不得不央求组织者在终点再等一会儿，这才记录下库珀的成绩，6 小时 24 分。在库珀的身体恢复正常之后，他开始对如何测量身体素质以及如何评价锻炼的效果产生了兴趣。幸好，他的这一兴趣与他所从事的工作的结合堪称完美。库珀是位于圣安东尼奥的美国空军太空医学实验室的总监，负责训练航天员，帮助他们在太空失重的条件下避免出现肌肉流失和骨损耗等现象。他在训练航天员步行、奔跑、骑车和游泳的过程中，开发出一套分数体系，并最终发展成衡量心肺功能的 12 分钟跑体能测试。1968 年，库珀著书立说，将 12 分钟跑体能测试及其背后的科学理论写进了《有氧运动》（*Aerobics*）一书中。这一由他创造的词连同这本全球畅销书也成为 20 世纪 70 年代健身潮的重要推动力。[33] 直到今天，当人们想到锻炼这件事情时，通常在脑海中出现的就是“持久性中等强度有氧运动”（sustained moderate-intensity aerobic exercise）。考虑到这个专有名词太过拗口，我们将它简化为“有氧运动”。

有氧运动是一种通过燃烧氧气供能的持续身体活动。它的核心指标是心率和耗氧量。通常来说，有氧运动能够将你的心率提升到最大心率的 50% ～ 70%，大多数人的最大心率为每分钟 150 ～ 200 次，取决于身体状况和年龄。[34] 衡量锻炼强度的另外一个指标是耗氧量占最大摄氧量的百分比。无论我们用何种方法对有氧运动进行测量和界定，总之，如果在锻炼时无法保证边运动边唱歌，但是能够做到不费力地正常交谈，这种运动状态就是有氧运动。由于有氧运动会造成呼吸加快、加深，使唱歌变得不可能。典型的有氧运动包括快走、慢跑、骑车，而自从杰克·拉拉尼和简·方达（Jane Fonda）训练法出现之后，在家中对着电视机也可以进行有氧运动。如果你的体能状况不错，可以尝试时间更长、强度更大的有氧运动，按照通常的定义，此时的心率可以达到最大心率的 70% ～ 85%。在高强度有氧运动状态下进行交流，比如在快跑但不是冲刺跑状态下，一般只能说出单个词，但无法表述完整的句子。

1968 年之后的数千项研究彻底证实了有氧运动给人体带来的多种多样的益处。我们将会在后面的内容中讨论锻炼对疾病的影响，但是先在此快速做个总结：锻炼最显而易见的好处就是对心血管有好处。有氧运动对于身体的最基本的挑战是以较快的速率为肌肉和其他器官供应更多的氧气，这一需求会刺激心室变得更强壮、容积更大、更有弹性。这些适应反过来又会增加心脏输出量，也就是心率与心脏每次收缩的泵血量的乘积。具体到血液的微观层面，有氧运动会增加红细胞数量，同时也会增加血浆量，从而降低血液黏稠度，使心脏可以更轻松地泵血。持续增加的心脏输出量还可以刺激很多小动脉血管和毛细血管产生扩张，氧气交换就发生在包括心肌在内的全身肌肉的这些血管中。有氧运动提升了好胆固醇水平，降低了坏胆固醇和甘油三酯水平。因此，所有这些效应都帮助心脏保持强壮，使血管干净、柔韧性好、畅通无堵塞，使静息血压保持低值。

有氧运动还能够刺激全身几乎任何一个系统的生长和自我修复。在肌肉内部，有氧运动能够增加线粒体数量，促进肌肉纤维的生长，提高肌肉储存碳水化合物和燃烧脂肪的能力。从新陈代谢的角度看，有氧运动能够燃烧对人有害的内脏脂肪，改善身体的糖代谢能力，降低炎症水平，能够有益地调整雌激素、睾丸素、皮质醇和生长激素等多种激素的水平。需要克服自身重量的有氧运动（包括跑步、走路，但不包括游泳）能够在我们年轻的时候刺激骨骼变大、骨密度增加，当我们变老的时候对骨骼进行修复，还能够增强其他起连接作用的组织。在自我调节方面，有氧运动能够刺激免疫系统，增强它抵御某些感染性疾病的能力。此外同样重要的是，有氧运动能够增加流向大脑的血液量，能够促进某些分子的产生，这些分子可以刺激脑细胞的生长、自我保养和功能提升。而且，一次好的心肺训练确实可以改善认知和情绪。

## 高强度有氧运动

我们所做的大多数身体活动都是可持续进行的中低等强度有氧运动。但是，并非所有的心肺训练都是有氧运动。即使从未进行过锻炼，我们也都体验过那种短时间内尽最大努力然后气喘吁吁的经历，比如狂奔时一步跨越几级台阶，或者以冲刺速度追逐长颈鹿。1957 年，约翰・马歇尔拍摄了一部出色的纪录片《猎人》( The Hunters)。马歇尔的拍摄对象是卡拉哈里沙漠里的一群极度饥饿的桑人猎人，这些猎人此行的运气极差，直到突然之间他们遇到了一群长颈鹿。在一段精彩的画面中，一名猎人赤着脚在草丛中全力奔跑，追逐了长颈鹿大约一分钟，就为了更准确地射出带有毒箭头的箭。他终于射中了，但是那只受伤的长颈鹿拼命逃跑。接下来，他和他的同伴只好循着那只受伤且中毒的长颈鹿的踪迹追了 50 多千米，这种长距离追踪大多数时候步行就可以了，也有些时候需要慢跑。开始阶段那次全速冲刺的场面实在令人难忘，也说明了在日常生活中，这种偶然性的高强度短距离奔跑，对于常规中低强度有氧运动是多么重要的一种补充。[35]

短距离冲刺式高强度心肺训练将心率和耗氧量都推到了高点，通常情况下超过了最大心率的 85% 或者 90%。运动员很早之前就知道，重复进行这种强度的冲刺跑——高强度间歇训练，是提高运动能力的有效方式。一般来说，高强度间歇训练包括多组 10 ～ 60 秒的短时极限冲刺跑，每组都会让训练者跑到窒息。当然，并没有从字面上看起来那么危险，在两组之间运动员，会进行短暂的休息。20 世纪 20 年代，伟大的中长跑选手“芬兰飞人”帕沃·鲁米（Paavo Nurmi）使用的就是高强度间歇训练法，他一遍又一遍地用尽全力跑 400 米，最终获得了 9 块奥运会金牌，这种训练方法也因此在跑步选手和其他耐力运动选手中流传开来。[36]

近年来，运动科学家开始研究和重视高强度间歇训练，并因这种训练方法能给普通人带来的大量健康益处而对它大加推崇，高强度间歇训练因此格外流行。推动这场观念变革的是一位颇具影响力的研究人员——加拿大运动生理学家马丁·吉巴拉（Martin Gibala），他的实验室组织了两组大学生，一组进行高强度间歇训练——30 秒全力运动，共 6 组，两组运动中间会短暂休息，另一组以常规的长距离有氧运动为主，两周之后进行测量对照。令人震惊的是，高强度间歇训练对学生的心血管状况和新陈代谢功能产生了巨大的影响，他们的身体使用血糖的能力和燃烧脂肪的能力都有提高。[37] 自那之后，又有数百项研究考察并证实，无论被试的性别、年龄、身体素质、肥胖程度和健康状况如何，高强度间歇训练对他们的健康都产生了积极影响。由于高强度间歇训练比中等强度有氧运动更能有针对性地强化心血管系统，因此前者给人体带来的益处能更快速地显现。如果我们能够正确地执行高强度间歇训练，将会显著提升有氧和无氧能力，降低血压，降低有害胆固醇水平，燃烧脂肪，改善肌肉功能，刺激生长因子的产生，而这些生长因子的功能是保护大脑（参见第 13 章）。[38]

如果你习惯每周进行几次 30 分钟轻松慢跑或者自行车骑行，那么不妨在周计划中尝试加入一点高强度间歇训练。当然，你最好先征求一下医生的意见。一些实验数据表明，几分钟的高强度间歇训练给人体带来的好处就甚至超过 30 分钟常规有氧运动带来的好处。而且，高强度间歇训练的作用是改善你的体能状况，而不仅仅是维持。此外，高强度间歇训练不需要太多时间，因此远没有那种几小时的跋涉所带来的乏味感觉。如果你没有太多时间锻炼，那么不妨尝试短距离冲刺、跑着爬楼梯等你能做到的高强度间歇训练。

但是，这是否意味着你只进行高强度间歇训练就足够了呢？反正我不会这样做。高强度间歇训练需要你极其严苛地逼迫自己，才能达到效果，而且这种训练确实会给人造成强烈的不适感，所以对于那些体能状况不佳，或者存在关节疼痛和心血管功能缺陷等健康问题的人，一般不建议采用这种方法。而且，每周也不宜进行太多次的高强度间歇训练，这样反而不会燃烧更多的能量，只会增加受伤的风险。最重要的是，高强度间歇训练给人体带来的好处不及常规有氧运动那么多样。想想看，你是否听说过某人体能状况极佳，只是因为每周进行了几分钟的强度锻炼？总而言之，高强度间歇训练能够快速改善体能状况，也是对中等强度有氧运动的重要补充，但并不是达到和保持良好状态的唯一方法。此外，作为一种有氧运动，很多高强度间歇训练的减肥效果不佳，甚至没有效果。[39]

## 阻力锻炼

有一些力量训练需要肌肉去对抗反向施压的重物，这些重物会阻止肌肉的收缩。我们再重复一下相关知识，当肌肉对重物做功时，肌肉可能变短（向心收缩），但是如果肌肉在对抗外力时保持长度不变（等长收缩）或者处于拉伸状态（离心收缩），肌肉受到的压力将会更大，它们也会因此变得更大、更强壮。人类在进行具有挑战性的克服阻力的运动时，总会将这三种收缩动作全部用上。比如我前面讲到的桑人打猎的故事，他们最终杀死了那头长颈鹿，但是因为这个动物太大了，他们需要把它切开。那部纪录片表现了猎人们如何费力地将这个庞然大物切成碎块，并且剥掉了长颈鹿的皮，然后带着几百千克鹿肉回家了。石器时代其他常见的阻力运动还包括挖掘和攀爬。

今天，我们中只有极少人还需要去屠宰大型动物，更不要说亲自搬运重物、挖掘或者其他需要对抗阻力的事情了。为了保持足够的运动量，我们必须进行锻炼，比如用俯卧撑和引体向上等自重训练，或者为了健身去做负重训练。18 世纪，举起教堂的钟是一种非常时髦的运动方式，为了不让这些钟发出声音，还特意将其中的铃锤摘了下来，所以才有了哑铃这个词。今天的健身房里堆满了各种各样的哑铃、杠铃和综合器械，利用这些器械，我们可以使肌肉在整个运动行程中承受相同的阻力。

无论你如何使用这些器械，你所进行的阻力运动对于保持肌肉量，尤其是产生力量和能量的快肌纤维都起着重要作用。阻力运动还能够帮助人体避免骨骼流失，提高肌肉的糖代谢能力，加快新陈代谢，改善胆固醇水平。因此，每一个大型医学健康机构都会推荐我们在锻炼心肺的同时进行力量训练，尤其是年龄逐渐变大之后。一个共识性的建议是，每周进行两次肌肉力量增强训练，把所有大肌肉群（腿、臀、背、核心、肩和臂）都调动起来。合理安排这两次锻炼，以确保每次锻炼之后肌肉有足够的恢复时间，不需要进行大重量的训练，每个部位重复练习 8 ～ 12 次，感觉累的时候可以停下来。做 2 ～ 3 组上述训练比只进行一组效果更好。[40]

现在让我来总结一下。我认识一些健身达人，他们就像躲避瘟疫一样不做任何心肺训练，也有一些虔诚的有氧运动爱好者，即使你付钱给他们，他们也绝对不会碰一下杠铃。但实际上，每个人都能从交叉训练中获益，因为力量训练、中等强度有氧运动和高强度间歇训练会给身体带来不同的好处。由于我们每个人都是“实验中的个体”，有不同的背景、目标，以及因年龄而变化的兴趣爱好，因此，就像不可能存在适合所有人的最理想的运动量一样，也不可能存在最合理的锻炼项目的组合。[41] 尽管锻炼有着如此奇怪而新潮的特性，但是如果我们以人类数百年来一直保持的进化视角来看待此事，关于锻炼的建议无非就是使用了一些不一样的专业术语而已：**每周锻炼数小时，以心肺训练为**

**主，力量训练为辅，随着年龄的增加要保持锻炼习惯。**如果你需要一些更具体的描述，请参照美国卫生和公共服务部于 2018 年推荐的方案。该方案行之有效，是一个可行的最低标准。

我们相信，锻炼最终在某种程度上仍可以用医学所规范和解释。锻炼固然可以提升智力、活力和趣味性，但是我们中的大多数人进行锻炼只是因为替自己的体重以及与心脏病、癌症和阿尔茨海默病相关的健康状况担心。所以接下来我们要探讨，为什么不同的运动量和不同的运动项目能够影响那些最有可能杀死我们或者使我们失能的疾病，以及锻炼是如何影响这些疾病的。

# Exercised

## 第 13 章

## 锻炼与疾病的关系

我唯一的锻炼行为，是在参加我那些长期锻炼的朋友的葬礼时，为他们抬棺。

马克 · 吐温

锻炼也许能够起到治疗的效用，但并非长生不老药。没有人能比吉姆·菲克斯（Jim Fixx）更好地阐释这一真相了。菲克斯于 1932 年出生在纽约，后来成为一名杂志编辑，他写过几本智力游戏习题集，挑战那些超级智慧的大脑。年轻的时候，他每天要抽两包烟，食谱上尽是垃圾食品，酷爱汉堡、薯条和奶昔，体重高达 100 千克。菲克斯的父亲同样是一个生活不够健康的人，35 岁时第一次心脏病发作，最终脱离了危险，但第二次心脏病发作时他没能挺过来，享年 43 岁。菲克斯 35 岁时，明确地意识到父亲的疾病是由不健康的生活习惯导致的，他自己决定开启一种全新的生活方式。他戒了烟，改善了饮食，开始慢跑。3 年后，他参加了自己的第一场 8 千米跑步比赛，他是最后一名。但是他坚持训练，成为一名马拉松选手，最终减掉了 27 千克体重。菲克斯坚信跑步具有改善健康和延长寿命的作用，他于 1977 年出版了《跑步大全》（*The Complete Book of Running*）。这本书迅速成为畅销书，推动了跑步热潮，也使菲克斯成为名人。7 年之后，他 52 岁时在佛蒙特州一个人跑步时因突发严重心脏病而去世。[1]

多年以来，我听到了太多对于菲克斯之死的尖刻评价，说跑步有害健康。其实，考虑到菲克斯之前的肥胖史、吸烟史以及潜在的心脏缺陷，他的心脏病突发正是一个悲剧般的提醒——糟糕的饮食和数十年间每天抽两包烟所造成的持续伤害是很难逆转的。而且，如果他没有跑步，极有可能更早之前就遭遇不测了。[2]

尽管菲克斯去世时不算年老，但是只有最不可救药的怀疑论者才会对锻炼有益健康的观点持否定态度。当然，我们也应该看到，锻炼是一种非常不可捉摸的“药物”。而锻炼的医学效用之所以受到广泛认同，是因为当人们缺乏身体活动时，就会呈现不健康的状态。但是，锻炼不仅从进化视角看是一种非正常的行为，而且它也从来没能进化成一种治疗手段。人类进化出来的反而是另外一种能力，即分配能量的能力，或者准确地说，尽量不将能量用于锻炼的能力。在进化的过程中，人类可分配的能量已经远远超过了远亲类人猿，这些能量主要供给那些必要的身体活动，以及与社交相关的身体活动，还需要为自然选择过程中最重要的事情—— 成功繁衍保留稀缺的能量。人类需要时刻保持活跃的状态，虽然这样会给身体造成压力，但是维持我们身体的很多基因恰恰依赖于这种压力，这样可以更节俭地利用能量。年幼的时候，身体活动能够帮助我们开发自身能力，如增强骨骼，提高记忆力；当我们逐渐长大，身体活动激发我们体内很多关键的保养和修复机制，让我们在中老年时期保持活力。正因为如此，我们一代又一代的祖先一方面想方设法好好休息，另一方面他们每天也需要花大量的时间行走、搬运和挖掘，偶尔还会奔跑、攀爬、投掷、舞蹈和打斗。他们的人生充满了挑战，他们中的很多人年纪轻轻便已去世，但是身体活动也帮助更多的人渡过悲惨的童年，幸存下来，最终成为健康、有活力、多子多孙的祖父母。

之后，就在历史长河中一眨眼的瞬间，人类进入了后工业化时代。突然之间，我们很多人可以以一种祖先完全无法想象的轻松方式度过每一分每一秒。我们不再步行、搬运、挖掘、奔跑和投掷，每天的大部分时间里都坐在依据人体工程学设计的椅子上盯着屏幕按按钮。唯一的麻烦在于，我们继承的仍然是生性爱动的祖先们的节约型基因，这些基因只有在身体活动的条件下才能够促进身体的发育，保养和修复身体。久坐加上现代饮食以及其他一些新生事物造成了进化性失配，而且当前的这种失配现象比以往更常见也更严重，原因在于，我们的身体对于新环境的适应相当差。[3] 当然，我们目前所处的世界给我们带来了巨大的好处。今天的近 70 亿人口比我们石器时代的绝大多数祖先都拥有更长寿更健康的人生，我们中很多人所享受的舒适生活远远超出了过去的法老和皇帝的想象。但是，就像我们从未进化出适应时差的能力或者狂饮苏打水的能力一样，我们也从未进化出适应长期不进行身体活动的能力。随着年龄增加，因为长时间坐在椅子上而被大幅压缩的身体活动时间开始“回报”我们，使我们更容易患某些常见的慢性疾病以及更容易失能，而诸如心脏病、高血压、各种癌症、骨质疏松症、骨关节炎和阿尔茨海默病等病症曾经极为罕见，甚至根本没有出现过。人们通常认为，上述状况的出现是人类寿命延长之后不可避免的副产品。但是，这种说法并不完全正确。锻炼也许并非长生不老药，但是锻炼通过促进生长、保养和修复人体，可以降低出现这种失配的风险。从这个意义上讲，锻炼具有医疗效果。而且与其他药物不同的是，锻炼是免费的，没有副作用，有时还很有趣。所以，为了保持良好的健康和体能状态，很多人选择了锻炼。

但是，锻炼能在多大程度上、以何种方式帮助我们预防疾病呢？在前面 12 章里，我们已经讨论了锻炼对衰老、新陈代谢、体重、肌肉功能、膝盖损伤和其他与健康相关的事物的影响。但是，我们尚未谈及锻炼通过何种手段影响了那些致命或者会导致我们失能的疾病，以及其中的原因。是时候做出一个兼具实用性和警示性的结论了，我们将再次从进化人类学的视角简单审视身体活动，看看不同类型的身体活动和不同的运动量通过何种方式影响我们患重大生理和心理疾病的风险，按照失配假说，这些不良健康状况都是由失配引起的。针对每种重要的不良健康状况，我们都会问三个问题：这种不良健康状况发生得比以往更加频繁，是不是由身体活动的减少所造成的？身体活动是如何预防或者治疗这种不良健康状况的？哪种锻炼项目及运动量是最佳选择？

对于本章内容，我先说明几点。首先，这一章相当于一份概要，你可以从中查找某种具体的健康状况，看看身体活动对它造成了哪些影响，以及锻炼如何帮助你预防或者改善这种不良健康状况。其次，虽然本章对于锻炼增强健康的主要方式进行了研究，但是并没有提供任何锻炼方法和运动量作为运动处方。如果你打算开启一个训练计划，尤其是当你患有疾病或者体能状况不佳的时候，请咨询医生，也请考虑聘请一位有经验的专业人士进行协助。最后，这份概要并非面面俱到，因为锻炼可以影响数百种不良健康状况。我只针对一些最受关注、公认的失配状况，分析身体活动对它们产生的明确的影响。这也就意味着，我们讨论的第一种失配状况，将是这个世界上导致慢性疾病的诸多因素中危害最大、发展最快的一个。

## 肥胖

2013 年，美国医学会将肥胖列为疾病，从而引发争议。医生们在定义肥胖时使用“身体质量指数”（Body Mass Index，BMI）作为标准，即用体重（千克）除以身高（米）的平方。BMI 并不是在所有情况下都是衡量身体成分的最佳方法，但是通常来说，BMI 为 18.5 ～ 25 属于正常，为 25 ～ 30 属于超重，为 30 以上属于肥胖。[4] 将肥胖认定为疾病是为了明确传递肥胖状态所包含的多重健康危险这一警示，也希望借此改变医疗产业对治疗肥胖进行投入的方式，并消除对肥胖的污名化。尽管有诸多美好的愿望，但是这种分级方法一直存在争议。虽然肥胖是导致许多疾病的危险因素，但并不是所有肥胖者都会遇到健康问题。而且，将 1/3 的美国人归为病人确实让很多人难以接受，这种做法还暗示肥胖是一种固化、不可改变的状态。我们永远都不应该因为一个人的肥胖而对他进行谴责和污名化，但是我们也需要找到一些共情的方式帮助彼此，避免出现体重过度增长和过度下降的情形。这些方式应该包括锻炼吗?

### 哪里出现了失配

在最近的历史时期，环境的变化速度超过了人类基因的变化速度，如果说失配是由基因与环境之间对人类健康有害的相互作用造成的，那么最好的例子就是肥胖了。虽然一些人携带的基因导致他们更容易发胖，但是环境的因素更重要。肥胖现象在采集者群体中几乎不存在，在数代之前也极为少见，但是现在，有近 20 亿人口处于超重或者肥胖状态。

虽然肥胖毫无疑问是一种失配，但是锻炼与肥胖之间的关系一直备受争议。需要明确的一点是，肥胖与身体活动之间遵循能量平衡关系。当我们处于正向能量平衡，也就是摄入的能量大于消耗的能量，身体就会将多余的能量转化为脂肪储存于脂肪细胞中。当我们消耗的能量超过摄入的能量从而使身体处于负向能量平衡时，我们就会燃烧之前存储的部分脂肪。这一能量等式是由激素调节的，而激素也相应地受饮食以及心理压力、肠胃菌群和身体活动等多重因素影响。

毫无疑问，造成肥胖的罪魁祸首是饮食，尤其是那些纤维含量低、糖分含量高的深加工食品，但是锻炼在影响体重升降方面的效率存在争议。很多专家和其他人士都认为，锻炼在减肥方面起到的作用极小。对通过锻炼控制体重持质疑态度的人普遍认为，从饮食中获取的热量会远超过身体活动消耗的能量，由于锻炼增加了饥饿感和疲劳感，造成人体补偿性过度摄入，反而会使人们在锻炼之后成为沙发土豆。步行 3 千米比坐着多消耗 100 大卡能量，运动之后摄入的那瓶可口可乐所含的热量却达到了 140 大卡。但是，也有研究表明，运动量比较大的人通常不会为了补偿自己而多吃，他们在锻炼之后也不会整天陷入慵懒状态。[5] 锻炼不减肥的说法是不正确的。与节食减肥相比，锻炼减肥虽然效果较慢，但是持久。在一年的时间里每天步行 3 千米，最终可以减掉 2.27 千克。而且，锻炼减肥绝对不会出现节食减肥之后的体重反弹现象，甚至可以说，锻炼之于减肥作用重大，最大的效果就是体重不反弹。[6]

无论每个人体重超重的具体原因是什么，肥胖的危害有目共睹。脂肪细胞过量除了会给关节造成压力并且影响呼吸之外，还会生成过量激素，从而影响新陈代谢，当这些过量的脂肪细胞发生膨胀，就会被白血细胞侵入，引发慢性轻度炎症，对全身组织造成损伤。在内脏器官内部和周边堆积的大量肥大脂肪细胞—— 内脏脂肪、腹部脂肪或者器官脂肪尤其危险，因为这些细胞对激素反应极为敏感，并且会对血液产生直接影响。总之，肥胖尤其是内脏脂肪过多型肥胖，是重大的危险因素，易引发心脏病和中风在等心血管疾病、2 型糖尿病、部分癌症、骨关节炎、哮喘、肾脏疾病和阿尔茨海默病，与其他很多不良健康状况的出现和发展都有重要的关系。

## 身体活动是如何起到帮助作用的

身体活动到底能在多大程度上帮助人们减肥和避免体重上升？这一话题引发的争论已经足够多了，但除此之外，还有大量的研究关注另一个话题，身体活动能在多大程度上抵消超重或者肥胖造成的负面效应。或者换句话说，“肥胖但身体状况正常”是可以接受的吗？

很多研究结论似乎都对“肥胖但身体状况正常”的现象给予了支持。一方面，数十项研究显示，有锻炼习惯的超重人士比不锻炼的超重人士更加健康，也更长寿。[7] 另一方面，不是所有超重者或者肥胖者都会患病或者在达到预期寿命之前死亡。[8] 为数不多的研究显示，一些在老龄阶段发胖的个体，但并非肥胖或者严重超重，似乎会活得略微长久一点，其中的原因也许是他们拥有更多的能量储备，这可以帮助他们抵抗像急性肺炎这样的严重疾病。[9] 从表面上看，这些说法不会引发任何争议。似乎也没有太多人会质疑下述观点：无论体重超重多少，锻炼总是健康的行为；多余的体重不会必然导致你在达到预期寿命之前死亡；很多健康的老年人（想想女王伊丽莎白二世）都出现了增重现象。

但是，我必须说，“肥胖但身体状况正常”存在争议，很多时候这是一种杜撰的说法，所谓的“有锻炼习惯的肥胖者不存在健康问题”是错误的。虽然那些有锻炼习惯且身体状况正常的超重者在客观上降低了自己罹患慢性病的风险，但是如果你必须要在“肥胖但身体状况正常”与“瘦但身体状况欠佳”之间做选择的话，具有绝对优势的证据表明，你应该选“瘦但身体状况欠佳”。[10]

为了将身体缺乏运动与体重等因素区分开来，考察其独立的效应，哈佛大学研究人员从 1976 年开始进行“护士健康研究”，这项付出了巨大努力的超大型项目对超过 10 万名自愿分享个人习惯、健康状况和死亡信息的护士进行了追踪。诸多研究成果包括，对于体重相同的护士，那些有运动习惯的人的死亡率（每年的死亡人数）比没有运动习惯的人低 50%，在同样拥有运动习惯的人群中，肥胖者的死亡率比消瘦者高 90%。[11] 这说明肥胖对于死亡率的影响是不运动对死亡率影响的将近 2 倍。最好的情况当然是把两个危险因素都避开：那些既胖体能状况又差的护士的死亡率是既瘦体能状况又好的护士的 2.4 倍。

总之，仅凭运动无法消除肥胖带来的较高死亡风险，但是运动对于肥胖者而言仍然有好处。这是一条重要的信息，因为毕竟很多有良好锻炼习惯的人在减肥方面不够成功。但是他们坚持锻炼确实可以减轻或者抵消肥胖带来的有害后果，比如慢性轻度炎症。

## 哪种锻炼形式最有效，运动量多少最有效

这个问题的答案比较简单：对于肥胖者而言，心肺训练比力量锻炼更好。我在后面的内容中将会提及，力量训练有助于抵消肥胖引起的新陈代谢方面的一些问题，但是心肺训练更有利于肥胖者控制体重甚至减重。一项针对超重和肥胖的成年人、旨在对比心肺训练和力量训练效果的随机对照研究发现，只进行力量训练的个体几乎没有减掉任何体脂，但是每周跑步大约 20 千米的个体可减掉大量体脂，尤其是那些有害的内脏脂肪。[12] 至于心肺训练的强度达到多少才能有效减肥，仍然没有定论。个体反应的差异是巨大的，虽然通常来说，高强度运动会比低强度运动消耗更多能量，但是由于高强度运动很难坚持太长时间，因此有时候消耗的总能量反而更少。[13] 所以，最重要的指标也许是总运动量。每周步行 150 分钟可能不足以减肥。

## 代谢综合征和 2 型糖尿病

恕我冒昧，请问你是否尝过别人的尿液？这听起来当然很恶心，但如果你是古代的一名医生，你就不可避免地要品尝别人的尿液。你会收集病人的“液体黄金”，检测其味道、颜色、气味和黏稠度，这是一项常规操作。医生根据尿液得出的结论基本上都是胡说八道，但一个指标例外，那就是甜度。英国医生托马斯·威利斯（Thomas Willis）创造了词语“糖尿病”（diabetes mellitus，这个词在拉丁语中意为“像蜂蜜那样甜”），他形容病人的尿“就像加了蜂蜜或者糖一样”。[14]

不管怎么说，医生现在总算不用再喝你的尿液了，但是他们通常会将你的血液送到实验室检测，会测量你的血压、体重、身高和腰围。一般说来，如果某人有高血糖、高胆固醇、高血压和超标的腰围等大多数症状，就会被诊断为代谢综合征。[15] 上述特征通常还会伴有肥大的肝脏和其他形式的肥胖，共同成为麻烦的代谢综合征的标志性信号。而代谢综合征通常会引发 2 型糖尿病。

### 哪里出现了失配

代谢综合征和 2 型糖尿病都是明显的失配状况，在狩猎采集者中根本没有患病记录，在自给自足型农耕者中也极为罕见，近期才成为流行病。[16] 目前，全球成年人患代谢综合征的比例达到了 20% ～ 25%，令人震惊，而这一数据预计将在未来 10 年中翻倍。[17] 代谢综合征是心血管疾病、中风和痴呆症等很多严重不良状况的重大诱因，但是它最可能引发的是 2 型糖尿病（也叫成年型糖尿病）。有别于 1 型糖尿病和妊娠糖尿病，[18] 2 型糖尿病目前已经成为全世界发展最快的疾病。从 1975 年到 2005 年，患病人数已经变成原来的 7 倍，到 2030 年将超过 6 亿。[19]

虽然尿液或者血液中含糖量过高是 2 型糖尿病的一个标志，但是这一疾病的根本成因是一种被称为胰岛素抵抗的身体异常。比如你刚刚狼吞虎咽吃下 12 块饼干。随着饼干中的糖分涌入血液，你的血糖水平将会提升。因为过多的糖会对很多细胞造成损害，所以当糖的摄入量过大时，胰腺就会受到刺激开始分泌一种叫作胰岛素的激素，胰岛素的基本功能是通知身体存储能量。胰岛素可以做很多事，它会指挥脂肪细胞表面和肌肉细胞表面的特殊分子将糖从血液中输送到这些细胞中，要么储存起来，要么燃烧。如果身体在代谢综合征的影响下阻止这些细胞表面的胰岛素受体与胰岛素结合，这种现象就被称为胰岛素抵抗，会引发 2 型糖尿病。恶性循环随之开启。当胰岛素无法与胰岛素受体结合时，葡萄糖转运体就无法将血液里的糖分转移出来。这时，随着血糖水平进一步提高，大脑便会急切地命令胰腺分泌更多胰岛素，但是降糖效果仍不明显，造成血糖水平持续处于极高状态。此时的症状包括，时常感到口渴、尿频、恶心、皮肤有刺痛感。最终，超负荷工作的胰腺崩溃，人体需要靠注射胰岛素来维持生命。

与其他失配性疾病一样，2 型糖尿病的发病率也受一些基因的影响，但是引发这种疾病的更重要的环境因素是西方现代化和工业化的生活方式。在这种环境下，肥胖、糟糕的饮食、压力和缺乏身体活动这 4 种有害因素造成了人体的能量过剩。值得重申的是，膨胀的脂肪细胞在肝脏和其他器官内部过量堆积，造成了炎症和甘油三酯超标，从而引发胰岛素抵抗，导致各种指标进一步恶化。糟糕的饮食加重了肥胖，也使血液中糖和脂肪的含量大幅升高。压力提升了皮质醇水平，其后果是血糖升高、内脏脂肪堆积、炎症更容易出现。此外，久坐也会起到提升血糖和脂肪水平、降低消炎能力的作用，从而加重代谢综合征。

## 身体活动是如何起到帮助作用的

2 型糖尿病会增加死亡风险，有时风险程度较小，有时候则比较高，通过药物、饮食和锻炼，这种病是可以治愈的。虽然药物能够起到一些帮助，但并非必须，饮食和锻炼有时候会帮助身体自愈。

秉承这一理念，研究人员实施了一项充满戏剧性的测试中，10 名身患 2 型糖尿病、体重超重的澳大利亚土著人，在重新回到狩猎采集者的生活方式 7 周之后，便逆转了各自身上的疾病。[20]

身体活动对 2 型糖尿病进行预防和治疗的机制，已经得到了充分的研究。简而言之，锻炼与饮食相结合能够改善内脏脂肪超标、高血压、高血糖、高血脂、高胆固醇水平等代谢综合征的每一项标志性指标。而且，锻炼还能降低炎症，抵消压力造成的伤害。最显著的是，锻炼能够彻底逆转胰岛素抵抗，其逆转方法包括两方面：第一，可以重建受阻的胰岛素受体，第二，能够促进肌肉细胞生成更多的转运体分子，而这些分子的作用是将糖从血流中运出。[21] 这种效应相当于疏通下水道，然后再放水冲刷。综上所述，锻炼同时改善了血糖的生成、输送和使用，并通过以上方式将一个抵抗血糖的肌肉细胞修复成为一个血糖吸收能力达到之前 50 倍的细胞。没有任何一种药物拥有这样的效力。

## 哪种锻炼形式最有效，运动量多少最有效

缺乏身体活动从来都不是造成代谢综合征和 2 型糖尿病的唯一因素，因此，将锻炼作为唯一的治疗手段肯定远远不够。但是，中等强度到高强度的锻炼仍然可以作为饮食疗法和药物疗法的强有力补充。在临床试验中，中等强度锻炼组的运动量大约相当于每周步行 150 分钟，但是这一运动处方产生的效果乏善可陈，无法令医生和病人满意。[22] 如果将运动处方修改为每周进行 150 分钟以上中等强度到高强度锻炼，则效果非常理想。[23] 在一项令人信服的研究中，一名丹麦医生将一些 2 型糖尿病患者随机分为两组，两组患者都得到了健康饮食方面的明确建议，但其中一组额外增加了身体活动，每周进行 5 ～ 6 次每次 30 ～ 60 分钟的有氧运动，外加每周进行 2 ～ 3 次力量训练。一年之后，锻炼组中，一半人已经恢复到了可以停药的程度，还有 20% 的人可以减少药量。而

且，运动量越大，他们身体功能的恢复程度越高。而在未锻炼组中，达到药量减少这一效果的人只占 1/4，40% 的人尽管接受了完美的标准化健康治疗，但仍然需要增加药量。[24] 这再次印证了只要锻炼就比不锻炼好，锻炼越多越好。

至于锻炼项目的选择，由于代谢综合征和 2 型糖尿病与长期的能量过剩存在强烈的相关性，因此心肺训练是大多数治疗方案的基础。如果你觉得每日在跑步机上步履蹒跚地移动是一种折磨的话，那么告诉你一个好消息：你可以，甚至必须加入一些其他运动。高强度间歇心肺训练对于控制和治疗代谢综合征尤其有效，而且效率颇高。[25] 除此之外，很多研究都发现，力量训练对于恢复肌肉的胰岛素敏感性、降低血压、改善胆固醇水平同样有效。[26] 一项颇为机智的研究显示，包含多种锻炼项目的综合计划是最佳运动处方。[27]

## 心血管疾病

概率显示，你和我最有可能死于某种类型的心血管疾病。幸好，自从杰里米·莫里斯博士（Dr. Jeremy Morris）公布了引发轰动的研究结果之后，我们就拥有了强有力的证据，足以证明积极的生活方式可以从根本上降低这种风险。莫里斯生于 1910 年，在英国格拉斯哥的贫民窟里长大，后来成为一名医生，"二战"期间在英国皇家陆军医疗队服役。"二战"结束后，他移居伦敦，此时他注意到患心脏病的人越来越多。按照莫里斯的说法，1946 年时人们对于心脏病几乎一无所知："没有文献，这是多么奇怪的一种状况啊。如果你去英国皇家医学会的医学图书馆阅读相关文献，那么在下午茶时间来临之前，你就能全部读完。"[28] 根据从太平间和医院搜集得到的数据，莫里斯发现，伦敦著名的双层公共汽车的司机心脏病发作的次数，比在过道和楼梯上上下下走来走去的售票员要多。在好奇心的驱使下，他开始了一次大规模的研究。1953 年发表的两篇正式论文给出了令人欣喜的结果，他指出，坐着的时间更长的司机突发心脏病的概率是售票员的 2 倍。[29] 莫里斯还发现，终日坐在办公室里的邮政工作人员，突发心脏病的概率也是那些走遍伦敦投递信件的邮递员的 2 倍。他的结论后来得到了证实，也进一步解释了为什么身体活动不足再加上糟糕的饮食、吸烟、慢性压力和其他新型的环境压力对于我们的血管系统危害极大。

## 哪里出现了失配

心脏实际上是一个肌肉泵，连接着由分支管道构成的精细网络。虽然心血管疾病有很多种，但是绝大多数病症要么是管道出了问题，要么是泵出了问题。大多数毛病都是从管道开始的，主要发生在将血液从心脏输送到身体各个角落和缝隙的动脉。就像高楼大厦里的管道一样，动脉很容易被各种讨厌的沉积物堵塞。动脉变硬始于动脉壁内部的斑块积聚，这种现象在医学上被称作动脉粥样硬化，而这种斑块是脂肪、胆固醇和钙的黏稠的混合物。但是，与废弃物在管道内堆积不同的是，斑块并非简单地聚集在动脉中。这些斑块是动态的，能够变化、生长、转变，有时还会脱落。高血压和所谓的“坏胆固醇”共同作用，对动脉壁形成刺激并造成伤害，为了应对这种损伤，动脉中的白细胞启动炎症反应，而斑块便在炎症反应中逐渐变大。为了修复这些损伤，白细胞会生成一种泡沫组织将胆固醇等物质包裹起来并使之硬化。随着斑块的不断聚合，动脉血管变硬变狭窄，有时候会影响血液流动，一些组织和器官由于不能得到所需的足够血量，将进一步造成血压的升高。如果斑块彻底堵塞了主动脉，或者斑块脱落之后堵塞了其他部位的小动脉，会造成致命的结果。当这种情形发生时，身体的组织会因为缺血而坏死。斑块也会造成动脉壁扩张、变弱、凸出（动脉瘤），甚至有可能破裂从而引发大出血。

堵塞和破裂的动脉会对全身造成伤害，但是最容易受伤的部位是为心肌提供营养的狭窄的冠状动脉。由冠状动脉堵塞造成的心脏病，有可能损伤心肌，从而造成泵血不足或者引发心电紊乱，两种状况同时发生会造成心脏骤停。还有一处极容易受到损伤的动脉，那就是脑动脉，当它被血栓堵塞或者破裂出血时就会引发中风。在这份易受伤害的器官清单中，我们还应该加上视网膜、肾脏、胃和肠道。冠状动脉疾病引发的最极端的状况是心脏病突发，即使经抢救生还，仍然会使心脏功能变弱，不能像发病之前那样高效地泵出足够的血量，继而导致心力衰竭。心律不齐是另外一个导致疾病和死亡的常见诱因，心脏受到的其他伤害还包括感染、遗传缺陷、药物和传导缺陷。但是到目前为止，动脉粥样硬化是罪魁祸首，慢性高血压以微弱差距排名第二。

高血压以一种看似安静的方式对心脏、动脉和各种器官无情地施加着压力。普通人的心脏每天至少要搏动 10 万次，泵出大约 5 升血液，而长达数千千米的动脉则承受着心脏的每一次收缩所产生的压力。当我们锻炼的时候，血压会暂时升高，为了对此做出适应，由心肌构成的心室需要变得更强壮、更大、更富有弹性，这样才能在每一次心跳时泵出更多的血液。[30] 同样重要的是，动脉为了适应锻炼，还通过使血管变粗、增加血管的数量，以及保持血管的弹性来保持较低的血压。[31] 但是，当人体处于慢性高血压状态时，心脏需要通过增厚心肌壁来保护自己。增厚的心肌壁会硬化，并且被疤痕组织占据，最终导致心脏功能变差。恶性循环随之而来。随着心脏泵血能力不断下降，锻炼会越来越难以为继，高血压也越来越难以控制。心脏机能持续变弱之后，血压仍然会上升，直到崩溃的心脏不再能支撑或者保持正常的血压。之后，死亡便降临了。

冠状动脉疾病是一种非常古老的疾病，人们甚至在木乃伊中都曾发现该疾病的身影。[32] 但是对非工业化人口进行的调查显示，冠状动脉疾病与高血压一样，更大程度上源于进化失配。虽然很多医学教科书都告诉医生，血压随着年龄的增加而增加是一种正常现象，但是自从 19 世纪 70 年代之后，我们开始发现，在桑人和哈扎人的狩猎采集部落中，情况并非如此。[33] 一位 70 岁的桑人狩猎采集者的平均血压是 120/67，与部落中 20 岁的人没什么两样。很多自给自足型农耕者同样会终其一生保持低血压。我和同事罗布・谢弗、阿伦・巴吉什测量了一百多名塔拉乌马拉农耕者的血压，从年轻至年老，所有年龄的人都包括在内，我们最终发现，十几岁少年与 80 多岁老年人的血压没有区别。[34] 同样的道理，那些合理饮食、保持身体活动习惯的工业化社会人群，在步入老年的时候也会保持正常的血压。[35]

保持着足够运动量的非工业化社会人群，由于自身的低血压和健康的胆固醇水平，得以免受冠状动脉疾病的侵扰。希拉德·卡普兰（Hillard Kaplan）、迈克尔·格维恩（Michael Gurven）及其同事为亚马孙流域以采集和农耕为生的提斯曼部落的700多名中老年人做了体检。通过分析他们的心脏CT扫描结果，研究人员发现，即使是最年长者，其冠状动脉上也没有任何斑块的痕迹。[36]可以预见，当这些人群进入工业化社会并改变了原有的生活方式之后，冠状动脉疾病和高血压的发生率都会激增。[37]在过去120年里，冠状动脉疾病的患者数量是最初的2.5倍多，已经成为世界范围内致死率最高的疾病。[38]自从杰里米·莫里斯对伦敦公共汽车工作人员所做的开创性研究之后，人们对于冠状动脉疾病的认识已经趋于一致：这是一种在很大程度上可以预防的失配性疾病，是由之前比较少见的几种危险因素综合作用所形成的，这些危险因素就是高胆固醇、高血压和慢性轻度炎症。[39]作为疾病的预兆，这些指标虽然与基因相关，但主要是由那些我们长期面对的、相互影响的风险行为因素所致，包括吸烟、肥胖、糟糕的饮食、压力以及缺乏锻炼。

## 身体活动是如何起到帮助作用的

2018年，受人尊重的波士顿马拉松赛事总监戴夫·麦吉利夫雷（Dave McGillivray）成功地接受了一次三重搭桥手术，目的是防止突发心脏病。戴夫参加过数百场马拉松，其中很多都是出于慈善目的，但他承认自己几十年来一直吃垃圾食品，数量多到他自己都无法估算。与吉姆·菲克斯的情形一样，戴夫的心脏疾病说明，身体活动并不能像盾牌那样保护自身免受糟糕饮食的伤害。当然也有人说，如果戴夫不是如此投入地参与锻炼，他可能早就死了。

为了研究身体活动为何有助于预防却又不能彻底预防心血管疾病，我们还是回到引发这一疾病的三个互相影响的根本病因上：高胆固醇、高血压、炎症。

- **胆固醇。**胆固醇测试通常是对血液中三种分子的水平进行测量。第一种是低密度脂蛋白，被认为是坏胆固醇。这些气球状的分子由肝脏生成，用来在血液中运输脂肪和胆固醇，但是某些低密度脂蛋白经常会破坏并侵入动脉壁，尤其是在血压偏高的时候。这种破坏性的侵入会引发炎症反应，并形成斑块。第二种是高密度脂蛋白，有时也被称为好胆固醇，因为这些微小颗粒能够清除低密度脂蛋白，并将其送回肝脏。第三种是甘油三酯，这些脂肪颗粒自由漂浮在血液中，是代谢综合征的标志物。简而言之，富含糖分以及饱和脂肪的食物由于提升了低密度脂蛋白水平，造成了斑块的生成，因而更容易引发心血管疾病。与上述过程相反的是，身体活动能够降低甘油三酯水平，提升高密度脂蛋白，降低低密度脂蛋白水平，可以预防心血管疾病。
- **血压。**测量血压时，你会得到两个数字：较大的数字是收缩压，是心脏在将血液挤压至全身时需要施加的压力；较小的数字是舒张压，是心脏充满血液时所承受的压力。通常来说，血压高于 130/90 或者 140/90 时，就被认为是高血压。高血压非常令人困扰，因为居高不下的压力会损伤动脉壁，使它们更容易被低密度脂蛋白入侵，从而引发斑块的形成。我们在前面已经了解到，一旦斑块开始形成，血压还会继续升高，可能会刺激更多的斑块产生。慢性高血压还会对心脏造成影响，造成心脏异常增厚，从而使心脏功能降低。身体活动则可以促进血液快速流过动脉，刺激全身生成新的动脉，并且有助于现有动脉保持柔软、富有弹性，避免受到高血压的影响。
- **炎症。**斑块并非凭空而来，而是血液中的白血细胞为了应对低密度脂蛋白和高血压造成的炎症所做出的反应。高胆固醇和高血压本来就容易导致动脉斑块的出现，而慢性轻度炎症则进一步增加了这种可能性。[40] 我们之前提到，肥胖症、垃圾食品、饮酒过量和吸烟都是炎症的诱因，而身体活动可以明显起到消炎的作用。

## 哪种锻炼形式最有效，运动量多少最有效

有些人的遗传基因确实更容易诱发心血管疾病，但是这并不代表这种状况无法改变。至于如何避免高血压、冠状动脉疾病和其他的身体状况，广泛达成的共识是，从戒烟以及避免摄入过多富含糖分、饱和脂肪和盐的加工食品开始。因为心血管系统从来没有进化出在缺少需求的情况下自我改善和自我保养的能力，因此身体活动也是必不可少的。缺乏身体活动会让我们的身体更容易受高血压和心脏病的伤害。

心肺训练是维护心血管系统的最佳运动方式，这已经成为共识。长时间的有氧运动动需要心脏将大量血液泵至身体的每一个角落，由此激发的身体的多种积极反应有助于将血压保持在低位，以及保持心脏的强壮。心肺训练还能够抑制导致心血管疾病的危险因素，尤其是较高的炎症和胆固醇水平。[41] 心肺功能是心血管疾病患病风险的有效预测手段，而有氧运动则是提高心肺功能最强有力的方式。一项针对近 10 000 名男性的大型调查显示，心肺功能良好的个体与心肺功能较差的个体相比，前者患心血管疾病的危险程度只是后者的 1/4，而心肺功能低下者通过改善其功能可以将患病危险程度降低一半。[42] 心肺训练不仅可以预防疾病，还有助于治疗。高血压、高胆固醇水平和完全型冠状动脉疾病患者如果每周能够进行至少 150 分钟身体活动，那么他们的身体健康状况将获得中等程度的改善，如能增加运动量，改善效果将更加明显。[43] 我们之前讨论过，短时间高强度心肺训练与长时间低强度心肺训练的效果相当，甚至会更好。[44]

心肺训练对于心血管系统的激活和增强效果毋庸置疑，但是也不能忽视力量训练在改善胆固醇水平（增加高密度脂蛋白和减少低密度脂蛋白）和降低静息血压方面的作用。[45] 需要指出的是，只进行力量训练对于心血管系统的保护效果显然不如只进行心肺训练。[46] 我和我的同事罗布 · 谢弗、阿伦 · 巴吉什提出，这种保护能力上的差异也许源于心血管系统在对力量训练和心肺训练这两种截然不同的运动方式进行适应时所做出的权衡。[47] 只进行耐力训练的职业跑者能够一直保持较低的血压，他们的心脏在训练中变得更大更有弹性，这样才能更好地确保超大量的血液流动，但是这种类型的心脏无法应对力量训练负重时所需要的高血压。而美式足球跑锋式对抗型选手，他们的心脏会变厚变硬以应对高血压，却无法处理心肺训练所需要的超大血流量。因此只进行力量训练而不进行心肺训练的选手所面临的危险与久坐个体相当，都可能出现慢性高血压和心血管疾病。这一风险是芬兰学者在对 1920 年至 1964 年参加过奥运会的每一名芬兰选手进行大规模研究时发现的。越野滑雪等耐力项目选手的心脏病突发风险竟然比芬兰人的平均值低 2/3，而举重和摔跤等项目的力量型选手的这一数据比平均值高 1/3。[48] 所以，进行选择的重点在于：力量训练并非不好的选择，但是不要放弃心肺训练。

## 呼吸道感染和其他传染病

当我在 2020 年 3 月编辑这些文字的时候，自 1918 年大流感之后最严重的传染病—— 新型冠状病毒肺炎（COVID-19）疫情正在全球肆虐，患病人数巨大，很多人不幸离世，整个世界陷入经济危机。这次疫情毫不掩饰地提醒全世界，传染性疾病对人类健康造成的严重且恐怖的威胁从未停止过。虽然绝大多数感染了该病毒的人只表现出了轻度到中度的症状，但是该病毒的致死率是包括流感病毒在内的大多数呼吸道病毒的数倍。美国疾病控制和预防中心数据显示，流感每年会夺去大约 5 万名美国人的生命，其中大多数是老年人。其他传染性疾病，如艾滋病、肝炎和肺结核，每年也会在世界范围内造成大量死亡。

你也许会想，身体活动会对呼吸道感染之类的传染病造成什么影响呢？新型冠状病毒肺炎疫情流行期间，医学官员会提醒我们勤洗手、正确洗手、保持社交距离、咳嗽时用胳膊肘遮挡口部，最有意思的是，让我们别摸自己的脸。这些基本而实用的措施有效地阻止了病毒的传播。还有一些重要的手段被证明行之有效，比如注射疫苗，以及服用抗病毒药物。还有一种自我保护的方法可以作为补充手段，那就是提高自身免疫力，而这种方法经常被忽略。在这方面，有规律的身体活动虽然不是灵丹妙药，但也许能起到帮助作用。

## 哪里出现了失配

病毒、细菌和其他病原体不断进化，就是为了侵入我们的身体，避开我们的免疫系统，在我们的体内进行自我复制，然后再由我们通过打喷嚏、咳嗽或者其他传播方式传染他人。与上述过程类似的是，我们的免疫系统同时也不断进化，准备反击。这场进化的军备竞赛已经持续了数百万年，但是自从进入农业社会，人类就变得很容易感染传染性疾病，比如霍乱、天花和呼吸道感染等。狩猎采集者以小群体的方式生活在没有家畜的临时营地中，人口密度极低，但是随着农业的发展以及后来的工业的发展，人类可以在村庄、乡镇和城市定居，这就导致这些地方人口密度极高，人与家畜密切接触，老鼠等物种也来凑热闹。更糟糕的是，绝大多数城镇中的下水道系统和清洁的供水系统并未出现很久，在世界上的很多地方，公共卫生设施直到今天仍不够完善。传染性病原体在人类过度密集和不卫生的环境中滋生，一旦它们从其他物种传至人类身上，就会变得格外危险，因为人类的免疫系统之前从未遇到过这些病原体。所以，就像狩猎采集者会罹患多种传染性疾病一样，新型冠状病毒肺炎这样的高传染性流行病的出现，也是文明造成的“部分失配”，这也就解释了为什么保持社交距离和勤洗手是对付病毒的重要手段。[49]

长期缺乏身体活动对于免疫系统而言，也许是另外一种“部分失配”。长久以来一直有观点认为，诸如跑马拉松这样对自我要求极高的身体活动，会影响免疫系统的效力，但是诸多证据显示，有规律、中等强度的身体活动能够减少感染呼吸道感染等某些传染性疾病的风险。[50]而且，当我们年龄增大的时候，锻炼能够减缓免疫系统的老化速度。[51]但锻炼并非灵丹妙药，不能解决所有麻烦。免疫系统是由多个不同部分组成的迷宫，通常以不可思议的方式进行精细的协作，但是偶尔也会行为古怪，各自为战。比如，过敏和红斑狼疮等自身免疫性疾病的出现都证明，在一些罕见但重要的场合，本该起保护作用的免疫应答过程，对我们自己的身体发起了攻击。而且，病原体会不断进化出新的形式，以突破我们的免疫防线。

久坐的习惯会对整体健康状况和压力水平造成负面影响，我们已经知道，这种压力会造成免疫系统功能下降。除了这种普遍意义上的坏处之外，缺乏身体活动与免疫系统之间也许是一种失配关系，至于其中的原因，目前尚不清楚。一种解释是，我们的祖先进入丛林进行狩猎和采集时很有可能会接触各种病原体，我们的免疫系统因此进化出一种能力——当人体处于活动状态时免疫系统便会迅速提升防御水平以对抗有可能来袭的病原体。与此相关的另外一种解释源于我们的身体使用能量时的节约原则。当身体在对抗感冒时，我们就会感到疲惫，这说明免疫系统通常会消耗非常多的能量。因此，我们的免疫系统便进化出了一种节约能量的能力，即当身体对免疫系统的需求程度下降时，免疫系统的警戒级别便会降低。对于狩猎采集者来说，上述情形出现在他们的身体活动减少的时候，而此时他们暴露在病原体中的可能性也在下降，这与大多数工业化社会中的人完全不一样。

## 身体活动是如何起到帮助作用的

身体活动如何降低包括呼吸道感染在内的传染性疾病的风险，以及能降低到何种程度？这两个指标很难测量。解答这个问题的一种方法是针对身体活动量有明显差异的人群，对比他们患呼吸道感染和其他传染性疾病的可能性。总体而言，这类研究给我们带来了好消息，但这些好消息存在限制条件。在一项调查中，研究人员在西雅图地区随机挑选了115名没有身体活动习惯的女性，一组人在未来一年中保持久坐习惯，另外一组每周步行5次，每次45分钟。开始阶段两组人没有什么区别，但是6个月之后，步行组中的呼吸道感染率明显下降，大约只有平均感染率的1/3～1/2。[52] 为了测试体重对呼吸道感染的影响，研究人员让包括一些肥胖者在内的超过100名女性在呼吸道感染最为流行的冬季进行锻炼，在12周的时间里每周步行5次，每次45分钟。步行组女性无论体重如何，被呼吸道感染所困扰的天数大约只有平均值的一半。[53] 由于压力也会造成免疫系统功能低下，另外一项为期4个月的研究追踪了超过1 000名瑞典女性的情况，收集她们在锻炼强度、压力水平和呼吸道感染发生率方面的数据。与拥有久坐习惯的瑞典人相比，有中等强度和高强度锻炼习惯的人的呼吸道感染风险下降了15%～18%，自报有压力感的被试，呼吸道感染风险的下降幅度更大。[54] 最后，在一项针对超过10万名护士（其中2/3是女性）的研究中，控制变量为吸烟、体重、酒精摄入量、性行为和年龄。该研究发现了身体活动水平与感染肺炎的风险之间呈反向的剂量－效应关系，从运动活跃度最高的女性到运动活跃度最低的女性（并不包括男性），风险度居然下降了30%。[55] 尽管有这些令人鼓舞的发现，但并非所有研究都得出了锻炼可以降低呼吸道感染的结论，部分原因在于这些测试很难实施。[56] 我们需要更多的研究，在更长的时间里跟踪更大规模的人群，需要更准确地诊断出感染的发生率，同时还要测量身体活动水平和压力等风险因素。虽然我们仍然需要更缜密的研究以求更好地测试和量化锻炼对传染性疾病的预防效果，但是没有任何证据表明中等强度的锻炼会增加了感染风险。

另外一种研究策略是通过实验测量免疫系统的不同部分对不同类型的身体活动和运动量会做出怎样的反应。若进行这种实验，最简单的办法就是在锻炼前后分别提取被试或者实验动物的血液或者唾液，测量白血细胞、抗体和其他免疫系统指标的变化。这类研究的局限性在于，它们测量的只是免疫系统的活动，而不是临床结果，但是研究也发现，经常进行中等强度锻炼的人群，其抗感染细胞的基准水平较高，而在长时间的高强度锻炼之后，这一水平会迅速下降。[57] 在一个设计精细的实验中，13 位年轻人被安排骑固定在地上的自行车，直至骑不动为止，之后接受白血细胞测量。这些年轻人随后被分成两组，一组在之后的两个月里每天进行半小时的中等强度骑行，另一组在此期间则不再进行任何锻炼。两个月时间一到，两组年轻人再进行一次相同的全力骑车测试。两个月的中等强度锻炼提高了锻炼者的白血细胞水平，但是两次高强度锻炼后都测量到了白血细胞数目的下降，尤其是那些久坐者。[58] 这些研究表明，中等强度锻炼能够提升免疫能力，但是高强度锻炼之后的短时间内，白血细胞数目会下降，这一现象引发了关于运动量与免疫功能之间存在反向关系的猜想。[59] 按照这种观点，长期缺乏身体活动会导致免疫能力下降，中等强度锻炼能够提升免疫系统的功能，过高强度的身体活动会暂时降低免疫功能从而增加感染的风险，尤其是对于那些身体素质不佳的个体而言。[60]

跑全程马拉松等长时间的高强度身体活动会导致一段易感染的“开窗期”，这虽然是常识，但是我们仍然需要更多的研究以确定到底什么样的运动量算是过量，以及其中的原因。如果我们将白血细胞和抗体看作对抗外侵之敌的战士，那么它们的分配部署情况也许比从血液中测量到的它们的数量更重要。很多研究为这一“防御假说”提供了支撑。更重要的是，有规律的身体活动不仅增加了白血细胞的数量，似乎还能够合理地将血液中的细胞送到最需要它们的地方，其中包括被黏液覆盖的脆弱的呼吸道和消化道内壁。[61] 而且，那些被重新分配部署的细胞往往是对抗病毒时作战能力最强的细胞，其中包括自然杀伤细胞和细胞毒性 T 淋巴细胞。[62] 对久坐人群和锻炼人群接种疫苗之后的对比研究也表明，锻炼有助于我们更快速更有效地产生抗体。[63] 重要的是，这种与锻炼相关的疫苗增强现象也会出现在老年群体之中。考虑到老年人的感染率通常会更高，恢复起来更慢，对疫苗应答更迟缓，因此，有规律的身体活动由于能够延缓免疫系统的衰老，因此对老年人的好处更为明显。[64]

总而言之，有规律的中等强度身体活动能够提高免疫系统的能力，至于运动量多少是合适的，对于哪种传染性疾病更有效，我们所知甚少。免疫系统进化的目的就是对付那些有害的病原体，值得反复强调的是，免疫系统的复杂程度和多样性堪比不可胜数的有害病原体。如果我们希望通过对某个人的免疫系统进行量化，以确定它对付某些传染性疾病（其中包括新型冠状病毒肺炎）的能力，那么我们需要做的，是厘清人与病毒以及包括身体活动在内的多种影响因素之间的变量关系。如果我们研究的是面对致命疾病时免疫系统如何对人体进行保护，我们根本无法进行对照试验；如果我们希望通过研究老鼠等实验室动物的免疫功能，再类推到人体，那么这种研究方法实在太过复杂，因为无论是两个物种的免疫系统本身，还是它们的敌人，都差别巨大。尽管如此，研究人员还是为老鼠设计了一个不能在人身上实施的巧妙实验，他们为老鼠注射了致命剂量的流感病毒，然后让其中一些老鼠在出现症状之前进行三天锻炼。在中等强度锻炼组（以中等速度每天跑 20 ～ 30 分钟）中，多达 82% 的老鼠活了下来，待着不动的老鼠中有 43% 存活了下来，而每天被迫跑 2.5 小时的老鼠中只有 30% 活了下来。[65] 对这些老鼠来说，哪怕是一点点锻炼也好过不锻炼，而过度锻炼同样是致命的，充分说明在对抗严重感染时，休息至关重要。

## 哪种锻炼形式最有效，运动量多少最有效

至于身体活动对免疫系统产生的效果，几乎所有研究都是针对心肺训练的，为数不多的另外一些研究发现，力量训练对免疫系统几乎没有什么作用，当然也没有副作用。[66] 我们了解得不够充分的另外一个方面是运动量。如同身体活动给人体其他器官带来的诸多好处一样，对于免疫系统来说，活动就好过不活动。但是，多大的运动量才算过量？超过了哪个界限就会造成短暂的免疫能力低下？这些问题仍然需要进一步研究。第 12 章曾经提到，关于这个问题有一个共识性的“开窗假说”。由于免疫系统在“火力全开”时需要大量能量，因此极端强度的锻炼有可能造成免疫系统在对抗入侵病原体时能量不足。但是，“免疫监视假说”也提出，高强度的锻炼能够教会人体优先将所需细胞送到能充分发挥它们功效的地方。由于每个个体和每种疾病都受到诸多因素的影响，因此还需要更进一步的研究。中等强度的锻炼总是对身体有益无害，这是

没有争议的共识，但是如果身体正在对抗严重的感染，那么绝对不推荐进行高强度的锻炼，因为免疫系统此时需要身体所能提供的全部能量。

## 慢性肌肉骨骼疾病

年龄，对于肌肉、骨骼和关节是出了名的冷酷无情。那些有幸长寿的人，很难躲过失能三连击：肌肉流失（肌少症）、骨流失（骨质疏松症）和关节软骨退变（骨关节炎）。老年人在爬楼梯、搬重物、步行以及做一些基本动作，比如从椅子上站起来的时候，弱化的肌肉会令他们格外疲惫。骨质疏松症会导致极为痛苦的脊椎断裂和各种骨折，使得他们无法行动。有时候只是一个看似简单的动作，比如起床，就会导致股骨头骨折，这简直就是一场噩梦。对于很多老年人来说，髋骨骨折就像是生命终章的开始，他们会被困在床上，因此极有可能出现一系列由于无法活动而引发的致命并发症，比如血栓和急性肺炎。[67] 最后，关节炎导致的灼热般的关节疼痛严重影响移动能力，进而造成了身体功能下降，老年人因此无法从事他们喜欢做而且需要做的事情，这又会令他们感觉孤独和沮丧。

幸好，有研究人员从进化古人类学的角度提出，衰老不必然导致肌肉、骨骼和关节的灾难性变化，他们还解释了其中的原因。

### 哪里出现了失配

对于老年人而言，某些老化是不可避免的，但是有证据表明，老年性骨骼肌肉类疾病属于部分失配性疾病。如同我们已经看到的那样，握力测试的结果显示，与同年龄的西方人相比，狩猎采集者并没有因为衰老而失去肌肉力量。[68] 虽然我们没有狩猎采集者患骨质疏松症方面的准确数据，但是从全世界范围内骨质量和骨折率方面的数据看，后工业化时代国家的骨质疏松症患者的比例大幅增加。[69] 根据当前的数据，人们在一生中患骨质疏松症风险情况是女性为 40% ～ 50%，男性为 13% ～ 22%，而在发达国家，骨质疏松症每年会导致 1 000 万例骨折的发生。[70] 关于骨关节炎，我和我的同事伊恩·华莱士（Ian Wallace）研究了超过 2 500 具人体骨骼，他们均在 50 岁之后去世。我们的结论是，人类患骨关节炎的历史长达数百万年，就连一些尼安德特人都曾受此疾病折磨，但是"二战"后，人类在所有年龄段罹患此病的概率翻了倍。[71] 今天，25% 以上的美国成年人被诊断患有某种骨关节炎，大多数发生在膝盖部位。[72]

如同我们之前反复说的那样，我们遗传到的基因会影响我们患肌少症、骨质疏松症和骨关节炎的可能性。但是，由于我们的基因在过去的几代中没有什么变化，造成这些失配的罪魁祸首一定是环境的变化。肥胖症和用现代手段处理的食物是主要原因，但是考虑到肌肉和骨骼的基本功能，因此，将身体活动的严重缺乏也列为罪魁祸首是合理的。针对每一种肌肉骨骼疾病，锻炼能起到的保护性预防功能都是不一样的。

## 身体活动是如何起到帮助作用的

肌少症应该是最能从锻炼中受益的疾病。由于肌肉非常耗能（此时此刻，你每消耗 5 大卡，就有 1 大卡用于保养肌肉[73]），在能量分配原则中，它们是"用进废退"典型的例子。当我们要求肌肉做功，尤其是抗阻收缩时，我们便会激活基因，让基因去增加纤维的尺寸，同时修复和保养肌肉细胞。肌肉一旦停止使用，便会缩小。因此，虽然衰老会影响激素水平和神经特性，从而不可避免地造成力量的下降，但保持身体活动能够有效地阻止这种下降的趋势。对于当今退休后的人而言，保持身体活动是诸多选择中的一种，但是对于那些老年狩猎采集者祖先来说，他们没有选择，必须每天从事步行、搬运、挖掘和攀爬。实际上，就像我们所看到的，狩猎采集者中那些老年的祖父母通常会比年轻的父母们更活跃。幸好，身体活动尤其是那些负重类、能产生阻力的身体活动，不仅有利于保持肌肉，还能够逆转肌肉萎缩的过程，这一机制直到高龄仍然有效。即使是 80 多岁的人，也能够在健身房里让自己的肌肉发达起来。[74]

骨质疏松症是一种更为复杂的退行性疾病，锻炼只能起到部分预防作用。有一种常见的误解认为骨头是一种惰性结构，就像支撑楼房的钢筋。但实际上，骨头是一种极为活跃的组织。我们用生命中前二三十年发育自己骨骼结构中的骨头，之后骨头的质量和密度以大约每年 1% 的速率慢慢降低。[75] 这种流失不一定导致骨质疏松症，因为在正常的环境下，我们的骨头发育得足够完善以应付这种缓慢的流失，所以完全不用担心骨质降到某一标准之下，骨头会变得过于脆弱。实际上，我们之所以会患骨质疏松症，是因为我们小的时候骨量没能发育到峰值，或者随着年龄增长我们的骨密度下降速度过快。[76] 当骨头不够强壮时，就会出现脊椎骨折、手腕折断和股骨骨裂等情况。避免骨质疏松症的其中一种方法，是在少年时代保证骨头发育得足够强壮，足以承受日后的流失。另外一种方法是在我们年龄增大时减缓骨密度下降的速度。随着年龄的增加，男性和女性都会出现骨密度下降现象，而绝经之后的女性情况则更为严重。因为绝经后，女性体内的雌激素水平会下降，而雌激素的一个功能是避免出现骨质溶解。[77] 大剂量的钙和维生素 D 等良好的营养能够帮助年轻人发育强壮的骨骼，也可以避免老年人出现骨质溶解。除了这些营养物质对骨头能够起到重要作用之外，身体活动时骨头所承受的力对于骨骼健康也同样重要。尤其是负重锻炼对骨骼施加的压力，能够在我们年轻的时候促进骨生长细胞生成更多骨质，在我们开始衰老的时候避免骨吸收细胞吸收骨质。[78] 因此，终生进行负重锻炼有助于预防骨骼类疾病。

骨关节炎给数以百万计的工业化国家的老年人造成了痛苦，但至今仍然是人类所知甚少的谜一般的疾病。由于骨关节炎伴随着关节软骨磨损，因此很多患者和医生都认为这是与衰老相关的损耗过程造成的后果。但是，这个观点是错误的。诸如跑步等身体活动会持续、大负荷地对关节施加压力，但是并没有造成骨关节炎的高发，而且在很多情况下也许还起到了预防作用。[79] 按理说，如果身体活动对骨关节造成损伤的话，那么在目前这种久坐现象普遍的世界里，骨关节炎的病例应该越来越少才对，而不是越来越多。实际上，这种疾病之所以随着年龄的增加而越来越常见，是由于关节内部的炎症侵蚀了关节软骨。有些时候，这种炎症是由半月板损伤或者韧带断裂等意外事件造成的。但是，引发骨关节炎病例的炎症的主要成因是肥胖症和缺乏身体活动。[80]

## 哪种锻炼形式最有效，运动量多少最有效

由于肌肉、骨头和关节的主要作用是产生力量和承受力量，因此它们的自我保养和自我修复主要是通过对高强度的力量做出反应来实现的。虽然特定的锻炼项目与患肌肉、骨头和关节疾病的可能性之间并不存在剂量－效应关系，但是我们仍然可以做一些总结。

肌肉能从所有类型的身体活动中受益，但益处最大的是负重类身体活动，这类身体活动需要肌肉在受力收缩时保持长度不变（等长收缩）或者拉长（离心收缩）。为了避免肌少症，请进行力量训练。

骨头同样需要负重锻炼，以足够高的频率施加足够强度的压力可以激活骨细胞。这些力，有的来自突然的冲击，如跑者的脚步接触地面的时候，但是最强大的冲击力还是由肌肉生成的。[81]因此，与游泳或使用椭圆机健身等会对身体施加低冲击力的身体活动相比，跳高、跑步和举重等通过肌肉发力向骨头施加压力的身体活动更有助于造就和保持强壮的骨骼。[82]

软骨退化的过程也许可以通过身体活动干预，但是不同的锻炼项目如何预防骨关节炎，以及预防到何种程度，仍然不甚清楚。也许身体活动最大的好处是避免肥胖症和降低肥胖程度，从而减轻了炎症和巨大的压力。[83]步行和跑步等身体活动所施加的压力，能够提升关节软骨的数量和质量。[84]最终，锻炼尤其是负重训练，能够增强关节周边的肌肉，从而降低这些关节由于异常行为（如膝盖扭伤）而受到的损伤。[85]但是任何事情都存在两面性。身体活动虽然总体而言有助于预防骨关节炎，但是有些项目，尤其是像速降滑雪这样的时尚项目，可能造成关节部位的严重损伤，反而增加了你患病的风险。

## 癌症

没有任何一种疾病像癌症那样令我恐惧。作为在全球范围内致死率排名第二的疾病（每 4 名癌症患者会有 1 人因病死亡），癌症就像细胞学上的俄罗斯轮盘赌，对 50 岁以上的人群发起无差别的攻击。过去几十年中，医学科学在认识和治疗各种癌症方面已经取得了显著进步，但是对于每一个确诊者来说，癌症仍然像是一次死刑判决。科学家也许很快就会发明一些新的特殊疗法，但是我们现在所能做的仍然是预防癌症。预防的过程不仅包括锻炼，还需要我们认识到，这种疾病是由某种彻底错误的进化方式造成的。

### 哪里出现了失配

癌症不是一种孤立的疾病。实际上，当细胞以一种被扭曲的非自然选择的方式互相攻击时，在人体内发生的这种异常统称为“癌症”。[86] 将自己的身体想象为一个巨大的生态系统，拥有由 200 多条不同的细胞生产线制造的近 40 万亿细胞。正常情况下，细胞之间和谐合作，即使有些细胞发生随机突变，绝大多数突变也都是无害的。但是在偶然的情况下，细胞会发生改变自我性能的突变，而这些突变中的一小部分会引发细胞互相攻击。当这些突变发生时，细胞就变得有害。此时，它们开始失控地进行分裂，在体内肆意移动，贪婪地消耗能量。如果你的免疫系统未能及时迅速地杀死这些癌细胞，它们便会占据器官，使器官功能紊乱，饿死其他细胞。癌症最常发生的位置是生殖器官、肠道、皮肤、肺部和骨髓，因为这些组织中的细胞分裂得更快，而且这些细胞通常很容易受放射物、有毒物质和激素等外部物质的影响，从而加速了它们的分裂或者突变。

只要世界上还存在多细胞生命体，癌症就会存在。随着人类寿命的延长，我们积累有害突变的可能性也越来越大，癌症发生率就不可避免地居高不下。但是，有一些癌症的出现可能是因为部分失配。如果没有现代医学复杂的技术手段，癌症其实很难被检测到，但是为数不多的证据表明，在狩猎采集者和非工业化社会的人口中，癌症的发生率极低。[87]1842 年，意大利维罗纳一家医院的主任医师多梅尼科·里戈尼－斯特恩（Domenico Rigoni-Stern）公布了他对自己所在医院的癌症死亡率的估算。他估算出 1760 年至 1839 年在该医院死亡的 150 673 人中，有不到 1% 的人死于癌症。[88] 尽管当时的医生缺乏足够的技术手段对很多癌症进行确诊，以及很多儿童死亡病例稀释了癌症死亡率，但是考虑到当年的数据为当今的癌症死亡率的不足 1/10，还是可以说明这一疾病在现代的高发。[89] 而且，世界各地的各种癌症发病率都在升高，比如，英国乳腺癌的发病率 1921 年至 2004 年翻了一番。[90] 为了让人们关注癌症，研究人员做出了如下估计：到 2040 年全球新发癌症将达到每年 2 750 万例，与 2018 年相比，增加了 62%。[91]

由于癌症将一直存在下去，我们必须找到好的办法，不仅要治疗它，还要预防或者驯服它。幸好，身体活动就是对抗某些癌症的好办法之一。

## 身体活动是如何起到帮助作用的

我知道，像我这样的人有时候说起话来就像出了毛病、不断重复的唱片。一项一项地赞美身体活动带来的健康益处，确实会削弱这些信息的冲击力。但是，请不要轻视身体活动对于癌症的积极作用，因为锻炼在抗癌过程中的作用一直没有得到应有的肯定，而且这方面的研究也不够充分。

我们先来介绍已经得到证实的部分。大量的研究已经测量了身体活动与癌症之间的关系先来介绍，其中的一些研究质量非常高。一项分析报告集纳了 6 个高水平研究的数据，这些数据是对 65 万名老年个体进行至少长达 10 年的跟踪得到的。[92] 其中记录的超过 11.6 万名死亡人员中，25% 身患癌症。当研究人员考察身体活动的强度水平与癌症发生率（控制变量为性别、年龄、吸烟、喝酒和教育背景）之间的关系时，他们发现了一个清晰的剂量－效应关系。与久坐人群相比，有中等强度锻炼习惯的癌症发生率要低 13% ～ 20%，而有中等强度到高等强度锻炼习惯的人这一数据则要低 25% ～ 30%。包括一项涵盖 140 万人的研究在内的其他分析报告也给出了相同的结论。[93] 乳腺癌和结肠癌是最容易受锻炼影响的病症。根据一项预估，每周做 3 ～ 4 小时中等强度锻炼能够将女性患乳腺癌的风险降低 30% ～ 40%，能够将男性和女性患结肠癌的风险降低 40% ～ 50%。[94]

身体活动是如何预防癌症的，以及其中的原因，目前只得到了部分的解答，但是从进化视角推测，该机制应该与能量有关。无论是完整的人体，还是人体内的一个细胞，其生命都是由能量支撑的。在获取热量之后将其尽可能多地投入到繁衍活动中的人类，更容易获得自然选择的青睐。同样，那些驱动癌症的自然选择也更青睐恶性细胞，因为它们同样能够尽可能多地获取热量，然后用这些热量尽可能多地自我复制。高强度的身体活动至少会从 4 个方面将能量从癌症细胞分流出去。

第一，生殖激素。消耗在身体活动中的能量就不可能再消耗在繁衍活动中，这种权衡机制是由雌激素等生殖激素调节的。有中等强度锻炼习惯的女性能够分泌足够的激素用于繁衍活动，而久坐型女性则是简单地将更多的能量分配给繁衍活动，这会导致雌激素水平比正常值高 25%。[95] 由于雌激素等生殖激素能够促进乳房组织的细胞分裂，这相当于因为缺乏身体活动而增加了乳腺癌的风险，锻炼则会产生相反的效果。雌激素水平和乳腺癌风险，还会因为怀孕次数的减少和肥胖症而增加。[96]

第二，糖。有些癌细胞喜欢糖。实际上，很多癌细胞都直接从糖中获得能量，糖可以无氧燃烧，所以不需要氧气就能提供能量。因此，代谢综合征中的高血糖指标与高癌症风险存在关联。[97] 同样，锻炼由于能够从癌细胞处剥夺现成的能量，从而有助于预防和对抗癌症。而且，由于高强度锻炼抑制了糖的无氧新陈代谢，因此极端高强度锻炼有可能在预防和对抗某些癌症时格外有效。[98]

第三，炎症。炎症通常都伴随着慢性能量过剩和肥胖症，是多种癌症的风险因素。我们已经了解到，炎症能够造成多种形式的细胞损伤，其中一些损伤会引发细胞突变从而导致癌症。[99] 身体活动能够直接或者间接地预防炎症和降低炎症级别，因而也就相当于间接地干预了癌症的发生。

第四，抗氧化剂和免疫功能。身体活动会刺激人体将能量分配给修复和保养系统，清理锻炼造成的损伤。能量的其中一个用途是合成抗氧化剂。这些负责清理的颗粒能够限制高活性原子的作用，而造成包括潜在的癌症突变在内的各种损伤都是由这种原子引起的。[100] 因此，即使是一般强度的锻炼也可以提升免疫系统的功能，在对抗癌症时起到重要作用。一个格外令人振奋的发现是，高强度的锻炼能够增强“自然杀伤细胞”的能力，这是免疫系统识别和杀灭癌症细胞的最重要武器。[101]

### 哪种锻炼形式最有效，运动量多少最有效

考虑到癌症不可思议的多样性和个体之间的差异，这一问题并没有得到充分的研究和确切的答案。但是，中等强度到高强度的有氧运动和阻力锻炼都已被证明能够显著降低特定癌症的风险，尤其是针对结肠癌和乳腺癌。锻炼还有助于癌症患者的治疗。[102]

## 阿尔茨海默病

当我祖母的短期记忆开始下降的时候，我们都认为这是由于照顾我体弱多病的祖父时承担的压力所造成的。但是，在我的祖父去世之后，祖母的大脑机能持续缓慢而无情地下降，记忆一段又一段地流失。开始时，她想不起来自己把东西放在了哪里、刚刚与谁说过话、午饭吃了什么。后来，随着她的阿尔茨海默病不断发展，她开始认不出自己的家人、朋友，无法记住一些基本的词语

和自己生命中的重要经历。最终，她无法区分过去和现在。就好像这一疾病偷走了她的记忆，只留下了她的身体。

## 哪里出现了失配

阿尔茨海默病是一种病因尚不完全明确的复杂疾病，而且一定是由某种进化失配造成的。针对非工业化社会人群中认知退化病例的研究非常有限，但是流行病学研究在对工业化社会人群和非工业化社会人群的平均期望寿命进行修正之后，对两类人群的阿尔茨海默病发病率进行了保守估计，结论是，前者的发病率约为后者的 20 倍。[103] 而且，这一疾病正在变得越来越常见，21 世纪上半叶，阿尔茨海默病在全球范围内的流行程度将翻两番。[104] 仅凭基因无法解释这种疾病的流行。

虽然阿尔茨海默病的症状及其发展过程已经广为人知，但是其病因仍然待解。最常见的理论是，阿尔茨海默病是大脑表面附近的斑块和缠绕在一起的杂质造成了神经细胞（神经元）的缺氧，使得细胞无法得到足够营养，就像头发堵塞了下水道。[105] 但是，将这些斑块和杂质处理掉似乎也无法逆转或者预防这种疾病，而且很多老年人的大脑中存在斑块和杂质，却未发展为阿尔茨海默病。[106] 新出现的一些证据认为，阿尔茨海默病是一种炎症性自身免疫疾病，患病初期，患者大脑内部的星形胶质细胞会受到影响。这种星形胶质细胞的数量有数十亿之多，其任务通常是调节和保护神经元及其之间的联系。必要的时候，星形胶质细胞能够合成一种毒性化学物质以保护大脑免受感染。按照这种理论，当星形胶质细胞在没有感染发生时合成了这种毒质，就会攻击大脑的正常细胞，从而造成阿尔茨海默病。[107]

这一假说的一种与进化相关的解释和最初的证据，都来自针对亚马孙地区狩猎采集者提斯曼部落的研究。你们应该还记得，研究人员未在这一部落中发现有人患过冠状动脉疾病。虽然携带两份 ApoE4 基因①的西方人在进入老年阶段后患阿尔茨海默病的可能性会提高至平均水平的 3 ～ 5 倍，但是拥有同样基因的提斯曼部落的老年人即使经历过足够多的感染，也不太会出现认知能力退化。[108] 因此，阿尔茨海默病也许恰好印证了一种被称为“卫生假说”的进化现象。按照这种假说，在大脑中由细胞表达的 ApoE4 基因，长久以来进化的目的就是保护大脑免受无处不在的感染性疾病的侵袭。我们今天大多数人都生活在一个史无前例的无菌环境中，很多细菌和寄生虫都消失了，我们面对的一种与日俱增的风险是，之前保护我们的免疫机制现在调转枪口对准了我们自己。这一卫生假说还可能用来解释日益增加的过敏性疾病和很多其他自身免疫疾病。[109]

## 身体活动是如何起到帮助作用的

无论阿尔茨海默病的成因是什么，如果你为这一疾病担心，那就去锻炼。到目前为止还没有发明出治疗阿尔茨海默病的特效药，至于智力类游戏可以对抗痴呆，从而保持大脑清晰的说法也没有足够的证据支撑。[110] 所以，锻炼仍然是迄今为止已知最有效的预防和治疗手段。而且，效果非常明显。一份集纳了 6 项出色研究，涵盖了 16 万名参与者数据的分析报告指出，中等强度的身体活动可以将阿尔茨海默病的风险降低 45%。[111] 更高强度的身体活动也许能够继续降低该疾病的风险。[112] 身体活动还可以减缓阿尔茨海默病患者的认知能力和体能下降速度。[113]

身体活动是如何预防和治疗阿尔茨海默病的？人们对此知之甚少，但是与身体活动相关的其他一些进化机制，倒是值得一提。拥有最多证据支撑的一个机制是，身体活动尤其是长时间且高强度的身体活动会刺激大脑生成一种名为脑源性神经营养因子（Brain-Derived Neurotrophic Factor，BDNF）的强大

① 一种在血液中运输脂肪的蛋白质。

粒子。在进化过程中，BDNF 的作用先是帮助哺乳动物在身体活动时获取能量，之后又在大脑中承担辅助性工作。[114] BDNF 对于大脑来说，是一种有助于生长的“补品”，它们为大脑提供营养，催生新的脑细胞，尤其是在大脑中与记忆相关的区域里。但是，由于从未进化出久坐的能力，我们也就只能依靠现有机制通过身体活动生成高水平的 BDNF。在这样一个经典的失配案例中，锻炼的缺乏导致我们失去了大量 BDNF，这些 BDNF 本来是用来改善记忆和认知、保持神经健康的，显然有助于预防阿尔茨海默病。[115] 一项持续数十年追踪了超过 2 000 名个体的前瞻性调查发现，拥有最高水平 BDNF 的女性与拥有最低水平 BDNF 的女性相比，前者患阿尔茨海默病的风险只是后者的一半。[116] 由于 BDNF 可以帮助星形胶质蛋白“照顾”脑细胞及其之间的联系，由锻炼诱发的 BDNF 水平提升也许有助于预防星形胶质蛋白诱发的损伤，而这种损伤被认为最终导致了阿尔茨海默病。[117] 身体活动也许还可以通过以下方式降低阿尔茨海默病的风险：加快流向大脑的血流速度，控制炎症，降低氧化应激的破坏性水平。[118] 我再来重复一个事实，在跑步机上奔跑的啮齿类动物，其大脑中的斑块和缠绕在一起的杂质的数量都会减少，与阿尔茨海默病相关的炎症水平会下降。[119]

## 哪种锻炼形式最有效，运动量多少最有效

大量证据显示，身体活动也许是降低阿尔茨海默病风险的最佳方式，至于哪种运动项目、何种运动量效果最佳，目前尚无定论。研究人员针对 19 项研究进行分析后发现，有氧运动是最有效的，但也有其他研究推荐将有氧运动、力量训练、改善平衡性和协调性的锻炼结合起来。[120] 值得一提的是，有个别研究指出，在锻炼强度和阿尔茨海默病风险之间也许存在剂量 - 效应关系。[121]

## 心理健康：抑郁与焦虑

对于任何疾病尤其是那些困扰大脑的疾病来说，锻炼并不是灵丹妙药，但即使是那些锻炼狂人也承认，身体健康与心理健康之间存在联系。罗马诗人尤维纳利斯（Juvenalis）的诗句“健康的心智寓于健全的身体”（Mens sana in corpore sano），通俗而精辟地阐述了这一理念。[122] 然而，通过锻炼解决心理健康问题的做法并不常见。2018 年的一项研究发现，只有 20% 的医生会为焦虑症或者抑郁症患者开出运动处方。[123] 当然，医生的态度在某种程度上也反映这一疾病领域近期在治疗手段和药物方面的非凡进展，而且已经惠及数百万人。但是，我们是否应该继续深入探究身体健康与心理健康之间的关系呢？这个话题实在太大了，所以让我们先聚焦于两种比较常见的心理疾病：抑郁与焦虑。

### 哪里出现了失配

只有很少一部分人会被癌症或者心脏病侵袭，但是几乎每一个人都曾焦虑或者沮丧过。每日的情绪起伏是生而为人的正常状况，不应该将这种情绪与抑郁和焦虑的心理障碍混为一谈。心理障碍是完全不同的、严重的医学病症，每 5 个人中就有一个在不同程度上受到这种疾病的困扰。抑郁症有很多类，其中就包括重性抑郁症（major depressive disorder），其特征是极度悲伤时间持续两周以上、对于之前喜欢的运动项目失去兴趣、体力不足、胃口和睡眠发生变化、无法集中注意力、自卑、失去目标。与悲伤的感觉不同，抑郁持续的时间更长，而且明显具有否定自我价值的倾向和负罪感。焦虑症同样有很多类。虽然某些焦虑症会导致患者做出一些格外令人不安的举动，比如在公开场合吵闹或者暴力行为，但是常见的焦虑症通常是对潜在的而不是真实存在的无法言说的威胁长期表现出过度担心。抑郁症和焦虑症是造成失能和死亡的重要原因。

我们对于抑郁症和焦虑症的认识已经取得了巨大的进展，但是，伦道夫·内塞（Randolph Nesse）等学者明确指出，从进化的视角分析，心理疾病实际上是人类的适应出现了偏差，这有助于解释为什么我们人类如此容易患心理疾病，而这些疾病又如此多样。[124] 显然，对于恐惧的适应能够帮助人类躲避毒蛇或者被陌生人袭击等危险。但是，在焦虑症中，这些本来正常的焦虑情绪会变得超出合理范围且失控。与此类似，我们也会适应那种挫败感和懈怠感，这种适应性会使我们倾向于不去做那些成功率不高的事情，比如与强大到足够杀死我们的人打架，或者向看不起我们的人求婚。但是，对于抑郁症患者来说，这些负面情绪总是持续不断地指向他们自身，而不是外部世界。人类的这种适应机制是如何转化成病态的，以及其中的原因到底是什么？我们对此知之甚少。与所有疾病一样，基因与很多复杂环境因素之间的相互作用也是心理疾病的成因之一。但是，进化的视角可以更好地帮助我们仔细探寻环境的重要作用：心理疾病是否也是一种失配性疾病？我们之所以容易受到影响，是否也是因为环境因素的变化导致人类减少了身体活动，而人类自身又没有进化出可以解决这一难题的能力？

要验证这个假说，先来看看抑郁症和焦虑症在现代西方社会中是否比之前更为常见。从古老作品的描述中可以看到，这些心理障碍不能算是新问题。但是我们缺乏可信的长期数据，尤其是非西方国家的数据。而且，如果在跨文化的背景下将心理障碍的诊断过程进行对比，由于涉及不同语言、语境、观念和信仰，因此将是一项非常复杂的工作。在这种背景下，绝大多数研究都得出了接近的结论：在经历了现代化的社会中，抑郁症和焦虑症呈现更高的发生趋势。[125] 而且，在美国和其他发达国家，近期的抑郁症和焦虑症发生率持续升高。这一疾病在年轻人中流行的状况尤其令人震惊。心理学家琼·特韦（Jean Twenge）在分析了过去 70 年近 8 000 名美国大学生和高中生的调查数据之后发现，刚刚步入成年的年轻人受到抑郁等心理健康问题困扰的可能性，2007 年的数据是 1938 年的 6 ～ 8 倍。[126]2009 年至 2017 年，12 ～ 13 岁少年的发病率增加了 47%，14 ～ 17 岁少年的发病率增加了 60% 以上。[127]

由于对这种疾病的认识和分类都发生了很多的变化，因此理应对上述结论中提到的心理健康问题的趋势持质疑态度。当然，没有人否认，由于受到快速变化的社会环境和身体条件的影响，这些心理健康问题正变得越来越常见。我们的祖先从未面对过社交媒体和全天候的滚动新闻，更不要说肥胖症人群，他们根本无法想象人竟然可以在不活动的情况下生存。当然，这些变化并不都会导致抑郁、焦虑和其他心理健康问题，但是，我们将这些可能性提出来，供自己和其他相关人士进行研究，以确定环境中哪些因素的改变导致人们更容易受到心理健康问题的困扰，这样有助于疾病的预防和治疗。不出所料，大量有力的证据都指向了身体活动的缺乏。

## 身体活动是如何起到帮助作用的

任何一个对于身体健康和心理健康之间的联系持怀疑态度的人都应该了解以下信息。对超过 100 万美国人进行的一项分析显示，在性别、年龄、教育程度和收入相当的情况下，有日常锻炼习惯的人群与习惯久坐的人群相比，前者出现心理健康问题的比例要比后者低 12%～23%。[128] 另有数十项更有针对性的高质量分析报告—— 其中很多都是基于具有前瞻性的随机对照实验，这些报告都指出，锻炼有助于预防和治疗抑郁症和广泛性焦虑症。[129] 当然，锻炼并非神药，但心理疗法加药物治疗虽然是最常用的治疗手段，但也并非万能。实际上，针对众多疗法所进行的大规模的分析显示，锻炼的效果即使不比药物和心理疗法更高效，起码也是不相上下。[130] 但是，身体活动还有其他益处，因此很难理解为什么众多的心理健康临床医生和心理疾病患者不愿意将锻炼纳入治疗方案。

锻炼是如何减轻抑郁和焦虑的，目前尚不清楚，但是我们应该知道，身体活动带来的很多益处很可能源于我们的身体对于过分久坐的不适应。从这个视角来看，锻炼的疗效也许只是能够缓解由于持续缺乏身体活动而更容易受心理疾病困扰这种现象。虽然很难总结出具有明确因果关系的机制，但以下是一些可能的机制，其中有几个我们已经很熟悉了。

首先，身体活动会对大脑产生很多直接影响。其中之一是释放可调节情绪的化学物质“涌入”大脑。我们再复习一遍，锻炼能够提升大脑中神经递质的活跃性，尤其是多巴胺、5- 羟色胺和去甲肾上腺素。[131] 这些神经递质能够产生成就感、愉悦、兴奋，并能增强记忆力。大多数诸如 5- 羟色胺再摄取抑制剂之类的药物就是通过提高这些神经递质的数量，来治疗抑郁和焦虑的。其次，锻炼还可以提升其他神经递质的数量，如谷氨酸和 GABA（4- 氨基丁酸），抑郁症和焦虑症患者的这些神经递质的含量通常严重不足。[132] 除此之外，锻炼能够激发的增强情绪的微小粒子还包括内源性阿片类物质，比如内啡肽和内源性大麻素，它们能够抑制疼痛，产生积极情绪。[133] 最后，如果你觉得锻炼的上述益处还不够大的话，你应该记得身体活动还可以提升脑源性神经营养因子和其他生长激素的水平，有助于维护大脑功能。综上所述，有规律的身体活动改变了大脑的化学环境、增强了脑电波的活跃程度、改善了大脑结构。运动量更大的人的大脑会有很多不同之处，他们大脑中的记忆区域更大，拥有更多的脑细胞，以及更多的血量补充。[134] 这些进化出来的正常特征可能会降低人们患病的风险。

锻炼对心理健康的益处还有很多，而且类型众多。如同我们在前面看到的，有规律的身体活动能够在整体上降低压力环境造成的应激反应，将慢性皮质醇水平保持在低位，要知道这是一种对大脑有害的物质。[135] 有规律的身体活动还可以改善睡眠，帮助人们来到户外融入社交群体，让我们摆脱严重的负面情绪，保持积极的态度。总之，锻炼可以提高我们的信心和信念，使我们有能力实现自己的目标。所有这些锻炼都会产生治疗效果。

## 哪种锻炼形式最有效，运动量多少最有效

无论锻炼提升大脑功能的多种多样的机制到底是什么，你都应该像一名怀

疑一切的“地平说”（flat-earther）者那样，将锻炼的作用适当调低，只把它当作有助于预防和治疗心理疾病的一种可能的手段。需要明确的是，锻炼只是影响大脑和思维的诸多因素中的一种，并不是能够治愈所有疾病的灵丹妙药。锻炼并不能取代很多其他的有效疗法，但是你也需要知道，这个世界上绝大多数的心理疾病患者没有渠道接受心理治疗和药物治疗相结合的治疗方法，而且只有大约 50% 的患者在服用抗抑郁药物之后病情有所好转。[136] 在了解了上述不乐观的数据之后，我们应该对这个话题拥有一个更广泛的认知，即长期不进行身体活动就是一种失配，这一习惯会提高人们患很多大脑疾病的风险，其中包括认知退化、抑郁和焦虑。同样，锻炼还有益于修正从注意缺陷多动障碍（Attention Deficit Hyperactivity Disorder，ADHD）到帕金森病的其他神经障碍和认知障碍。除此之外，锻炼还能够改善记忆力，延长注意力的保持时间，以及提高包括数学能力和阅读能力在内的认知水平，虽然提升幅度有限，但是效果还是非常明显的。[137]

但是，哪些锻炼项目对大脑最有帮助，以及运动量以多少为宜，仍然不是很明确。如果你想让自己大脑的脑源性神经营养因子水平最大化，作为一种预防措施，那么心肺训练尤其是高强度的训练显然比力量训练更有效。[138] 如果是为了治疗抑郁症或者其他情绪障碍而进行锻炼，那么各种研究得出了不同的结论，大家虽然努力寻找有说服力的答案，但没能就项目选择和运动量达成共识。一些研究发现，自我设定的运动量比特别开具的运动处方效果更好，而另外一些研究则发现，高强度的锻炼比中等强度的锻炼有效，还有研究发现，低强度、中等强度和高强度锻炼之间对于情绪、健康和抑郁的影响并没有什么区别。[139] 大多数研究都聚焦于有氧运动，但也有少量研究在对比了力量训练和有氧运动之后，发现二者同样有效。[140] 人类目前的认知是：为了自己的大脑，运动起来。未来，更多的研究将超越这一认知，为人类的心理健康提供更好的指导。

Exercised

# 后 记

2019年，我与我的学生和同事们再次沿着曲折、湿滑的道路开车去了位于肯尼亚西部的彭雅村落，只不过这一次我们没有带跑步机。总体而言，那个村落与我十年前第一次去相比，基本上没有什么变化。我每天都能看到村里的女人们将大捆大捆的柴火或者装满水的巨大黄色塑料桶顶在头上。我们经过陡峭山坡上的小块田地时，能够看到当地的男人和女人弯着腰锄地，或者收割玉米和小米，他们只用简单的工具，而没有借助机械。我们随处可见跑来跑去的孩子，他们有时候是去上学或者放学回家，有时候是在放牛放羊，或者就是做其他家务事。除了偶尔看到闲下来的孩子们在一个尘土飞扬的空地踢着由塑料袋捆绑而成的足球，我从未见过任何人进行过任何哪怕与锻炼有一点点关系的活动。

但是，如果你仔细观察并询问，就会发现彭雅正发生着一些变化。现在已经有一条输电线将电输送到这个村落的一些地方，土路也略有一点点改善，上高中的孩子们更多了，大多数学生都穿上了塑料凉鞋而不再赤足，为数不多的人用上了手机。工业革命仍然没有影响彭雅，至少没有充分影响彭雅，但是随着肯尼亚的持续转型，各种变化开始沿着公路从最近的城市埃尔多雷特缓慢地展开。总有一天，现代化将会带来自来水、汽车、拖拉机和其他各种节省体力的设备。当那一天终于到来的时候，彭雅人可能也会出于健康的考虑，选择进行锻炼——一些没必要的、非强制性的身体活动。他们甚至可能会开始使用跑步机。但是，他们中的大多数人更有可能不会过分热衷于锻炼。

这种不愿意锻炼的行为其实也是合乎情理的，我在本书的一开始就强调过，从进化的视角看，锻炼本质上是一种古怪且不常见的行为。在读完了全书之后，我希望你仍然认同这个观点。归根究底，尽管锻炼有诸多益处，但是具体实施起来，仍然需要超越根深蒂固、与生俱来的本能。所以，我们与其羞辱和批评那些不愿意锻炼的人，不如帮助他们养成锻炼的习惯。但是，过去几十年的事实表明，如果只是把锻炼当作一种医疗行为和商业行为，我们就很难成功帮助人们养成锻炼的习惯。我们应该像对待教育那样对待锻炼，将锻炼变得有趣、强化其社交属性、赋予其情感价值，总之，要让人心甘情愿地参与其中。

我们需要找到一些新的策略以鼓励和促进人们锻炼，这种迫切性应该成为共识。我们不仅需要帮助彼此开始锻炼，而且要帮助所在的社区增加锻炼氛围。整个社会、整个人类都能从身体活动中受益，但是这种益处只有在锻炼缺失导致身体出现状况的时候，才会更明显地表现出来。本书即将收尾之时，新型冠状病毒肺炎疫情开始在世界范围内蔓延，造成上亿人感染和大量死亡。至于锻炼能够在多大程度上保护我们免受这种病毒的伤害，目前尚缺乏数据。但是众所周知，整体而言，锻炼是有益身心健康的，因此疫情的爆发激发了我和邻居们的锻炼热情。所有这些保持活力的努力，将在整体上形成一种健康效应，因为这次疫情已经证明，在健康面前，我们每个人都不是一座孤岛，我们良好的健康状况是可以互相影响的。

书写至此，也该收尾了。为本书所进行的研究工作和写作本身都让我认识到，人体哲学与人生哲学同样重要。我们每个人都只有一次享受美好人生的机会，我们不想在生命终结的时候因为人生失误而充满遗憾，而这种失误也包括对自己身体的错误使用。身体在遵从某种深层次的古老本能，避免进行那些让我们感到不舒服的身体活动，但也正因为如此，人的衰老速度会加快，甚至有可能在达到预期寿命之前死亡，而且人们正在变得更容易患病，更容易出现慢性失能状态。如果不能让自己保持好的体能状况，我们的身体和心灵都将失去活力。实话实说，锻炼确实不是保持健康和长寿的灵丹妙药，但是，透过人类的进化史我们可以看出，伴随一生的身体活动能够显著提升人们在 70 岁之后健康离世的概率。

所以，在那些寒冷、凄苦的清晨，当我纠结于是否锻炼，为出门跑步与否而进行思想斗争的时候，我的“惰性”大脑想的是，大脑之外的身体无非就是载着大脑从一地前往另外一地的交通工具而已。而勤奋的我则提醒自己的大脑，人类将你进化到现在这种程度，就是为了让你指导身体何时锻炼以及如何锻炼。幸好，大脑采纳了我的建议。这个建议归纳起来就是：**一定要将锻炼变得必要而有趣；大多数时间进行有氧运动，但也别忘记加入一些力量训练；锻炼总比不锻炼好；随着年龄增加，更要坚持锻炼。**

# 致 谢

我有太多人需要感谢，我担心可能还是会忘掉某些人。我要诚挚地感谢我的家人、朋友、同事和学生，感谢他们阅读了全书或者是绝大部分章节的初稿，然后给出了建议、意见和其他形式的反馈。其中，我最要向我善良、了不起的妻子托尼娅致谢，她通读了全书的初稿，然后用她的妙手进行了编辑。她耐心地接受了我对于身体活动长期的痴迷，更难得的是在我为本书进行调研和写作时对我的宽容。我还要向我的同事和跑友阿伦·巴吉什致以无尽的谢意，他不仅阅读了每一章的初稿，还在不可胜数的晨跑时与我讨论书中的观点。还有一些善良友好的人，他们阅读全部或者大部分书稿，然后给予了我无价的反馈，我真的不知道怎样感谢他们才好。他们是曼努埃尔·多明格斯－罗德里戈（Manuel Domínguez-Rodrigo）、艾伦·加伯（Alan Garber）、亨利·吉（Henry Gee）、史蒂文·海姆斯菲尔德（Steven Heymsfield）、埃莉诺·利伯曼（Eleanor Lieberman）、克里斯·麦克唐纳、芭芭拉－纳特森－霍罗威茨（Barbara Natterson-Horowitz）和汤姆·蒂皮特（Tom Tippett）。还有一些朋友，他们阅读部分的章节并给予了反馈，提供了数据或观点，他们是史蒂夫·奥斯塔德（Steve Austad）、保罗·巴里尔（Paul Barriera）、布拉德利·卡迪纳尔、马克·海考斯基（Mark Haykowsky）、尼古拉斯·霍洛维卡

(Nicholas Holowka)、卡萝尔·胡文（Carole Hooven)、蒂姆·基斯特纳（Tim Kistner)、米基·马哈菲（Mickey Mahaffey)、塞缪尔·奥舍（Samuel Osher)、基兰·奥沙利文、赫尔曼·庞泽、戴维·里奇伦、克雷格·罗杰斯（Craig Rodgers)、本·西布森（Ben Sibson)、杰尔姆·西格尔、博·瓦戈纳（Bo Waggoner)、伊恩·华莱士、彼得·韦安德（Peter Weyand）和理查德·兰哈姆。

我还要感谢那些通过科学合作、现场协助和实验室协助、商讨、邮件等方式帮助过我的人，他们分别是（按照他们的英文姓氏首字母排序）：布赖恩·艾迪生（Brian Addison)、科伦·阿皮塞拉（Coren Apicella)、迈尔·巴拉克（Meir Barak)、弗朗西斯·贝伦鲍姆（Francis Berenbaum)、克劳德·布查德（Claude Bouchard)、丹尼斯·布兰布尔、亨里克·邦奇、安布罗斯·伯富特、埃蒙·卡利森（Eamon Callison)、特兰斯·卡佩利尼（Terence Capellini)、蕾切尔·卡莫迪（Rachel Carmody)、戴维·卡拉斯科（David Carrasco)、戴维·卡里尔、埃里克·卡斯蒂略、希尔维诺·库比萨里、亚当·达乌德（Adam Daoud)、艾琳·戴维斯（Irene Davis)、萨拉·德利昂（Sarah DeLeon)、莫琳·德夫林（Maureen Devlin)、皮埃尔·德赫梅库尔（Pierre D'Hemecourt)、彼得·埃利森（Peter Ellison)、卡罗琳·恩格（Carolyn Eng)、戴维·费尔森（David Felson)、保罗·冈珀斯（Paul Gompers)、迈克尔·格维恩（Michael Gurven)、布赖恩·黑尔（Brian Hare)、克里斯滕·霍克斯、埃琳·赫克特（Erin Hecht)、约瑟夫·亨里奇、金·希尔（Kim Hill)、多萝西·欣茨（Dorothy Hintze)、迈克尔·欣茨（Michael Hintze)、珍妮·霍夫曼、米可·艾贾斯（Mikko Ijäs)、约瑟芬·杰姆泰（Josphine Jemutai)、乔伊斯·杰普瑞（Joice Jepkirui)、梅特·扬·约翰森（Mette Yun Johansen)、亚纳·坎伯罗夫（Yana Kamberov)、埃尔文·勒·科雷、克里斯蒂·莱顿（Kristi Lewton)、路易斯·利本伯格、克莱尔·洛(Claire Lo)、扎林·马坎达(Zarin Machanda)、休伊安·马瑟(Huian Mathre)、克里斯托弗·麦克杜格尔、戴夫·麦吉利夫雷、乔丹·梅茨尔、托马斯·米拉尼（Thomas Milani）、伦道夫·内塞、利纳·诺丁、罗伯特·奥贾姆博、保罗·奥库托伊、埃里克·奥特罗拉－卡斯蒂略（Erik Otarola-Castillo）、本特·佩德森（Bente Pedersen）、戴维·皮尔比姆（David Pilbeam）、史蒂芬·平克、扬尼斯·皮西拉迪斯（Yannis Pitsiladis）、玛丽·普伦德加斯特（Mary Prendergast）、阿努弗·奎梅尔、迈克尔·雷恩博（Michael Rainbow）、亨伯托·拉莫斯·费尔南德斯（Humberto Ramos Fernandez）、阿朗索·拉莫斯·瓦卡（Alonso Ramos Vaca）、戴维·赖克（David Reich）、尼尔·罗奇、坎贝尔·罗兰（Campbell Rolian）、玛丽埃伦·鲁沃洛（Maryellen Ruvolo）、鲍勃·萨利斯（Bob Sallis）、米沙克·桑（Meshack Sang）、李·萨克斯比（Lee Saxby）、罗布·谢弗、弗雷迪·西奇廷（Freddy Sichting）、蒂莫西·西盖（Timothy Sigei）、马丁·苏贝克（Martin Surbeck）、克利夫·塔宾（Cliff Tabin）、亚当·坦恩福德（Adam Tenforde）、维多利亚·托伯尔斯基（Victoria Tobolsky）、本·特朗布尔（Ben Trumble）、马杜·文卡德塞（Madhu Venkadesan）、安娜·瓦伦纳（Anna Warrener）、威廉·沃贝尔（William Werbel）、凯瑟琳·维特科姆、布赖恩·伍德（Brian Wood）、加布丽拉·亚茨（Gabriela Yañez）、安德鲁·叶吉安和凯瑟琳·津客（Katherine Zink）。

我还要感谢在肯尼亚彭雅、科布乔（Kobujoi）、埃尔多雷特，坦桑尼亚埃亚斯湖和墨西哥谢拉地区的塔拉乌马拉给予我们支持、款待和帮助的每一个人，包括学生和老师。特别感谢曼努埃尔·多明格斯－罗德里戈，他为我提供了一处美好的居所，使我在马德里期间可以思考和写作，我在那里完成了本书的部分章节。

非常感谢我的经纪人马克斯·布罗克曼（Max Brockman），本书从最初的一个想法到最终完成，他一直在为我提供各种睿智的建议和支持。我还需要将无以复加的感谢致以本书杰出的编辑埃罗尔·麦克唐纳（Erroll McDonald），他为本书带来的高标准和宽阔视野将我变成了一个更好的作者。我还要感谢劳拉·斯蒂克尼（Laura Stickney）和罗恩·科普（Rowan Cope）在编辑工作中给予的协助和热情。

最后，我要感谢我的父母。当我还是一个孩子的时候，我完全没有意识到，拥有这样一位通过跑步争取体育馆开放权利的英雄妈妈，于我而言是何等的激励。我也没有意识到，拥有这样的父母是如此幸运，他们坚持了慢跑的习惯，而且每个暑假都会带我进山徒步远足，有时甚至整个夏季都在山里。我虽然从未擅长某个体育项目，但是感谢我的父母，他们让我在成长的过程中了解到，身体活动是必需的、正常的、有趣的。

CHEERS

# 本书阅读资料包

## 给你便捷、高效、全面的阅读体验

### 本书参考资料

湛庐独家策划

- ✔ 参考文献
  为了环保、节约纸张，部分图书的参考文献以电子版方式提供
- ✔ 主题书单
  编辑精心推荐的延伸阅读书单，助你开启主题式阅读
- ✔ 图片资料
  提供部分图片的高清彩色原版大图，方便保存和分享

### 相关阅读服务

终身学习者必备

- ✔ 电子书
  便捷、高效，方便检索，易于携带，随时更新
- ✔ 有声书
  保护视力，随时随地，有温度、有情感地听本书
- ✔ 精读班
  2~4周，最懂这本书的人带你读完、读懂、读透这本好书
- ✔ 课　程
  课程权威专家给你开书单，带你快速浏览一个领域的知识概貌
- ✔ 讲　书
  30分钟，大咖给你讲本书，让你挑书不费劲